在夢中

大衛・林區
克莉絲汀娜・麥坎娜——著

但唐謨——譯

david lynch and kristine mcKenna

Room to Dream

致聖者瑪哈禮希・瑪赫西・優濟大師

及

世界大家庭

目錄

前言

幾年前，我們決定一起寫《在夢中》，我們希望完成兩件事：首先，我們希望盡可能創造出一份完整可靠的傳記；這表示所有的事實、人物，和日期都是正確的，所有相關的參與者都存在，並且都如實交代。其次，我們希望在敘事當中，主人翁的語氣腔調可以被突顯出來。

為了這個目的，我們設計了一種工作方式，有些人可能會覺得奇怪。然而，我們希望讀者能夠辨別出一種節奏。首先，我們之一（克莉絲汀娜）會使用傳記的慣例形式寫一個章節，包括對家人、朋友、前妻、合作者，演員和製作人等一百多人進行研究和訪談。然後，另一人（大衛）會檢閱這個章節，更正其中的錯誤或不正確的地方，並且利用別人的回憶來挖掘自己的回憶，回應在他接著寫下來的另一個章節中。你在這本書中所閱讀到的，基本上是一個人與自己的傳記所進行的對話。

這本書創作之初，沒有制訂任何基本規則，也沒有任何禁忌。親切客氣的眾多受訪者們，可以自由地說出自己認為合適的事件版本。這本書並沒有企圖針對當中提到的電影和藝術提出詮釋；這類材料可以在其他地方大量得到。這本書是事件的編年史，而非事件意義的解釋。

當我們的合作將近完成時，彼此都有相同的想法：這本書似乎很短，它只僅僅觸及到故事的表面。人類的意識太強大，無法完整包容在一本書裡，每一份人生經驗都有太多面相需要考量。我們的目標很確定，但依然只是驚鴻一瞥。

大衛・林區和克莉絲汀娜・麥坎娜

RooM
to
DReaM

美國牧歌

大衛·林區的母親是個都市人；他的父親來自鄉村。這樣的敘述，很適合本書的開端。因為這本書是個關於「雙重性」（dualities）的故事。林區觀察到：「世間事物都處在一個脆弱的狀態，眾生皆然，這是個不完美的世界。」他的這份洞悉也正是他所有創作的核心[①]。我們活在一個矛盾的世界，善與惡，精神與物質，信仰與理性，純愛與肉慾，同時並存，暫時休戰；林區的作品存在於這般複雜的空間，一個美麗與詛咒相互撞擊的世界。

林區的母親艾文娜·桑霍姆[1]是芬蘭移民後裔，在布魯克林長大。都市的煤灰煙塵，汽油柴油的味道，大自然的背叛與毀滅，伴隨著她一路成長，這些事物建構出林區的生命組成，以及他的世界觀。他的曾祖父在華盛頓的科法克斯建立家園，兒子奧斯汀·林區[2]一八八四年在此地誕生。鋸木工廠，高聳的樹林，修剪過草坪的新鮮味道，夜晚的星空……這些只有遠離都市塵囂才看得到的事物——也都是林區生命的一部分。

林區的祖父繼承了父業，種麥務農。奧斯汀在一場葬禮上遇到一位來自愛達荷州聖瑪麗市的女孩——穆德·蘇利文，兩人結為連理。林區的妹妹瑪莎·雷佛希[3]回憶起祖母時說道：「穆德受過良好教育，她把父親教養成一個積極樂觀的人。」祖母和祖父在蒙大拿州的高木市附近擁有一塊土地，他們在這塊土地上建了一所只有一間教室的學校，並且擔任老師。[②]

奧斯汀和穆德·林區有三個小孩：林區的父親唐納排行老二。一九一五年十二月四日，唐納出生在一個沒水沒電的屋子裡。「祖父住在一個荒涼的地方，他喜愛樹木，但是農場草原上沒有樹，」林區的弟弟約翰說道：「於是他決定放棄務農生涯，離開草原，住進森林裡。」③

一九三九年，唐納．林區在北卡羅萊納州杜倫市的杜克大學研讀昆蟲學碩士時，認識了艾文娜．桑霍姆。她當時正在大學攻讀德語和英語雙學位。兩人在一場樹林漫步中相遇相識。唐納撥開樹林中低垂樹枝，讓她安然通過，那股彬彬有禮的氣質深深打動了艾文娜。二戰時期兩人都在海軍服役。一九四五年的一月十六日，他們在舊金山西北三十七公里外的瑪莉島教堂結婚。不久之後，唐納在蒙大拿州米蘇拉市的國家農業部找到工作，擔任科學研究員。他們夫婦也在此地建立家園。

大衛．凱斯．林區[4]是他們的長子，一九四六年一月二十日在米蘇拉市誕生。在他兩歲的時候，全家搬到愛達荷州沙點市，唐納在當地的農業部工作了兩年。一九四八年，大衛的弟弟約翰誕生，他也回到米蘇拉的世界。艾文娜，又名桑妮，回到米蘇拉產下她第二個兒子。然後全家又搬到華盛頓州斯波坎市，一九四九年生下女兒瑪莎。由於唐納必須完成杜克大學的學業，他們全家在杜倫市度過了一九五四年，直到一九五五年他們又回到斯波坎短暫居住，最後落腳在愛達荷州的波伊西市，一直居住到一九六〇年。在這段時間裡，林區度過了他最重要的童年。

二戰後那段時期，是當時在美國長大的孩子的黃金歲月。韓戰在一九五三年結束，親切和藹的兩任美國總統艾森豪，從一九五三年到一九六一年入主白宮，大自然茂盛地生長，天下太平，無憂無慮。雖然波伊西是愛達荷的首都，當時仍充滿著小鎮風情，中產階級的小孩在一種今天無法想像的自由環境下成長，當時還沒有盛行放學後去同學家玩的習慣，每個小孩和各自的夥伴課後就在街上晃，自己摸索一路成長，這也正是林區的童年經歷。

「童年對我們來說真是一段魔幻的歲月，尤其是在夏天。我和大衛・林區最珍貴的時光，都發生在夏天，」林區在波伊西最好的朋友馬克・史密斯說道：「我家後院和大衛家的後院只離十公尺，爸媽一大早做早餐給我們吃，然後我們一起出去玩一整天。我們住的地方附近有很多空地，我們拿爸爸的鏟子，去那裡建造地下城堡，然後窩在那兒。我們當時的年紀，正是男孩子愛玩騎馬打仗的時候。」④

林區的父母親各有兩個兄弟姊妹，除了一個外，其他全都結婚生子。他們構成了一個大家族，一堆叔叔阿姨，表哥表妹，大家偶爾都會去外公外婆在布魯克林的家裡聚會。「莉莉阿姨和艾德叔叔都很溫暖，熱心好客，他們位在第十四街的房子，就像一個避風港。莉莉阿姨的廚房裡有一張超級大餐桌，讓大家聚在一起，」林區的表妹愛蓮娜・齊嘉瑞里回憶道：「每次艾文娜和唐納帶著一堆孩子來造訪，都是一件大事，莉莉阿姨會煮晚餐，每個人都會到場。」⑤

從各方面來看，林區的父母是與眾不同的。「我們的父母會讓我們做瘋狂的事，一些今天的人不會做的事，」約翰・林區說道。「他們非常開明，從來不會強迫我們。」林區的第一任妻子佩姬・蕾薇[5]說：「大衛講過關於他父母最特別的一點是：如果小孩對某件事有了想法，感到興趣，或者想知道更多，這件事絕對就會被嚴肅地看待。他們有一個工作坊，讓小孩子做各種事情。當出現問題的時候。馬上就會思考：我們該怎麼解決？腦子裡出現任何想法，很快就會落實到現實，實在很強大。」

「大衛的父母支持子女做他們想做的，」蕾薇繼續說：「但是大衛的父親在言行舉止上卻有明確的基本要求。你不可以對人惡劣，你做事情一定要做好——他對這些事要求嚴格。大衛對於自己的作品也有絕對的自我標準，我相信一定是受到父親的影響。」⑥

林區的兒時同伴高登·坦波頓記得大衛的母親是個「偉大的主婦。她幫孩子做衣服，是個裁縫大師。」⑦林區的父母伉儷情深——「他們會浪漫地牽著彼此的手，親吻道別。」瑪莎·雷佛希說道——在簽名的時候，大衛的母親有時候會簽「桑妮」，在名字旁邊畫一個太陽，然後在「唐」的名字旁邊畫一棵樹。他們都是虔誠的長老教會信徒。「在我們成長過程中，這是非常重要的一件事。」約翰·林區說：「我們上主日學校。住在我們隔壁的史密斯家，卻完全相反。史密斯一家人星期天開著雷鳥敞篷車跑去滑雪。史密斯先生抽菸。我們家開國產龐帝克車上教堂。大衛一度覺得史密斯家很酷，自己家很無趣。」

林區的女兒珍妮佛·林區[6]記得祖母「在教堂裡拘謹得宜，卻非常活躍。」桑妮很有幽默感，而且非常愛子女。「我從來不覺得大衛特別受寵，但是他確實是祖母最鍾愛的。爸爸非常愛他的父母，但是他也很不屑那些所謂的好東西，像是屋子前面的白色欄杆。他對那些東西有著浪漫的想像，但同時也討厭它們，因為他想抽菸，他想過藝術家的生活；但是家裡卻喜歡上教堂，一切都一塵不染，安詳靜默，完美無瑕。這些事物都讓大衛覺得有點受不了。」⑧

林區一家住在一條死巷子裡面，每家每戶都有年齡相仿的男孩，大家都成了朋友。「我們一共有八個男生，」坦波頓說：「威里亞·眨眼·朋斯、蓋瑞·岡斯、雷利·雷里·卡德勒、我自己、馬克與藍迪·史密斯，以及大衛和約翰·林區。我們就像兄弟一樣。我們都喜歡《狂雜誌》(*Mad*)，經常一起騎單車，夏天一起去游泳池混，一起去馬子家聽音樂。我們很自由，騎單車騎到晚上十點才回家，還會搭巴士去市中心，我們互相照顧彼此。大家都喜歡大衛，他很友善、合群、真誠，而且樂於助人。」

林區似乎是個精明的小孩，他很渴望一些高雅精緻的事物，但是在一九五〇年代的波伊西，這些東西並不存在。他小時候說過「希望發生不尋常的事」。電視機的出現，破天荒地把一個不一樣的另類現實帶進美國家庭，整個美國城鄉的地域特性，漸漸變得模糊。可以想像，像林區這樣一個直覺敏銳的小孩，可能也感受到一個如此強大的變革，正開始轉變這個國家。然而在同一時間，他很自在地生活在他的時空，他也是一個童子軍；直到長大成人後，他有時還會吹捧自己曾是鷹級童軍，這是童軍的最高等級。

「我們一起參加九九軍團」童軍活動。」馬克．史密斯說：「我們有各種活動：游泳、結繩，以及夜間野戰營，有人會教導我們如何在森林裡覓食求生，如何捕抓松鼠來吃等等。我們上了些這方面的課程，就出發上山。出發前，我們盡所有可能買了一大堆糖果，然後在一個小時之內吃個精光。我們去了湖邊，他們教我們釣魚，但是我們一條魚也沒釣著。到了傍晚，我以為我們都會餓死，卻發現頭頂上有直升機在盤旋，然後拋出一個吊著箱子的降落傘。非常戲劇化。箱子裡有很多東西，包括蛋粉等等，我們終於得救了。」

在這群孩子中，林區天生就有繪畫才能。他很早就展現出藝術天分。他的母親不願意給他任何彩色的書籍——她覺得那樣會限制他的想像——而他的父親則從辦公室帶了許多畫紙回家；林區有了所有他所需要的資源，讓他可以坐下來，隨心所欲，盡情作畫。「大戰之後，到處都可看到軍用品，我就畫刀槍，」林區回憶道：「我很喜歡飛機、炸彈，以及戰鬥機，二戰飛虎隊戰機，白朗寧自動步槍，以及自動水冷式衝鋒槍。」[9]

瑪莎．雷佛希回憶道：「大部分的孩子都穿素T，大衛卻開始用麥克筆幫左鄰右舍的小孩客製化衣服，街坊的每個人都買了一件。我記得隔壁的史密斯先生買了一件送給他的一位四十歲朋友。大衛在衣服上畫了一個『人生四十才開始』的圖，畫面中有一個男人，正盯著一個美女看。」

林區從小就天賦異稟，他是「那種會把人吸引住的人，」史密斯先生說：「他很受歡迎，我可以想像他在電影片場的樣子——他總是精力充沛，朋友也很多，因為他會逗人開心。我記得五年級的時候，我們坐在馬路旁邊互相大聲叫喊地朗誦《狂雜誌》。當我看《雙峰》第一集，我可以認得出來那種幽默。」林區的妹妹同意道：「那段日子在生活中的許多幽默，都出現在大衛的作品中。」

林區七年級的時候擔任班長，在學校樂團吹小喇叭。就像大多數波伊西的身強體壯的市民，他非常專精於滑雪和游泳——他妹妹說他兩者都很厲害——並在小聯盟隊當一壘手。他也愛看電影。「如果他看了一部我沒看過的電影，回家之後他會很詳細地告訴我劇情。」約翰．林區說：「我記得有一部他特別喜歡，而且看了很多次的電影叫做《雙虎屠龍》[8]。」林區記憶中看過的第一部電影是《新潮試情》[9]，一九五二年亨利．金[10]導演的一部大悲劇。電影的高潮是主角在理髮店裡被槍殺。「我跟爸媽在汽車電影院看的，我記得有一個場景是有個男的坐在理髮的椅子上被機關槍掃射，另一個場景是有一個小女孩在玩鈕釦。」林區回憶道：「突然間她的父母發現她喉嚨被卡到了。我記得當時我感受到一種實實在在的恐怖。」

從林區的作品中，不難想像他的童年記憶混合了黑暗與光明。或許他的父親研究枯木的工作，讓他充滿了警覺，就像他所形容：潛伏於事物底層那份「狂亂的痛苦與腐朽」。無論原因為何，林區對於混亂失序異常敏感，它會馬上吞噬掉任何新的事物。大衛發現，這種感覺讓他非常焦慮。紐約拜訪祖母家族的旅行也讓大衛焦慮不安，他回想起他在紐約的經歷，讓他非常驚恐。「我內在感覺到不舒服的東西，比起外在帶給我的不安，算是溫和的了。」他說：「我想人會感覺到恐懼，甚至不知道原因為何。有時候你走進一個房間，你就覺得有事情不對勁。當我去紐約的時候，這種感覺像毯子一樣緊緊包住我。置身在大自然野外，又是另一種恐懼，但是恐懼就是擺脫不掉。有些很壞的事情，會在這個國家裡發生。」

一幅林區繪於一九九八年，名為《波伊西，愛達荷》的畫作中，說出這類記憶。畫面右下象限的黑色區塊裡，有一個愛達荷州的輪廓，四周小小的字母拼貼，拼出這幅畫的標題。四個鋸齒狀的垂直線侵入黑色區塊，畫面左側一個好似險惡龍捲風形狀的東西，正朝著愛達荷州的方向推進。這是一幅讓人心神不安的圖像。

不過，對於波伊西的兒時玩伴們而言，他們似乎沒有意識到潛伏在林區體內的亂流。史密斯說：「當《穆荷蘭大道》裡的黑色汽車在山坡上行進時，你感覺到怪事即將發生，但是，那並不是小時候認識的小林區啊！他作品中的黑暗面真嚇壞了我，而我卻不知道那一面究竟從何而來。」

一九六〇年，林區十四歲那一年，他的父親調到維吉尼亞州的亞歷山卓市，全家人再度遷移。史密斯回憶道：「大衛一家人搬走之後，整個鎮就像是一個燈罩裡的燈泡被擰鬆了。大衛他們家有一個一九五〇年代的龐帝克轎車，車子的標誌是一個印地安人的頭，所以車頭有個印地安人頭的裝飾。但是這印地安人臉上的鼻子卻脫落了。我們都把這輛車稱之為：『落鼻老大』。他們在搬家之前把這輛車賣給了我爸媽。」高登．坦波頓也記得林區搬家的那一天：「他們搭上火車，我們一夥人騎單車去車站目送他們離去，那是讓人心碎的一天。」

儘管林區在亞歷山卓市過著充實活躍的中學生活，但是在他心底，波伊西永遠占據重要位置，他說：「每當我憶起了波伊西，我腦海中就會出現那鮮豔、輕快、歡喜、樂觀的五〇年代。」林區一家搬離波伊西之後，一些鄰居也搬走了，約翰．林區記得大衛曾說：「那是個音樂不再響起的時刻。」

離開波伊西之前，林區就偏離了無知的童年。他記得當他還是個孩子的時候，他錯過了貓王第一次上「蘇利文劇場」[11]時，內心湧起的沮喪。在搬家的那時候，他開始對女孩子產生強烈興趣。「大衛開始跟一個可愛的女生約會，」史密斯回憶道：「他們好相愛。」大衛的妹妹記得：「大衛很小就開始交女朋友，我記得初中時他曾跟我說，他七年級的時候，跟每個滾過草坪的女生都親過嘴。」

在維吉尼亞念完九年級之後的暑假，林區回到波伊西住了幾個禮拜，和不同的朋友一起混。「他完全變了一個人，」史密斯回憶：「他變得成熟，穿著也不一樣——他一身獨特風格回到家鄉，全身黑衣黑褲，那造型和我們這群人截然不同。他非常有自信。當他談起他在華盛頓的經歷，我們都聽得津津有味。他身上散發著大人味，讓我深深感覺到：我這位朋友已經走在我們前面太多太多了。」

「高中畢業後，大衛沒有再回到波伊西，我們從此失去聯絡。」史密斯繼續說道：「我的小女兒是攝影師，住在洛杉磯。二〇一〇年的某一天，她擔任某位攝影師的助理，那位攝影師告訴她：『我們今天要拍林區。』在拍攝的空檔，我女兒上前與大衛攀談，對他說：『林區先生，我想你可能認識我父親馬克·史密斯，他住在波伊西。』林區說：『我當然認識啊！』下次我回去看女兒的時候，我們就在大衛家重逢了。我從高中之後就沒有再見到他。他給了我一個很大的擁抱。當他把我介紹給他辦公室的同事時，他說：『這位是馬克，我的好哥兒們。』大衛非常忠誠，他一直跟我女兒——和她爸爸——保持聯絡。我很高興再度連絡上大衛。我真希望他還住在我家隔壁。」

在林區的心底，五〇年代是個永不逝去的年代。媽媽帶著微笑，穿著棉質襯衫式連衣裙，打開烤箱拿出香噴噴的蛋糕；寬闊胸肌的父親穿著運動服，在烤肉架上烤肉，或者穿著西裝下班回家；還有到處可聞到的菸味——五〇年代每個人都抽菸；老搖滾；帶著可愛小帽的餐館服務生；白短襪和低跟鞋的女孩，毛衣和百褶裙——這些都是林區的美學元素。這個世代中和他最密切的連結，是當時的氛圍：天真善良的光潔表象，潛伏著暗潮洶湧的黑暗勢力，以及蓄勢待發的性慾。這段成長的歲月，建構了林區的藝術基石。

「電影《藍絲絨》[12]裡面所拍攝的社區空間，非常像我們波伊西的社區。在離我們家半個街區外，有一棟陰森森的公寓，很像電影裡面的那棟房子，」約翰．林區說道。《藍絲絨》開場的美國鄉郊風情，來自一本叫做《我們街上的美好歲月》[13]的童書，這本書的印象永遠留駐在林區的心底。「《藍絲絨》裡的飛車場景，也來自我和大衛的一段回憶。大衛和他的狐群狗黨有過一次緊張興奮飛車經驗，開車的人是個年紀比較大的男孩，他說他可以在議會大道開到時速一百六十公里。我想這是無法忘懷的一件事，這個瘋狂的孩子，冒著生命危險開飛車，而這段回憶，也永遠跟隨著大衛。他把童年的回憶，統統帶進作品中。」

林區的作品引述童年；但是他的創作動力，並非一個簡單的等式就可以解釋。你可以分析某人的童年經驗，尋找線索來解釋他成長後的人格，但是在大部分的情況下，童年並不是刺激成長的誘因，並不是都像「玫瑰花蕾」*。我們成長後的樣子，都是從我們身上的某個部分發展出來。成長後的林區，擁有異於常人的超能力，然而他從一開始，就很有自信，很有原創力。他不是那種會隨便買個不相干圖案的T恤穿在身上的男孩。他是創造這些事物的的男孩。「大衛是個天生的領導者。」他的弟弟約翰說道。

＊典故源自《大國民》。（全書＊皆為譯者及編輯注釋）

我弟弟覺得我是天生的領導者，他這樣說當然很好啦，但其實我只是個平凡的小孩。我有很好的朋友，但是我沒有想過我是不是很受歡迎，我也從來不覺得我有什麼過人之處。

我的外公，桑霍姆先生，是個貨真價實的勞工階級。他的地下室有個木作工作室，裡面有一整套很厲害的工具，他會做出精巧細緻的木箱子，配備嵌入式的鎖匙系統。我母親那邊的家族，顯然都是木工家具專家，第五大道上很多店面的櫥櫃，都是出自他們的手藝。我小時候會跟媽媽一起搭火車去拜訪外公外婆。我記得有一年冬天，外公推著娃娃車帶我出門，我顯然是個非常多話的小孩。我跟展望公園裡書報攤的老闆聊天，我也會吹口哨，當時的我真是非常快樂。

剛出生不久，我們全家就搬到愛達荷州的沙點市，我對沙點市唯一的印象，只有和小迪基．史密斯一起坐在泥巴坑裡。那地方就像是樹下的一個洞，我們用管子把水灌進去，我記得我們把泥巴全部擠進洞裡，那真是個快樂天堂啊。我童年最重要的回憶，都發生在波伊西；但是我也很喜歡華盛頓州的斯波坎市，那是我們離開沙點市之後搬去的地方。斯波坎市有最不可思議的藍天，那附近一定有空軍基地，因為我經常看到巨大的飛機飛過空曠的天際，飛機飛得很低，因為都是噴射機。我很喜歡做勞作，我第一個做的東西，就是在斯波坎時候做的一個木槍。我用鋸子切割雕刻木頭，最後的成品看起來頗粗糙。我也很喜歡畫畫。

住在斯波坎市的時候，我有個叫做巴比的朋友。他住在巷子底的一棟屋子。那條巷子裡還有另外一棟公寓。那是個冬日，我穿著雪衣跑去那邊，當時的我還在讀幼稚園。我穿著小雪衣，巴比也穿著小雪衣，外面凍得要死，我們倆卻到處亂跑。這棟公寓在街道的後面一點，我們看到有一條走廊通往公寓大門，而有一間公寓的門是開著的。於是我們走了進去，那是一個沒人在家的公寓。不知道為什麼，我們突然有了一個點子，開始做雪球，再把雪球放進書桌的抽屜裡。所有可以找得到的櫃子抽屜，全部放滿雪球，又密又實的雪球，一個抽屜放一顆，我們還做了幾顆超級大雪球，直徑大約有六十公分，併排放在床上，別的房間也都堆滿雪球。然後我們把浴室裡的毛巾拿出來，像小旗子一樣排在馬路上。很多車子經過的時候都必須減速，駕駛罵了聲幹，從毛巾上輾過去。我們看到很多輛車都輾過毛巾，然後我們穿著小雪衣，繼續做雪球。玩過癮之後，我們就打道回府。當大家圍著餐桌吃晚餐的時候，電話鈴響了，可是我並沒有多想什麼。在當時，電話不常響，不過，當我聽到電話鈴聲，仍然沒有一絲慌張。拿起電話的可能是我媽媽，但是爸爸把電話筒接了過來。看他聽電話的表情，我才開始感覺到大事不妙。我想我親愛的爸爸一定花了一大筆錢賠償人家的損失。我們當時為什麼會去做那種事啊？你自己去想想吧。

離開斯波坎之後，我們全家搬到了北卡羅萊納州，為了讓爸爸完成學業，我們在那裡住了一年。我第一次聽到〈泉水中的三枚硬幣〉[14]這首歌的時候，我的個子已經夠高了，我可以抬頭看到杜克大學的建築，那裡剛好有個噴泉。那是一九五四年陽光燦爛的日子，我置身在那首歌的背景環境中聽見那首歌，那真是一場奇妙的經歷。

外公外婆住在第十四街上一棟漂亮的褐石建築裡。從外公家的屋子裡可以眺望第七大道。這棟建築物的樓下有個店面，也是住宅區，但是住在這裡的人，不能在家煮飯。我曾經跟著外公去過那裡，看到一棟公寓的門敞開，有一個男人用電熨斗在煮蛋。人們總是會想盡辦法完成他們想做的事。在我成長的過程中，去紐約這件事總讓我感到一絲不安。紐約的一切都讓我心生恐懼。地鐵好不真實，走下地鐵空氣中的氣味，火車呼嘯而過吹來的風以及聲響——我在紐約看到了許多東西，都讓我覺得很可怕。

我的爺爺奶奶、奧斯汀和穆德．林區，住在蒙大拿州高木市的麥田牧場。爺爺像個牛仔，我很喜歡看他抽菸，也開始想學抽菸，是他加強了我抽菸的慾望。在我很小的時候，爸爸會抽雪茄，後來因為肺炎的關係戒掉菸癮。他所有的菸斗都還留著，我很喜歡拿著菸斗假裝在抽菸。他們用膠帶封住菸嘴，可能他們覺得那裡不衛生。所以我所有的菸斗都貼上了膠帶，有些是彎的，有些是直的，我很喜歡這些菸斗。而我從很年輕的時候就開始抽菸了。

祖父母有一個牧場，班頓堡是最靠近牧場的大城鎮。在五〇年代的時候，他們從牧場搬到蒙大拿州漢米爾頓市的小農場。他們在那兒有一個農莊和一片土地。那是個非常鄉下的地方。他們養了一隻叫做紅眼的馬，而且讓我騎。我記得有一次我騎在馬上，紅眼在小溪喝水，我得緊緊抓住所有的東西，免得自己從紅眼的脖子上滑下來掉進溪水裡。在牧場，你可以去後院開槍射擊，反正不會射到任何東西。我從小到大一直很喜歡樹木，當我還是小孩的時候，就對大自然有很強烈的感覺。那是我所知道的一切。每當我們開車在鄉間漫遊，把車停妥後，爸爸就搭起帳篷來露營——我們從來沒有住過旅館。在那個年代，公路上都有很多露營區，但是現在全部消失了。在牧場生活，你得自己修理東西，所以那裡有所有的工具，爸爸有一個木作工作室。他是一個工匠，會修理樂器，他做過十把還是十一把小提琴。

計畫！「計畫」這兩個字總是讓我們全家人興奮莫名。你有了一個計畫的想法，你開始準備工具。工具是世界上最美妙的東西。人類發明工具，讓事物可以做得更精確——簡直太不可思議了。如同佩姬所說，每當我有了做東西的點子，媽媽都會真的把它當一回事。

我爸媽都是溫暖親切的人。他們也有很棒的父母，大家都愛我爸媽。他們正直開朗。你從來沒想過這種事，但是當你聽到別人的故事，才知道自己有多幸運。我爸爸是個很有個性的人，我常說，如果你切斷他的鏈子，他就會馬上奔進森林。有一次爸爸和我出去獵鹿。打獵是他成長過程中的一部分，他們每個人都有槍，都會打獵。我爸爸是個獵人，但並不是那種嗜打獵如命的獵人。一旦獵到了一隻鹿，就得把牠吃掉。你可以租一個大冰櫃，偶而去地下室冰櫃裡拿塊肉，晚餐就吃鹿肉，我恨死了吃鹿肉。我從來沒有打獵過，我也很慶幸我沒有。

總之，在我大約十歲的時候，我開始跟爸爸去打獵。我們開車離開波伊西，開到一條二線道的馬路。車子的前車燈射出的光線，是我們四周唯一的光，車外面則是漆黑一片。現在的人很難想像那種漆黑的感覺，因為現在已經很難找到完全漆黑的公路了。於是，在這黑漆漆的氛圍中，我們沿著蜿蜒的馬路開車上山，突然間一隻豪豬跑過馬路。我爸爸痛恨豪豬，因為牠們會吃掉樹梢，樹會因此死掉，他很想撞死這隻豪豬，但是牠卻穿過馬路。於是他把車子很暴力地開到路旁邊，發出一陣尖銳刺耳的怪聲，然後猛踩煞車，打開置物箱，拿出一把二十二口徑的手槍，對著我說：「跟我來吧，大衛，」我們跑過馬路，跟著這隻豪豬爬上遍地石塊的山坡。當我們往上爬的時候，還滑了下來。山坡頂上有三棵樹。豪豬跳上了其中一棵，於是我們開始丟石頭，看看牠到底躲在哪一棵樹上。我們猜測到牠可能藏身的樹，然後爸爸開始爬樹，說道：「大衛，丟石頭過去，看看牠會不會動，我這裡看不見。」於是我丟石頭，卻聽到他吼著說：「不要丟我啊，」然後我丟更多石頭，爸爸聽到牠移動的聲音，然後……砰砰砰！可憐的豪豬從樹上掉了下來。我們回到車上，繼續進行獵鹿的活動，回程的時候，我們又回到那個地方，找到了那隻死去的豪豬，牠的身上爬滿了蒼蠅。為了獎勵這次的功勞，我得到了幾枝豪豬刺筆。

我的二年級，是在北卡羅萊納的杜倫市度過，教我的老師是克拉特利小姐。父親為了完成森林學博士學位回到杜倫。每天晚上他都在廚房餐桌上唸書，而我則在一旁陪伴他。我是班上唯一所有學科都拿A的學生。我的第二任女友愛麗絲．鮑爾拿了幾個B，所以是第二名。有一天晚上，我和爸爸正在一起做功課，然後我聽到爸媽在討論廚房裡的老鼠。就在某個星期天，媽媽帶弟弟和妹妹去教堂，留爸爸在家對付老鼠。他要我幫忙他搬爐子，這隻小老鼠跑離廚房，跳過客梯，鑽進了一個掛滿衣服的衣櫃。我爸拿了一根棒球棍，對著衣服猛打一通，直到這隻血淋淋的老鼠掉了下來。

愛達荷市曾經是愛達荷州最大的城市，但是當我們搬到波伊西的時候，夏天可能只有一百多個人住在愛達荷市，冬天只有五十個人。波伊西貝辛實驗森林研究中心位在此處，而我爸爸就在實驗森林工作。實驗這兩個字實在美妙，我愛死這兩個字了。他們研究侵蝕、昆蟲，以及疾病，做實驗讓讓樹木更健康。這裡所有的房子都是白色綠邊。每個院子都有一根柱子，上面有一個小小的木頭房子，看起來很像有門的鳥屋，如果你把門打開，你會在裡面看到各種儀器，用來測量濕度和溫度。這些小房子都做得很精緻，而且其他房子一樣，都漆成白色綠邊。進入實驗室，裡面有成千上萬的小抽屜，打開抽屜，你會看到用小鐵針固定起來的昆蟲標本。這裡也有一個大溫室，用來培育樹苗。走進森林裡，遍地都是樹，每棵樹都有一個標籤，上面標示著實驗資訊。他們都會去檢查這些樹。

就在這段日子，我開始獵花栗鼠。爸爸開著森林管理處的小貨車載我去樹林。我很喜歡這些小貨車，跑在路上相當平順，車身則漆成森林管理處的綠色。我帶著我的二十二口徑手槍和我的午餐盒下車，傍晚的時後爸爸會過來接我。我可以盡量獵殺花栗鼠，因為森林裡的花栗鼠已經量滿為患，但是我不可以射鳥。有一次我在外面看到有一隻鳥，飛到樹梢，我便拿起槍，扣下扳機。我根本沒預料到會射中，但是我想我辦到了，因為我看到羽毛四散，鳥從空中旋轉而下，撲通一聲掉進小溪，隨著漩渦被溪流沖走。

我們住在波伊西的帕克圈道，隔壁是史密斯家。他們家裡除了史密斯夫婦，還有四個男孩：馬克、藍迪、丹尼與葛瑞格，以及奶奶。奶奶的名字叫做娜娜，她永遠都在花園工作。當她在花園出現的時候，你一定會知道，因為你會聽到小鈴鐺與玻璃撞擊發出的輕脆聲響。她戴著園丁手套，一手拿著酒精飲料，一手拿著鏟子。她開一輛龐帝克汽車，那是我們賣給史密斯家的。娜娜奶奶並非全盲，但是每當她啟動車子，她幾乎得把油門踏板踩到車地板，才聽得見引擎發動的聲音。一聽到停車場傳出轟隆聲，就知道娜娜奶奶要出門了。波伊西的人星期天都要上教堂，史密斯一家會去聖公會教堂。他們開一輛福特旅行車，史密斯夫婦帶了一大箱的菸坐在前座。不是幾包菸而已喔，是一大箱。

小孩子們自由自在，想去哪就去哪。我們到處亂跑，從不待在屋子裡。我們在戶外玩各種東西，美妙極了。現在的小孩不會再有那樣的成長經驗，真是很恐怖。我們怎麼做到的呢？我們沒有電視，我小學三年級才開始有電視，我也會看一些電視，但是並沒有看很多。《派瑞梅森》[15]是我唯一記得的電視節目。電視節目在當時的功用，就和今天的網路一樣，它讓一切都事物都變得同質而相似。

五〇年代如此特殊，如此重要，卻再也回不去了。在那個年代，每個地方都有不一樣的特色。波伊西的男女有一種打扮；但是在維吉尼亞，你會看到完全不同的樣貌。如果你北上到紐約，他們穿得也很不一樣，而且也聽不同的音樂。皇后區的女孩，她們的穿著是你前所未見；布魯克林區的風格又跟皇后區不一樣。黛安·阿巴斯[16]有一張照片，畫面是一對男女和一個小嬰兒，女孩留著又高又大的「漂亮」髮型，那絕對不可能出現在波伊西或維吉尼亞。至於音樂，如果你想抓住某個地方的音樂氛圍，你只要看看那些女孩子，跟著聽她聽的音樂，你就會得到全貌。他們所存活的世界，是個完全怪異又特別的空間，讓你很想融入他們，了解他們喜歡的東西。這種多元差異性，今天已經蕩然無存。雖然仍有些小差異，例如潮人文青，但是你也會發現，別的地方的潮人，跟你所在城市的潮人，其實並沒有不一樣。

在我很年輕的時候，就開始交女朋友了，年年都換女友。她們都很棒。讀幼稚園的時候，我都跟一個女孩走路上學，帶著午睡用的小毛巾被。在幼稚園可以跟女生一起做的事就只有這樣了。我有個朋友叫做雷利．卡德勒，我的兒子雷利就是用他的名字命名——總之，我四年級的時候有個女友叫做卡羅．克拉芙，五年級那年，她變成雷利的女友，兩人後來結婚至今。茱蒂．普德曼是我五年級和六年級的女朋友，到了初中，我每隔兩星期就換一個新女友。跟一個女孩交往一陣子，你就會成長，然後毫不戀棧地換另一個女友。我有一張照片，是在波伊西的一個地下室派對上，我和珍．瓊森在玩親親。珍的爸爸是醫生，我和她常一起看醫學書籍。

我告訴你一個我記憶中的吻。我父親的老闆名叫帕卡先生，有一年夏天，帕卡一家人來訪，住在研究站。他們家有個漂亮的女孩叫做蘇，跟我同年。她帶了她的鄰居男孩一起過來，一起做愛。對於當時的我而言，性愛世界非常遙遠，而他們如此輕鬆自在地把自己的事講給我聽，我的內心激起了很大的震撼。有一天，蘇和我把她的男友丟到一邊，於是我們有機會獨處。美國西部的黃松森林，遍地交纏的松針厚達六十公分，一堆落葉堆。這裡的松針超級柔軟，我們會在林子裡奔跑，然後倒下去埋在松針裡，接下來是一個長吻。那感覺好夢幻。我們吻得越來越深，激情如烈火般燃燒起來。

大部分深刻的記憶都是在夏天，因為冬天得去上學，身為人類都會自動刪除掉學校的記憶，因為學校很可怕。我對學校的記憶非常模糊，我甚至不記得我有上過學，除了美術課。我的美術老師其實非常保守，我記得自己還是很愛上美術課，不過，更愛在外面玩。

我們在一個叫做波格斯盆地滑雪場的地方滑雪，那地方離家有二十八公里，我們得沿著蜿蜒的山路上去，那裡的雪非常好，比太陽谷好很多。雖然只是個小地方，但是對於小孩來說，凡事都很大。在夏天，你可以用打工來折抵滑雪季票，我們會在波格斯盆地工作幾天，幫忙清理樹叢等等。有一年夏天我們在上面工作的時候，看到小溪旁有一隻腫脹的死牛。由於我們身上有十字鎬，於是起心動念把這隻牛開腸破肚。十字鎬的一邊是刀鋒，另外一邊是尖銳的金屬。我們用尖銳的那一端，朝著死牛敲下去，但是才剛打下去，就知道麻煩大了——用十字鎬解體死牛的時候，十字鎬會亂飛——這樣做有可能出人命。當你用力敲打死牛，死牛會放屁，腐爛的屍體發出毒氣般的惡臭。我們根本無法把這隻牛肢解。於是我們放棄了。我不知道我們為什麼會想戳爆這隻牛。你知道，小孩子……總是想嘗試每一件事。

要來到這個地方，並非搭山頂纜車上山，而是拉纜繩上山。到了夏天，你會在纜繩排隊的地方找到東西。很多人會把東西掉在這裡，等到雪融之後，這些東西就出現了。你會找到五美元紙鈔以及各種硬幣——從地上找到錢實在太美妙。有一次我走路去搭滑雪巴士途中，經過一所中學，路上的積雪厚達十五公分，我瞄到地上有個胖胖的零錢包。我把它撿起來，錢包被雪浸得濕透，打開來看，裡面有一捲加拿大幣，加幣在美國也通用。我把這筆錢的一大部分用來付當天的滑雪錢。滑雪小屋有賣丹麥麵包，我也買了一些分送朋友。剩下的錢被我帶回家，然後我爸要我在報上登失物招領的廣告，但是一直沒人來認領，我就只好據為己有啦。

我四年級的老師是佛艾小姐，我們都叫她「四眼小姐」。我坐在教室裡前面第三、四個位子，有個戴手鐲的女孩坐在我後面，整天撩頭髮撩到發瘋。她好像無法停止撩頭髮的動作。我大概知道她在做什麼，其實也並不是很明白。小孩子學這種東西，都是一點一點慢慢學到的。我六年級的女朋友茱蒂·普德曼有一個朋友叫做蒂娜·史瓦茲。有一天在學校裡，女生都被叫去另一個房間，一會兒後她們又回來。我非常好奇。她們到底在搞什麼鬼？這天下午我先去茱蒂家，再一起走路去蒂娜·史瓦茲家。蒂娜說：「我表演他們教我的。」她拿出一片衛生棉，蹲下去示範使用衛生棉的方法給我看。那真是改變我一生的大事。

五〇年代的小孩比較晚變大人。六年級的時候盛傳一件事，關於一個會刮鬍子，雞雞也比別人大的男生。這個故事是說他跑去男廁，用雞雞做了那件事，然後有白色的液體流出來。什麼？我根本不相信我所聽到的，但是某些跡象告訴我那是真的。對我來說，這件事等同於藉由靜坐進入。你不相信有人會真正開悟，心裡某個小聲音卻告訴你那是真的，這兩件事是一樣的。於是我想，今天晚上我也要試試看。可是我試到地老天荒，什麼也沒發生，靠，就在一霎那，這感覺——我心想，這感覺究竟從何而來？哇靠！這故事是真的啊，太難以置信了。那就像人類發現了火，就像冥想。你學到了這項技能，然而就在時間靜靜流動當中，很多事開始變化，就像現在。那是真的。

我也記得小時候發現了搖滾樂。搖滾樂讓你做夢，讓你有感覺。當我第一次聽到搖滾樂，就感覺到那無比強大的威力。搖滾樂誕生之後，音樂世界整個改變了，但是搖滾樂出現時候的差異，不只是差不多而已，因為搖滾樂跟之前的音樂差別太大了。好像是一種從天而降的音樂。有人在做節奏藍調時，我們根本沒有聽，我們也沒真的在聽爵士樂，除了布魯貝克。戴夫·布魯貝克在一九五九年發表了《藍色土耳其輪旋曲》[17]，我簡直為之瘋狂。史密斯先生有這張唱片，我在史密斯家聽到，然後就愛上了它。

五〇年代的波伊西，電影並非特別盛行。我記得我在北卡羅萊納州的勒瓊營海軍陸戰隊基地，一座露天戲院的美麗草坪上看《亂世佳人》。夏日的傍晚，在戶外的超級大銀幕上看《亂世佳人》——真的很棒。我不記得跟我弟弟談過電影，我也不記得自己第一次看《綠野仙蹤》是什麼時候，但是無論什麼時候看這部片，我都像是著了魔。不過我並不孤獨，很多人看這部片，也都著了魔。

五〇年代的小鎮風情，非常特別，抓住這份情懷相當重要。那感覺像做夢，它是如此的如夢似幻。但是五〇年代的風情，也並非全然正面。我總是知道有事情正在發生。當我天黑後出門，騎單車遊蕩時，看到某些房子裡有燈光，感覺很溫馨；其他的房子則光線昏暗，有些房子幾乎沒有一點亮光，讓我懷疑是不是真的有人住在那兒。我感覺得到，在這些房子裡所發生的事，並不是快樂愉悅的。我並不住在那裡，但是我知道在那些緊閉的門窗後面，一定有事發生。

有一天晚上，我和弟弟在外面，沿著馬路走進巷子底。在今日世界裡，夜晚到處都是燈光，但是在像波伊西那樣的五〇年代小鎮，戶外雖然也有街燈，但是光線非常黯淡，看起來也更加漆黑。暗黑的感覺讓夜晚愈發魔幻，因為所有東西都變成黑色。總之我們走到夜晚的巷尾，然後，非常不可思議地，黑暗中出現了一個皮膚白皙的裸女。或許是因為光線，或許是因為她從黑暗中冒出來的氛圍，在我的眼中，她的肌膚就像牛奶一樣雪白，而她的嘴巴滲著血，步履蹣跚，狀況非常糟，而且她全身赤裸。我從來沒看過這種景象，她朝我們走過來，但是好像沒看到我們。我弟弟開始哭，只見她坐在馬路邊，我很想幫助她，但是我還小，不知道該怎麼做。我可能問了她：「妳還好嗎？妳沒事吧！」但是她一句話也沒說。她非常害怕，而且被毆打過。然而即使身心受到極大的創傷，她還是美得令人無法直視。

每次我離開帕克圈道的家出門時，都不曾看到我的朋友。某一天我出門，可能是在一個晴天的清晨吧。史密斯家隔壁住著揚茨家，史密斯家的草坪和揚茨家的草坪有部分重疊。兩家房子的中間有一塊地，一端種植灌木，另一端圍著籬笆，還有一道門對著死巷子。我看到一個我從來沒看過的小孩坐在門外的地上哭泣。我走過去對他說：「你還好嗎？」見他沒有回答，我上前問他發生了什麼事，他說：「我爸爸死了。」他泣不成聲，傷心的樣子讓我心碎。我在他旁邊坐了一會兒，但是我了解我完全幫不了他。當你是個小孩的時候，死亡是遙遠而抽象的，所以你不會太擔心，但是我感覺遇見這孩子的這段遭遇，非常恐怖。

景觀大道上有各種小店，例如古董店、五金行，我們都會跑去那裡買材料做炸彈。我們會做管狀炸彈，在雷利・卡德勒的地下室做了三個，全都威力強大。雷利在大水溝附近引爆其中一枚，他說簡直太屌了。然後我把第二顆炸彈丟在威里亞・朋斯家門口。我們都打棒球，所以手臂都很強壯。我把這東西（炸彈）丟得很高很高，它落了下來，又彈回去，但是並沒有爆炸。於是我又丟一次，這次這顆球碰到地面再彈回去的時候，轟然炸了開來。炸彈的管子被炸成碎片，結果炸開隔壁高登・坦波頓家的籬笆。事發當時高登正在蹲馬桶，他一手拿著衛生紙，一手拉著褲管衝了出來。我們說，這樣不對，這樣搞會出人命，我們有可能把人的腦袋都炸開來，於是找了一個空游泳池，把最後一顆炸彈引爆掉，以免傷到人。

炸彈在游泳池爆炸的時候，發出了巨大的爆炸聲，高登和我朝著一個方向跑，其他人則朝反方向逃。我跑去高登家，他家客廳有一個很大的落地窗，看出去就是屋子前方。我們坐在沙發上，坦波頓太太做鮪魚三明治和玉米片，這是我在家裡從來沒有過的待遇，除非是放在鮪魚燉鍋上面。我以前從來沒吃過玉米脆片，我們家不吃甜點，除了一些燕麥葡萄乾餅乾。都是健康飲食。總之我們吃了三明治，我透過落地窗看著戶外的風景，看到窗外有一輛車身是金黑白三種顏色的巨大機車，以及一名高大的警察。他把安全帽摘下拿在手上，走到門前按門鈴，然後把我帶到警察局。身為七年級的班長，我因此必須寫一份身為領導者的責任和義務的報告給警察。

我還惹過其他麻煩。我妹妹瑪莎讀小學的時候，我正在讀初中，她上學的時候必須走路經過初中部。我告訴我親愛的妹妹，經過初中部的時候，必須對初中部的人比中指，因為那表示友善。我不知道她有沒有照我的話做，但是她跑去問爸爸這件事，老爸非常震怒。還有一次，有個孩子偷了他爸的一堆二十二口徑子彈，也給了我一些。這些子彈滿重的，有點像小珠寶。我把子彈收藏了一陣子，但是我想，擁有這些東西遲早會給我惹麻煩，於是我用報紙把子彈捲起來，放在一個袋子裡，扔進垃圾筒。我媽媽在冬天的時候都會用火爐燒垃圾，於是他把所有的紙丟進火爐裡面燃燒。很快地，子彈開始在屋子裡亂飛亂跳，結果我又倒大楣了。

有一天，我們在史密斯家的後院比賽羽毛球，突然聽見巨大的爆炸聲。我們飛奔到街上，整個街區煙霧瀰漫。我們走過去，看到有個叫做裘帝．馬斯特的人，比我們年長些。他用導管做火箭，卻突然意外引爆，腳整個被切掉。他懷孕的母親衝了出來，看到大兒子在地上爬不起來。他很努力想要站起來，但是他的腳已經骨肉分離，在一大灘血和燒掉的火柴頭中間。他的腳後來縫回去了，他沒事。有很多製造炸彈以及汽油引燃的事件，都發生在波伊西。

念完八年級之後，我離開波伊西，搬到維吉尼亞州的亞歷山卓市，搬離波伊西讓我非常不開心。我無法形容當時我有多麼不爽，那是一個時代的終結——我弟弟說得沒有錯，那是音樂停止的時候。九年級暑假後，我的媽媽、弟弟、妹妹又再度搭火車回到波伊西。

那年夏天，爺爺去世了，我是最後一個看到他的人。他有一隻腿被截肢，一直沒有真正復原，因為他動脈硬化很嚴重。他和五、六個人合住在附近的一棟房子裡，有護士照顧。母親和奶奶每天過去看他。有一天她們沒辦法過去，於是對我說：「大衛，你今天去看爺爺好嗎？我們沒空過去。」我說好。那天過了一大半，等到天色已晚，我才想到要去看爺爺。我在南方初中的游泳池前面跟一個小孩借了一輛腳踏車，騎到守雄街。爺爺坐在輪椅上，正在前院透空氣。我走過去坐在他身邊，聊天聊得很開心。我不記得我們到底聊了些什麼——可能我問了他一些以前的事，也有些時刻我們都沒說話——但是我一直很喜歡和爺爺坐在一起。然後他說：「大衛，我得進去了，」我說：「好的，爺爺。」我騎上單車離開，回頭看到護士正出來接爺爺。我一路騎到大街上，然後一個綠色的木造停車間擋住我的視線。因此，護士出來接爺爺，是我最後看到的畫面。

後來，我跑去卡洛・羅賓遜家，因為她的表哥吉姆・巴拉做了一個像棒球那麼大的炸彈，打算把它炸掉。他把炸彈放在後院剛剛修剪過的草坪上，草坪的氣味好聞極了。我很久沒有再聞到那種氣味，我也不知道如今在洛杉磯，還找不找得到那種味道。總之，那裡有一個直徑四十五公分的陶瓷臉盆，他把臉盆蓋在炸彈上面，然後點燃導火線，臉盆整個被炸開，景象無可置信地超級壯觀。那臉盆被炸飛到六十公尺高的空中，塵土滿天飛揚，煙霧從草坪上冉冉升起，蔓延了三到五公尺，非常漂亮。那是我所看過，一個非常驚人的景象。

一會兒過後，我聽到警笛的聲音，我猜可能是警察要過來了，於是我拚命般地騎車回到游泳池，把車還給那小孩。當我走路回到奶奶家，我看到母親正在前門外。她正要走向車子，但是她看到我，對我猛揮手，於是我快步走向她，問道：「這是怎麼回事啊？」她說：「是你的爺爺。」我以飛快的速度開車載她去波伊西市中心的醫院，爺爺正在那裡。我併排停車，母親走進醫院裡面。十五分鐘後，她走出來，我馬上查覺有事發生。然後她坐上車，她說：「爺爺走了。」

事情發生的時候，我才剛剛離開他十五分鐘。如果把時間往前回溯，當他說：「大衛，我得進去了。」的時候，我相信他一定覺得身體有異狀——我想他可能內出血，但是不想在我面前說。那天晚上我和奶奶坐在一起，她很想聽我說說去看爺爺的所有經過。我後來把這兩件事連在一起，才知道那警笛聲並不是因為炸彈，而是為了要送爺爺去醫院。我跟祖父母非常親密——爺爺、奶奶、外公、外婆，四個人；我第一個失去的是爺爺，我非常愛他。我的爺爺，林區先生的去世，對我而言是一件重要的事。

一九九二年間，我又回到波伊西。我曾經認識一個女孩，她七〇年代在這裡自殺。我想知道她的情況。這個故事可以追溯到很久以前。當我八年級結束，離開波伊西，搬到亞歷山卓的時候，珍．瓊森是我當時的女朋友，而在亞歷山卓的第一年，也就是九年級，我最慘的那一年，我依然和珍通信，企圖要維持這段感情。隔年一九六一年的夏天，我們回到波伊西的時候，珍和我兩週前已經分手了，於是我開始跟一個女孩約會，回到亞歷山卓之後，我換對象，開始跟她通信。我們互相寫信寫了好幾年，在那個時代，我們都會寫很長的信。

高中畢業的暑假，我搭灰狗巴士去看奶奶。這輛巴士的引擎聲很吵，發出很多噪音，司機在二線道的公路開車，時速可以到一百二十、一百三十公里，整個旅途中放眼望去都是山艾樹林。我記得車上有個男人，看起來是個真正的牛仔。他戴著被汗水浸透的牛仔帽，臉上皺紋密布，好像牛皮一般。他有一雙鋼青色的眼睛，整個旅途中，他都看著窗外。真是個老派的牛仔。到了波伊西，我前去奶奶家。奶奶和佛迪太太住在一起。兩位女士都上了年紀，但是都非常寵我。她們覺得我很帥，真的很棒。

奶奶讓我開她的車，我開到這間旅館，走進夾層樓，這室內空間有點怪，暗暗的，還有一個汽水機。和我通信的女孩就在這裡上班。我問她晚上想不想一起去汽車電影院，於是和奶奶與佛迪太太吃過晚餐之後，我就和這個女孩子去汽車電影院了。以前那段日子，到處都是汽車電影院，美妙極了。我們開始會在裡面接吻，她告訴我一些關於她的事，我才開始知道，原來她是個野女孩。她後來交了一些很奇怪的男友，像我這樣所謂普通的男生，可能都會有點怕她。我記得她對我說：「大部分的人都不知道他們的生命到底想要做什麼，你很幸運，你知道你想做什麼。」我覺得她的的生命，已經漸漸朝黑暗的方向陷進去了。

我們持續通信——其實跟佩姬結婚之後，我仍然和她以及另外兩個女孩通信。我跟這三個女孩寫信寫了好幾年，直到有一天，佩姬終於對我說：「大衛，你現在已經是人夫了，你必須停止。」佩姬並不是嫉妒型的女人，但是她說：「聽著，寫一封態度良好的信，她們會理解的。」她的語氣彷彿當我是小屁孩。於是，我不再跟她們通信了。

多年之後，一九九一年，我正在進行《雙峰：與火同行》[18]的拍攝，每到午休時間我都會打坐冥想，有一天我冥想結束，打開拖車的門，片場有個人說：「有一個叫做迪克．哈姆的人在這裡，他說他認識你，」我說：「迪克．哈姆？真的嗎？」迪克．哈姆是我的小學同學，我們有好幾十年沒碰面了。我去招呼他，以及他從紐約來的妻子，再度見到他真令人欣慰。我問他有沒有遇到過那個曾經和我一起去汽車電影院的女孩，他說：「沒有，她去世了。她跳進大運河自殺死了。」我開始納悶，這會是怎樣的一個故事呢？她到底發生了什麼事？影片殺青之後，我回到波伊西，想搞清楚這件事。我去圖書館查詢這個女孩的相關資料，找到了她死去當天的警局紀錄。

這個女孩嫁給了一個年紀比她大很多的人，但是她的哥哥和爸爸都很討厭這個男人，她同時也和另一個波伊西的傑出公民搞外遇。某個星期五的晚上，這個外遇對象提出分手，她整個人崩潰。她無法隱藏悲痛，或許她的丈夫也起疑心。到了星期天早晨，有個街坊鄰居出去吃早午餐，發現她和她丈夫分別走進餐廳。故事的發展是，後來她丈夫離開餐廳回家，一會兒之後她也回到家，走進廚房拿了一把二十二口徑的老式左輪手槍，然後跑去洗衣間，對著自己的胸口扣下扳機，再步履蹣跚地走出屋子，死在前院的草坪上。我在想，如果一個人想死，為什麼要跌跌撞撞地走出門死在草坪上呢？

根據警方的調查，我想他們從她外遇對象的身上得到一個結論：這個就是自殺，請不要靠近現場，免得給我惹麻煩，你們這些傢伙，不要在那邊晃來晃去。這件事被河蟹掉了。於是我跑去警察局，想試試看套他們的話，我說：「我正在為一部電影尋找材料，你知道在那段時期有個自殺的女孩嗎？」這一招沒有奏效，因為他們絕對不會願意公開這件事。我申請到調閱犯罪／自殺現場的檔案照片的許可，於是我填好表格，提出申請，但是他們說：「很抱歉，因為年代久遠，那一年的資料已經被丟棄了。」從一開始這女孩子還年輕的時候我就認識她了，我無法解釋為什麼她的生命會走到那個地步。

但是我知道，我們很多人會成為現在的自己，都是從一開始就決定好的。有人把它叫做「生死輪迴」，我相信我們都經歷過好多好多次的輪迴。大自然定律告訴我們，你播了什麼種，就會收穫什麼，當你來到這個世界，你過去的某一部分，一定也參與了你現在的生命。想像一顆棒球：你擊中一顆棒球，球飛了出去，沒有飛回來，直到這顆球撞到了某個東西，才開始反彈回來。這中間有一個長時間的巨大真空，但是當它是開始返回時，它會彈向你，你，就是一開始驅動這顆棒球的人。

我相信命運在一個人的生命中扮演著重要的角色，因為有些事情的發生，是無法解釋的。我怎麼會贏得獨立製片的補助，然後進入美國電影學會的高級電影研究中心？你為什麼會遇到某個人，然後愛上他，但是為什麼你就是不會遇到其他人呢？你生命中的自己，很多都是你本來的樣子，雖然父母朋友也會對你造成一些影響，但是基本上，你，就是一開始的你。我的子女每個都很不一樣，他們都是他們自己，他們都帶著一點自己的人格來到這個世界。你真的很了解他們，你也很愛他們，但是在他們的生命歷程中，你所能參與的其實非常少。有些東西是被設定好的，不過，童年經驗也可能形塑你的人生，我在波伊西的童年經歷，就對我影響深遠。

一九六〇年某個八月的夜晚，那天是我在波伊西的最後一個晚上。我們家門口有一塊三角草坪，用來把我家的車道和隔壁史密斯家的車道分隔開來，我的爸爸、弟弟、妹妹還有我，就在那塊三角草坪上，和史密斯家的男孩道別：馬克、丹尼、藍迪以及葛瑞格。突然間，史密斯先生走出來了，我看到他和爸爸說話，然後跟他握手。我看著這個畫面，開始感覺到情況的嚴重性，這是我在波伊西的最後一個晚上啊。多年來我們一直和史密斯一家人為鄰，我從來沒有和史密斯先生面對面交談過，而現在，他正走向我。他伸出手，握住我。他可能說了「大衛，我們會想念你」之類的話，但是我並沒有聽到他說了什麼——我只是突然哭了出來。我領悟到史密斯一家對我的重要性，還有我在波伊西的朋友們，我也感覺到他們在我生命中的重要性，正一層一層地加深。我覺得感傷。然後我看到明天的我將啟程進入某個未知的黑暗。握過手，我從淚光中抬頭看著史密斯先生。我說不出話來。我最美最美的黃金歲月，就此結束了。

1 Edwina Sunholm 2 Austin Lynch 3 Martha Levacy 4 David Keith Lynch 5 Peggy Reavey
6 Jennifer Lynch 7 Troop 99 8 *The Man Who Shot Liberty Valance*
9 *Wait Till the Sun Shines, Nellie* 10 Henry King 11 *The Ed Sullivan Show* 12 *Blue Velvet*
13 *Good Times on Our Street* 14 *Three Coins in the Fountain* 15 *Perry Mason*
16 Diane Arbus 17 Dave Brubeck, *Blue Rondo à la Turk* 18 *Twin Peaks: Fire Walk with Me*

藝術生命

維吉尼亞州的亞歷山卓是個非常不一樣的世界。這座相對世故的城市，位在華盛頓特區市中心南方十一公里，這裡其實是華盛頓特區的郊區，也是上千公務人員的家。在六〇年代中初期，亞歷山卓的人口是波伊西的五倍，但是林區對這個嶄新的世界顯然毫無感覺。「據我所知，大衛在中學時期就是明星，他有意識到自己顯然是天之驕子，」佩姬·蕾薇說道：「他從一開始就是。」

剛上中學的時候，他結識了托比·基勒[1]，大衛也從這時候起確定了自己生命的方向。「我跟大衛是在他女朋友家前院的草坪上認識的，我當時的第一印象是他女友，而不是他。」基勒說起他開始追這位叫做琳達·史黛的女孩，卻疏遠了大衛。「大衛住在城市的另一端，但是亞歷山卓的法律規定十五歲才能開車，於是他開著家裡的雪佛蘭羚羊，有兩個翅膀的那種車，來到她家。我馬上就喜歡上大衛了。他永遠是地表最受歡迎的人。我搶了他女友，這玩笑我們開了好多年。我們都是哈蒙高中兄弟會的會員，我們的密語是：『自始至終信任不疑』，但是我所認識的大衛，並不是那種會徹夜狂歡的兄弟會男孩。」①

林區和基勒變成了好友，但是托比的藝術家爸爸布許奈爾·基勒[2]，卻徹底改變了林區的一生。「布許對大衛的影響很大，因為他有勇氣斷開舊日生活另闢蹊徑。他成立了自己的工作室，開始藝術創作，」托比說：「大衛得知布許奈爾的故事，他說腦子裡彷彿有一顆炸彈爆開：『當個畫家，你做得到嗎？』」

布許奈爾的弟弟，大衛，回想起他哥哥是個「非常定不下心的人」。布許在達特茅斯學院拿到企管學位，娶了一名克里夫蘭的富家千金為妻。他曾擔任低階主管，工作還算不錯，但他卻痛恨這份工作，於是他們全家搬到亞歷山卓，讓他學習當牧師，但是兩年之後，他發現自己也不想做這行。他是個憤世嫉俗的年輕人，永遠在挑戰新事物，他用過安非他命、抗憂鬱劑等藥物，但是都沒有幫助。最後他終於了解自己真正想做的，是當一名藝術家，而他做到了。不過這個決定，卻犧牲掉他的婚姻。」

「當時只有布許知道大衛渴望成為一名藝術家。」大衛・基勒回想二〇一二年離世的哥哥，接著說道：

「布許當時覺得自己正處在一個必須突破生命的時間點，我覺得那是大衛無法從父母身上得到的感覺，於是布許成為他堅強的後盾。大衛經常待在他家，布許也安排了一個空間讓大衛工作。」②

大衛中學一年級那年認識了傑克・菲斯科[3]，從此更加確信自己對藝術的堅持。他們倆建立的友誼持續到今天。現在的菲斯科是個廣受尊敬的美術設計以及導演，而當時他的名字叫做強・魯敦，是個伊利諾州坎頓市出生的小帥哥。他在家中是三個孩子的老二，姊姊蘇珊大他四歲，妹妹瑪麗小他一歲。菲斯科的父親飛機失事去世之後，他的母親又嫁給查爾斯・魯敦，他是一位監工，因為工作需要經常搬家。（菲斯科後來恢復他原本出生的名字，妹妹瑪麗也是。）菲斯科小時候念過天主教軍校，一家人住過許多地方，包括密西根州卡拉馬祖，維吉尼亞州里奇蒙，以及巴基斯坦的拉合爾。最後他們在亞歷山卓落腳，菲斯科當時十四歲。

「大衛和我都聽過彼此的名字，因為我們都對繪畫有興趣，」菲斯科說：「我記得他站在學校走廊上自我介紹──他告訴我他二年級，但是我知道他才一年級。我們有時候會取笑他那天扯的謊。我當時在海特藥房幫人倒汽水，而他則是送貨員，開著吉普車運送藥品。」③

林區的工作讓他有機會到全城各處，大家都對他印象深刻。「我有一個送報的路線，在我認識大衛大約兩年之前，我看到一個人，帶著一堆小袋子，挨家挨戶敲門，」克拉克・福克斯[4]如此說道，他是個藝術家，也是大衛林區的中學同學：「他並不是很融入環境。如果你留長髮，會讓人覺得邋遢，但是他留了很長的長髮，卻從來沒遇到麻煩，而且他非常白皙。當他在藥店工作的時候，永遠會穿外套繫領帶。他是個非常獨特的人。」[4]

菲斯科有過喧囂的童年，而大衛的童年卻都是悠閒的鄉居生活，兩人氣質截然不同，卻都嚮往藝術，而且步調一致。「我家經常搬來搬去，所以我是個獨行俠，但是大衛卻很容易交朋友，每個人都喜歡他。」菲斯科說：「大衛說話的時候，你會傾聽，屢試不爽。大衛一開始就很古怪。我們在一家正規的學校，學校裡有兄弟會，每個人都會加入——不過我沒有——每個都人都穿格子襯衫和卡其褲。大衛是學校的財務長——他的競選口號是『和大衛一起拯救校園』——在候選人政見發表會上，大衛穿了一件泡泡紗西裝，和一雙網球鞋。這樣的穿著在今天可能不算什麼，但是在當時，沒有人會想到穿西裝配球鞋。」

林區選上了高中財務長，但是幾乎就在同一個時間，他迷上了繪畫。他對美術的興趣，漸漸凌駕幾乎所有生活事物之上。「他不想做財務長的事了，」菲斯科回憶道：「我不記得他是被辭退還是自動辭職，總之這份差事他做不久。」

叛逆是每個人必經的歷程，林區卻不一樣，他不會為叛逆而叛逆。他叛逆，因為他發現學校外的某些事物，對他來說更重要。「大衛如此醉心於油畫，在當時的時空環境下，是很不尋常的。」約翰．林區說：「我們的父母對於他不走正途，也非常不高興。他的叛逆從九年級開始，雖然他從來沒有犯過法，但他也會縱酒狂歡，在亞歷山卓的第一年，他晚上偷溜出去被逮到。還有晚餐，我母親會做很家常的晚餐，大衛卻覺得太一般了——他會說：『妳的食物太沒趣味了啦！』當大衛在波伊西的時候，他非常熱衷於男童軍，但是搬到維吉尼亞之後，他也背叛了童軍。爸爸希望他繼續加入童軍，希望他晉升到鷹級童軍，大衛也做到了，但是我想他這麼做大部分是為了爸爸。」

十五歲生日的時候，他告別了童軍。當時他和許多被選出來的鷹級童軍一起坐在貴賓席，參加甘迺迪總統宣誓就職典禮。他記得他看到甘迺迪、艾森豪、詹森、尼克森坐在行駛中的黑頭禮車，離他只有幾公尺。

這是件了不得的事，無庸置疑；但是大衛的心卻在別處。瑪莎．雷佛希說：「我們搬到亞歷山卓後，大衛一心只想畫畫，我則是家中負責協調的中間人。我告訴大衛爸媽如何憂心，我也把大衛的想法提出來跟父母溝通。我嘗試讓一切平安落幕。我爸媽都是很有耐性的人，而大衛也非常尊敬父母，所以雙方並沒有發生火爆衝突，儘管彼此的歧見依然存在。」

大衛的表妹，愛蓮娜．齊嘉瑞里形容大衛的父母是「非常正直、保守，虔誠之人。美麗的桑妮有一副柔軟又甜美的嗓音，但是她卻很嚴格。我記得我們全家在布魯克林一家餐廳聚會，為曾祖母赫米亞慶生。大衛那一年十六歲，在場每個人都喝紅酒祝賀，但是大衛的媽媽卻不許他碰酒杯。當你看大衛的作品的時候，你很難想像他來自這樣一個家庭。我的感覺是，正因為他的家庭如此拘謹刻板，反而促使他倒向對立的一方。」

不顧家庭的約束，林區走自己的路。「我們剛認識的時候，大衛已經和布許奈爾．基勒租房子住，」菲斯科回憶：「他問：『你想跟我一起分租公寓嗎？』那間公寓非常小，不過我還是跟他一起住了——月租二十五美元——布許奈爾會過來給我們指教。他跟大衛介紹羅伯特．亨萊[5]的作品：《藝術精神》，大衛找我一起參加。他坐著朗讀，並且跟我討論。知道有人寫下關於當畫家的書，感覺很棒——我突然不再感到孤獨。讀了亨萊的書，我們認識了梵谷、莫迪里亞尼等藝術家。任何一位一九二〇年代的法國藝術家，都會讓我們興致盎然。」

身為美國藝術垃圾箱畫派[6]的領導者，羅伯特・亨萊提倡一種堅韌不拔的現實主義。羅伯特・亨萊是個受人尊敬的導師，他的學生包括愛德華・霍普[7]，喬治・貝洛斯[8]和斯圖亞特・戴維斯[9]。一九二三年出版的《藝術精神》一書，濃縮了他數十年來的教學內容，林區深受此書的衝擊。書中的語句從今日角度來看似乎過時，但是字裡行間的情感表達，卻是超越時空的。這是一本傑出又鼓動人心的作品，提出了一個簡單的訊息：極盡可能自由表達自我，相信這件事值得努力去做，相信自己做得到。

一九六二年初，林區十六歲，他覺得是時候搬離布許奈爾・基勒的工作室，他應該開始自立門戶，而他的父母也願意提供租金。「這是很大的一步，」雷佛希說道。約翰・林區記得：「布許奈爾跟我爸媽談大衛要成自己的工作室，他說：『大衛並不是在鬼混，他要利用工作室創作繪畫。』大衛找到工作以負擔房租，租金非常便宜。一九六〇年代有個『舊市鎮』，就是亞歷山卓的貧民區。（這地方今天已經變成高級區，充滿名牌店鋪與昂貴的時尚咖啡館）街道上羅列著兩百年歷史的磚房，屋況就像垃圾堆，破爛到不行。大衛租到的地方，就是其中一棟比破爛還爛的房子。他們租二樓，室內空間狹窄，樓梯年久失修，走在上面嘎吱作響。他們有時候會在這裡辦個小派對，但是大部分時間還是工作室，大衛每天都會過去，待到很晚才回家。他也有『門禁』：他家有個電子鐘，每天晚上回家的時候，會自動切斷電源，爸媽就知道他幾點回來。不過，他早上總是很難爬起來，有時候爸爸會拿一條濕毛巾鋪在他臉上。大衛非常痛恨這件事。」

高中時期，菲斯科和林區都在華盛頓特區的科克倫藝術學校[10]上課，而他們的生活重心，也漸漸遠離校園。「我在學校美術課被當掉，我想大衛的美術課成績應該也很慘，但是我們一直都在畫畫，而且我們弄了不同的工作室。」菲斯科說：「我記得在卡麥隆街有一棟房子，我們想把整棟都租下來，然後把其中一個房間漆成黑色，變成一個可以在裡面思考的空間。我第一次遇到大衛的時候，他正在畫巴黎的街景，他想到辦法結合紙板和蛋彩來作畫，效果很好。有一次他帶了一幅畫了碼頭與船的油畫過來，他用的顏料很厚，然後有一隻蛾飛到畫上面。這隻蛾掙扎著要擺脱顏料，在空中形成了漂亮的螺旋。我記得他當時非常興奮，因為他看到死亡融入他的畫作。」

「如果大衛在藝術上朝某個方向前進，我就尋找別的途徑，」菲斯科繼續説道：「我們總是互相督促，讓彼此更臻完善，而我們確實因此促成彼此的進步。我的作品越來越抽象，而大衛喜歡畫黑暗的東西——夜晚的港口，死亡中的動物等——都是很情緒性的主題。大衛性格開朗，個性陽光，但是他總是會被黑暗的事物所吸引。這是大衛的生命謎團之一。」

就在此時，在大衛的老家，林區的父母百思不解。「大衛可以把國會大廈畫得完美無瑕，他也可以把爺爺奶奶外公外婆的家畫得唯妙唯肖，」雷佛希説：「我記得媽媽問過他：『你為什麼不畫些你以前畫過的那些漂亮的東西呢？』」林區勇於反抗世俗眼光。如此的個性轉變，卻導致他與家庭的關係惡化。大衛身上某些東西並沒有改變，他依舊是個和善的人，從他和弟弟的相處上，可以證明這一點。「大衛和我在中學的時候共用一個房間，我們也會吵架，但是大衛都會幫我一些事。」約翰·林區説：「他在學校裡是風雲人物，但是他並不以他的小弟弟為恥，他會帶我加入他朋友的社交圈，我認識了他的朋友，我的朋友也成為這團體的一分子。我很多朋友都是宅男。」

一九六〇年代前半，林區還是個青少年的時候，美國電影陷入低潮。社會革命還沒有正式開始把新思維注入美國電影，美國電影公司量產許多桃樂絲·黛的純情電影，沙灘派對電影，貓王的歌舞片，以及浮誇的歷史劇。這段日子也是外國電影的黃金時期，巴索里尼，波蘭斯基，費里尼，安東尼奧尼，布紐爾，希區考克，高達，楚浮，以及柏格曼，都在這時期拍出經典電影。庫柏力克是少數具有突破性的美國導演，林區非常仰慕庫柏力克在一九六二年改編弗拉基米爾・納博科夫[11]同名原著的情色喜劇《一樹梨花壓海棠》。他對於仙杜拉・蒂和特洛伊・唐納荷主演的《畸戀》[12]有美好的回憶。他弟弟記得他在這段時間裡看了柏格曼和費里尼的電影，但是大衛沒有印象。

茱蒂・威斯特曼是林區青少年時期最重要的女友：他們是校園票選最萌情侶，畢業紀念冊上有一張他們騎雙人單車的照片。「大衛有一個很正直的女友，但是他也曾經跟一些『校園速食女』交往過，」克拉克・福斯說：「他曾經說他偏好『豪放女』，不過他並沒有說太多細節。我知道這類女孩都很狂野。大衛相當著迷於生命中狂野的那一面。」

菲斯科回憶起「大衛和茱蒂的關係非常親密，但是並不表示他們會進展到肉體關係。他不會對女性獻殷勤，但是他也沉迷於女性的魅力。」大衛認識菲斯科的妹妹瑪麗時，兩人並沒有立即被對方吸引，但是他們倆都記得初相識的那一刻。「認識大衛的時候，我大約十四、十五歲吧。」瑪麗・菲斯科一九七七年成了林區的第二任妻子，她回憶道：「當時我在家，坐在客廳裡，傑克跟大衛經過房間時介紹：『這是我妹瑪麗。』客廳裡有個銅瓶子，用來當菸灰缸。我想大衛應該被嚇到了，因為他家不抽菸。不知道為什麼，大衛總是有理由把我和香菸聯想在一起——他經常這麼說。」

「大衛雖然和茱蒂・威斯特曼交往，但他真的很喜歡南西・布里吉，」瑪麗・菲斯科接著說：「升高三那年暑假我喜歡上大衛，是那種很突然的喜歡——大衛與人相處的能力非凡。我們有過幾次約會，但是沒有很認真，因為當時我們分別也跟其他人約會。那是大衛和傑克高中畢業的夏天，到了秋天，我們就各奔東西了。」[5]

一九六四年六月，林區高中畢業，三個月之後，因為父親的工作，全家搬到加州的核桃溪市，而林區正要開始在波士頓的藝術博物館附設學院[13]上課。同一個時間，傑克．菲斯科也進入曼哈頓的私立柯柏聯盟學院[14]就讀。這所學校在過去和現在都是頂尖學府——當時的師資包括艾德．萊茵哈特[15]、約瑟夫．亞伯斯[16]等——然而菲斯科念了一年之後就退學，前往波士頓與大衛再度會合。「當我走進他的公寓時，我非常震驚，因為屋子裡到處都是畫，不同種類的畫，」菲斯科說：「那些畫都是橘色與黑色系，對大衛來說算是明亮的作品，我很訝異他竟然有如此多創作。我記得當時我心裡在想：我的天！這傢伙一直在工作。他有辦法創作出這麼多畫，某個原因是因為他在家裡畫，而不是去學校。學校讓大衛分心。」

菲斯科和林區參與藝術的差異性相當有趣，兩人在曼哈頓的藝術經歷也是如此——曼哈頓在當時是國際藝術世界的中心。抽象表現主義的黃金時期已經過去，末期現代主義也把地盤讓位給普普藝術，普普藝術在藝術史的演進過程中，被彈到第一線。羅伯特．勞森伯格[17]與賈斯培．瓊斯[18]發展出連結藝術與生活的新策略，觀念藝術與極限主義正在興起。波士頓與曼哈頓只有一小段火車的距離，菲斯科住在曼哈頓，但是林區和菲斯科對於他們工作室以外所發生的事，似乎興趣缺缺。他們追隨羅伯特．亨萊的路線，卻不怎麼重視《藝術論壇》期刊[19]。對他們而言，藝術是一種神聖的呼喚，需要紀律、孤獨，以及絕對的毅力。普普藝術的嘲諷很酷，紐約藝術圈的雞尾酒派對很潮，但是這些東西在他們藝術創作的實踐中，根本沒有地位。他們屬於古典世界裡的浪漫主義者，全然處在另一條軌道上。

林區在波士頓的第二個學期結束時，他的成績每下愈況，他的雕塑課和設計課都被當掉，之後，他就休學了。擺脫波士頓並非簡單之事。「他在波士頓的公寓被滿屋子油畫搞得一團糟。房東要求他賠償損失，我爸雇了律師來調解，」約翰．林區說：「我爸不會對人吼叫，但是他生氣的時候你會知道，我想他對大衛相當失望。」

下一步怎麼走呢？布許奈爾．基勒的哥哥在波士頓有個旅行社，他幫菲斯科和林區弄到免費機票去歐洲。他們在機場認識了一群女孩，還陪她們上飛機。一九六五年春末，兩人抵達歐洲，預備在薩爾斯堡國際暑期美術學院就讀。這所學院位在薩爾茨堡要塞的一座城堡內，又名「視像學校[20]」。這所學校是奧地利表現主義藝術家奧斯卡．柯克西卡[21]一九五三年創辦的，就在音樂劇《真善美》中這個一塵不染的城市。林區回憶道：「我很清楚，我不可能在這地方工作。」他們在開學前兩個月就來到這毫無感覺的城市，菲斯科和林區感到茫然不知所措。「我們兩人加起來一共有兩百五十美元，大衛愛喝可口可樂，一元一瓶，再加上萬寶路香菸，一元一包，我眼睜睜地看著錢包不斷縮水，」菲斯科說。他們總共撐了十五天。

「回到家之後，我繼父給了我一千元，這在當時是很大一筆錢，我申請了賓州美術學院，因為國家正在徵募人去越南，學校有提供助學金。」菲斯科繼續說：「我到了費城，但是因為太晚申請而無法入學。於是我在《費城詢問報》找了一份工作，幫他們的『電視指南』找廣告。一、兩週後，詹森總統升級戰爭規格，開始徵募更多軍人，學校電話通知我說：『我們收你吧。』於是我就入學了。我在二十一街和櫻桃街的路口租了一個小房間，每個月三十美元。」

這樣的情況，林區並不好過。「他父母非常氣他沒上學校，他們對大衛說：『你就自求多福吧。』」佩姬．蕾薇回憶道：「一九六五年其他時間，他都住在亞歷山卓，做一些很爛的工作，我知道他度過了一段辛苦的日子。我想就在那時候，他被徵召入伍。但是他逃過了，可能是因為他胃痛。他小時候就有胃方面的毛病。（林區其實是因為背部的毛病沒有當兵）」

當大衛從歐洲歸國，回到亞歷山卓的時候，基勒收留他。他在基勒家裡打零工，包括粉刷樓上的浴室，托比．基勒描繪道：「他大概花了全副心力在做這件事。他用一個超小的刷子，刷了整整三天的浴室，可能有一整天都在刷暖氣。他把每個角落和每個裂縫都仔細刷過，它刷得比新的還要漂亮。我媽每次想到在浴室裡工作的大衛，她還是會笑出來。」[6]有天晚上，基勒在宴會上招待賓客時，布許奈爾宣布：大衛決定要搬走，找自己的住處。林區第一次知道這件事，基勒覺得林區應該走出自己的生命軌道，應該跟他的同輩一起居住。

「大衛竭盡全力吸收藝術，」大衛．基勒說：「他看上去似乎總是非常開朗——他會用非常天真的表達方式，例如：『漂亮』（nifty）。他最喜歡用的字眼是『沒問題』（swingin' enough）。布許會建議他嘗試新東西，大衛會說：『好，沒問題，布許奈爾。』不過我覺得他當時處在一種徬徨不知所措的狀態。他有點絕望，而且他很需要錢，因為他有了自己的地方，於是我幫他找了一個工程公司的藍圖工作，我也在那家公司當製圖員。大衛在藍圖室單獨作業，他非常喜歡用各種材料做實驗。他會跑到我的座位跟我說：『嘿！大衛，你看看這個，你覺得這個怎麼樣？』他花很多時間做公司業務以外的事。我不記得我們倆是誰先被炒魷魚。」

「大衛也很難早起，」基勒繼續說：「我上班的時候得先經過他家，我會對著他的窗戶大吼：『起床啊！林區，你要遲到了。』他的房東是米蓋朗基羅．亞羅卡，同時也是他房間樓下那家畫框店的店主。亞羅卡是個小兒麻痺，大塊頭，目露凶光的壯漢。」

丟掉工程公司的工作之後，林區就在亞羅卡的畫框店打工。後來他也丟了這份工作，因為他刮壞畫框，然後亞羅卡又給他另一個看門的工作。他盡力而為，畢竟那是個艱難的時刻。當他與菲斯科再度交會時，林區鬆了一口氣。「有一次我回到亞歷山卓，發現大衛在一家美術社工作，掃地。大衛很會掃地，」菲斯科說：「他仍然喜歡掃地，而且對此非常驕傲，但是他幾乎沒有薪水。他住的公寓裝潢得非常漂亮，都是用廉價的東西——我記得有橘色的窗簾——但是我覺得他的生命似乎停滯不前。我跟他說：『你應該來費城。』於是他過來看學校，就註冊入學了。」

那一年的年底，大衛來到費城，離開亞歷山卓，但是他並非什麼都沒留下。菲斯科的母親是他租房子的經理，大衛在臥室的天花板上畫了一幅壁畫。「他們搬走之後，那片壁畫怎麼弄也弄不掉。」菲斯科說：「大衛用普魯士藍畫那幅畫，那也是他最愛的顏色之一，那藍色到現在還不斷地滲出來。」

九年級是我一生當中最慘的歲月。我想念波伊西的朋友，我懷念那地方的感覺、光線，以及氣味。維吉尼亞似乎非常黑暗。我並不欣賞亞歷山卓的大自然——那裡的森林跟波伊西完全不一樣——我跟一些壞孩子混在一起，快變成不良少年了。有個孩子，是個孩子王，外表比實際年齡大，像個大人。他是個早熟的男孩。看起來像個小號的洛．赫遜，他偷開鄰居的車子，載各種人去外面混。我們半夜兩、三點開車去華盛頓特區，以時速一百九十公里的速度開到雪利公路上，沿線一路奔去禮品店，或是去喝個酒什麼的。我會和這個男孩走得很近是因為：我不喜歡我的生活，我喜歡「做怪事」的概念，差不多就這個意思吧。我喜歡，但是我也不喜歡。這傢伙有一次跑來我家，一根菸懸在耳朵上，一包菸卡在運動衫的袖子裡。我爸媽看見他了。他們不是很開心。他們想，可憐的大衛，他竟然喜歡這一味……

這傢伙有很多馬子，我想他應該輟學了。九年級結束的暑假，我再訪波伊西，回到亞歷山卓的時候，他已經離開了。然後有一天午餐時間，我在停車場，可能是出去抽菸吧，我看到他開著敞篷車，載著一個馬子，看起來帥斃了。漂亮啊！酷哥。不知道他現在怎麼樣了？

我的臥室面對著二樓的露臺，我常爬下露臺偷溜出去鬼混；但是第二天我還是得上學。有一次我回家的時候，才剛剛躺下去。就聽到鈴聲大響。真是令人抓狂，我爸媽知道我偷溜出門，但是他們不知道我做了什麼。我其實並沒有那麼野，不過有幾次我真喝醉了，有一次是喝琴酒。我喝了琴酒，但是告訴那些女孩子我喝的是白開水，後來我躺在羅素・凱佛維家的前院。醒過來的時候，我從視線中看到他家木樁上的門牌，我對著門牌號碼看了又看，才頓悟到原來我躺在院子裡，而且我在羅素家。我不記得我當時是怎麼回去的了。

九年級的時候，爸媽非常擔心我。我看到雜誌上有個比賽，標語是：「畫我」，我想知道自己有沒有這能力，就畫了張圖寄過去。有天晚上，一個男人來到我家，告訴爸媽我畫得很好，我贏得了某個名義上的偽獎學金。當時我在樓上，爸媽跟那個人在一樓客廳談話，那感覺好甜蜜。他們正盡力地為我的人生尋找方向呢。

在成長過程中，我一直以自己的方式去相信神。我並沒有好好思考過，但是我知道有某個東西在支配萬物。十四歲的時候，某天早上我想著，教會並沒有教會我什麼。我並沒有因此得到真正的東西，現在回想起來，我可以想像當時的我，正開始邁向瑪哈禮希[22]靈修之路。當我在拍攝《橡皮擦頭》時，我會去看這位印度大師的照片，心裡想著：這張臉，他洞悉了我所不解的事。難道真的有所謂「啟蒙」這種東西嗎？這是真的嗎？還是只是某種印度的產品？我現在知道那是真的。總之，後來我就不上教堂了。

就像每所中學一樣，哈蒙高中的運動陽光男孩，總是最受歡迎的。排第二的就是兄弟會男生，他們並不是真的壞孩子，但是他們不運動，忙著做其他事情。我是兄弟會成員，賴斯特・葛羅曼是我們的會長。賴斯特是個厲害角色。他利用課餘時間在鞋店打工，每天晚上他都會偷一個鞋拔子，回家之後，他就把鞋拔順手丟在房間裡，於是他有滿屋子成堆的鞋拔。賴斯特有個親戚幫我們弄了一堆便宜燈泡，我們挨家挨戶拿去賣，像賣熱蛋糕那樣。我們賺了一大筆錢，開了一場超級派對。這場大規模派對不只對校內同學開放，還對華盛頓地區所有高中開放，非常盛大。我們找了一個叫做「熱堅果」的樂團，收門票，賺了一筆錢。我們有好多錢，然後一個星期就在維吉尼亞公園全部花光，兄弟會負擔了部分住宿費用以及晚餐，可能還資助了一些錢。從一到三年級，我整個中學都在兄弟會。學校地下室辦的慢舞派對，我也參加過。在青少年時期，電影對我而言沒什麼大不了。只有去露天汽車電影院才會看電影，但我都是去那裡接吻。我去過戲院幾次，但是，幹嘛去戲院啊？戲院裡又冷又黑，窩在裡面看個電影，外面的一天就過去了。在電影院看電影，沒辦法做太多事。

我現在穿衣服的風格跟我那時候是一樣的，在中學的時候，我並沒有意識到我有自己的風格。我在潘尼服飾買衣服，我愛死卡其褲，我也喜歡穿外套打領帶——那樣的打扮讓我感覺非常舒適。我有三條領帶，兩個領結和一條普通領帶，我戴了好久。但是我不會打領結——領結不過是在最上面打一個結。我總是會把襯衫最上面的釦子扣起來，因為我不喜歡露出鎖骨，我也不喜歡有人碰我的鎖骨。那會讓我抓狂，我也不知道為什麼。這或許是我喜歡繫領帶的原因之一吧，為了保護我的脖子。

我在學校認識了傑克．菲斯科，我們都對藝術著迷，自然成了朋友，但我真正喜歡傑克的地方，是他認真工作的態度。當你看到他嚴肅地工作，做東西，那真是很美的一件事。我非常尊敬傑克，認識他的時候我們都還很年輕，所以我們的友誼歷久彌新。即使我好幾個月沒跟傑克說話，他依然是我最好的朋友。我記得我也認識他的妹妹瑪麗。她是個辣妹，我一直為她著迷。我們約會了幾次，也有接吻，我覺得菲斯科十分不爽這件事。

琳達．史黛是我高一的女友。琳達個子嬌小，行事風格非常戲劇化，我們經常在她家的地下室玩親親。他爸媽人都很好——爸爸在海軍，媽媽很甜美，他們讓我在家裡吸菸。以前的人都不怎麼在意吸菸。琳達後來跟學校的風雲男孩約會，我想他們有做愛。你知道嗎！我高中畢業的夏天，就是十八歲之前，都還沒進行到那一步。或許我這方面起步比較緩慢，但是我覺得當時這很正常。那是個截然不同的時空。琳達之後我又交往了幾個女孩。如果問我有偏好什麼型，我想你可以說，我最喜歡紅髮妞，我也喜歡圖書館員型的女孩，總覺得她們在表象之下，都藏著一股悶騷的火。

茱蒂．威斯特曼是我高中正牌女友，我非常愛她。她有點像寶拉．普提絲*。我對她忠貞嗎？才沒有。我的意思是，有，也沒有。我也跟其他一些女孩約會，也跟她們發展更進一步的親密關係，因為茱蒂是天主教徒。我們交往初期做過的事，可能比後來還多，因為她嚴守教義，然後知道了越來越多不該做的事。南西．布里吉是唯一讓我心碎的女孩。她是我朋友查理．史密斯的女友，我不知道查理知不知道我喜歡他馬子。她並不愛我，但是我在波士頓念大學的前半年，整個人為她瘋狂。

在波士頓念大學的耶誕假期，我去了維吉尼亞，我為她心碎神傷，大衛．基勒說：「你為什麼不找她去吃個午餐，說不定會有什麼進展啊！」於是我打電話給南西，我們去了麥當勞。我們把餐點帶到車上，然後問她愛不愛我，她說不愛，一切經過就是這樣。我癡戀了好一陣子，做夢都會夢到她。南西．布里吉有什麼特別嗎？我就是喜歡她，你喜歡上一個人，是說不出原因的。她什麼都沒有做，但我就是無法把她從我生命中拋棄。《藍絲絨》拍攝工作結束後，我在威明頓（也不知道為了什麼），我決定打電話給南西．布里吉。我弄到她的電話，撥了電話給她，當我聽到她的聲音，我內心對她的渴望重新完整湧現。彷彿從夢境到了現實，而夢境的威力是如此強大。我們大腦意念的活動，真是不可思議。我對她的渴望為什麼可以持續這麼多年呢？你自己去找答案吧……

五〇年代末期，美國整個變了。當我來到維吉尼亞時我所感覺到的變化，也發生在波伊西。甘迺迪遇刺的時候，我的感覺糟透了。我記得那一天，我正在張羅我自己的藝術展覽，地點在學校大廳入口，旁邊就是行政室。我聽到收音機的廣播，是關於總統。並沒有說他已去世，只是說他在醫院，然後就聽到雜訊的聲音。當我忙完自己的事情之後，有位女士對我說：「你得趕快回教室，」於是我回到教室，聽到學校宣布停課。我跟茱蒂一起走路回家，她哭得好厲害，已經泣不成聲。甘迺迪跟她一樣都是天主教徒，她非常仰慕他。茱蒂家在公寓的二樓，我們上樓走進屋子，她的母親正在客廳。茱蒂擦過我身邊，經過她的母親前面，轉進角落，躲進她的房間，連續四天都沒出房門。

　　當時的我並不會質問誰殺了甘迺迪，但是你會開始針對問題思考。他們說，誰最有動機。詹森住在德州，所以他就在那裡動手殺人；詹森想當總統，因為他的地位就是矮人一截。詹森是史上最有權勢的參議員，他會甘願當副總統？他只差一毫米都可登大位了，我覺得他痛恨甘迺迪，而他一手策劃了這場謀殺，就是為了想當總統。這是我的理論。

　　八年級的時候，我迷上了科學，於是在升九年級的時候，我選修所有科學相關的課程。現在我簡直不敢相信。我整整四年全部都選修科學！然後在九年級時，我認識了托比．基勒，他跟我說他爸爸是個畫家——不是塗油漆的，是真正的藝術畫家——然後，我的腦子轟然一響，一顆炸彈在我腦中炸開。所有的意念就像氫彈，全部聚集到一起。就是這樣啊！這就是我要的。但是，我還是得去上學，而中學生活是最淒慘的。每天得去那棟房子待上好幾個小時，簡直要人命。我有三個中學的課堂記憶，沒有一個是美好的。我記得我跟山姆．瓊斯說：「告訴我，告訴我，告訴我！」我們正在準備考試，他得告訴我考試內容，我得快速記下來應付考試。我從不溫習功課，我根本過不了科學課。我被剔除了學生會，因為我的物理被當掉，而我也不肯

＊ Paula Prentiss，六〇年代美國女演員。

去上課，卻跑去教務處請求「讓我退掉這門課吧，我不想當物理學家，」他們卻說：「大衛，生命中有些事情，不管喜不喜歡，你都得去做。」我弟弟很早的時候就對電子科學很感興趣，那就是他未來的目標；我認為每個人年幼的時候，就已經知道他未來想做什麼了。他們應該讓我離開學校，讓我專心做我想做的，不管那是什麼。我的老天！我可以把我在學校的時間全部拿來畫畫啊！什麼都沒有。我完全不記得在學校有學到什麼鬼東西。

認識托比．基勒之後的那個週末，他帶我去他爸爸的工作室。當時布許奈爾在喬治城有個工作室，簡直棒透了。他過著藝術家的生活，整天都在作畫。我只去過他在喬治城的工作室一次，後來他就搬到了亞歷山卓，他在那裡有一整棟房子。我需要一個工作室，布許奈爾把他新家的一個房間租給我，於是我跟爸爸談這件事，他說：「我可以負擔一半租金，如果你可以找打工付另外一半。」於是我到海特藥房打工，開著店裡的紅白吉普車運送藥品。那是一輛敞篷吉普車，而且是手排的，我真不敢相信我幹過這件事。我得按照顧客的地址送處方藥物給他們，做這件事需要很大的責任感。到了週末，我有時候會在藥房的菸區幫忙賣菸。在那段時間，布許奈爾會找些人像模特兒，讓我坐在裡面畫，而他總是在喝咖啡。有一個叫做比爾．雷的跟我進去一個房間，但是他從來沒有在那裡出現過。

傑克後來也和我一起在布許奈爾租給我的工作室工作，但是空間太小，不夠兩個人用，於是我們把工作室搬到一家鞋店的樓上。房東瑪西雅特太太，幾乎已經沒牙了。她成天都在抱怨我們：「我不會為了兩隻夜貓子開一整晚的走廊燈；要打掃乾淨；我身體很不好，我不知道幹嘛租給你們——」而且，她經常在我們四周出現。當我把房間的燈打開，只一個微秒，就會看到一百萬隻蟑螂，然後馬上消失。這地方根本就是蟑螂大本營，但是傑克和我都有獨立的房間，屋子裡還有廚房，是個畫畫的好地方。

住在我們閣樓上的，是個叫做雷迪歐的人，我們也跟他熟稔起來。他駝著背，爬上非常狹窄的後街樓梯，到達一戶掛著鎖頭的木門口，那就是他的房間。雷迪歐牙齒很少，他的房間裡有五十多本色情雜誌散落四周，還有一臺電子爐，用來煎牛排——他只吃牛排——還有些廉價烈酒。他是馬戲團的電話推銷員，他得在馬戲團演出之前，提前到達演出城市，然後打電話給當地的重要商家，請他們捐款，或者提供經費給想看戲的小朋友。馬戲團會租下一間辦公室，裡面放十二具電話，讓他們在裡面打電話，那根本就是非法勾當，很像黑市交易。他們會接送大約一輛公車的小朋友去馬戲團，剩下的錢就私下吞掉。雷迪歐說：「他們叫我雷迪歐（收音機），因為他們沒辦法把我關掉。」傑克和我有一支電話，有一天晚上，雷迪歐下樓跟我們借電話用，我們說：「沒問題，雷迪歐，」於是他進來，小桌子上有一臺撥號式電話。他拿起電話，手才剛碰到轉盤，就瞬間完成了撥號動作。我從來沒看過有人是那樣子撥號。彷彿他所有的手指都在轉盤上同時撥號，僅僅幾分之一秒的瞬間，就已經接通對方，開始講電話。如果你閉上眼睛，你會發誓你聽到一個高等生物，正在告訴你馬戲團小朋友觀眾的事情。雷迪歐真的很猛。

住在瑪西雅特太太隔壁的是法蘭姬・薇芝。這位女士就像紅髮版的桃樂絲・黛。這區就在市政廳旁邊，但是非常糟，而法蘭姬・薇芝是第一個在此處自立更生的先驅者。她有一個願景，在一個超級高檔的地方開服飾店賣衣服。她也會設計服裝，後來她熟識貝蒂・福特，也幫她設計衣服。當她知道我們是藝術家，就請我們用油畫幫她製作商店招牌，看起來非常酷。但是，後來瑪西雅特太太要我們搬走，因為我們經常在工作室待到很晚，電燈一直開著，她必須付電費，而且整間屋子都是顏料。我並沒有刻意要把屋子弄得比剛搬進來的時候還好，我們也並沒有故意要把屋子弄得好像搖滾歌手的房間，但是畫畫的時候，顏料總不免四處潑灑。我們搬離之後，我又見過雷迪歐一次。他在市中心，駝著背，帶著一個骨董小皮箱，正在等公車到下一個城鎮。

我從高中開始看醫生，因為我有腸道痙攣的毛病，病因出自神經問題，以及所有我做錯的事。中學時候，我過著工作室的生活、兄弟會的生活，和家庭生活，但是我不希望這三方互相干擾。我從不帶朋友回家，也不希望父母知道任何事。我知道怎麼在家裡當個乖小孩，然而在兄弟會的時候，我是完全不同的人；在工作室時，又跟在兄弟會不一樣。同時過著三種各自獨立的生活，讓我既感到壓力又緊張。

•••

我一點也不在乎紐約藝術生態，去紐約念大學對我而言根本沒什麼了不起。我不知道我為何要選擇波士頓藝術博物館附設學院——我只是腦子裡有了這個念頭。我要去波士頓。那聽起來很酷，波士頓博物館學院很酷，但是我一點也不喜歡，而我幾乎無法去學校，因為我很怕離開公寓。我有廣場恐懼症，它仍然會一點一點地發作。我不喜歡出去。我爸爸要求我一定得找個室友，因為房租太貴了，於是我在學校牆上張貼徵求室友的啟事。然後這個人：彼得．布蘭克菲——後來改名叫彼得．沃夫，也就是傑．吉爾斯樂團[23]的主唱——跑來跟我說：「我可以當你的室友。」我說：「好哇。」他當晚就搬過來。

另一個人，彼得．拉芬，有輛小貨卡，我們三個男生坐他的車，從波士頓一路開到布魯克林或是布朗克斯的某處，去拿彼得的東西。他們在車子裡抽大麻，我之前從來沒有碰過大麻，我只聞到車子裡面大麻的煙味就嗨了起來，於是他們也給我吸幾口。他們很懂大麻，他們也知道我在這方面一無所知，於是他們說：**「嘿！大衛，現在吃甜甜圈一定很棒吧？」**我說：「我得吃個甜甜圈！」於是我們弄來一些放了二十四天沾滿糖粉的甜甜圈。我超想吃一個，於是我把一大口糖粉，深深吸到肺裡。做這種事一定要小心。

輪到我開車，我們把車開上高速公路，四周寂靜無聲，我聽到有人說了一聲：「大衛。」然後陷入寂靜，接著又有個聲音說：「**大衛**，你怎麼在高速公路上停車！」我看著地上的車道線，看著車道線條移動速度越來越慢，我好喜歡這種感覺，於是我把速度越放越慢，直到整條車道線都停了下來。那是一條八線道的高速公路，很多車子飛快地駛過我們，而我竟然在路中央停車！有夠危險的！

不知道為了什麼我們在某人的公寓前停下，那棟房子被幾個聖誕燈照得閃閃發光，大部分是紅色的燈。屋主的客廳有一輛巨大的摩托車，全部都解體了，還放了幾張椅子，感覺好像我們到了地獄。原來我們是在彼得家裡，我們下去地下室，下樓途中，我的手圈了起來，好像握著一個杯子，有人把黑色的水倒在我的杯子裡，就在水面上，浮出了南西．布里吉的臉。我正在看著她。這是我第一次用大麻的經驗。第二天清晨，我們把彼得的東西裝上車，然後去找傑克。傑克告訴我有學生在用海洛英。我跑去傑克家的派對，看到一個穿絲質襯衫的孩子，整個身體縮成一團，他用了海洛英。在那個世代，你會看到嬉皮，我不會鄙視他們，但是那似乎是股短暫的潮流，很多嬉皮只吃葡萄乾和乾果。有些嬉皮的穿著，好像他們是來自印度。他們說自己已是冥想者，但是在那個時候，我對冥想並沒有興趣。

才過了幾個月，我就把室友彼得踢出去了。事情的經過是這樣：我去聽巴布．狄倫的音樂會，我旁邊竟然是剛跟我分手的女友。我簡直不敢相信我坐在她旁邊，顯然是我跟她還是男女朋友的時候，我就訂好這次約會，但是後來我們分手了，所以我只好一個人去。當我看到她出現在那裡，我整個人愣住。我們的位子非常糟，在整個大表演廳的最後方。當時是一九六七年，狄倫身邊沒有樂團——他一個人站在臺上唱，看起來非常渺小。我用拇指和食指做成相機狀，開始測量狄倫的牛仔褲，然後對這女孩說：「他的牛仔褲只有零點二公分，」接著測量他的吉他說：「他的吉他也是零點二公分。」好像在施某個詭異的黑魔法，搞得我超級心神不寧。終於到中場休息，我趁空檔快跑出去，外面的空氣冰涼，卻非常清新。感謝老天，我終於逃出來了。我一路走回家。一回到家，彼得就帶了一大群朋友過來說道：「怎麼回事？怎麼會有人在巴布·狄倫的音樂會上中途離席！」我說：「我他媽的就是在巴布·狄倫的音樂會上中途離席。你給我滾出去。」然後我就把他攆走了。我記得我第一次聽到巴布·狄倫是在車上，我和弟弟正在開車，聽到收音機播出狄倫的歌，我們倆笑得要瘋掉。那首歌是：〈風中飄搖〉[24]，他唱歌的風格，真是酷斃了，不過是好笑的酷。

我在波士頓藝術博物館附設學院只念了兩個學期，後半學期甚至沒去上課。雕塑課是我唯一喜歡的課程，教室在博物館的閣樓。房間大約七公尺寬，但是卻有三十公尺長，天花板非常高，頭頂上的日光照耀在整個房間。教室裡有大盆大盆的材料，例如石膏和黏土，我就在這課堂上學會了鑄模。老師名叫強佛萊·喬格·勃史奈德，每次他拿到薪資支票的時候，他就會去波士頓的一家酒吧兌換，酒吧裡面有一個烏黑光亮，長度三十公尺的吧檯，他只是坐在那裡喝酒。他女友的名字叫做娜塔莉。第一個學期結束後，我回亞歷山卓的家過耶誕節，我讓他和娜塔莉住在我的公寓。回到波士頓之後，我讓他們繼續住在那裡，住了好幾個月。我在一個房間畫畫，他和娜塔莉用另一間，他只是坐著，不過我沒有理會。他帶我喝莫克西汽水，那是一種波士頓人常喝的可樂。我很不喜歡喝，直到後來我發現，如果把瓶子冷凍，瓶蓋會蹦出來，裡面軟軟的冰非常可口。就像是莫克西冰沙。至於強佛萊·喬格·勃史奈德後來如何，我就不知道了。

離開大學之後，傑克和我去了歐洲。我們會有此計畫是因為那是我們夢想的一部分，但卻是完全不成熟的夢。我們兩人當中只有我有錢——雖然如果傑克肯寫信回家，他可能弄得到一些錢——但是我們真的玩得很開心，算很開心吧。我們唯一不喜歡的地方是薩爾斯堡。一旦把錢用光，就只能自生自滅了。我們沒有計畫。我們從薩爾斯堡到巴黎，玩個一兩天，然後搭正統的東方快車，完全是電氣火車，到威尼斯，再換搭燃煤火車到雅典。我們晚上到達，第二天清晨起床的時候，房間的天花板和牆壁上都有蜥蜴在爬。我會去雅典是因為南西・布里吉的爸爸被調到那裡，會待兩個月，所以南西可能也在那裡，但是我們只在雅典停留一天。我心想，我遠離了內心的家園，千里迢迢來到一萬公里外的地方，但是我此刻只想離開此處。我想傑克也有同感。

不過，我們真的快沒錢了。回巴黎途中，我們在火車上認識了四位學校老師，我們拿到她們的地址，她們住在巴黎。回到巴黎之後，瑪麗寄了機票給傑克，讓他順利回家，但是我沒有機票，傑克已經在前往機場的途中了。在他走之前，我們去那幾個女孩給我們的地址，不過她們不在家，於是我們去附近的餐廳，我點了可口可樂，把剩下的最後一點錢給傑克搭計程車去機場。我孤單地坐著，喝完可樂之後我再去敲她們的門，她們仍然不在。我又回去餐廳坐著，過一會兒又回去敲門，她們回來了。她們讓我洗了一個澡，給了我二十塊錢。我找不到我爸媽，他們可能度假去了，於是我打電話給外公，半夜四點把他從床上吵起來，他很快地出錢幫我弄到機票，我飛回家，前往布魯克林。我有很多歐洲旅行剩下來的錢幣。我把它們全部送給外公。他去世之後，我發現一個小皮包，上面有一張字條，外公把它牢牢地釘在皮包上，上面寫著：「這是大衛從歐洲帶給我的錢幣。」我到現在仍然保存著這個皮包。

從歐洲回來之後，過了一段奇怪的日子。我爸媽發現我沒有完成薩爾斯堡的學業，他們非常生氣。回到亞歷山卓後，我住在基勒家。布許奈爾和他的妻子出遠門，只有托比一個人在家，他看到我出現時非常驚訝。我應該出國念三年書，但是才經過十五天，我卻來敲他家的門。搬離托比家之後，我有了自己的地方，我很喜歡打理一個地方，那就像畫畫一樣，我需要一個住處，讓我可以舒適地工作。這是一種心靈的過程，必須要有某個東西，讓我可以從頭開始。

米蓋朗基羅．亞羅卡是個五十多歲的行動繪畫家，他有間裱框店，給了我一份工作。他是個怪人，頭很大，像個五加侖的罐子。他留了一把大鬍子，體型碩大，一雙腿卻像三歲的小孩。他用輪椅活動，上半身的力量卻驚人強大。有一次我們開車，得通過一組巨大的工字形鋼，他爬出車子，過去抓住工字鋼，然後扛起來丟出去，他真是個瘋子。他的妻子非常漂亮，他也有個漂亮的小孩。她真是個賢妻良母。亞羅卡開除了我在裱框店的工作，安排我當掃地清潔工。有一次他問：「你想不想賺五塊錢？」我說：「當然。」他說：「有幾個女孩子剛剛把她們的屋子清空了。你去清潔廁所吧。」這個廁所……如果有一點風吹進來，就會整個坍掉。在廁所上面，馬桶邊上，沾著棕色、白色、紅色的液體。我把廁所清潔到可以吃。乾淨地像是閃閃發亮的口哨。

有一次在米蓋．亞羅卡的店裡，他正在跟一個黑人說話。那個人離開之後，米蓋問：「你想不想要一臺免費電視？」我說：「當然想。」他說：「把這些錢和這把槍，拿到這個地方，有人會帶你去拿電視。」我找查理．史密斯和一些人一起去華盛頓特區，找到該碰頭的人，那人指引我開車去某個地方，然後他說：「在這裡停車——我進去拿電視，」他進去了一會兒，然後回來說：「他們不肯給我電視，他們要先拿錢。」我們說不行，於是他又進去，出來的時候還是沒有電視，他告訴我們他需要先拿到錢，我們說不行，於是他又跑了一趟，這次他帶著一個電視包裝箱出來，於是我們決定試試看。我們把錢給他，他進去之後再也沒有回來，而我們待在原處，車前座放了一個荷滿子彈的手槍。還好，當我們把這經過告訴米蓋時，他只是大笑。米蓋可能很害怕。他曾經說我把他給我的酬勞都花在畫畫上面，他說：「我要看你買的食物，你必須吃東西。」我看起來一定很憔悴。於是我給他看我的牛奶、花生醬，以及麵包，他說：「這樣很好。」

我做過的每個工作，都被炒魷魚。我曾經為一個住在亞歷山卓的藝術家工作，他也開了一家店，請我去管理。沒人光顧那家店，有時候我會偷一角錢去買可口可樂。有一天，傑克跑來店裡，說他加入了海軍，但是他只從軍三秒鐘，因為我接下來聽到的訊息，是他進入費城的賓州美術學院[25]。他在那裡追求理想，而我卻被困在這裡。

布許奈爾知道我耗在亞歷山卓絕非上策。他知道傑克在念美術學院，於是他說：「我們讓大衛在這裡很不開心。」布許奈爾和他的弟弟開始迴避我，我不懂他們為何要那樣做，讓我覺得很受傷。後來布許奈爾寫了一封信給美術學院，告訴他們我有多棒，我想是那封信，幫助我進入美術學院。布許奈爾啟蒙我，讓我領悟到我多麼希望成為一個畫家，然後他提供我工作室，啟發了我的生命，之後他又寫了那封信——他在很多方面都幫助我，他和他的妻子告知我美國電影學會[26]。他們聽說我拍了兩部短片，便告訴我美國電影學會有提供獎學金。在我的生命中，他是個非常非常重要的人。

在那段日子裡，布許奈爾幫助我非常多，但是一般說來，對於我，當一個青少年並不是那般美好。當青少年確實興奮又刺激，但同時也混雜了如同監獄般的壓抑。我說的就是中學生活。那真是有夠折磨人的。

1 Toby Keeler　2 Bushnell Keeler　3 Jack Fisk　4 Clark Fox　5 Robert Henri　6 Aschan School
7 Edward Hopper　8 George Bellows　9 Stuart Davis　10 Corcoran School of Art
11 Vladimir Nabokov　12 *A Summer Place*　13 School of the Museum of Fine Arts
14 Cooper Union　15 Ad Reinhardt　16 Joseph Albers　17 Robert Rauschenberg　18 Jasper Johns
19 *Artforum*　20 School of Vision　21 Oskar Kokoschka, 1886-1980
22 Maharishi Mahesh, 1879-1950　23 J. Geils Band　24 *Blowing in the Wind*
25 Pennsylvania Academy of the Fine Arts　26 The American Film Institute, AFI

死亡

一九六〇年代的費城是個衰敗的城市。二戰後的那些年，房屋短缺，加上非裔美人湧入，引爆了大量的中產都會白人遷移到郊區。在一九五〇年到一九八〇年之間，這座城市的人口下降。地方上種族間的關係一直令人擔憂，在一九六〇年代，黑人穆斯林、黑人民族主義者，以及設在費城的「全美有色人種協進會」（NAACP）的激進分支，都在黑人民權運動的誕生中發揮關鍵作用，並且更戲劇化地拉高了彼此間的緊張局勢。嬉皮、學運分子、警察、毒販、非裔族群，以及愛爾蘭天主教社群之間的敵意，經常高漲到臨界點，在街頭引爆衝突。

在大衛．林區來到費城的一年半之前，費城爆發了第一起爭取民權的種族暴動，二百二十五家商店因此受創或損毀。其中許多被毀的店面都沒再重新開張。曾經車水馬龍的商店街，如今一片荒蕪，只剩下許多大門緊閉的店面，以及破碎的玻璃櫥窗。日益蓬勃的販毒，增長了城市的暴力；貧窮導致住民道德敗壞。危險及污穢，成為大衛林區創作想像力的養分。「費城是個可怕的地方，」傑克．菲斯科說道：「卻讓大衛．林區認識了一個真正低下骯髒的世界。」

賓州美術學院位於這座城市的中心，像個中立的非戰區。「城市裡有許多衝突與偏激，而這所學校是個綠洲。」大衛的同學，布魯斯．山謬森[1]回憶道。①這所學院位於一棟華麗的維多利亞建築內，也是全美國歷史最悠久的美術學校。在大衛．林區的時代，這所學院被認為是保守的學校，正好就是他需要的跳板。

「大衛搬來我租的小房間，」菲斯科說：「一九六五年十一月他搬來，我們一起住到一月他開學。房間裡有兩張沙發，我們一人睡一張，我收集了一些枯萎的植物，放在屋子四處——大衛很喜歡枯木。後來，在新年當天，我們在鬼氣森森的費城工業區內，以每個月四十五元的價錢，租了一棟位於停屍間對街的房子。朋友都不敢來找我們，大衛每次走路的時候，隨身攜帶一根插滿尖銳釘子的棍子，遭到攻擊時可以用來防身。有一天，一名警察攔住他，當他看到大衛的棍子，警察說道：『很好，你應該隨身攜帶。』我們通宵達旦工作，整個白天都在睡，我們和老師之間沒有太多的互動——我們只是一直作畫。」

林區和菲斯科不常去學校，卻很快加入一群志同道合的團體。「大衛和傑克出現時，就像一個超級動力雙人組，馬上融入我們這群。」藝術家埃歐．歐姆瓦克[2]回憶道：「我們都很邊緣，很有實驗性，我們這群大概有十二個人。我們很親密，會為彼此打氣，而且都過著節儉又波西米亞式的生活。」②

這個團體中有個畫家，名叫維吉妮雅．麥德蘭[3]，她記得大衛是個「老派整潔的人，喝很多咖啡，抽菸。他有一種正直的古怪。他總是和傑克一起混，傑克的個子像林肯一般高大，帶著嬉皮風格，傑克的狗佛愛夫總是跟著他跑。他們是很有趣的一對。」③

「大衛喜歡穿卡其褲，搭配牛津鞋，以及厚重的襪子。」他的同學詹姆斯．哈佛說：「我們一拍即合，馬上成為好友，因為我欣賞他對工作的熱忱——如果大衛做他喜歡做的事，他會整個投入。當時的費城還是個化外之地，我們都在逃避現實。我們不大會晚上到處亂跑，因為外面太危險，但是我們會以自己的方式發揮野性的一面，大衛也是。大家會跑來我住的地方聽披頭四，大衛會敲擊一個五磅裝的薯片罐，彷彿那是一個鼓，他就這麼打了起來。」④

山謬森記得他震驚於「大衛說話的紳士氣質，和他打的領帶——當時除了老師，沒有人會繫領帶。我記得我第一次走到他身邊，就感覺到有東西不對勁，然後我轉身回頭看，發現他繫了兩條領帶。他並不是要故意引人注目──那兩條領帶就像是他的分身。」

林區入學的五個月之前，佩姬．倫茲．蕾薇也開始在這所學院就讀。蕾薇高中畢業後直接進入學院，當她第一次和大衛擦肩而過的時候，她還住在宿舍。「我完全被他吸引住了，」蕾薇回憶道：「我看到他坐在餐廳裡，心想：真是個漂亮的男生啊。當時他的面貌深邃，襯衫有破洞。然而他看起來和善又溫柔。他完全就是那種眼睛水汪汪，像天使一般，會讓女孩子想照顧的男孩。」

林區和蕾薇剛認識的時候，兩人都在和其他人約會，所以有好幾個月，他們「只是朋友」。「我們曾一起共進午餐，說話談心。我記得剛認識的時候，他有點慢熟，因為他對我成長過程中的興趣，以及當個藝術家的事，並不感興趣。我以為藝術家型的男生不會是中學的風雲人物，出現在我眼前的他，卻是個曾經參加中學兄弟會的夢幻男孩，而且會對我訴說奇妙的故事，那些我未曾經歷過的世界。滑雪，在波伊西市郊的沙漠獵兔，祖父的麥田農莊──這一切對我來說既陌生又有趣。我們倆在文化教養方面，來自完全不同的世界。我有一張很酷的葛利果聖歌的唱片，我放給他聽，他卻覺得很可怕。『佩姬！我不敢相信妳喜歡這種東西，太憂鬱了吧！』事實上，在我們認識彼此的時候，大衛確實很憂鬱。」

歐姆瓦克同意道：「大衛住在停屍間附近的那段日子，我想他度過了一段憂鬱期──他每天會睡到，嗯……十八個小時。有一次我拜訪他和菲斯科一起住的地方，當我和菲斯科在說話的時候，大衛起床了。他走出房間，喝了四、五罐可樂，講了幾句話，然後又跑回去睡。他那時候睡得非常多。」

然而當大衛醒著的時候，他的生產力非常高，因為他在學校進步神速。他才入學五個月，就得到一個學校比賽的榮譽獎，得獎作品是個混合媒材的雕塑：從一個球引發連鎖反應，點亮燈泡並引燃鞭炮。「賓州美術學院是少數實施傳統教育的美術學校，但是大衛並沒有花太多時間在第一年的課程，例如靜物素描，」維吉妮雅．麥德蘭說道：「他很快就晉級到高階課程。學校裡有個專為高階課程使用的大工作室，我們有五、六個人在那裡。我記得光是看大衛工作，就讓我高潮了。」

林區剛入學院時就已經技藝超群，但是還沒發展出獨特的方式來呈現他成熟的個人風格，在學院的第一年，他嘗試了各種不同風格。包括工筆繪製的肖像畫，這些肖像超現實而詭異——鼻子淌血的男人，嘔吐的男人，頭顱爆開的男人；林區描述的「機械女人」的圖像：將人體解剖和機器零件相結合，帶著性意味的工筆圖像，讓人聯想起德國藝術家漢斯．貝爾默[4]的作品。

這些作品做工精緻，然而林區的潛質並非僅此而已。一九六七年，他創作了《新娘》[5]，一個兩公尺見方的畫像，呈現一個穿著新娘禮服，幽靈般的圖象。「在這幅畫中，他正朝著黑暗與恐懼的方向前進，」蕾薇對這幅作品評論道，她視這幅畫為尚未找到方向的傑作：「畫得很美麗，女孩衣角的白色碎花邊，搭配黑暗的地面，骷髏般的手伸到衣服下面，好似墮胎的動作，暗示著體內有胚胎，但是沒有血跡……只是很微妙隱晦，那是一幅很棒的畫。」

林區和菲斯科繼續住在停屍間對街，一直住到一九六七年四月，之後他們搬到亞斯本街二四二九號，一個愛爾蘭社區內。他們住進一個叫做「父與子與聖靈」的排屋，屋子有三層樓；菲斯科住二樓，林區住三樓，一樓是廚房和起居室。從蕾薇住的公寓，搭公車就可到達此地，那時她和林區已經是一對了。「他把我們的關係稱之為『有性愛的友誼』，但是我很認真。」蕾薇回憶道。她經常在亞斯本街出沒，後來也搬去和林區與菲斯科一起住，直到數個月之後，菲斯科搬到附近一家修車場上的閣樓。

「大衛和傑克在一起的時候，真是有夠勁爆——你會一直被他們搞得大笑，」蕾薇說：「大衛曾經在我旁邊騎著單車，陪我一起走路回家，有一天我們在人行道上發現一隻受傷的鳥。他很感興趣，就把鳥帶回家。後來鳥死去之後，他花了一整晚用水煮這隻鳥，企圖把它的肉取出，留下骨骼來做東西。大衛和傑克有一隻貓叫做零號（Zero），第二天早上我們喝咖啡的時候，我們聽見零號在隔壁房間把骨頭啃得粉碎。傑克笑到快要死掉。」「大衛最喜歡吃東西的地方，是櫻桃街上藥房的咖啡廳。那裡的每個人都知道我們的名字，」蕾薇繼續談起她和林區在一起的頭幾個月。「大衛會和女服務生開玩笑，他很愛收銀檯的長輩保羅。保羅是個白髮的紳士，戴眼鏡繫領帶，他經常和大衛聊他的電視，說到他買電視的過程，還有那電視多麼棒，而且總是很鄭重地說：『真的，大衛……我很高興受到盛情款待。』大衛至今還會談到保羅，和他受到的頂級接待。」

大衛．林區創作謎團的核心事件發生在一九六七年初。當時他正在創作一幅畫，描繪一個站在青黑樹葉陰影中的人形，他感覺到他所謂的「一陣小風」，他看到忽隱忽現的跳躍動作，出現在圖畫當中。就像宇宙太虛贈予他的一份禮物，一幅動態繪畫的概念，在他腦海中漸漸成形。他和布魯斯．山謬森討論合作把它拍成影片，山謬森當時正在製作人體內臟血肉的繪畫作品，但是他們最後拋棄正在發展中的想法。林區決定探索擺在眼前的新方向，他在費城市中心的「光敏拉瑪照相館」[6]租了一臺攝影機，完成《病的交叉效應》[7]。這部一分鐘的動畫，重複六次，放六次，投影在一個獨特的二乘三公尺的雕刻屏幕上面。這部短片預算兩百美元，在學校附屬旅館內的空房間拍攝，片中出現兩組三個細節分明的人臉，第一組是石膏，第二組是玻璃纖維——林區用菲斯科的臉鑄了一個模子，菲斯科則用林區的臉鑄了一個——一共三個人臉投影幕。林區當時用不同的材質進行實驗，蕾薇說道：「大衛在拍攝《病的交叉效應》之前從來沒有用過合成樹脂，他做出的第一批成品，起火燒起來了。」

這部作品中有六個主體，以極低限的風格呈現，畫面中心腫脹的紅色球體，象徵著胃。彩色的液體，填入動畫中的胃內，液面逐漸升高，直到人臉爆開，炸出白漆般的噴霧，滴在紫色的背景上。警鈴的聲音串穿全片的背景，「生病」（sick）這字眼閃過螢幕，畫面中還出現憂傷中揮動的手。這個作品獲得了學校的「威廉·卡德瓦拉德博士紀念獎」[8]，林區和畫家諾爾·馬哈菲[9]共享此殊榮。同校校友巴頓·瓦瑟曼[10]對這部片印象深刻，並委託林區為他創作類似的影片裝置。

「大衛用亮紅色壓克力顏料畫在我身上，燙得像地獄的火在燒，再用蓮蓬頭拼湊起來，」蕾薇回憶起瓦瑟曼委託的作品時說道：「半夜三更時分，他需要一個蓮蓬頭，和一條夠長的水管，於是他跑去外面的巷子，拿了這些東西回來。這樣的事情經常發生在大衛的生活中。」林區花了兩個月的時間，為這作品拍攝了兩分二十五秒的影片，但是當他送去沖印時，卻發現他的機器是壞的，拍出的東西只有一片模糊。「他埋在掌心哭泣了兩分鐘，」蕾薇說：「然後他說了聲：『去他的。』就把機器拿去送修。他是個非常自律的人。」這個計畫被迫中止，但是瓦瑟曼仍然讓他保留了最初分配的剩餘預算。

一九六七年八月，蕾薇發現自己懷孕了，一個月後新學期開始，林區離開了學校。他在一封寄給教務單位的信中解釋道：「我秋天不會回來了，但是我還是會經常在學校附近喝可樂。我只是缺錢，而且醫生說我對油畫顏料過敏。我的腸道痙攣症狀正惡化成潰瘍和蟯蟲。我沒有多餘的精力認真地完成賓州美術學院的課程。敬愛你的——大衛。備註：我目前正在認真拍電影。」⑤

年底的時候，蕾薇也離開了學校。「大衛說：『小佩，我們結婚吧，反正我們遲早都會結婚。』我不敢相信我要告訴爸媽我懷孕了，然而我們真的說出口了。爸媽欣賞大衛，所以這件事還算順利。」

「一九六八年的一月七日，我們在我爸媽的教堂結婚，教堂裡只有一位牧師，很好的一個人，」她繼續說道：「他支持我們，他說：『嘿，你們找到了愛情，很棒啊，』我當時已經懷孕六個月，穿著及地的長禮服。我們的婚禮儀式很正式，可是大衛和我都覺得很好笑。我爸媽邀請他們的朋友們過來，這令他們很難為情。我覺得很糟，但是還是硬著頭皮撐到底。婚禮結束後，我們去我爸媽家吃點心喝香檳。我們的藝術家朋友都過來，喝了很多香檳酒，那是個瘋狂的派對。我們並沒有度蜜月，但是他們為我們在卻斯納特希爾旅館訂了一個房間。這間旅館現在很漂亮，當時卻很爛。我們的房間陰陰暗暗的，但是我們都很開心，也度過了快樂的新婚時光。」

大衛運用瓦瑟曼委託計劃剩餘的經費，加上父親的資金援助，完成了他的第二部電影《字母驚魂記》[11]，一部四分鐘的短片，主角是蕾薇。《字母驚魂記》的創作靈感來自蕾薇的經歷：她的姪女在睡夢中焦慮地朗誦字母。

影片的開場是蕾薇穿著白色晚禮服，躺在黑色的空間背景內，一張白色床單的床上，整部片由真人實景和動畫交錯呈現。影片中出現素描繪畫，伴隨著獨具創新的音軌：一群兒童吟唱著「A—B—C，」然後轉到一個男中音（大衛的朋友羅拔．查德維克）以宏亮的歌喉唱著一首亂七八糟的歌曲；一個哭泣的嬰兒和輕聲呵護的母親；以及蕾薇朗誦整組字母。林區描述這部作品是：「一個關於學習恐懼的惡夢。」這是部迷人的電影，卻隱藏著潛在危機。在最後結尾，女人一面吐血一面在床上翻騰。「《字母驚魂記》的正式首映是在一家叫做『樂隊盒』的戲院，」蕾薇回憶道：「電影開始放映，卻沒有出現聲音。」大衛馬上跳起來說：「停下來，」然後奔到放映室，蕾薇也跟在他後面進去。蕾薇的父母都有來參加放映會，林區回想這場首映之夜簡直是「一場惡夢」。

「大衛的工作就是我們的生活中心，一旦他完成了一部片，就開始為下一部片作準備，」蕾薇說：「他對我的愛無庸置疑，但是他說：『工作是最重要的，工作永遠排第一位。』他就是這樣，我覺得自己整個人也融入大衛的工作——我們真的是經由美學和彼此溝通。我記得我看著他工作，那畫面令我讚嘆。我說：『天啊！你真是個天才！』我常常這樣說他，我也真的如此認為。他的創作看上去很棒又有原創性。」

蕾薇一九六七年開始在費城美術館的書店工作，一直做到分娩。一九六八年的四月七日，珍妮佛·錢波·林區誕生，蕾薇回憶道：「小珍妮讓大衛非常開心，但是小寶貝徹夜哭泣卻讓人頭痛。大衛很難忍受這件事，睡眠對他非常重要，半夜被吵醒一點也不好玩——他有腸胃方面的毛病，早晨經常肚子不舒服。但是小珍妮很棒，一個非常溫和的孩子，有好長一段時間，她都是我們生活的中心——我們三個做什麼事都在一起，我們是個恬靜的家庭。」

蕾薇和林區結婚的時候，蕾薇的父親給了他們兩千美元，大衛的父母也貢獻資金給他們買了一棟房子。「這間房子位在波普拉街二四一六號，就在波普拉街和林戈街交叉口，」蕾薇說：「臥室裡有凸窗——我們的床剛好可以卡在那裡——從窗外看出去是烏克蘭天主教堂，還有很多樹。這棟房子創造了很多可能性，但是屋況卻很糟。我們把油氈地毯全部拆掉，卻一直沒有把木質地板磨光，地板有多處被蟲咬過——如果我在廚房把東西潑到地上，它就會被吸進地板。搬到加州之前，大衛的媽媽來訪，她說：『佩姬，妳會懷念這地板的，』桑妮有一種很妙、很冷的幽默感。她曾經看著我說：『佩姬，我們擔心妳擔心了好多年，因為妳是大衛的老婆……』她很會搞笑，唐納也很有幽默感。我和大衛的父母一直相處得很愉快。」

身為林區的老婆，生活有趣又充實；但是費城的暴力卻不容小覷。她在費城長大，她感覺到一九六〇年代的費城，不會比當時美國的東北大城更糟，但是她也承認：「在家門口發生槍擊實在很討厭，但是我還是每天推著娃娃車滿街跑，去拿底片，或者去張羅我們需要的東西，我並不害怕，儘管還是非常可怕。」

「有一天晚上大衛出門去，我在二樓窗臺看到一張人臉，大衛回家後，我們聽到有人跳下來的聲音。第二天，大衛的朋友借給他一支槍，我們一整晚坐在藍絲絨沙發上——大衛至今仍然非常喜歡那張沙發——手緊握著槍機不放。還有一次我們在睡覺，聽到有人想要撬開樓下的前門，最後他們真的把門撬開了。我們的床底下有一把大衛父親送我們的儀式劍。大衛反穿上短褲，一把抓住劍，跑到樓梯頂端，大吼：『統統給我滾出去！』」那是個危險一觸即發的社區，我們的屋子發生過許多狀況。

女兒誕生的時候，大衛沒有工作，他也沒在找工作，直到羅傑．拉貝爾[12]和克莉絲汀．麥金尼[13]——他學校美術學院的畢業生，也是林區早期的贊助者——提供他在美術印刷店工作，他們在那裡生產了一系列受歡迎的藝術版畫。麥金尼的母親桃樂蒂也在美術社工作，拉貝爾回憶道：「我們每天都一起吃午餐，藝術是我們唯一的話題。」⑥

林區在費城生活的最後兩年創作出最有代表性的畫作。一九六八年，紐約馬博羅．葛森藝廊[14]從十一月到十二月展出法蘭西斯．培根的作品，大衛看了那次展覽之後，深受其影響。他並不是唯一崇拜培根作品的人，麥德蘭說：「我們大部分的人都受到培根的影響，我也看得出當時培根對大衛的影響。」在那段時期，大衛創作的繪畫作品中，培根無所不在；然而培根的影響，也早已被林區的想像力所吸收。

一如培根的作品，林區早期大部分的作品也是畫像，他們都運用水平線和垂直線，把畫布轉化成鏡框式舞臺，當作某個異象發生的背景設定。林區作品中的怪現象，就是圖像本身。怵目驚心的怪物，從肥沃的土壤中出現，人類的肢體，動物的形體，有機物的生長，以一種不可思議的方式集結，物種之間的正常壁壘漸漸模糊，他們描述出來生物，都是單一力場中的各部分。這些圖像孤立於黑暗的背景，通常都處在模糊的地貌中，夾雜著重重危機行進。《與菸屁股同飛的鳥》[15]，描繪一個盤旋在黑色天際的圖像，肚子上連著一對纜線，連接到它的後代；在《花園後》[16]這幅作品，呈現一隻彷彿被移植人腿的老鷹。圖像的弧形背後長出了東西，側著身體行走，脊椎的底部爆發出彷彿乳房的丘狀物。

一九六〇年代末期，林區創作了這類幻想性高的畫作，雖然披頭四的最新專輯，總是在家裡的唱盤上旋轉，他對於反文化領域的興趣卻不大。「大衛從不用藥——他並不需要，」蕾薇回憶道：「有個朋友曾經給我們一撮大麻，告訴我們可以抽大麻之後做愛。我們不知道該怎麼做，於是我們抽光大麻，坐在藍絲絨沙發上，抽完大麻之後，我們根本爬不上樓梯。我們的生活中也不常喝酒。我爸爸曾經用大衛喜歡的伏特加和苦檸檬調製一種雞尾酒，叫做『林區特調』，他的酒量也就僅此而已了。」

「大衛喝酒最誇張的一次是在我的婚禮上，當時每個人都喝到東倒西歪，」麥德蘭說：「後來，我記得我媽媽說：『妳的朋友大衛，在我姪女的黃色沙發上蹦蹦跳跳！』那或許是大衛第一次喝醉。」

在布許奈爾．基勒的鼓勵之下，林區以短片《字母驚魂記》，和他所寫的一個片名為《我種出我外婆》[17]的新腳本，向洛杉磯美國電影學會申請七千五百美元的經費。他拿到了五千美元的補助拍攝《我種出我外婆》，故事描寫一名尿床的男孩，不斷受到殘酷父母的懲罰。這部三十四分鐘的電影記錄了這名男孩如何成功種植出一個親愛的外婆。電影的主角是林區的工作同事桃樂蒂．麥金尼，飾演外婆一角。林區的鄰家小童理查．懷特飾演男孩，羅拔．查德維克和維吉妮雅．麥德蘭飾演父母。

林區和蕾薇把他們家三樓改造成電影場景，蕾薇回憶道：「我們思考如何把房間漆成全黑，卻仍然可以保留空間形貌，最後我們用粉筆畫出天花板和牆壁的交接。」建造這個場景，也需要打掉幾面牆，因此屋子

「亂成一團，」她說：「我們花了很大的工夫，把灰牆碎塊裝進小袋子裡，再搬到馬路上，等清潔人員過來收拾。如果用大袋子會過重，所以我們用小袋子分裝，小袋子打結後看起來很像兔子的耳朵。有一天清潔隊的人過來時，我們從窗外看出去，大衛笑得跌下來，因為我們的小袋子堆滿整條街，看起來好像一大群小兔子。」

麥德蘭說她會參與《我種出我外婆》的製作，要從蕾薇開始講起。「佩姬說：『妳想不想參一腳？大衛會付妳三百美元。』當時我在他們的房子裡，大衛營造出來的場景看上去真是一片荒蕪，我印象很深刻。他把橡皮筋綁在我們臉上，我們的臉一片慘白，看上去非常古怪。有一場戲是鮑伯（即羅拔．查德維克）和我被埋在土裡，大衛需要找個地方挖個很深的洞，於是我們跑去賓州的查得佛鎮，歐姆瓦克父母的家拍攝。大衛挖了個洞，把我們塞進去，再覆蓋上泥土。我記得被埋在土裡簡直是度日如年，不過這也是大衛厲害之處——即使在當時，他也是個不可思議的導演。他會讓你做任何事情，用最體貼的方式去做。」

《我種出我外婆》製作上的一個關鍵因素，是大衛認識了自由接案的音效天才艾倫．斯普雷[18]。「大衛和艾倫的合作非常酷——他們倆簡直一拍即合，」蕾薇說：「艾倫是個古怪卻貼心的人，他曾經在施密特酒廠當會計，他對於聲音有一份搞怪的天賦，這人留著紅鬍子，紅頭髮，犀利的眼神像梵谷，身材瘦得像竹竿，視力卻跟蝙蝠一樣弱，所以他不能開車，去哪都只能用走的，但他也覺得沒問題。他的衣服品味很糟糕，永遠穿廉價短袖襯衫，然而他卻是個美妙的大提琴手。當他和我們一起住在洛杉磯，有時候我們回家會看到他坐著聽古典樂，雙手一面指揮。」

林區覺得現有的音效資料庫不足以應付《我種出我外婆》的需求，於是他和斯普雷開始手工自製，創作非傳統的音效，賦予這部電影更強大的力量。一九六九年《我種出我外婆》幾近完工的時候，美國電影學會的主任東尼．瓦藍尼[19]從華盛頓特區搭火車來到費城看試片；他對這部片非常興奮，而且保證會邀請大衛參加美國電影學會進階電影研究中心一九七〇年秋季班。「我記得大衛拿到一份美國電影學會的小手冊，他就呆坐著盯著那本手冊看。」蕾薇回憶道。

瓦藍尼遵守了承諾，林區於一九六九年十一月寫給父母的書信中，他寫道：「我覺得奇蹟降臨在我們身上了，接下來的一個月，我或許得習慣一下這種幸運的感覺，耶誕節後，佩姬和我就要依照他們的約定，振翅高飛了。」

費城散發的奇異魔力，引導林區發掘他過去未曾經歷過的事物。隨機的暴力，種族偏見，從貧窮匱乏中衍生的異常行為——他在這城市的街道上目睹這些事物的發生，他的基礎世界觀也開始轉化。費城的混亂，與他成長世界中的豐饒與樂觀背道而馳，如此兩個極端的調和與共融，漸漸變成他藝術創作上永恆存在的主題。

孕育《橡皮擦頭》中那股劇痛與極樂的土壤已經完備，林區前往洛杉磯，進一步發現到這地方提供了這部電影發芽成長的環境。「我們以八千美元的價格賣掉房子，離開費城，」蕾薇說：「我們現在碰面的時候還會提起那棟老房子，還有我們在好意志二手店（Goodwill）買的藍色沙發——每當大衛談起他弄來的這座沙發，他都非常興奮。他說：『這沙發才二十美元！』離開費城的時候，傑克因故被關在監獄，所以他無法幫我們搬家。大衛到現在還會說：『馬的，我們應該把沙發一起帶走！』」

來到費城之前，我對政治以及費城的狀況完全不了解。並非我不關心——我只是不知道，因為我對政治無感。我想在那時候，我連投票都不會去。總之，美術學院錄取我，我跳上公車，來到費城。我會在這所學校落腳，真是命運的安排。傑克和我都很少去上課，我們會去學校的唯一原因，只是為了去找志同道合的朋友，而我們也找到了，我們彼此激盪，互相啟發。所有跟我混的學生都是正派的藝術家，他們是很好的一群人。波士頓都是一群壞傢伙，也很不正派。

我的父母一直很支持我的學業，親愛的爸爸從來沒有拒絕過我，但是佩姬和埃歐·歐姆瓦克說我剛來到費城的時候有點憂鬱，這說法只有部分真實性。我並不是真的憂鬱——比較像是一種傷感。這份情緒和費城一點關係也沒有。那是一分失落。我還沒有找到自己的方向，或許我為此而感到憂心。

一九六五年底我來到費城，跟傑克一起住在他的小房間。我到那裡的時候，傑克有一隻小狗叫做佛愛夫，他要訓練狗在家大小便，所以屋子裡滿地都是報紙。走過這屋子，你就會聽到報紙發出的沙沙聲。佛愛夫是一隻好狗，傑克養了他很多年。我們家的隔壁是彼得與媽媽經營的名氣餐館。彼得是個大塊頭，媽媽是個一頭怪異黃髮的大女孩。她看起來就像麵粉袋包裝圖案中的女人——你知道，就是那種穿藍色圍裙的女服務生。名氣餐館是個火車廂狀的餐廳，很長的桌檯和座椅包廂緊靠著牆面，非常棒。他們從早上五點半，就開始賣果醬甜甜圈。

傑克家很小，所以我們得另尋住處。我們在第十三街和木街的交叉口找到一個地方。我們在除夕夜搬家，我對搬家的記憶，就好像昨天才剛發生一樣。大約是凌晨一點，我們用購物車搬家。傑克的床墊和他的東西都擺在上面，而我只有一袋東西。我們推著購物車在路上遇到一對快樂的情侶，他們可能喝醉了。「你們在除夕夜搬家？你們需要錢嗎？」我大吼回去說：「不用，我們很有錢！」我不知道我為什麼要那樣講，但是我覺得很富有。

我們住的地方，有點像店面，廁所和洗臉盆在後面。屋子裡不能淋浴，也沒有熱水。不過傑克把不鏽鋼咖啡機修好了，我們可以煮熱水。傑克擁有整個一樓，我的工作室在二樓，隔壁的房客名叫理查・契爾準，而我的臥房則是在閣樓。我臥房的窗戶是破的，於是我用一片木合版擋在那裡。我還有一個煮飯用的鍋子，我在裡面小便，再拿去後院倒掉。我臥室的牆壁上有很多裂縫，於是我去電話亭，撕下電話簿裡所有的白頁——我不要黃頁，我只要白頁。我混合好白漿，把整個房間都貼上白頁，看上去很美。我的房間裡還有個電熱器，有一天早上，詹姆斯・哈佛開車載我去學校。那塊木合版被風吹到窗戶外面，於是我房間的地板上積了一堆新雪。我的枕頭差點著火，因為電熱器太靠近床鋪，所以，他可能救了我一命。

詹姆斯很厲害。他年紀較長，也是個很棒的藝術家，始終如一在創作。你知道「繪畫感」（painterly）這個字嗎？這個人就是繪畫感。他接觸到的所有東西都具有這種奇妙、有機的畫感。詹姆斯在許多方面都很成功。我們六、七個人有一次去紐約，因為詹姆斯在上城有個大型演出。開場戲結束的時候，我們都喝醉了，而我們還要去下城。我不知道當時是不是我開車，但是我記得這件事，好像是我開車。凌晨一兩點鐘，我們一路上都碰到綠燈，毫無阻擋地從上城直奔下城。真是不可思議。

維吉妮雅・麥德蘭後來變成一名正經的畫家，但在我記憶中，她像是個花蝴蝶。有一天她在街上，一個年輕人在角落對她吹鳥叫聲的口哨。她把這名男生帶回家，讓她在客廳吹鳥叫聲，她很喜歡，於是把男生留在家裡，還有羅拔・查德維克。羅拔是個工匠，他的老闆非常喜歡他——羅拔什麼事都不會做錯。他有一個九公尺的車床，以及一萬個不同的工具，可以做出複雜的切割，而羅拔是唯一懂得操作的人。他就是有直覺，知道該怎麼做東西。他不是一般的藝術家，他是機器的藝術家。

我們的鄰居都很古怪。我們住在波普餐館隔壁，那家餐廳是波普和他的兒子安迪在經營。我在波普餐館認識了一個在停屍間工作的人。他說：「如果你想進去看，只要跟我說一聲，然後在午夜時去按門鈴。」於是有一天晚上我去按了門鈴，他來開門。一進去裡面就像個小型的門廳，有香菸販賣機，糖果販賣機，地板是四〇年代的古老磁磚，一個小的接待區，一張沙發，以及一道通往後面的走廊。他打開門說：「進來啊，把這裡當成自己家。」後面的區域沒有人在工作，只剩我獨自一人了。那裡有很多房間，放置不同的東西，然後我走進了寒冷的停屍間。這地方很冷，因為要保存大體，大體彷彿躺在雙層床上，像架子一樣疊起來。這些屍體都曾遭遇意外，或者遭受暴力。他們身上都有傷口或割痕——沒有流血的割痕，傷口卻暴露在外。我在那裡混了很久，思考著這些屍體的主人，以及他們的經歷，我並不會感到心神不寧，我只是很有興趣。那裡還有一個「人體零件室」，裡面有很多人和嬰兒的局部軀體，但是沒有什麼讓我覺得恐懼。

有一天去白塔速食店吃午餐的路上，我看到了停屍間的死亡的微笑袋。* 沿著一條小巷走下去，就會看到停屍間的後方，橡膠裹屍袋一個個掛在釘子上。他們用水管注水進去，水和體液滴落下來，於是袋子從中間垂下去，像個燦爛的笑容。死亡的微笑袋。

＊死亡的微笑袋（smiling bags of death），此典故來自《雙峰》庫柏探長臺詞。

那段時期我一定變了，變得有點狼狽。茱蒂．威斯特曼那時在賓州大學，我猜想她參加了姊妹會。有一次，傑克和我接了一份工作，開車去那裡送畫。我想，太棒了，我可以看到茱蒂了。於是我們送東西過去。工作結束後我跑去宿舍找她。那地方非常乾淨，我卻是個藝術學校來的。所有女生都用奇怪的眼光看著我。她們幫我傳訊息給她，我以為我讓她難堪了。「這個剛來的到底在這裡幹什麼？」但是當她走下樓，我們聊得非常愉快。她很習慣我的這一面，但其他人卻不行。那是我最後一次見到茱蒂。

我們在第十三街和木街辦過一場盛大的派對。派對進行時有好幾百人擠到這棟屋子裡。有人過來跟我說：「大衛，那個誰誰誰有槍，我們得把他的槍拿走，藏起來。」有槍的這傢伙惹惱過一些人，所以我們扣押他的槍，藏在廁所裡。我從小到大都跟槍為伍，所以我對槍枝習以為常。派對上有許多藝術系的學生，但沒有人有藝術系學生的樣子。其中有個女孩似乎有點單純，也非常性感，真是個美妙的組合。當時一定是冬天，因為每個人都把外套都放在我閣樓上的臥室裡。所以每當有人要離開，我就得上樓幫他們拿外套。有一次我去房間，看到床上一堆外套上面，躺著一個女孩，她的褲子被脫掉，顯然被占了便宜。這女孩已經醉死，我扶著她站起來，幫她拿好衣服。這也是在派對上發生的一件事。

人越來越多，屋子越來越擁擠，警察也跑來了，他們說：「有人在抱怨，大家都回家吧。」好吧，大部分的人都走了，只剩下大約十五個人還在廝混。有一個人彈著木吉他，那是一首安靜的曲子，相當抒情，但是警察卻跑回來了，他們說：「我跟你們講過了，全部回家。」這時候有一個叫做奧莉維亞的女孩子，她應該是喝醉了，跑到警察面前，對著他們比中指說：「你為什麼不回家操你自己啊！」「好了！所有人統統上警車。」一部警車停在外面，我們全部上了車——我、傑克、奧莉維亞，還有其他人——我們被載到警察局。在偵查訊問中，他們知道我和傑克是住在這棟房子裡的人，於是我們以擾亂社會治安場所的罪名被逮捕，被丟進監獄。奧莉維亞因為辱罵警察，被關進女子監獄。我跟傑克被關在同一間牢房，裡面還有兩個變裝者——其中一個叫做庫基，跟我們關在一起，另外一個在另一端的牢房，兩個人講話講了一整晚。監獄裡還有一個殺人犯，他有折疊床可睡——至少有六個人跟他同一間牢房。第二天早上，我們去見法官，一群美術學院的同學跑來，把我們保了出去。

我們來到費城，是在嬉皮和豬這類東西出現之前，警察不大會跟我作對，即使我們看起來怪怪的。但是當我們開始住在那的時候，情況開始變壞，因為整個國家都在向下沉淪。理查有一輛卡車，有一天晚上我跟他一起出去看電影。開車回家的時候，理查看到後照鏡裡有警車跟在我們後面。當我們接近交叉路口的時候，理查在黃燈前停下，我想我們的慌張舉動讓警察覺得可疑，等到綠燈亮起，我們通過路口，警笛和警車的燈突然大作。「停車！」理查把車停在攀岩牆旁邊寬闊的人行道上。一個警察走到我們的車子面前，站在車燈處，手上拿著槍說：「下車！」我們從貨車裡出來。那人說：「手舉高靠牆！」我們就乖乖地把手靠牆。然後他們開始搜理查的身。我想，既然他們搜的是理查，不是我，我就把手放下，然後馬上有另一隻手把我推到牆上。「靠牆手舉高！」接著一輛警車開了過來，裡面有大約二十個警察，他們把我們推上警車，我們就被關在鐵籠子裡面載走。我們聽到了警察無線電通話中描述的兩個人，以及他們的穿著時，理查和我看看彼此，才搞懂原來我們兩個看起來就像他們描述的人。我們到了警局，一個頭上繫著染血繃帶的老人出現，他們帶這老人到我們面前，老人看了看我們說：「不，不是他們。」然後我們就被釋放。這件事真的搞得我非常緊張。

有人說我喜歡夜間的花園的形象，其實我並沒有特別喜歡花園，除了某些特別種類的花園。我曾經畫過一幅素描畫，描繪一個有電動馬達的花園，可以抽送石油，這才是我喜歡的花園——我喜歡把人為和自然並置。這就是為什麼我喜歡舊工廠。齒輪和燃油，所有的機械裝置，還有發出轟隆聲響的巨大熔爐，倒進熔化的金屬、火、煤礦與煙囪，傾軋在一起，所有這些事物的質感和聲音——那樣的世界突然一去不回了，如今一切事物都寧靜而乾淨。原來的生活模式就這樣消失了，這就是我愛費城的地方之一。我也很喜歡費城房間的樣式，暗黑的木質，具有某種特殊比例的房間，還有一種綠色。那是一種嘔吐感覺的綠色，夾雜一點白色，很多窮人區都用到這種顏色。一種感覺很老舊的色調。

當我開始拍《病的交叉效應》時，我其實並不知道自己是否已經有想法——我就開始工作了。我打電話詢問，找到這間叫做「光敏拉瑪」的照相館，他們的十六釐米攝影機租金比別的地方便宜。這家店看起來有點骯髒廉價，但是我還是去租了一個「貝靈巧」[20]三鏡頭的機械式發條攝影機，一臺很漂亮的小機器。我在學院附屬的一座老舊旅館內拍攝，那裡的房間空盪盪，充滿鬱悶之氣，但是大廳卻堆滿了捲好的東方地毯、銅質電燈，以及漂亮的沙發和椅子。我用板子和帆布之類的東西來搭景，就像一張畫布，放在電暖器上面撐好，然後把攝影機架在房間另一端，擺在一個衣櫃上，我在旅館大廳找到這個衣櫃，然後搬到房間用。我把衣櫃釘在地板上，確保它位置不會跑掉。

我不知道為什麼我會想到雕刻屏幕這個點子。當我在混合樹脂時，我不覺得塑料樹脂會燒起來，但是它真的變得非常熱，而且瘋狂冒出熱氣。你得將這些材料混合在紙製的容器，我喜歡混合發熱的過程。紙的部分會燒焦變成棕色，熱得非常厲害，你會聽到爆裂聲，看到蒸氣從裡面冒出來。影片部分完成之後，我做了一個電動設備，把膠卷拉高到到天花板，再放下來通過放映機，我還在這場景舞臺上放了一個錄音機，重複播放警笛聲。這是在校內一場繪畫和雕塑的表演秀上播放，其他學生讓我每小時關燈十五分鐘。那效果實在非常好。

巴頓．瓦瑟曼是學院的校友，他的父母過世，留給他一大筆錢。他看過了《病的交叉效應》之後，說他願意提供我一千美元，請我在他的房子裡製作一個影片裝置藝術。我花了兩個月的時間進行巴頓的影片拍攝，但是當我拿去沖印，得到的成品只有一片模糊。每個人都說影片拍壞時我很生氣，或許如此，但是我幾乎馬上就開始有了結合動畫和實景影片的新想法。我想，這是個機會，事情如此發展一定是有因果關係的，或許巴頓會讓我拍這樣的電影。於是我打電話給巴頓，他說：「大衛，我很高興你要這麼做，拍個片子給我吧。」後來我在法國的勃艮第與巴頓的妻子見面——她搬到那裡了——她告訴我，「巴頓一輩子從來沒有如此義無反顧地幫助某個人，除了你。」這部沒有問世的電影為我的下一部片鋪了一條康莊大道。這樣的結局再好不過了。如果不是發生這件事，我絕對不可能拿到美國電影學會的經費贊助。

我用巴頓給我的剩餘經費完成了《字母驚魂記》這部片，這部片一部分是關於學校和學習的議題，過程卻像地獄般艱難。當我第一次想到要拍電影的時候，我聽到風的聲音，我看到東西在動，風的聲音和移動的影像，兩者一樣重要——聲音和圖像一定得同時一起運動。我必須為《字母驚魂記》錄製一些聲音，於是我前去「卡文佛希」[21]工作室，租了一臺烏赫（Uher）磁帶錄音機。那是德國製的錄音機，很好的一臺機器。我錄了一堆東西，然後發現機器壞了，錄到的聲音都扭曲變調——但是我非常愛！實在太不可思議了！我把機器退回去，跟他們說它壞了，於是我沒有花一毛錢就用到了這臺機器，也錄到一堆超棒的聲音。然後，我把所有錄到的東西拿去給卡文佛希工作室的鮑伯．柯倫，他有一臺小型的四軌混音平臺，我在那裡和鮑伯合作完成了混音工作。這個混音同步的過程，簡直就像變魔術。

和佩姬在一起之前，我跟一些女孩有過短暫交往，一個分手了，就繼續下一個。我跟一個叫做羅琳的女孩交往過一陣子，她是藝術系學生，跟母親一起住在費城的郊區，羅琳看起來像義大利人，是個有趣的女孩。我們去她母親家裡，三個人到地下室的冰箱拿食物。這個冰箱裡堆滿了各種冷凍食物，羅琳的媽媽會幫我們加熱。只要把食物放進烤箱，馬上就有晚餐了！而且非常美味！羅琳和他的母親都非常有趣。羅琳最後嫁給了道格．蘭道，道格為我的電影《我種出我外婆》拍了一些劇照。還有個叫做瑪歌的女孩，也跟我交往過，然後是希拉，不過我真的很喜歡奧莉維亞，她被警察逮捕過，不過她算不上我的正牌女友。有一部電影叫做《夏日之戀》，奧莉維亞、傑克和我，就像電影裡的那種關係——我們去哪兒都是三個人一起。

佩姬是我第一個愛上的人。我喜歡茱蒂．威斯特曼和南西．布里吉，但是她們對我的工作室一無所知，我們注定是不同世界的人。佩姬卻什麼都知道，而且她懂欣賞，她是我的頭號粉絲。我不會打字，佩姬就幫我打劇本，對我而言，她簡直不可思議，太不可思議了。我們剛開始是當朋友，然後我們坐在學校旁邊的藥房聊天，那感覺非常棒。

有一天，佩姬告訴我她懷孕了，隨著事情一件一件發生，我們結婚了。婚禮上我唯一記得的事，就是傑克穿著計程車司機的襯衫來觀禮。我愛佩姬，但是我不知道如果佩姬沒有懷孕，我們還會不會結婚，因為婚姻並不適合藝術家的生活。你絕對無法想像我有這樣的想法，畢竟我結過四次婚。總而言之，幾個月後，珍妮佛誕生了。小珍妮出生的時候，父親不能在分娩室，當我問是否可以進去，有個男人戲謔地看著我說：「我會看著你，看看你會怎麼處理。」他從佩姬體內取出了血淋淋的東西，我並沒有昏倒，然後佩姬嘔吐出一堆東西，我也覺得沒怎樣，於是他說：「你可以進來了。」我把自己洗乾淨，走了進去。一切都很好啊。我只是想看到這一切。有了小孩不會讓我想：好，現在我必須安定下來，我必須認真嚴肅。那種感覺不像養狗，而是好像家裡有了另外一種質感。小嬰兒想要的東西，我會想辦法做出來。我們聽說嬰兒喜歡看會動的東西，我就拿一個火柴盒，把所有的火柴棒用不同的方向掰彎，然後懸掛在一條線上面。我讓這東西在小珍妮的面前搖擺旋轉，好像窮人的手機。我覺得這樣做激發了她的智商，因為小珍妮非常聰明。

我一直認為工作最重要，今日的父親都喜歡花時間和子女相處，參加學校的活動等等。但是在我的時代並不是這樣。我爸媽從來沒有看過我們的棒球賽。你在開玩笑嗎？球賽是**我們**的事情，他們幹嘛干涉這麼多啊？他們應該工作，做**他們**的事。這是**我們**的事情。現在所有的父母都會出現在球場，為他們的小孩歡呼。實在有夠荒謬。

小珍妮誕生後不久，佩姬說：「你得去看看菲麗斯與克萊蒙，他們的房子安頓好了，很驚人呢。」於是我騎上單車，前去看這對我們認識的藝術情侶。他們住一棟大房子裡，兩人都是畫家，每人有一個工作樓層。他們帶我參觀，我說：「你們真幸福——這裡棒極了。」菲麗斯說：「隔壁的房子在出售，」於是我過去那裡看，那是個位於轉角處的房子，比他們的房子還要大。屋外有個牌子，寫著地產公司的名字，於是我又騎車到歐沙柯不動產，走進一個小辦公室，對一位胖胖的女士自我介紹。「有我可以效勞的地方嗎？」我說：「波拉街二四一六號的房子售價多少？」她說：「好的，大衛，我來看看。」她打開一本簿子然後說：「這棟房子有十二個房間，三層樓，兩組凸窗，火爐，灰牆地下室，燃油暖器，後院，以及樹木。總價是三千五百美元，售價已經降了六百美元。」我說：「我要買這棟房子。」然後我們真的買下它了。這地方就在烏克蘭社區和黑人社區的分界上，空氣中充滿肅殺之氣，但是這裡卻是拍攝《我種出我外婆》的絕佳地點，我很幸運可以買到它。佩姬和我都愛這棟房子。在我們買下這棟房子之前，這裡曾經是共產主義分子聚會的地點，我在油氈地板下面找到各種宣揚共產主義的報紙。這棟房子是軟木樓層，他們把報紙鋪在地板下方，再蓋上油氈地毯。油氈地毯非常老舊，我把它們全部拆除，丟到外面。有一天我正在房子靠前面的地方工作，我聽到一陣嘈雜聲，好像是很多水的聲音。這感覺很奇怪，一定發生了不尋常的事。我打開百葉窗看出去，外面有一萬個人，正沿著大街遊行。那是馬丁・路德・金恩被刺殺的那一天。

我們並不常去電影院。有時候我會去樂隊盒戲院，那地方會放映藝術電影，我在那裡第一次看到了法國新浪潮等經典電影，但是我不常去。即使我已經在拍電影了，我甚至還不認為自己屬於電影世界。永遠不可能！我的朋友查理・威廉是個詩人，當他看完了《字母驚魂記》，我問查理：「這是藝術電影嗎？」他說：「是啊，大衛。」我其實什麼都不懂。我確實很喜歡《我倆沒有明天》，不過那並不是我開始戴巴拿馬寬邊牛仔草帽[22]的原因。我會開始戴它，只是因為我在費城的好意志二手店找到這頂帽子。當你要脫帽的時候，你可用手夾住帽緣，帽子就自動落下。我買的這頂寬邊帽已經很舊了，裡面的稻草都裂開來，很快就出現破洞。我有很多張照片都戴著有破洞的帽子。我有兩三頂這種帽子，而且我非常喜歡。

費城的好意志二手店實在不可思議。好！現在我需要一些襯衫，我沿著吉拉大道走到波德街，就會看到一家好意志二手店，那裡有好多衣櫃的襯衫。都洗乾淨，燙整齊。有些衣服甚至有漿過，看起來跟新的一樣。我挑了三件襯衫，拿到櫃檯：多少錢？三十美分。我很喜歡醫療燈，你也可以在這家二手店找到這種具有調節裝置等各種設備的燈具，我家的客廳裡有十五盞醫療燈。我把它們都留在費城，因為傑克本來應該來幫我們把東西裝上卡車，讓我開到洛杉磯，但是他在色情店工作，而我們卡車裝箱的那一天，他被逮捕進了監獄。只有我弟弟、佩姬，和我在裝車，很多好東西都留在那裡無法帶走。

當我和佩姬在一起的時候，傑克搬到一家修車廠，老闆是個叫做巴克的人，來自千里達，大家都喜歡巴克。他的腿好像橡皮，可以蹲下來然後彈出去，他天生就是要在修車廠工作。有一天，他跟我一起走進車廠，通過好多層架的車子，走到車廠很裡面的地方，那裡有一個老舊又灰塵密布的防水布，裡面藏著某個東西。他把防水布掀開，對我說：「我希望你可以擁有這東西，這是一輛一九六六年的福斯汽車，幾乎沒有開多少公里。車子的後面有被撞到的痕跡，是輛報廢車，但是我會把它修好，你只要付六百美元，車就是你的了。」我說：「巴克，這真是太好了！」於是他把車子修好，看起來跟全新的一樣——連聞起來的味道都像新的。這輛車開起來堅固又平穩，簡直就是中古車中的夢幻車種。我很愛這輛車。每當我在二樓浴室刷牙時，我都會從窗戶看出去，看到下面街道上停著的那輛車，真是美極了。有一天早上我在刷牙，我又看出窗外，然後想：我把車停在哪裡啊？車子怎麼不在那裡。那是我的第一輛車，卻被偷走了。於是我又買了第二輛車。在佩姬家那條街的最裡面有一個汽車服務中心，佩姬的爸爸帶我去那裡，跟負責人說：「大衛需要一輛車，你有什麼樣的中古車呢？」於是我得到了這輛福特牌獵鷹汽車，這也像做夢一樣。這是一輛三段變速老式手排車，最簡樸的福特獵鷹汽車——車裡有暖氣、收音機，其他什麼都沒有，但是車後面有雪地用的輪胎，所以這輛車哪裡都可以跑。我有點愛上了這輛車。

然而，我必須等這輛福特獵鷹汽車的車牌寄過來，於是我決定在等待的這段時間自己做個車牌來用。做車牌是個很有趣的計畫。我剪了一些紙板，很好的紙板，厚度跟車牌一樣。我把紙板裁切成跟真正車牌一樣的形狀，然後跑去找一輛車子，測量字母和數字的高度，再觀察顏色，做了一個Day-Glo的車牌貼紙。問題是，我所複製的車牌，若非全字母就是全數字，但是我實際的車牌有字母也有數字，後來我才知道，字母和數字並不是同樣高度。結果有個菜鳥警察看出我的車牌是假的，因為字母和數字一樣高，這個警察因為查獲偽造車牌，成了警局的英雄。警察跑來我家門口，佩姬急得哭了出來——事態嚴重啊！他們後來又跑回來，希望把這假車牌放在警察博物館。這是個漂亮的傑作啊！這也是第一次有博物館收藏我的作品。

有一天晚上我看電影回家，爬上二樓開始跟佩姬講這部電影，她的眼睛睜得又圓又大，因為有人就在凸窗的外面。於是我下樓打電話，我們的鄰居菲麗斯卻剛好來電。她很有個性，講話講上了癮，直到我打斷她說：「菲麗斯，我必須掛斷電話，我得報警。有人想要闖進我家。」當我在和她講電話的時候，我看到一根管子在動，然後我聽到玻璃碎裂的聲音，我看到窗外有人，而且我了解到地下室也有人——所以現在屋子裡總共有兩個人。我不記得佩姬說我第二天晚上拿著槍在沙發上坐一整晚的事——我覺得我們在那地方時，根本沒擁有過槍。但是沒有錯，這種事確實在那裡發生過。另一天晚上，我在沉睡當中，被距離我五公分的佩姬的臉喚醒。「大衛！屋子裡有人！」我爬了起來，反穿上內褲，伸手到床底下，取出這把佩姬父親送我們的儀式劍。我跑到樓梯頂端，大吼：「統統給我滾出去！」有兩對黑人情侶站在下面，他們看著我，彷彿我已經完全瘋掉了，對不對？他們想進來做愛、開派對，或者其他的事，因為他們以為這是一棟廢棄屋。他們說：「你不住在這裡吧。」然後我說：「去你的不住這裡！」

珍妮出生的時候，我離開了學校，我還寫了一封狗屁不通的信給教務處。然後我有了一份工作。克莉絲汀·麥金尼和羅傑·拉貝爾都是畫家，但是為了糊口，克莉絲汀開了一家印製動物圖案版畫的美術社，她的母親桃樂蒂，又名閃光（Flash），也在這裡做印刷工作。對我而言，這是個完美的工作。閃光和我的工作區緊緊相鄰，還有一臺小電視擺在我們前面，而在我們後面，則有手壓機，以及幾個水槽。一開始先把版模沾上墨水，然後用羅傑弄來的舊尼龍襪，以一種特別的方式折疊，讓尼龍在版模上跳舞，凸的地方出現，凹的地方變不見。最後再用一張很好的紙，把圖案印出來。在這裡工作的時候，羅傑告訴我：「大衛，你週末在這裡畫畫，我付給你二十五美元，我會保存你的作品。」搬到洛杉磯之後，他還是會寄紙張和鉛筆給我，讓我為他畫畫，他仍然付我錢。從以前到現在，羅傑一直是藝術家們的好朋友。

有一天下午，我在光敏拉瑪照相館看到一臺寶萊克斯（Bolex）的攝影機，附帶漂亮的皮套，價錢是四百五十美元。我很想買這臺機器，但是他們說：「大衛，我們無法幫你保留這臺攝影機，如果有人想買，我們必須賣給他。如果你明天早上能夠帶錢過來，機器還在這裡，它就是你的了。」我很焦慮，因為我不希望別人得到這臺機器。那時候，我早上無法早起，於是，傑克和他的女朋友溫蒂，還有我，用安非他命保持整夜清醒。隔天他們開店的時候，我就在店裡。最後我得到了這臺攝影機。

我靠著安非他命畫了很多不錯的素描。當時的女孩都會去找醫生拿減肥藥，彷彿她們是集散中心。她們帶著一大袋藥丸從醫院回家。我並不反毒，藥物對於我並不重要。有一次傑克和我跑去提摩西．李瑞*在紐約米爾布魯克林的農莊，嗑藥過夜，但是這場白日夢只持續了幾天。我們沒有參加胡士托音樂節，但是我們卻去了胡士托。那時是冬天，我們跑去那兒，因為聽說有個隱士住在那裡，我們想看他本人。從來沒有人看過他。他用泥巴、石頭和樹枝，建立了一個土堆基地，上面還飄著緞帶。我們到那裡的時候，那地方被白雪覆蓋，而他就住在裡面。我想他一定有個地方可以看到外面是不是有人靠近，可是你卻看不到他。我們並沒有看到他，但是我們感覺到他就在那裡。

我不知道《我種出我外婆》的創作概念從何而來。片中有個場景是維吉妮雅．麥德蘭和羅拔．查德維克從地洞鑽出來，我無法解釋我為何要他們從泥土裡面竄出——就應該是那樣子啊。這段落不應該很真實，但

＊ Timothy Leary, 1920-1996，一九六〇年代吸食迷幻藥，鼓吹嬉皮的心理學家。

還是必須具備某方面的真實，於是我挖了這些洞，把他們放進去。這個場景開始時，你只看到樹葉和樹叢，然後突然間，兩個人冒出來了。羅哥和吉姐（即維吉妮雅．麥德蘭）演得非常好。他們並不是真的被埋在裡面，然而大部分的戲，他們都在樹葉中掙扎。然後理查．懷特也從他自己的洞鑽出，那兩個人對著他狗吠，接著出現扭曲的狗吠特寫。我做了些單格動畫，但是我不會告訴你我是怎麼做的。那是窮人土法煉鋼的作法，可是對我很實用。我一直說，拍電影只是基本常識。一旦你想像出你腦海中電影的模樣，你幾乎就知道該怎麼做下去了。佩姬說我拍這些電影的時候都很順利，這是真的。只要找到材料，我就卯起來拍了。

當我們開始製作《我種出我外婆》音效的時候，我跑去敲卡文佛希公司音效部的門，鮑伯打開門說：「大衛，我們有很多工作要做，我得找個助手給你。你可以跟我的助手艾倫．斯普雷一起工作。」我看了看這個人，一顆心沉了下去——這個人面目蒼白，身材瘦得像根竿子，穿著一件老舊又閃亮的黑色西裝外套——艾爾（即艾倫．斯普雷）戴著一副可樂瓶造型的的眼鏡，微笑著跟我握手，我可以感覺到他手背上骨頭在嘎嘎作響。這就是艾爾。我告訴他我需要一些音效，於是他播放一些音效唱片，問我：「像這樣嗎？」我說不。他又放了另外一個音軌，說：「或許這個可以？」我說不。如此狀況持續了好一陣子，然後他說：「大衛。我想我們得為你製作音效了。」然後我們花了六十三天，每天九小時，在製作音效。例如：外婆的口哨。卡文佛希公司沒有太多設備，也沒有回音製造系統。於是艾爾弄了一個冷氣機的管子，長度大約是九到十二公尺。我們到一個地方，我對著管子吹口哨，艾爾把錄音機放在管子另一端。因為管子是中空的，口哨聲傳到另一端的時候，聲音會長一點。接著他用揚聲器把錄好的聲音對著管子播放，然後再錄一次，如此下來，回聲就有兩倍長度了。我們反覆進行這動作，直到回聲的感覺對了。我們製作每一個音效，那實在是太有趣了，我簡直無法形容。之後我們在卡文佛希公司進行混音，鮑伯．柯倫非常嚴肅地說：「大衛，第一，除非你把帳單付清，否則你無法取走影片；第二，如果你以每小時計費，你的帳單會嚇死人；如果你以每十分鐘的膠片計費，價格會是你無法想像得低廉。」於是他跟他的同事說好，讓我以每十分鐘的膠片計費。

我得向美國電影學會申請經費，我提出七千一百一十九美元的預算，但是最後我花掉了七千二百美元。我不知道我怎麼花的，我就是花掉這麼多。原本核給我的預算是五千美元，但是我還需要兩千兩百美元，取回卡文佛希那邊的影片，於是東尼·瓦藍尼從華盛頓搭火車過來，我去火車站接他，給他看了影片，他說：「你有錢了！」在我開車載他去搭火車的路上，他說：「大衛，我想你應該來加州洛杉磯的美國電影學會高等電影研究中心[23]。」那就好像是告訴某人，你剛剛得到了五億美元！或者比它更棒的東西！那就好像告訴某人，你會活到永遠。

1 Bruce Samuelson 2 Eo Omwake 3 Virginia Maitland 4 Hans Bellmer 5 *The Bride*
6 Photorama 7 *Six Men Getting Sick(Six Times)*
8 Dr. William S. Biddle Cadwalader Memorial Prize 9 Noel Mahaffey 10 H. Barton Wasserman
11 *The Alphabet* 12 Rodger LaPelle 13 Christine McGinnis 14 Marlborough-Gerson Gallery
15 *Flying Bird with Cigarette Butt*, 1968 16 *GardenBack*, 1968-1970 17 *The Grandmother*
18 Alan Splet 19 Toni Vallani 20 Bell and Howell 21 Calvin de Frenes
22 Stetson panama-style hat 23 The Center for Advanced Film Studies

史派克

一九七〇年林區離開費城，進入洛杉磯的美國電影學會就讀，那像是跳出黑暗的櫃子，走進閃耀的陽光下。當時的美國電影學會位於灰石公館[1]，一棟豪華，有十五個房間的都鐸復興建築，占地二十二坪。這棟建築是石油大亨愛德華．朵西尼[2]在一九二八年建造的。一九六五年，比佛利山市為了避免建築物被毀，取得了這塊地產。在一九六九到一九八一年之間，灰石公館以每年一元的租金，租給美國電影學會，希望這所學校可以整修並維護這棟建築。小喬治．史蒂芬[3]創立了美國電影學會，東尼．瓦藍尼在一九六八到一九七一年間，擔任學會主任；這兩個人欣賞林區的才華，帶領他進入了這所學校。

約翰．林區從加州理工大學畢業的時候，他哥哥正準備要搬到西部，於是他開車到費城，幫哥哥打包行囊，塞進一輛黃色的赫茲卡車，再把自己的車停在大衛朋友家的後院，這樣他就可以和哥哥一起開車去洛杉磯。「傑克．菲斯科在最後一分鐘決定帶狗同行，於是我們共有三個人和一隻狗，這段旅程十分開心。」約翰．林區回憶道。

瓦藍尼和史蒂芬對於艾倫．斯普雷在《字母驚魂記》中的表現非常讚賞，於是邀請他來擔任美國電影學會音效部門的主管。斯普雷七月就搬到了洛杉磯，林區八月底抵達洛杉磯搬去跟他一起住的時候，斯普雷已經安頓妥當。經過了兩個星期的整頓安排，林區和弟弟前去柏克萊探訪父母——他們在那裡短期居住——並且接回佩姬和珍妮佛。

「大衛的父親每個月資助我們兩百五十美元，持續給了兩年，這是美國電影學會正常的修業年限，而我們的房子，月租是兩百美元，」蕾薇回憶道：「我們的地方並不大，但是有很多小房間，我們的部分月租八十美元，因為有很多人住在這裡。」林區家是在三層樓公寓的側面——「有個人連續好幾小時不停地播放傑克森家族[4]的〈我會在那裡〉，」蕾薇接著說：「我們找到一臺舊洗衣機，把它裝在後門。我們沒有烘衣機，所以衣服洗好都晾在後面曬乾。」

菲斯科的妹妹瑪麗在七〇年代初期，經常來往洛杉磯。林區在洛杉磯安頓好不久，菲斯科也在此落腳，瑪麗希望跟哥哥住得靠近，參加泛美航空的空服員訓練班後，沒多久她就搬到洛杉磯，在林區家隔壁租了一個地方。

林區在九月二十五日開始上課，加入了電影學會第一批畢業的班級，班上同學還包括泰倫斯．馬力克[5]，凱萊布．丹斯切爾[6]，蒂姆．杭特，以及保羅．許瑞德[7]。當時學校課程中很重要的一部分，是關於看電影和討論電影，而對林區班上三十個同學特別重要的，則是捷克導演法蘭克．丹尼爾[8]教授的電影分析。丹尼爾在一九六八年經由喬治．史帝芬的經紀安排來到美國。當時蘇聯進軍捷克，史蒂芬寄機票給丹尼爾和他的家人。他的出現讓許多美國電影學會校友感到「振奮人心」。丹尼爾提出了眾所周知的「序列結構」編劇法則，主張針對某個場景，提出七十個元素，把每個元素寫在一張筆記卡上，再把這些筆記卡以協調的序列組織起來。如此做下去，你就有了一個劇本。這是個簡單的概念，日後對林區非常有幫助。

美國電影學會是個氣氛輕鬆、隨心所欲的地方，但是身為這裡的學生，並非毫無壓力。他們期待學生可以找到自己的路，然而林區的第一年，卻在尋找方向上掙扎不已。「他寫了一個電影劇本：《花園後》，一個關於不貞的故事，靈感來自他在費城創作的一幅畫，但是那不是他心裡真正有感覺的東西，」蕾薇說：

「所以他一直無法有所進展。」

法蘭克．丹尼爾和凱萊布．丹斯切爾都是《花園後》的粉絲，丹斯切爾把劇本拿給二十世紀福斯公司的製片朋友，此人提供五千美元預算，要求把這四十頁的腳本，延伸成一部完整的劇情長片。林區參加了一系列的編劇課程，和丹尼爾、瓦藍尼，以及作家吉爾．丹尼斯[9]一起切磋，但是如果要發展劇情長片，他卻沒有興趣，在一九七一年的春末，他放棄了這個計畫。

然後在夏天的那幾個月，《橡皮擦頭》在他的心中漸漸成形。林區曾經評論道：「我感覺《橡皮擦頭》，我不思考，」任何一個對這部片佩服得五體投地的人，都可以了解他這句話的意思。關於《橡皮擦頭》古怪幽默的論述非常多，但是若把焦點放在幽默搞笑的面相上，只是這多層次作品的一種淺層閱讀。這是一部絕對的電影，一種純粹的影像文本，無須透過任何濾鏡來解讀。這部片的敘事非常簡單。在某個陰鬱的後工業反烏托邦，住著一個叫做亨利．史班賽的年輕人，他遇到一個叫做瑪麗的女孩，而這女孩懷孕了。他們生下了一個畸形嬰兒，讓亨利陷入焦慮，他急欲從這恐怖的感覺中解脫。他經歷了情色的神祕、嬰兒的死亡，到最後聖靈降臨，他的苦難折磨終於結束。從某方面看，這是個關於恩典的故事。

林區的劇本風格是直接而清楚的，《橡皮擦頭》的劇本，帶著貝克特戲劇的嚴謹與精確。整部劇本只有二十一頁，舞臺指示非常極簡，大部分聚焦在感情敘述；很顯然，這部電影的情緒氛圍——一種可以感覺到的微微凶兆——對大衛．林區而言是最重要的。最後我們看到的這部片，前面第一部分與原始劇本幾乎是一字不漏地相符；但是第二部分的敘述，卻明顯偏離了劇本。在林區的原始腳本中，亨利最後被魔鬼般的嬰兒大口吃掉。這情節在電影中並未發生，而接下來的第三幕出現了一個新的角色，她轉變了整個故事的最終結局。在《橡皮擦頭》長達五年的製作期間，林區經歷了靈性的甦醒，這部片在此過程中的轉變，也是可以理解的。

「《橡皮擦頭》是關於『輪迴業障』，」傑克．菲斯科說道，他飾演一個叫做「星球上的男子」的角色。「在拍攝的時候，我並不了解這個人，但是『星球上的男子』牽動著象徵業障的槓桿。《橡皮擦頭》有非常多靈性的東西，大衛拍這部片之前就開始冥想打坐，而一路走來，他也越來越靈性化。」

林區自己曾經說：「《橡皮擦頭》是我最靈性的電影，但是沒有人會從電影中看出什麼。就像是我有了這些感覺，卻不知道對於我那到底是什麼東西。就像我拿出《聖經》開始閱讀，我一路讀下去，讀下去，然後我碰到一個句子，說：『就是這個啊。』但我卻無法說出是哪個句子。」

大衛．林區一九七一年九月回到電影學會時，發現他被分配到一年級的班上，他對學校的安排非常不滿。他本來準備澈底休學，但是校方殷切地鼓勵他完成《橡皮擦頭》，於是他決定繼續留在學校。他的電影需要資金，但是當時美國電影學會的預算政策正處在一個奇怪的時刻。學校前一年提供了一筆龐大的預算給一個叫做斯坦頓．凱伊的學生，讓他完成《尋寶記》，這應該是美國電影學會製作的第一部劇情片。凱伊的電影花了很多錢，但最後並未完成，而且注定會失敗；之後他們又嘗試提供經費給另一名學生製作，但是後來電影學會卻非常討厭那部電影。這些事件對林區都不成問題，他的《橡皮擦頭》劇本非常極簡，不會花費太多錢，於是學校為這部片投入了一萬美元，在一九七一年的尾聲，這部片開始進入前製作業。

靠近電影學會大樓的下面，是一個廢棄的綜合建物，裡面有員工區、停車場、溫室、馬廄，和穀倉。大衛在這塊碎石建築物落腳，營造了一個簡樸的工作室，占據了接下來的四年。他的工作室有一間攝影機室、一間浴室、一間餐廳、一間剪接室、一間溫室，和一個貯存道具的大閣樓。這地方也很私密，學校允許林區動用這裡的設備，讓他可以心無旁騖地把電影拍出來。

為了尋找劇組，大衛先從可信賴的朋友下手，他詢問了斯普雷、菲斯科，以及卡文佛希公司的攝影指導赫伯．卡德維爾[10]，邀請他們參與。劇組班底中還加入了一個很重要的成員朵琳．斯莫[11]，負責製片經理的工作。斯莫在紐約出生長大，她在一九七一年前去拜訪住在托班加谷的朋友，然後在桂冠谷租了一個地方。她剛搬進來不久，她的房東詹姆斯．鈕波跟她提到，他曾在傑克．菲斯科拍攝的黑人剝削電影《酷冷的微風》[12]中擔任助理，而他們正需要助理。「我到處跑，弄道具和服裝，」斯莫回憶道：「然後傑克說：『我有個美國電影學會的朋友需要人幫忙。妳要不要跟大衛認識一下？』」

「於是我到馬廄跟大衛見面，」她繼續說：「他戴了三條領帶，一頂巴拿馬帽，一件無袖的藍色牛津襯衫，寬鬆的卡其褲，腳上穿著工作鞋。他非常有型，很明顯是個獨特的人——每個遇到大衛的人都感覺到這股火花。他告訴我他非常需要一個製片經理，然後問我：『妳可以做嗎？』我說：『當然。』然後他又說：『我還需要一個劇本監製，妳可以做嗎？』我說：『當然。』然後他買了一個計時碼表給我，讓我做電影的場記。」①

和林區會面後不久，斯莫參加托班加谷的一個派對，透過介紹認識了夏洛特．史都華[13]，一個當時滿有名的電視演員，她們倆決定一起租房子住，接下來的兩年，她們變成室友。「朵琳知道大衛的電影需要一個女演員，於是邀請大衛來托班加谷共進晚餐，當時這地方還是非常鄉下。」史都華回憶道：「我打開門，這個人就站在外面，還有佩姬。他是個非常殷勤的年輕人。他拿著一袋麥籽，遞給我，我謝謝他，但是心裡想，搞什麼鬼啊？我想他可能以為，嘿！她們住在鄉下——或許她們會想種麥子。」

「進餐的時候，感覺他似乎是個很好的人，似乎非常年輕。」史都華繼續說：「他帶了《橡皮擦頭》的劇本過來，我翻了一下，但是一個字也看不懂——我所知道的大概是，這故事是關於一對年輕伴侶和一個嬰兒，但不是真的嬰兒。劇本中的對白並不多，於是我想，好吧！我幾個星期之後可以來做這件事。」②

當林區遇到凱薩琳．康森和傑克．南斯[14]的時候，他正在尋找男主角。康森一家人從伊利諾州搬到加州，她的父親受雇到河濱市經營廣播電臺。她四歲的時候，就在當地的電臺節目《與康森家一起吃早餐》中初試啼聲。她在克萊蒙特的斯克利普斯學院主修藝術史，而當她到舊金山讀研究所的時候，她生活的重心轉移到劇場。一九六七年，達拉斯劇場中心[15]的成員全部都是住在舊金山的藝術家，其中有個男生，名叫傑克．南斯。康森和南斯成為一對情侶，他們一九六八年在加州的拉霍亞結婚之後，加入了大衛．林德曼的「玩家之間馬戲團」[16]，林德曼創立了這個團體，他自己也曾在一九八一年短暫加入電影學會。林德曼跟林區提到，南斯很適合亨利．史班賽這角色。林區同意南斯就是完美的人選。

《橡皮擦頭》中一些扮演次要角色的演員，也都是康森找來的，其他選角出來的演員——包括茱蒂絲．羅伯茲[17]（走廊對面的美女），艾倫．約瑟夫[18]（X先生），以及珍妮．碧斯[19]（X太太）——都是「西劇目劇團」[20]的演員。碧斯是電影電視的老手，她參加《橡皮擦頭》選角時，即使已經年過五十，依然保養得當。林區擔心她飾演這個角色可能太漂亮了，於是他手工製造了一顆痣，痣上面還生出一根毛髮。如同大多數認識林區的人，碧斯也佩服著迷於他。「我記得珍妮很有耐性地坐著，讓大衛把那顆醜陋的痣黏在她臉上。」斯莫說：「跟大衛工作的都是很有經驗的演員，他們從一開始就覺得大衛是個天才，而且願意信任他。」

電影選角很快就到位；然而創造《橡皮擦頭》的空間世界，卻得更花多工夫，這方面的工作也證明了林區是個真正的天才。亨利的世界，大都是從破爛中建造出來的，林區就像奇蹟一般，運用很少的資源，做出很大的東西。每樣東西重新利用，或者重複使用，打造出精巧細緻的場景，包括一個公寓，一座大廳，一個劇場舞臺，一個鉛筆工廠，一個鄉郊的家庭，一間辦公室，和一個前門廊。林區和斯普雷用毯子和放在粗麻布袋裡的玻璃纖維絕緣體，製造隔音空間，而林區依照他的工作程序，租用他所需要的設備。《橡皮擦頭》中包含了許多複雜的特效鏡頭，但是當他向當地電影工作室的特效人員詢問技術問題時，總是得到冰冷的回應。林區是個實際的人，他很喜歡解決問題，也會從嘗試與錯誤中學習成長。

朵琳．斯莫為了尋找服裝道具，跑遍了所有的跳蚤市場以及二手商店，康森和南斯把自己家的房間掏空，重新布置成亨利公寓大廳的樣子。康森的姑媽瑪姬．斐雷吉．拉斯洛[21]住在比佛利山一棟擁有十七個房間住宅，她也提供了許多寶貴資源。拉斯洛在加州柯爾泳裝公司擔任設計師，她的地下室堆滿了東西，康森和林區經常跑去那裡挖寶，在裡面尋找道具。「我們就在那裡找到了嬰兒用的加濕機，」康森回憶道。③

《橡皮擦頭》的道具表中，包括一些比加濕機更奇特的東西。「大衛需要一隻狗和一窩嗷嗷待哺的小狗，於是我打電話去獸醫院，尋找有母狗和新生小狗的人，然後再打電話給他們，詢問他們願不願意把狗借給我們，」斯莫回憶道：「為了取得臍帶，我對醫院撒謊，告訴他們臍帶只會放在瓶子裡，當作電影背景。電影中所出現的是真實的臍帶，我們弄來了五、六條——傑克把它稱之為『比利帶』（billy cord）。我得尋找一些很不尋常的東西。」

《橡皮擦頭》中的嬰兒——南斯口中起名的「史派克」——是整部電影最關鍵的道具，林區在開拍前好幾個月就開始製作了。他不願意洩漏他是如何創造出這嬰兒，劇組演職員也不願意說。這部片也需要兩個大型道具——一個星球，和一個嬰兒頭——兩者都是用多重材料手工製作出來的。這個他們稱之為「巨大嬰兒頭」的道具，是林區在院子裡花了好幾個月製作完成的。「它就放在那裡放了好一陣子，鄰居們都說那是一個『大蛋』。」蕾薇回憶道。

在前置作業時期，林區放映《日落大道》和《郎心如鐵》給劇組和演員看。這兩部片的黑白攝影特別飽和濃郁，斯莫記得：「他要我們瞭解『黑』這顏色的概念，他也鼓勵我們去某個谷找一個叫做詹姆斯的人，請他幫我們看星座。」

這部片主要的拍攝，從一九七二年五月二十九日開始進行，拍攝時間表上的第一場戲，是亨利和瑪麗的父母，X夫婦，坐在一起吃飯。「我無法相信第一個晚上花了多長的時間拍攝，」夏綠蒂．史都華回憶道：「會花這麼多的時間，都是因為大衛事必躬親——這是真的，他每一件事都要自己來。架燈必須這樣，他連晚餐吃的雞都自己做——片場所有的東西他都要碰到。我記得當時我想著，我的天，這小子永遠不可能拍得完啊；他不了解這行業是不能花這麼多時間的。我為他感到難過，他竟然不懂這些。」

拍片速度以牛步進行，開拍屆滿一年的時候，攝影指導赫伯．卡德維爾覺得他需要有份收入養活自己的工作，於是決定離開劇組。他的離去卻為攝影師佛雷．艾爾姆斯[22]創造了一個機會。出生於紐澤西州東橘市的艾爾姆斯曾在羅徹斯特理工學院[23]修習靜態攝影，然後在紐約大學註冊了電影研究課程。那邊的老師告訴他關於美國電影學會的事，他就飛奔來到了西部。

艾爾姆斯從一九七二年秋季班開始電影學會的課程，他回憶道：「我到那裡幾個月之後，東尼．瓦藍尼告訴我：『我們這裡有個導演需要一個攝影指導，你應該跟他見見面。』我跟大衛見面，他給我看了一卷拍好的影片，我不知道我看到的東西是怎麼做出來的，但是我完全被迷住了。那是用非常美的黑白攝影拍出來的，非常稀奇，還有漂亮的場景設計，演員的表演也非常迷人。我看到的每一樣東西都讓我訝異，我無法拒絕。」④

「這部片有個重要挑戰，就是如何為黑白電影打光，讓人可以看得見，」艾爾姆斯繼續談起這部幾乎全部在晚上拍攝的電影。這正是《橡皮擦頭》對於情緒的要求，當然，夜晚也是美國電影學會裡唯一夠安靜，讓林區可以拍片的時候。「我們拍片拍一整晚，」康森說：「然後到了某個時刻，艾倫．斯普雷說：『鳥，我聽到鳥叫了，』我們就知道收工的時間到了。」

而且這部電影「不夠暗，」艾爾姆斯說道。他花了兩個星期和卡德維爾工作，趁他離開劇組之前趕快跟上進度。「大衛和我一起看毛片，他說：『我看到黑影中有一個小細節，但是它不應該出現在那裡——我們把光線調更暗吧！』大衛和我都同意，你在電影中營造出來的情緒是最重要的。是啊，我們有劇本有表演，但是光線的情緒和感覺，才是這部片的生命力的所在。在《橡皮擦頭》中，大衛所敘述的故事，幾乎完全透過情緒，以及事物的質感樣貌來傳達。」

針對這部片少數在白天戶外的拍攝過程，康森回憶道：「我們拍了很多戶外戲，包括在洛杉磯市中心的橋下拍攝的開場戲。我們都是現場快閃拍攝完畢，因為我們從沒有申請許可，所以很緊張，但是也很好玩。」

「大家都喜歡和大衛工作，」蕾薇說：「儘管你只是幫他弄咖啡這般小事，他都會讓你覺得你做了全世界最偉大的事。彷彿在說，你太棒了！我相信他是真心這麼覺得。大衛很享受對事物感到興奮的感覺。」

「大衛是個魅力無限，力量強大的人，」艾爾姆斯說：「我們都覺得有參與感。當然，我們在拍大衛的電影，但是他對每個人的工作都心存感激。他無須思考，就鼓舞了周遭的人。例如他一直在繪畫，看他作畫真是鼓動人心。那讓我們都想努力工作，嘗試新事物。」

製作《橡皮擦頭》的時候，林區沒時間待在畫室，但是在那幾年，他從來沒有停止創造視覺藝術，任何空白的表面都可以創作，他在一些實體上創造作品，包括一系列的火柴盒、餐巾紙，以及廉價筆記本紙等等。他運用的材料很廉價，但是這些隨手亂畫出來的作品卻無法忽視。那些都是他精心製造，經過深思熟慮後的創作。

另一個系列則由圍繞的眩惑圖案展開，並且以不同的方式運作：流線造型的巢穴破裂，綿密的質地帶著一份威脅感。餐巾紙畫作中，紅色、黑色和黃色，組成奇特的形狀，漂浮在白色的背景中；看起來幾乎像可以識別的東西，但都是純粹的抽象幾何。火柴盒系列作品，就是在空的火柴盒上創作繁複的圖像，儘管尺寸微小，從這小宇宙中卻可以感覺到一個遼闊寬廣的世界。還有一些畫作，顯然是《橡皮擦頭》的準備功課。有一幅圖畫，亨利盯著一個床頭桌上的土丘，以及一個嬰兒躺在一個火山形狀的物品旁邊，火山上面突出一根樹枝。一張嬰兒素描，白色的襁褓被剪開，透露一份抒情黑暗的質感，這些視覺和這部電影有相關聯，這幅畫非常陰森。

林區一直知道什麼東西適合《橡皮擦頭》，但是他也鼓勵演員提出意見，如果有好點子，他也願意接受。在電影開拍的那天傍晚，夏綠蒂．史都華被交付任務，要幫南斯做髮型。她開始瘋狂地把他的頭髮往後猛梳。屋子裡跟她在一起的人全部大笑，但是當林區走過來看到這幅畫面，他宣布：「就是這個！」亨利．史班賽的招牌頭髮，就是一個「好點子」。

史都華對於自己角色的看法，本質上也和林區有共鳴。「我問大衛可不可以自己做衣服，因為瑪麗好像是個會幫自己做衣服的女孩，但是做得並不好，而且都不合身——我們希望上衣有點不合身，你會看她的胸罩帶從肩膀上滑下來，」史都華回憶道：「瑪麗這個角色很沒有自信，這就是為什麼她駝背，而且動作遲緩，性格封閉，她還有耳朵感染。在拍攝之前，林區都會做一個滴著液體的發炎體，放在我的右耳外面。在電影中看不出來，但是我們都知道有這個東西在裡面。」

「我不知道大衛為什麼會覺得我適合這角色。大衛的選角都很奇怪。他不在乎演員的背景，也從來不給演員念劇本。他跟你約見面，跟你閒聊些有的沒的，然後他就知道你是否適合這角色。他在《橡皮擦頭》中對待演員的方式，跟他現在對待演員的方式是一樣的，」史都華說。這位演員在《雙峰》的三季全都有出現。「他和演員之間非常私密，當有其他人在旁邊聽的時候，他不會給你表演指導。他會走到你旁邊，對著你的耳朵輕聲細語。那真的是很祕密的表演指導。」

林區非常重視排演，雖然史班賽似乎並沒做太多事，但是為了得到效果，卻花了很多力氣；林區設計亨利的動作，非常繁複，隨便一個微小的動作，都有可能伴隨著意義。南斯反省他和林區的工作關係，說道：「我們有過很冗長、很奇怪的談話和討論，隨著我們的進行，很多東西都自己出來了。亨利非常隨性。就像是把一套舒適的西裝穿在這角色身上，我會穿上外套和領帶，那就是亨利。」[5]

《橡皮擦頭》的演員很少，工作人員更少，有些雜事通常都丟給康森。「我什麼都做，從道具到推軌，我什麼都做，」康森說道。當時她在當服務生，經常把小費和食物拿來貢獻給劇組。「佛雷是我的導師，他教我拍靜態攝影，以及當攝影指導。我也是送底片到沖印廠的跑腿小妹。我們必須在固定的時間之前把底片送過去，我得在大半夜跳上金龜車，快速趕到蘇厄德街，把東西交給值夜班的馬斯．邦加頓。我們工作的時間很長，所以都在馬廄吃東西。我用一個炒菜鍋和一個小小的電熱器，烹調出所有的食物。但是食物都差不多，因為大衛只喜歡吃一種東西，就是烤乳酪，或者蛋沙拉三明治。」

《橡皮擦頭》開始消耗林區的生活，但是在整個一九七二年，他還是和家庭保持穩固的關係。「我們的餐廳裡有一張橡木圓桌，我生日的時候，大衛和珍妮佛弄了一堆泥巴，堆在桌上做成一個小山峰，在上面雕刻出角落和洞穴，再把黏土做出來的小東西放在上面，」蕾薇回憶道：「我很喜歡。但是我們吃東西的時候，必須把餐盤放在腿上，因為我們都不想毀掉那個土堆。這東西在餐桌上放了好幾個月。」

雖然一直拍拍停停，但是自從《橡皮擦頭》開工的那一刻起，這部電影就是林區家庭的中心。「或許這是我父親身為一名傑出導演的證明，他讓我們相信《橡皮擦頭》是幸福的祕訣，他讓我們也參與其中，」珍妮佛．林區說：「我經常在片場，《橡皮擦頭》是我童年的一部分。我覺得這樣子非常棒，在我十歲、十一歲之前，我並不了解我的童年有何特別。我從來不覺得我爸爸是個怪胎，而我一直以他為榮，一直。」

林區覺得他的演員和劇組必須領薪水，於是每個人每週可以拿到二十五美元。（到電影殺青的時候，他被迫砍薪，變成十二點五美元）這是很微薄的酬勞，但是林區仍然在使用電影學會給他的錢，直到一九七三年春天。他被告知可以繼續使用學校的設備，但是不會再有額外的錢進來，於是《橡皮擦頭》面臨被迫中斷的命運，幾乎一整年間，都只能斷斷續續地拍攝。

「大衛一直希望為這部片找錢，當我拍完《窮山惡水》之後，我給了他一些錢，」菲斯科說道。他在這部泰倫斯．馬力克一九七三年的導演處女作品中擔任藝術指導。（林區和斯普雷把菲斯科介紹給馬力克）「我曾經一星期只進帳一百美元，突然間我賺到更多錢，那像是不勞而獲。這些年來我可能給了大衛四千美元，這筆錢我不但全數收回，而且還拿到了更多。」

《窮山惡水》的主角之一是女演員西西．史派克，她和菲斯科相識一年之後結婚，然後就被帶進《橡皮擦頭》的世界。「當我在拍《窮山惡水》認識傑克的時候，他告訴了我許多他的好朋友大衛的事，我們一回到洛杉磯，他就帶我去見他，」史派克回憶道：「我們在死寂的夜晚來到他的片場，所有東西彷彿蓋上了私密詭異的裹屍布。大衛住在美國電影學會的馬廄，他在那裡拍片拍一整晚，他的劇組白天把他關在片場讓他睡覺。你得敲門敲很多次才拿得到鑰匙，好像是在諾克斯堡軍事基地。」

「傑克是我所遇到第一個真正的藝術家，」史派克繼續說道：「他帶領我認識了所有這些才華橫溢的朋友，包括大衛。我一直很慶幸在我生命和事業的那個時間點認識了他們，為我帶來影響。大衛和傑克在各個方面都是藝術家——他們把自己投入工作的每個環節，他們的熱情永遠不會枯竭，而且他們很喜歡創造東西。」⑥

回美東一陣子之後，菲斯科的妹妹瑪麗一九七三年又回到洛杉磯。她當時有一段短暫的婚姻，在桂冠谷住了六個月，後來她和丈夫分居，又回到東部。當她在洛杉磯的時候，她在納許出版社[24]工作，也幫蕾薇在同一家公司找了一個接待員的職位。

林區在拍片中斷的時間會打零工，賺到的錢用來復工，時有時無。不規則的拍片時間表，加上林區耗時又精心打造的工藝，劇組必須要有夠硬的耐性。林區的工作人員，必須做到一個通知隨時上陣，也有可能現場空轉等待他打造好完美無瑕的電影場景。

「我們花很多時間在等待，這也是為什麼南斯是亨利的理想人選——傑克可以靜靜地坐好幾個小時，」史都華說：「大衛總是忙著張羅片場道具事務，凱薩琳則忙著做大衛吩咐她的事務，傑克和我就坐著等，沒有人抱怨。每個人都忙著做自己份內的事，我們都成了好朋友。」

拍攝經過了大約一年後，朵琳．斯莫開始住在《橡皮擦頭》的片場。「從托班加過來片場是一段很長的通勤路途，」她回憶道：「而我卻和大衛捲入了一段私人感情——事情發生在某一天的音樂室，那是一份很強烈的感情。在拍片的那段時間，我父親去世了，母親搬到了聖塔莫尼卡，大衛有時候會過來跟我們一起過。我們變得非常親密，我母親會買衣服以及美術用品送給大衛。」

不用說，大衛的家庭生活岌岌可危，蕾薇正在考慮分居。「在費城的時候，我是大衛工作不可或缺的一部分，但是在洛杉磯，一切都變了，」蕾薇說：「我不再是那一部分，現在他身邊有許多像助理的女孩——我已經沒有位置了。我妹妹來到洛杉磯，也去造訪片場，回來之後她說：『妳知道她們都愛他，』我說：『那不好嗎？』我實在太天真了。」

對於林區，這是一段焦慮的日子。他正在拍一部懷抱著滿滿熱情的電影，但是資金一直是個問題，而他的私生活又開始變複雜。更明顯的問題是，在金錢與感情之外，他感受到一股更深沉的不安。林區的父母在一九七三年搬到河濱市，他的妹妹瑪莎．雷佛希也經常來往南加州。她將會在造成林區生命轉變的事件中，扮演核心角色，而這個事件，將會召喚出他所體驗到的，更深層的感覺。

故事發生在一九七二年，雷佛希在太陽谷接受滑雪教練的訓練。每天早上，她都固定上山頂會見老師。「我搭乘空中纜車上去，旁邊是個友善的年輕男子，」她回憶道：「我提到他一大清早竟可以如此神采奕奕，於是在整個上山的過程中，他告訴我超覺靜坐對於深層休息的好處，他讓我知道了這類知識。我開始學習打坐冥想，那變成了我生命中重要的一部分。」[7]

雷佛希開始冥想後不久，林區和她通電話，發現她的聲音裡有些東西變得不一樣。他問雷佛希發生了什麼事，她告訴林區關於超覺靜坐的事情，然後帶領他去「靈性再生活動中心」[25]。「對大衛來說，這是個理想的地方，帶領他進入生命的下一個階段，」雷佛希說。「並不是每個中心都會讓他興奮，但是這個中心是完美的——他喜歡這裡的感覺，就在一九七三年七月一日，他開始冥想。發生這件事很久之前，大衛就告訴過我，他一直在思考更遠大的前景。超覺靜坐對生命啟蒙的信仰，和他產生了共鳴。」

「靈性再生活動中心」的主席查理．魯特[26]是第一個參加過瑪哈禮希．瑪赫西瑜伽冥想課程的美國人，他從一個簡單的技術出發，讓參與者尋找到意識最深的層次，這套理論的根源，源自古老的吠陀智慧。一九五九年他把超覺靜坐帶進美國之後，瑪哈禮希與魯特合作，在全球各地開設了幾百個中心，包括美國的第一間超覺靜坐中心，位於聖塔莫尼卡，在一九七〇年代，魯特每週的演講，吸引了大批群眾。林區都會固定參加活動。「查理就像瑪哈禮希的兄弟，他也是大衛生命中的關鍵人物。」雷佛希說：「他和查理以及查理的妻子海倫，變成了親密的朋友。」

任何一個認識林區的人，都會驚訝於冥想給予他的轉變。「大衛開始冥想之前比較暗黑，」斯莫回憶道：「他變得比較冷靜，不再那麼挫敗，冥想為他帶來啟蒙。彷彿他身上的包袱被移走了。」

將近兩年的時間，林區的清醒時刻的每分每秒都獻給了《橡皮擦頭》，如今林區將生命的一部分保留於冥想。「瑪哈禮希上《莫夫．格里芬劇場》[27]時，我們全部人都跑去看，」雷佛希說：「凱薩琳和大衛一起來，大衛穿了一件漂亮的西裝外套，和一件白襯衫，當他們走過去的時候，有人說：『你們兩個，到這裡來！』他們被帶到了最前排——我想那些人喜歡他們的樣子——於是大衛站在最前排，看起來很棒，那感覺

林區在此期間創作了幾幅畫作，反映了他人生的變化。在作品《注入存在》[28]中，並排放置了一對黑暗的樹狀圖像。圖左側的底部有一個彩色稜鏡，而右側的底部和頂部都有顏色。這幅圖描繪一種地下形式的東西正衝出表面，象徵著成長。還有些無標題的作品，將可識別的元素──樹木，雲朵──與抽象圖案相結合，有一種進入圓頂大教堂的感覺。

「大衛開始冥想時，我才五歲，但是這件事發生的時候，我絕對有注意到他的變化，」珍妮佛．林區回憶道：「我記得他比較少吼叫了，然而也就是在那個時候，我開始感覺到，他在我身邊的時間越來越少了。」

冥想把某些東西帶進林區的生命，那正是他所需要的，但是同時，他婚姻中的歧異也更加惡化。「大衛崇拜查理．魯特，他是個好人，但是我對他那一套完全不感興趣，」蕾薇回憶道：「大衛無法了解我為何對冥想毫無感覺，因為在那個時間點上，他真的需要精神靈性，而我只想出去玩個開心。」

這個時候，瑪麗．菲斯科回到紐約，在華盛頓為喬治亞州參議員赫爾曼．塔爾麥奇工作。「有一天晚上我在辦公室跟傑克講長途電話，大衛拿起電話，開始跟我談關於冥想的事──從那時候起，我們才開始真正地溝通，」菲斯科說道，她在該年年底，又搬回洛杉磯。

林區帶她參加靈性再生活動中心，她也開始固定參加活動。「查理．魯特是個活躍、英俊、感性的男子，他會改變空間的能量，」菲斯科回憶道：「披頭四稱他為靈量船長[29]──他令人印象深刻。」

「冥想改變了大衛，然而他也變保守了──他不再吃肉也不再抽菸，」菲斯科繼續說道：「他告訴我說，曾經有好幾個月，無論他去哪裡，腦子裡都會有一條一公尺長的香菸──他無法不去想它──但是他有計劃地戒掉了菸癮。他的穿著也開始變得不一樣，那兩條領帶和巴拿馬帽消失了，當他去中心的時候，他會

一定好極了。」

穿得比較隆重。」

在這段時間，林區的婚姻狀況更加惡化了。「有一天我從辦公室回家吃午餐，大衛也在家，」蕾薇回憶道：「然後我說：『我在想我們是不是應該考慮一下分居。』，他說：『妳不再像以前那樣子愛我了，是不是？』他的意思是，他也不再像過去那麼愛我，然後我說：『我想我不愛了。』我已經到達了一個臨界點，我不再像過去那樣，會對他內心的東西感到著迷。而且我需要一些自己的時間。活在另一個人的腦袋裡，簡直就是幽閉恐懼。再說，我該怎麼做呢？為維持婚姻而戰鬥嗎？我不會去跟什麼鄰家女孩競爭。我才應該是其他女人應該競爭的對象，好萊塢也是。」

那幾年內，林區幾乎完全日夜顛倒，跟蕾薇分手之後，他接了一個週薪四十八元五角派送《華爾街日報》的工作。妹妹瑪莎曾陪著他跑半夜送報的路線，記得那是個：「很棒的經驗。他把一切組織得井井有條，報紙排成一疊放在車前座，我坐在他金龜車的後座，因為他的兩扇車窗都要保持淨空。他對這條路線的了解，就好像了解他的手背，把丟報紙的動作變成了藝術。他喜歡用某種方式，把報紙丟到窗戶上，因為屋子裡馬上就會亮起燈光。」

《橡皮擦頭》的拍攝在一九七四年五月復工，接下來的一年斷斷續續地拍攝。幾乎就在這個時候，斯普雷離開洛杉磯，跑去芬德霍恩過了好幾個月，那是在北蘇格蘭的一個烏托邦社區，創始人彼得．凱迪與桃樂蒂．麥克連恩，聲稱他們可以直接跟自然界靈性接觸。斯普雷離開之後，朵琳．斯莫搬到聖塔芭芭拉，林區的拍片狀況越來越壞了。小喬治．史蒂芬跟洛杉磯當地知名的後製公司（CFI）的總監席德．索羅[30]協調好，願意免費沖印大衛的片子，但是美國電影學會卻開始收回設備，而且一如以往，他們還是缺錢。「在某個時候，大衛說：『我想我們該放棄了，』」艾爾姆斯回憶道：「凱薩琳、傑克，還有我，大家看著彼此，然後說：『大衛，我們不能這樣喊停——電影還沒完成呢。我們會想到辦法的。』」

於是他們繼續撐。有一天，林區坐在配膳室畫素描。一個圖像從他的畫本上出現成形，那就是後來被稱為「暖氣女士」[31]的角色。林區覺得她是一個重要元素，引導亨利的故事進入結局，林區也很高興地發現，暖氣剛好也是設計道具的一部分。如此的安排，讓角色在故事中發揮作用，呈現林區的概念。這角色由聲樂手蘿拉·尼爾[32]扮演，一個存活在溫室一般安全空間內的女性，呈現了和諧與希望；她的出現讓電影的敘述方向開始偏移，也讓整部片在一份樂觀和可能性中落幕。她是個雙頰怪異誇張的大眼金髮女子，林區花了好幾個小時幫她上妝，他也為她寫了一首歌的歌詞，叫做〈天堂〉。他的朋友彼得·埃佛斯為歌詞譜曲演唱；你在電影中所聽到的，是埃佛斯的歌聲。

《橡皮擦頭》經常停工，大衛因此有時間出去籌措經費——這是電影製片最痛恨的事情之一——但是有時候，這件事也頗有趣的。在一九七四年，美國電影學會的執行委員得決定學校導演課程應該使用ＡＭＰＥＸ還是ＳＯＮＹ的錄影帶，於是他們請艾爾姆斯拍兩組影片來進行對照。林區聽到風聲後，跑去要求傑克讓他來寫測試用的本子；他迅速寫了一個劇本，叫做《斷肢女孩的來信》，康森同意當主角。「大衛飾演醫生，幫截肢者的殘肢繫繃帶，他為截肢者寫了獨白，由我來唸畫外音，」康森回憶道：「我們在灰石公館裡一個廢棄的房間，用不同的錄影帶拍了兩次，然後佛雷把片子拿去電影學會裡一個非常漂亮的放映室，放給執行委員看。電影結束的時候，我記得有人喊：『林區！林區一定跟這片子有關係！』」

到了一九七四年底，林區的婚姻正式結束。「我循求法律途徑，付了五十美元購買需要的表格，然後一位女性朋友陪我去法庭，我簽了字。」蕾薇回憶這場心平氣和的離婚說道：「我的父母都很欣賞大衛，他們對我離婚一事非常生氣。我愛大衛的父母，雖然他們很努力地想要維持我們之間的關係，對我而言，離婚仍然是個損失。」至於珍妮佛．林區，她說：「他們離婚對我造成很大的痛苦，我痛恨它！」

這場離婚簽字完成的時候，林區還住在《橡皮擦頭》的片廠，但是到了一九七四年底，電影學會要求他清空馬廄，於是他搬到了西好萊塢玫瑰木大道的一棟平房。「這棟房子有個用尖樁籬笆圍起來的小院子，院子裡有一棵鸚鵡喜歡的大蘋果樹——那裡經常有很多鸚鵡出沒，」瑪麗．菲斯科提起了這棟月租八十五美元的房子說道：「大衛在房子裡開了一些天窗，在廚房裡做了一個煮飯用的架子，廚房沒有水槽，不過如果你只吃鮪魚三明治，你不大會用到廚房的。我記得珍妮佛來這裡跟大衛度過了好幾個週末。大衛沒什麼錢，他連自己都照顧不好，更別說是照顧小孩。」

「當我住在大衛家的時候，他並不是以『傳統方式』照顧我，」珍妮佛．林區回憶道：「我們都在做成年人的事。我們出去送報紙，在油坑附近散步；我們一面聊天，一面在垃圾桶裡找東西，然後我們去大胃王餐廳吃東西，那感覺非常棒。我記得《橡皮擦頭》在『新藝戲院』放映的時候，我們也去了波布餐廳，你知道那餐廳有一個小塑膠架子，裡面夾著紙板，紙板上列出今日特餐的內容？我們把紙板取出來，翻到後面的空白部分，寫下『來看《橡皮擦頭》』，然後再塞回塑膠架。當他住在玫瑰木街的時候，他真的很喜歡像是花粉、黃豆、人蔘這類東西，我看過他用維他命，有點過量使用。他非常喜歡那些東西。」

「在九歲之前，我都不知道自己是窮人家的小孩，」她繼續說道：「爸爸住在玫瑰木街的時候，我帶朋友過來度週末，瑪麗．菲斯科帶我們去迪士尼樂園，我們和大衛一起做娃娃屋，還去打保齡球。那是個很棒的週末啊，不是嗎？那個星期天晚上我生病了，星期一沒去上學，星期二早上我到學校的時候，有人告訴我：『雪莉說妳住在垃圾堆裡。』後來有很長一段時間，我都沒再邀朋友來家裡玩。」

林區是個習慣性的動物，在這段時間，他發展出一個儀式，這儀式成為他在接下來的八年中生活的一部分：每天下午兩點半，他會去大胃王餐廳喝幾杯咖啡和一杯巧克力奶昔。如果有人在這幾年間想跟他碰面，最好都約在大胃王餐廳。（他也開放給其他家餐廳，例如他也常去聖費南多的杜帕餐廳，日落大道的班法蘭克餐廳，以及威爾榭大道上的尼柏樂斯餐廳）

大衛搬家過後幾個月，斯普雷從蘇格蘭回來了，他們把與玫瑰木街連接屋子的車庫改造成一個後製工作室，讓斯普雷睡在那裡。從一九七五年夏天到一九七六年初，林區剪輯影片，斯普雷剪輯音效，在八個月的密集工作當中，一部傑作《橡皮擦頭》就這樣誕生出來了。《橡皮擦頭》的聲音有著一份幾乎無法忍受的強大張力，而聲音的層次——一隻狗威脅感的吠叫，一列遠方火車的汽笛聲，翻騰機具的嘶嘶聲，充滿孤寂感的空房間聲音——都非常繁複而豐富，彷彿你可以閉上雙眼，光用聽覺來體驗這部電影。「大衛和艾倫運用工業聲音的力量，讓聲音完美地控制電影的情緒和感覺，」艾爾姆斯說：「他們創造音效的方式，太高明、太出色了。」

在後製階段，瑪麗搬進了大衛家幾個街口外的一棟公寓，兩人開始約會。「大衛和艾倫協議好，影片完成之前，兩人都不可以約會，」菲斯科說：「但是大衛還是在沒有告知艾倫的狀況下，跟我見面共進午餐。大衛同時也在和瑪莎．波娜約會，她是我們冥想中心的一個朋友。大衛兩年多來都在我們兩個女人之間來回遊走。他並沒有對我隱瞞他喜歡瑪莎的事，瑪莎也知道我們在約會，這狀況對他很麻煩。所以瑪莎那一方也一直沒有進展。」

拋開他們兩人的關係，菲斯科是《橡皮擦頭》的忠實信徒，她說服了她的家族朋友恰克．哈梅爾投資一萬美元給這部片。這筆救命錢也讓大衛集中精神，完成了《橡皮擦頭》。他和斯普雷合作完成聲音剪輯的時候，他自己也完成了影片剪輯。這時，他邀請主要的劇組人員在日落大道上一家如今已不存在的餐廳碰面。大家都非常驚訝，大衛竟然跟他們說，他們都是這部電影的十四個權益人之一，他們都可以得到這部電影未來任何收益的某個比例。他把協議書寫在一張餐巾紙上，「幾年之後，我們都收到了支票，」康森說道：「他會這樣子做真是驚人。所有權益人每年都會持續地收到支票。」

《橡皮擦頭》第一次非正式首映，是在一場美國電影學會舉辦只限工作人員參與的放映會上。「當大衛第一次把這部片放給我們看的時候，感覺好像永遠結束不了。」史都華回憶起這場長達一小時三十分鐘的試映。「他後來打電話過來問我的想法，我說：『大衛，那就像是牙齒痛——非常痛。』我們坐在那裡看得很辛苦。」大衛聽到他發自內心的意見，卻沒有考慮剪掉這部片的任何部分。

坎城影展代表來到美國電影中心的時候，大衛正在那裡做混音。坎城的人看了部分影片，表達了很大的興趣。林區當時把《橡皮擦頭》的目標放在坎城影展，但是卻石沉大海，然後《橡皮擦頭》又被紐約影展拒絕。林區的這段日子並不好過。「我記得在離婚後我跟他在大胃王餐廳吃午餐，他說：『我想進入核心——我厭膩了站在外圍。』」蕾薇說：「是啊，他的感性是地下的、暗黑的，但是一旦他接觸了好萊塢，他就不想繼續當個怪人了。他希望在一個讓事情真正有可能發生的空間運作——這個世界就是這樣子啊。我痛恨處在這樣一個世界，讓大衛這樣的人無法做他自己想做的事。」

當洛杉磯國際電影節[33]開始為一九七六年的影展選片時，林區心灰意冷，不考慮把《橡皮擦頭》送去。菲斯科堅持他必須送片參展，於是這部片被選上了，在影展上，這部片首度對一般觀眾公開放映。《綜藝日報》給了這部片很糟糕的評價，但是跟觀眾們一起看這部片，卻給了林區啟發。他了解到，如果把這部電影修改一下，會變得更好。於是他重新剪片，刪剪了二十分鐘的片段，包括至少四場戲：亨利在公寓大廳踢一個家具，演員湯瑪斯．康森和他的朋友V．菲利浦．威爾森被電池的纜線綁在床上，另一人拿著電氣設備在一旁恐嚇，林區非常愛這些片段，但是他知道，這些東西讓電影鬆散，於是他就剪掉了。

《橡皮擦頭》的名號，傳到紐約的班．巴倫侯茲[34]耳邊，他要求看片子。巴倫侯茲是個製片和發行商，他是獨立電影圈的英雄，也是午夜電影的創造者，對於那些作品無法在其他地方被看到的反骨導演，午夜電影就是他們的命脈。他的嶄新觀念，讓約翰．華特斯的《粉紅火鶴》找到了觀眾，他對《橡皮擦頭》的支持，具有絕對關鍵性。巴倫侯茲的公司——力博拉電影公司，同意發行《橡皮擦頭》，他請他的朋友佛雷．貝克前去洛杉磯跟林區簽合同。正式簽約握手的地點在舒瓦藥房[35]，這地方也是《日落大道》的場景之一，因此對於林區別具深義。

《橡皮擦頭》開始漸漸上軌道，林區的私生活卻依然混亂。「在班同意發行《橡皮擦頭》之後不久，有一天大衛告訴我他想跟瑪莎．波娜結婚，」菲斯科說：「當時大衛和我才剛剛搬家住一起，於是我說：『好，我搬回維吉尼亞。』然後我就離開了。三天之後，大衛打電話過來，要我嫁給他。我的母親很反對，因為他沒錢，我哥哥也不認為我應該嫁給他。他讓我坐下，對著我說：『瑪麗，大衛很特別，可是這段婚姻不會長久的。』但是我不管，大衛的內心裡有著不可思議的愛，當你和他在一起的時候，你會覺得自己是世界上最重要的人。光是他說話的語調，和他對別人的關心，就讓人深深著迷。」

一九七七年的六月二十一日，林區和菲斯科在河濱市他父母去過的一家教堂，辦了一個小巧的的婚禮。「我們在星期二結婚，大衛的父親安排把週日禮拜用的鮮花留下來給我們，於是我們有了花，還雇了一個風琴手，」菲斯科說：「我們辦了一個很傳統的婚禮，然後去大熊湖度了一個晚上的蜜月。」

十六天之後，林區為了自己希望拍攝的下一部片《朗尼火箭》[36]，向編劇工會註冊，然後他和菲斯科前往紐約。林區在巴倫侯茲的公寓住了三個月，一面在實驗室工作，盡力把《橡皮擦頭》剪成一個滿意的發行版本。巴倫侯茲付清片中用到爵士樂手「胖子華勒」樂曲的版權費，在整部電影的氣氛設定上，音樂扮演著整合性的角色，一切就緒。秋天的時候，這部電影在曼哈頓的「電影村」首映，宣布電影誕生，也當作一份正式公映邀請。

《橡皮擦頭》獲得了發行，但是這並沒有解決林區的財務問題，從紐約回來後，他在河濱市度過了接下來的幾個月，他在那裡和父親一起工作，重新翻修了一棟房屋。當林區在河濱市的時候，菲斯科在科威國際不動產公司擔任房地產經理，週末回去看林區。「我們結婚之後，斷斷續續地跟大衛的父母住了一陣子，」菲斯科說：「他和爸爸裝修屋子收工回家時，母親會衝到門前，雙手擁抱大衛和他的父親。他們是個非常可愛的家庭。裝修房子有七千美元酬勞，大衛的父母全部給了他。他們很擔心大衛，因為他們沒有看到大衛實踐夢想——但是他們卻願意協助提供資金拍攝《我種出我外婆》。他們看著自己的兒子做他們無法掌握的事情，卻依然無怨無悔地支持，真的是非常特別。」

一九七七年底，林區的財務仍然處在黑洞當中，於是他把後院設施改裝成一個工作室，開始他所謂的「棚內建造」[37]階段，就字面上的意思是——他做了一個棚子，在裡面做各種零碎的木工。這樣的生活這聽起來或許有點沮喪，但林區的希望卻沒有熄滅過。「他很興奮，」瑪麗・菲斯科說：「他完成了電影，入選洛杉磯國際電影展，引起迴響。我起床看到大衛，他的臉上掛著溫暖的微笑，準備新的一天。他的下一步，已經準備好了。」

「我們的社交生活，都圍繞在冥想中心的活動，」她繼續說：「我們每個星期五都去那裡，那邊的人變成了我們親密的朋友。我們和他們碰面，一起去看電影——我和大衛看了很多電影——但是我們在電影圈卻完全沒有被接受。」

此時，《橡皮擦頭》悄悄地在午夜電影的影迷間口耳相傳，一夕爆紅，也開啟了這部電影之後在洛杉磯新藝戲院長達四年的放映。《橡皮擦頭》的出現搭上了準確的時機，洛杉磯的嬉皮觀眾有欣賞這部片的能力。前衛表演如日中天，龐克音樂益發興盛，另類出版刊物例如：《SLASH》、《洛杉磯讀者》讚美所有實驗、地下的東西，這些元素大肆盛行。從城市裡這些角落冒出來的人，坐滿新藝戲院的觀眾席，他們擁抱林區，把他納入同溫層。約翰．華特斯鼓勵粉絲去看《橡皮擦頭》。史丹利．庫柏力克也鍾愛這部片，林區的名字開始四處流傳。

林區仍然是個局外人，但是他的生命已經改觀了。他有了賴以依靠的靈修，有了新的妻子，拍了一部完全是他自己想要的電影。「《橡皮擦頭》忠實呈現我最原始的概念，」林區曾說：「更中肯地說，這部片中的某些場景，雖然存在於電影銀幕上，但是我感覺到，那些東西更存在於我腦中。」終於，林區得到了一堆電影圈內的人脈，以及千萬個了解他電影成就的觀眾。

「大衛連結了比你想像中更多的人，他願景中的某些東西得到了人們的認同，」傑克．菲斯科總結道：「我在新藝戲院的午夜場第一次看《橡皮擦頭》，觀眾全部被吸了進去，他們知道所有的對白。我在想，我的天！他的作品找到觀眾了。」

傑克、傑克的狗佛愛夫，還有我弟弟約翰，一起陪我從費城開車橫跨美國。一路向西行的公路之旅非常美麗。我記得在某個地方，我們開到了一個巨大的山谷，天空非常廣闊，當你爬上山脊，你會同時看到四種不同的天氣。天空中一部分是陽光，另一邊是暴風雨。我們開車開了三十個小時，一路開到奧克拉荷馬市，在我姑姑和姑丈家過夜。第二天，我們開了一段很長的路，晚上把車停在新墨西哥的路邊。那是個沒有星光的夜晚，我們在樹叢睡覺。四周非常安靜，突然間聽到呼呼的聲音，我們看到一匹馬被綁在樹叢上。第二天早上起床，發現印地安人的皮卡車在我們四周繞來繞去。原來我們身在印地安保留區，他們或許覺得很奇怪，我們在他們的土地上想幹什麼，我並不怪他們，我們不知道自己在保留區內。

我們在第三天的半夜到達洛杉磯。車子沿著日落大道，在威士忌阿哥哥俱樂部轉彎，然後到艾倫．斯普雷家過夜。第二天早上起床，我才發現我被包圍在洛杉磯的陽光當中。我幾乎被車壓過去，因為我站在聖文森大道的中央——我無法形容那光線有多美麗。我愛洛杉磯，立刻愛上了它。誰不呢？於是我站在那裡，看著白花花的陽光，然後再看過去，看到一個聖文森九五〇號房屋**出租**的招牌。就在幾個小時之內，我用月租二百二十美元，租下了這棟房子。

我在費城賣掉了我的福特獵鷹車，而現在我需要一輛車，於是傑克、約翰和我，步行到聖塔莫尼卡大道，伸出手指攔車。我們搭上一位女演員的便車，她說：「中古車行全部都在聖塔莫尼卡大道上，靠近聖塔莫尼卡海灘的那一區，我也要去那裡，就順便帶你們過去吧。」我們跑了幾家店，我弟弟看到一輛一九五九年的福斯汽車，車體的灰漆有點褪色。我弟弟懂車，於是他看了看說：「這是輛好車。」我的《我種出我外婆》剛剛贏了「貝爾維尤電影節」[38]的第二名，獎金有二百五十美元，我就用這筆錢買了這輛價格兩百美元的車。我還需要保險，而對街就是州立農業保險公司，我走上木頭階梯到二樓，一個很熱心的人幫我辦好了保險。在一天之內，我有了車，有了保險，也有了房子。一切都好不真實。有很多親友陸續住過這裡——赫伯．卡德維爾住過，艾倫．斯普雷和我弟弟住過，傑克也過來跟我住過一陣子。我完全不介意跟這些人一起住，但如果是現在，可能就會有問題了。

這一天，傑克、我弟弟以及我三人起床後，就直奔美國電影學會，我第一次看到灰石公館。我不敢相信自己的眼睛。我很慶幸來到這裡。來到洛杉磯，我很想拍《花園後》，我已經完成了四十頁的腳本，然後我遇到了凱萊布．丹斯切爾，他很喜歡這個劇本。他以為那是部恐怖片之類的東西，於是他把劇本拿給一個他認識的低成本恐怖片製作人。這人說：「我願意，我可以給你五千美元，但是你得把劇本延長成一百或者一百二十頁。」我好沮喪。我的整個故事都在裡面了，而我還得花狗屎一整年去學校，跟法蘭克．丹尼爾，還有這個叫做吉爾．丹尼斯的同學——他是丹尼爾教授的小跟班，三人一起討論，用些我痛恨的無聊對白把這劇本加油添醋。我腦子裡的另一塊正在思考：這是我要做的嗎？因為，我漸漸開始有了《橡皮擦頭》的想法。

電影學會的第一年的某一天，東尼．瓦藍尼對我說：「我希望你來認識羅貝托．羅塞里尼[39]，於是我走去東尼的辦公室，羅貝托就在裡面。我們握手寒暄閒聊，彼此很合得來。他告訴東尼：『我希望大衛可以來羅馬當交換學生，來我的義大利電影實驗中心。』這件事也登上了《綜藝》，但是接下來我得知，羅塞里尼的學校破產了。這是天意。我不應該去那裡，但是我還是很高興認識他。」

我需要錢，於是東尼說：「你去當艾德・佩羅內[40]的實習生。他在馬可泰帕劇場導《芭芭拉少校》＊。」我的實習生工作，不過是幫巴隆端端咖啡之類的瑣事。這齣戲由大衛・柏尼[41]以及布萊絲・丹娜[42]主演，也是李察・德瑞福斯的舞臺處女秀，他搶戲搶翻了天。我討厭這齣戲，因為我不喜歡導演。他對待我不是很好。或許我沒有好好幫他端咖啡。我不知道。我對劇場的印象很差，興趣是零。不過大衛・柏尼和及布萊絲・丹娜人都很好。

東尼知道我會做東西，於是他幫我在猶他州找了件差事，為斯坦頓・凱伊[43]的電影《尋寶記》[44]做道具。去那裡之前，我聽說了關於斯坦頓・凱伊的事，像是他必須被刀逼著導戲，他不守時，他什麼都不鳥——他是個舉止怪異的人。我到了猶他州，開始製作《尋寶記》裡的寶藏。我做了阿茲特克神以及金磚，我的工作就是做東西。我在地下室，跟一個叫做「快樂」的人一起，他在馬戲班做巡迴表演。我就叫他「快了」。我本來應該只在這裡工作一星期，做了兩星期之後，我想回家，於是我說：「我的朋友傑克會做這些事。」於是傑克過來，認識了一大堆人，他們都見識到傑克的才華。這件事也為傑克開啟了一道門。我想那也是傑克的一個轉捩點。

我回到了電影學會，第二年開始的第一天，我發現自己被分配到一年級班，彷彿我被當掉了。我過去一年就這樣被浪費了，一把火升了上來。我整個爆發，怒奔走廊，吉爾看到我，發現我表情不對，說道：「大衛，停下來，停下來，」他追著我跑，我正走到法蘭克的辦公室，經過他的助理蜜卡，直奔到他眼前，對他說：「我不幹了！」然後拂袖而去，接著跑去找艾倫，他說：「我也不幹了！」於是我們兩個跑去哈姆雷特

＊ *Major Barbara*，蕭伯納的戲劇。

速食店喝咖啡，發牢騷，罵人。幾小時後我回到家，佩姬看到我說：「怎麼回事啊？學校打電話過來，他們看到你離開非常擔心。』於是我回去找法蘭克，他說：『大衛，當你說要退學的時候，我覺得我們做錯了。你想做什麼呢？』我說：『我想拍《橡皮擦頭》。』他說：『那你就拍《橡皮擦頭》吧。』」

開始籌拍《橡皮擦頭》之後，我就不再去學校了，但有時候還是會回去看電影。電影學會大放映室的放映師是個超級大影迷，當他說：「大衛，你一定要看這部片。」的時候，我就知道又有好東西可看了。他播過一部叫做《野獸之血》[45]的片子給我看，這是一部法國電影，故事交錯在一對在法國小鄉村路上散步的情人；以及一個大型的老式屠宰場：卵石的院子，巨大的鎖鏈，以及鋼鐵質感的東西等等。電影中有個人把一隻鼻孔還冒著氣的馬牽出來，拿一個東西放在牠額頭，砰一聲！馬倒下。接著他們用鐵鍊拴住馬蹄，把牠吊上去，迅速剝皮，血流滿地；之後再跳接到行走的那對情人。這部片非常有看頭。

我開始尋找《橡皮擦頭》的演員。有個劇場導演叫做大衛．林德曼，我記得他也曾經是電影學會的學生。我把亨利的人物特徵描述給他聽，問他有沒有認識一些適合這角色的演員，他給了我兩個人的名字，其中之一就是傑克．南斯，於是我就跑去找他。在《橡皮擦頭》的選角過程中，我碰到的第一個人，就是我選上的人，每個角色都是這樣。這並不是說，無論什麼人我都可以讓他演，而是，他們都是最完美的。

朵西尼華廈*矗立在一個山坡上，它有一個底樓，一個二樓，地底還有一個地下室，裡面幾個房間，已經改裝成辦公室。那裡還有保齡球館，以及提供朵西尼家庭洗衣服的洗衣房。這裡陽光普照，很適合曬衣服，所以這裡有一個外面街上任何角落都看不到的坑口。它就像是一個五公尺的牆，卻只開了一個小口，提供晾衣服的地方。這是個美麗的小口子。水泥牆和漂亮的階梯可以上上下下。我就在這裡做出了暖氣女士的表演舞臺。這舞臺晾在那裡好長一段時間，因為我得花很多時間去建造，也或許是因為我沒錢。

總之，傑克．南斯和我在地下室的辦公室會面。他進來的時候，脾氣似乎不大好，表情彷彿在說：「這又是什麼鬼學生電影？」我們坐下來談，但還是感覺很不自在，這場會面不是很順利。談完之後，我說：「我陪你一起出去吧，」我們走到大廳，一句話也沒說，一路往前走出去到停車場。傑克看到了我們經過的一輛車，說道：「這車的頂架很酷，」我說：「謝謝，」然後他說：「是你的車嗎？我的天！」突然間，他變成了另外一個人。我們馬上開始討論起亨利，我說：「做個亨利困惑的表情，」於是傑克做了一個困惑的表情，我說：「不，不是這樣，我們試試……亨利看起來很失落。」傑克又做了個失落的表情，我說：「不，也不是這樣，或許他在納悶。」傑克在臉上擺了一個納悶，我又說不對，然後我按著他的肩膀說：「就來個完全空白的表情吧。」於是他表情空白，我說：「傑克，就是這樣！」後來，傑克到處跟人說：「亨利是完全空白的。」我把傑克帶回家給佩姬看，她在他背後豎起了大拇指，然後我帶他回電影學會。傑克在各方面都是完美的。我曾思考過，在全世界我所見過的人中，還有誰可以演亨利？答案是沒有人。這是命運的安排。傑克是完美的，就如同夏綠蒂所說的，傑克不在意等待。他坐在那裡，腦子裡卻在想許多事情，而且他毫不在乎發生在周遭的事物。

當我認識傑克的時候，他有一頭非洲爆炸頭。我們不希望他在電影中的髮型看起來好像剛剛剪過。於是在開拍前一週，我請理髮師來馬廄，把傑克帶上閣樓弄頭髮。我希望他的髮型是兩邊短上面長——這樣子的外型是很重要的。不知道為什麼，我打從生命的一開始就喜歡這樣的造型。傑克的髮型非常重要，不過，直到開拍那天晚上，夏綠蒂惡搞他的頭髮，一切終於搞定了。亨利的頭髮豎立起來變得更高，或許比我會弄的

＊即灰石公館。

還要高，所以，在創造亨利的過程當中，夏綠蒂是個要角。

日落大道的最東端有個很厲害的工作室，正在關門大拍賣。於是我租了一輛十公尺的平面卡車，在某個晴朗多雲的日子，跟傑克一起過去那裡，他們正在拍賣所有的東西。我們走的時候，卡車上堆滿高達四公尺的東西，包括鞋子、幾桶釘子、電線、一個十公尺的黑色背景幕、亨利的房間裡的暖氣，各式各樣的東西。我們問：「多少錢？」這個人說：「一百塊錢。」我在這部電影中建造的每個場景，都是從這些地方弄來的。在日落大道的同一區，有個賣地毯的地方，看起來像個古老的加油站，或是汽車維修廠。那是個灰泥建築，擺了一個褪色的招牌，非常黑暗，到處都是灰塵。泥地上，成堆的地毯堆疊在一起。你一疊一疊地看過去，一面走一面把地毯掀起來看，看到有喜歡的，就會有人從暗處冒出，把你要的地毯轉出來。如果你不喜歡，他們就會扔到最上面，彈出一堆灰塵。我的電影中所有的地毯都是從這邊弄來的。我們所有需要的錄音磁帶都來自華納兄弟公司的箱子裡。這些箱子裡面裝滿了漂亮的舊磁帶捲，本來是要被丟棄的。艾倫和我拆掉金龜車的後座，把幾百捲的錄音磁帶裝上車。只要把這些錄音磁帶放進消磁器，就可以重複使用。艾倫會弄。我不想碰那些東西，因為那是高磁性的。只要把磁帶餵進消磁器，轉動它一下，就可以重新編碼，拿出來之後，就是一個全新乾淨的磁帶。

電影學會的馬廄沒有人使用，於是我把它改裝，弄成一個大小剛好的工作室，整整用了四年。拍片第一天晚上，有些學校的人過來看，但是後來他們就再也不來了。我很幸運——彷彿死了之後進天堂一般。在第一年當中，唯一會來這裡的人都是演員，以及朵琳．斯莫，凱薩琳．康森，赫伯．卡德維爾，後來佛雷取代赫伯，還有我自己。需要現場收音的時候，艾倫會過來。然後就沒有別人。四年的拍片過程，只有幾個週末會有其他人過來幫忙，但是一天天過去，會留在那邊的，還是我們的劇組。就是那個地方。

朵琳．斯莫加入了《橡皮擦頭》劇組，她做得非常棒。不過我從來不會強求任何人。有人會說：「大衛讓我學習到超覺靜坐，」但是你無法強迫別人做這些事。那必須是你的心之所欲。

艾倫．斯普雷跟我提過一個叫做詹姆斯．菲爾的人，他住在銀湖區一棟小房子裡，在那裡停車會塵土飛揚。於是我去找詹姆斯，他是個星象家，也是靈媒，這傢伙相當不簡單。他對於通靈和魔術占卜非常專精。到了他家，他的妻子來打過招呼就先離席，讓他專心占卜。我沒有錢，但還是去見了他很多次，因為他說得很合乎情理——在那個時候，每一件事都是合乎情理的。

多年之後，在拍攝《沙丘魔堡》時，我很想跟他談談，他住在世紀城的公寓大樓裡，他打開門，看起來不一樣了，他幾乎是飄著移動，他說：「大衛，我現在是百分之百的同性戀了。」他是個快樂的同性戀，一點也沒有問題，我說好哇，然後讓他幫我占卜。我問他關於我交往的那些女孩子，他說：「大衛，她們都知道對方。」這表示女孩子的表象只是一部分，她們還有另一部分，知道更多事。他這樣說，我覺得是有道理的。女孩子在很多方面都比較高等，因為她們是母親，這種母性本能非常重要。瑪哈禮希說過，對小孩子而言，母親比父親重要十倍。如果由女人來掌控這個世界，我想世界和平會更加接近。

那一次占卜之後過了五年，我在萬特樂大道上杜帕餐廳的雙人卡座上，跟馬克．佛洛斯特談話。很多人來來去去，然後在某個點，有個男人跟一個女人走過我，我瞄到那個男人的褲子，一件粉紅橘的毛衣，還有一個略帶棕紫色的頭。我在跟馬克說話，錢幣突然掉落在地上。我轉過身，對方也剛好轉過身，我說：「詹姆斯？」他說：「大衛？」我上前跟他談話，發現他有點不對勁。他的皮膚帶著橘紅的色澤，後來我聽說，詹姆斯因為愛滋病去世了。他是個傑出的星相家，一個厲害的靈媒，也是一個很好的人。

在夜晚降臨，開始拍片之前，我在馬廄的膳食房播放華格納的歌劇《唐懷瑟》和《崔斯坦與伊索德》，傑克和我對著夕陽傾聽，等候日落。我都把音樂放得很大聲。我也會放霍洛維茲彈奏的〈月光奏鳴曲〉。我的天！這人真會彈鋼琴啊。他緩緩地彈奏，我聽說他有功力把鋼琴彈出一百種強度，從最輕的小音符，到狂風暴雨般的重音符。他是用靈魂在彈鋼琴。貝多芬寫出這支曲子，而他竟然是聾的。真是驚人！牛心隊長也是個真正傑出的藝術家，我曾經聽《紅鱒魚面具複製品》[46]這張專輯聽到翻。大約六點鐘，劇組陸續來到馬廄，在我們等待的時刻，傑克和我就坐在配膳室大聽音樂。我們在比佛利山區最好的地段，我們坐著看到樹木和陽光漸漸暗下去，一面抽菸，一面聽著這些音量放得很大的音樂。

拍片的第一年間，我和家庭漸行漸遠，那不是我故意的——我只是一直都在工作。佩姬和我一直都是朋友，我們家沒有過爭執，因為她也是個藝術家。當她過生日，珍妮佛和我在餐桌上為她做了個泥巴雕塑，我們弄了好幾桶泥巴，泥丘高達至少一公尺，一直延伸到餐桌邊。世界上有幾個妻子會喜歡在餐桌上放這種東西？大概只有一個！她們嚇都嚇死了！她們會說，你們把餐桌毀了。但是佩姬卻喜歡得不得了。她是個很棒的女孩，她讓我當一個藝術家。但是電影開拍之後，有很長一段時間她被迫退居次要角色，我想她很沮喪。這段日子她也過得不好。

《橡皮擦頭》開拍過了一年，我的錢花光了，赫伯也離開了，但是我可以了解他為何必須離開。赫伯是個很有趣的人。他是個傑出的飛行員，他都以三維向度在思考，他也是個很棒的機械工程師。有一次，赫伯對佩姬和我說：「我弄了一架飛機，你們要不要跟我一起飛去沙漠玩一整天？」我們說：「太好了。」當我們回家的時候，天色已黑，飛機正在滑行時，他用無線電跟塔臺說：晚安。他對塔臺說晚安的方式，讓我頸背上的毛都豎起來了。我感覺到在另外一個時空，赫伯會是個長途太空飛行員。他說晚安的方式實在太優美，彷彿他說這句話說了一億年。

有一次，赫伯和艾倫決定飛回東部。艾倫是「法定盲」，但是他要負責導航，於是他們起飛，橫跨美國，第一站飛到愛達荷州的波卡特洛。飛到了當地上空，赫伯跟地面小機場用無線電通話，對方跟他說：「我幫你準備了一輛出租車，鑰匙在車子裡面。你們離開的時候記得關上燈鎖好車。」於是赫伯把飛機停好，跳進出租車，一路開到波卡特洛。他們沿著夜晚的二線道公路前進，由赫伯駕駛，然後赫伯開始說話。說著說著，他的音調開始變高，然後開始開到公路外面。艾倫說：「赫伯！」赫伯又回到公路上。他又一直說話，聲音的音調變得更高了，又開到了公路外，然後整個車子都離開了公路，他的聲音變得超級高頻。艾倫對著他尖叫：「赫伯！」終於赫伯脫離了那情境，回到路上，他也平安無事。誰知道那到底是怎麼回事。

有時候我們拍片拍到凌晨兩、三點，但是因為時候太晚，無法再拍下一場戲。赫伯和我們住一起，但是他都沒回家。沒有人知道赫伯去了哪裡，到了清晨九點鐘，他就會把車停在車道上，走進屋子，一句話不說，你應該也清楚不該去問他。小珍妮記得早晨出現的赫伯，他的動作非常緩慢，沒有不開心，也並不快樂。然後他伸手到一個他放置巧克力早餐條的地方，他不讓任何人碰這地方。小珍妮很想要這些巧克力條，但是我不覺得赫伯願意跟她分享。

當赫伯在卡文佛希公司工作的時候，有時候他們要求參與影片製作者必須擁有高級安全許可，因為那是政府單位的影片，而赫伯有這許可——很多人以為赫伯是幫中情局工作。赫伯有個工作，是為飛機設計十六釐米投影設備，因此他得去倫敦一趟。他跟幾個人同行，這些人都知道赫伯是個有趣的人。某一天的早晨，他們應該在格域機場碰面，這些人準時抵達，等待赫伯出現，但是赫伯卻沒有出現。他們打電話去他的房間，沒人接電話，於是他們打電話給旅館經理，請他去赫伯的房間查看。上去一看，發現赫伯死在床上。他們在倫敦進行了一次解剖，並沒有發現死因。他的母親在北卡羅萊納州的家舉行了葬禮，也進行了解剖，仍然無法找出死因。這就是赫伯。

赫伯離開之後，佛雷．艾爾姆斯加入劇組，整部片隨著拍攝的進行也發生轉變。我經常在配膳室畫畫，有一天我在那兒畫一個小女人，畫完之後，我看著她，也就是在此刻，暖氣女士誕生了。我不知道我當時是否就已經有了〈在天堂〉的歌詞，但是這女士就在那兒，我知道她住在暖氣裡面，一個溫暖的地方。我衝進亨利的房間，因為我忘了那暖氣的樣子，後來我所看到過所有的暖氣，沒有一個像是那樣，這暖氣有個隔間，可以讓某個人住在裡面。我真不敢相信。這些事情是你無法反駁的。亨利和暖氣女郎的結尾戲非常的美，因為畫面整個燒盡泛白。發光發熱。

每當我們需要在馬廄外的地面上搭景，我們就必須在週五、週六和週日工作，星期一園丁過來之前，得把場地清理乾淨。如果我們打擾到他人，麻煩就大了。行星出現那場戲是在電影學會貯存柴火的地方拍的；胚胎在太空飄浮是在我的車庫拍的。亨利漂浮和行星表面的場景，則是在佛雷家的客廳。我在家裡做好大行星，然後帶去佛雷家，他搭了一個很漂亮的軌道，讓攝影機以陡峭的角度向下跟拍。於是你會看見星球朝你接近，然後接到星球表面航行的畫面。佛雷會在他家的電箱上接上電線，所以我們是在偷電，把大電纜接進他家裡。當我們有特效方面的問題時，我們會去找C級電影專家，不是B級電影，是C級電影。我們認識了一些很棒的人，也從他們每個人身上學到了東西。大部分我所學習到的，都只是基本常識，但是卻讓我們思考如何尋找自創的方式製作特效。

我做了這個行星，要它在某個地方爆掉，我想做個彈弓，把一塊東西射進金屬架支撐的行星，當它撞擊到行星時，就會爆炸開來。艾倫對這彈弓的概念有著完全不一樣的想法。我說：「你那樣行不通，」他說：「才不，你才行不通，」於是我們兩組都做，沒有一組行得通。最後，我就扔了一塊，但是只破了一半，於是我又扔另一塊。結果效果很好，因為有了兩次爆炸，而非僅僅一次。

許多場景我們都必須拍攝兩次。例如走廊對面的美女：赫伯用一抹強光來為這場戲打光，但是茱蒂絲在這光線下看起來不美，氣氛也不對。於是赫伯重新打光，感覺像墨黑光線中，一陣柔和的風，美極了。

某個週末，我們正在拍一場稱之為「一角戲」的戲。我把銀行存款結清，拿到了六十美元等值的一角銅板。這場戲來自我個人做的一場跟磚牆有關的夢。我在夢裡刮著牆壁，然後我看到一點點銀色，土牆裡面有一列一列的一角硬幣。你可以把它們挖出來！真是不可思議。

這場戲中，亨利從公寓的窗戶，目睹幾個小孩找到了一角錢銅板，幾個大人跑過來追他們，然後開始打起來。我準備了泥土以及水管，做出一個髒髒油油的池子。然後我們得把攝影機架高，呈現往下看的視角。我花了很長的時間把這些很重的東西搬上山坡，做出這個場景，但是只有三天可以用。我記得傑克跟我說：「林區，他們永遠不會知道的。」很多情況都是如此。電影中發生太多的事，人們永遠不會知道一切。你可以講出所有想要講的事，但是你仍然無法體會這種體驗。就像告訴別人一個夢。卻並沒有讓他們夢到。

我們拍完了這場戲，但是只有一小部分出現在電影裡。傑克那天晚上喝了酒，下戲收工的時候，凱薩琳把我拉到一邊說：「大衛，傑克把那些一角錢放進口袋。」於是我跑去找傑克，跟他說：「傑克，我要取回那些一角錢。」他說：「是啊！林區，你全部都要。」這句話給了我當頭棒喝。那天晚上我決定，我要給我的人分紅，因為他們從頭到尾一直跟著我。這就是我那天晚上的領悟。

凱薩琳為了一角錢打小報告的事惹惱了傑克，他對她說：「夠了沒有，妳這馬臉婆！」凱薩琳比傑克大隻，她把傑克拉過去，朝著他的鼻子一拳揮去，手指上的戒指割傷他的鼻子，他倒了下去。凱薩琳走掉之後，留下我和傑克在那裡，我說：「來吧！傑克，我們去喝杯咖啡，」我們開車到庫柏潘尼餐廳，那天晚上，我們聊了很多心底話。

發現超覺靜坐之前，我是個追尋者，我曾看過各種不同形式的冥想。艾倫喜歡鄔斯賓斯基和葛吉夫這對西方神祕學家讓我覺得冰冷，有時候艾倫和我會為這件事情爭執。艾倫從來不喝酒，因為他喝不起，但是當他喝酒的時候，他非常喜歡爭辯。很多時候他都氣得拂袖而去。我們的爭辯很精彩。

佩姬的爸爸有閱讀習慣，有一天他給了我一本關於禪和佛法的書。他從來沒有給我其他書。我讀了，一星期後，我和他在林中散步，他一面走一面說：「這本書說生命是一場海市蜃樓，你能了解嗎？」我說：「是的，我想我能。」我真的能了解。他是個非常有趣的人，當我們住在費城的時候，星期天會去佩姬父母家吃晚餐。那是我有車之前的日子。某個星期天晚上，佩姬的爸爸說：「好，星期三早上你們去火車站，到九號月臺。我的火車會進站，而你們的火車還沒離開。躲在火車後面，在九點零七分從火車後面出來，然後跟我揮手再離開。一定要在星期三做這件事，這樣我就可以記這件事記兩天。」星期三到了，我去火車站躲在火車後面，我在那邊等著等著，然後倒數計時，時間一到我就衝出去，我看到他從一輛火車後面通過，我趕快揮手，看著他離去。就是這樣子，我覺得很棒，因為我沒有讓他失望。

我在追尋我還沒追尋到的東西，有一天我和妹妹在講電話，她開始跟我談起關於超覺靜坐的事情，我說：「一個曼陀羅，我需要一個曼陀羅。」掛上電話之後，我跟凱薩琳說：「妳要不要跟我一起開始冥想。」

她說：「好啊。」我請她打電話幫我尋找可以冥想的地方，她恰巧撥了「靈性再生活動中心」的電話。洛杉磯的冥想中心包括學生國際冥想社團[47]，以及靈性再生活動中心，我妹妹說靈性再生活動中心比較適合我，她是對的。查理．魯特發表演講為我們作介紹，他正是最適合我的人，因為他有興趣的是冥想的精神層面，而非科學層面。感謝查理與海倫的熱心——我愛他們兩個，也跟他們學到很多。查理看到我破洞的襯衫，就把他的舊襯衫送我，但是跟新的一樣。他們照顧了我好一陣子。

查理熱愛瑪哈禮希大師，他早期曾當過大師的左右手。認識瑪哈禮希大師之前，他對各種事都有興趣，有時候他會說各種荒誕的故事，例如他說有一天晚上他被外星人帶走，從洛杉磯飛到華盛頓，然後又回到洛杉磯，總共只花了幾分鐘。有天晚上演講完，他說：「你看到了嗎？」我問：「看到什麼？」他說：「我演講的時候，房間後面有一個巨大的天使。」他不是瘋子，但是他有時候會很誇張。他和海倫搬到斯科茨代爾之前，曾經去弗洛德羅普拜見瑪哈禮希，他對查理說：「來這裡和我一起，」查理說：「可是我們需要照顧狗，」瑪哈禮希只淡淡地揮揮手。很多人對查理感到氣憤，但是瑪哈禮希沒有。他不會真正生氣。

披頭四在冥想的時候，我一點也不在乎，但是彷彿是就在一念之間，我覺得我冥想得還不夠。開始冥想之後，我整個人每一部分都在變化。就在我冥想後的兩個星期，佩姬跑過來問我：「怎麼回事啊？」我說：「你在說什麼？」因為她沒由來地問我。然後她說：「你的憤怒，到哪裡去了？」我曾經早上會生氣，如果我沒有吃到正確的玉米粥，我會讓佩姬的一整天很難過。她只要看到我起床，就會衝去日落大道上的日蜂市場買好玉米片再衝回來。那段時間我並不開心，而她就是我的出氣筒。開始冥想之前，我曾經把我寫的東西拿給朵琳．斯莫看，她讀著哭了出來，因為文字裡有太多憤怒。透過冥想，我的憤怒消失了。

開始冥想之前，我曾經擔心做這件事會喪失我曾經擁有的稟賦，我不希望失去我對工作的蠻幹熱情。我發現冥想帶給我更多工作上的熱情及快樂，我的才華也更加豐富了。有人說憤怒是一份才華，然而憤怒是個弱點，它會毒害你以及在你四周的東西。那是不健康的，當然，那絕對也會傷害到感情關係。

佩姬和我分手的時候，我搬到了馬廄，那是個超棒的地方。我把自己鎖在亨利的房間，我喜歡睡在那裡，但是後來我必須離開，於是我搬回玫瑰木街的平房。艾德蒙．霍恩是我的房東，我家就在他家後方車道的盡頭。《橡皮擦頭》中有一場戲是一個公車座椅上的流浪漢，這個流浪漢身上穿的，就是艾德蒙的毛衣。

我認識艾德蒙的時候，他六十歲，他在三〇年代曾經與蓋希文一起巡迴演奏彈鋼琴。他是個可以活到一百歲的同性戀。因為他沒有小孩，他開始買房子，在西好萊塢擁有許多地產。他是個百萬富翁，但是他並不在乎錢；他的衣服都很髒，穿得像個流浪漢，但是我跟他相處得很好。他願意容忍我的一切要求，我想他覺得我是個好房客，因為我會幫他做些雜事。我幫艾德蒙的房子安裝很多熱水器，我喜歡做這種事。我送報的時候，都會剩下一些報紙，我就把它們放在艾德蒙的門廊，他很喜歡讀這些報。

艾德蒙有一輛福特汽車，停在房子外面，但是上面堆著冰箱的紙箱，輪胎也沒氣。他從不開這輛車，去哪裡都用走的。他曾經用瓷盤收集雨水，再把雨水拿回家，用雨水刮他的腋下。他的房子從來沒有翻新——所有東西都是二〇年代留下來的——他屋裡還有個四十瓦的燈泡。他晚上會看電視，那可能是他屋子裡唯一的光線。他是個非常簡樸的人。有天晚上，我聽到艾德蒙的屋子裡傳出撞擊的聲音，我跑出去聽，他正用拳頭捶擊牆壁，哭著說：「救我，」那是來自他心底最深處的聲音。他不會找別人幫助他。他對宇宙哭泣，希望得到解救。

當你租房子的時候，通常都會附帶車庫；但是艾德蒙卻沒有車庫。艾德蒙，為什麼我沒有車庫？看看車庫。車庫裡面有什麼？紙箱。他熱愛紙箱。他最喜歡的是上蠟的水果紙箱。艾德蒙的紙箱並不是攤平的，而是向上堆疊，從地板堆到天花板，都是紙箱。我跟艾德蒙談，讓我幫他建一個新的車庫，現有的那個大車庫就給我用。我幫艾德蒙做了新車庫，他很開心，不過他稍微調漲了一點我的房租，所有的紙箱就從舊車庫被移到了新車庫。然後我在院子裡建了一個L形山牆棚子，以及第二個棚子，給我存放工具。我在院子裡把桌子鋸好，噴上WD－四〇防銹噴霧，避免生鏽，再把帆布蓋在上面。我就是在艾德蒙的舊車庫完成了《橡皮擦頭》的後製。我有一臺很古老的摩維拉剪接機[48]，不是老式的直立式剪接機，而是升級版的，有一個觀景窗，看片很方便。我用摩維拉剪片，連平板編輯器都沒有。我的架子上堆滿了影片，我還有個剪片桌，以及一些同步裝置，都放在那裡。

當艾倫跑去芬德霍恩生態村時，我還在進行影片製作，他的離開讓我很沮喪。艾倫是個好玩的人，他想到什麼東西就要馬上去做。很好啊。但是我真的很希望他能幫助我完成《橡皮擦頭》。可是他走了。我以為他會好好享受一陣子，但是幾個月之後他回來了。我很高興看到他回來。他回來之後住在我的車庫，他只吃沙拉，他吃沙拉的方式就跟他做其他事情一樣。混合沙拉和吃沙拉都無比凶猛。車庫的一端有個屬於艾倫的桌子，雖然他沒有太多音效設備，他還是在那裡把聲音做完了。每天早上他會做一件事，我們稱之為「放進眼睛」，他每天的同一時刻都會做這件事。他把一張紙巾用一種方式折疊好，然後拿出一個淺的碗，裡面放著一瓶液體，和他的小隱形眼鏡盒。他打開隱形眼鏡盒，拿出一個隱形眼鏡，在溶液裡快速轉動，然後用手指放進眼睛，再用紙巾擦乾手指。接著再弄另一邊的眼睛，用一種好像發瘋的動作，清洗溶液裡的隱形眼鏡，然後放入眼睛，大功告成。

朵西尼華廈裡面有一個大房間叫做「豪華廳」，原本是個舞池，電影學會在那裡建造了一個傾斜的樓地板，前方放了一個大螢幕，陽臺的地方改裝成放映室和音控室，這地方本來是樂團表演的空間。下面還有個混音臺。「豪華廳」有個吊燈，可以往上升到天花板，上升的時候光線漸漸變暗。在這裡看電影，你會同時看到一場精彩的秀。有一天，我和艾倫在那裡做混音的時候，幾個人走進來。我不希望有人過來干擾，於是我請他們離開，然後有人跑進來跟我們說：「坎城影展的人來了，你要不要過來看一下？這是個很好的機會啊，大衛。」通常我都會說不，但是我說好，只去一下下。我沒有真的去看他們，但是我看到一群戴著扁帽的人，他們大概只看了五或七分鐘。後來有人告訴我，他們說：『這比布紐爾還布紐爾。』還說我應該把影片帶去紐約，坎城影展的人會在那裡看片。」

這件事開啟了一扇門，我認真思考或許這部片可以進軍坎城，艾倫說：「如果我們要趕上送件，我們得日夜工作，而且你不能再去大胃王餐廳。」這可會殺了我啊！我得戒掉奶昔。艾倫也為我感到抱歉，然後有一天他說：「我們去哈姆雷特速食店休息一下吧。」於是我們過去那裡喝咖啡。我看到櫃子裡有一片德國蘋果派。我吃了一片，非常好吃但是非常貴，我無法再多吃一片了。有一天我在超級市場看到一整個蘋果派，價錢只比單買一片貴一點點，於是我買了整個派，研究烹調方法，把它放進烤箱加熱。我切了一片，用鋁箔包好，藏在外套裡面，然後帶去哈姆雷特速食店喝咖啡，一面喝咖啡，一面偷偷把派拿出來吃。就這樣，我們完成了打算參加坎城影展的影片。

我曾經去農夫市場的杜帕餐廳，那裡有一種藍灰色、木質的二輪購物車，我找到農夫市場經理的辦公室，踏上木板樓梯，走進一棟大樓內二樓或三樓的一間漂亮辦公室。有個人帶我進去，我說：「我必須帶二十四卷膠卷去紐約。我可以借一個購物車放東西嗎？」他說：「聽著兄弟，一大堆人跑來偷這個鬼東西，他們不會問也不會還。你會來問我，真的是非常好。你當然可以借用，祝你好運。」我有十二盒影片膠捲，十二卷聲軌，全部放在購物車上，再用膠帶固定好，送去機場拖運。購買夜班機票花光了我的銀行存款，飛去紐約的時候我病了，我感冒發燒。暖氣女士的姊姊住在紐約，她請我吃早餐，幫我叫計程車，我就來到了市中心的一家電影院。我把影片帶進去，有個人跟我說：「就放在那裡——你前面的這些影片。」他指著一長列的影片說道。我出去喝咖啡吃甜甜圈，一整天都在門口走來走去，終於在下午稍晚的時候，放映師開始放片。我在門口偷聽——這部片好像太長了！他最後終於說：「好了，放完了。」於是我收拾善後，打道回府。

差不多一個星期之後，我才知道當時放映室沒有任何觀眾，他根本是放給空氣看。我覺得很糟。之後我把片子送去紐約影展，結果又被拒絕。我甚至不想把片子送去洛杉磯國際電影節，但是瑪麗・菲斯科說：「我開車載你，你把片子送過去。」於是我把膠卷裝上車，但是我心裡還是有很大一塊疙瘩。片子設定好之後，我說：「我被坎城拒絕，被紐約影展拒絕，你們可能也會拒絕我吧，不過，影片都在這裡了。」那個人說：「等一下，兄弟。我們是獨立的，我們不會管你是不是被拒絕過。」這部片後來在洛杉磯國際電影節午夜場放映。

我本來想，既然入選了洛杉磯國際電影節，這部片應該就定案了，但還是得再修剪。事實上就是因為洛杉磯電影節的放映，我才決定這麼做。這部片在一個巨大的房間放映，他們說：「大衛，坐在最後面的座位。摸摸看椅子下面有沒有一個小按鈕？每次你按這個按鈕，聲音就會拉高一分貝。」於是我坐在那裡，電影開始了，節奏非常緩慢，於是我按了按鈕三次，依然太小聲，我又按了一次，還是太小聲。我可能已經按很多次了。當亨利在瑪麗家，拿著餐刀往餐盤切下去的時候，我把音量設定到很大聲，大到幾乎要讓前排觀眾腦袋爆炸。我走出戲院，在外面的大廳上來回踱步，直到電影放映完畢。佛雷當晚開車載我回家的路上，我說：「佛雷，我他媽要剪這部片，」他說：「大衛，不要。」我說：「我很清楚地知道該怎麼剪，我要重剪。」然後我通宵達旦工作。我並不是在無奈的狀態下剪這部片——我深思熟慮過——重剪一部已完成的影片是個錯誤。但是也不見得真的是錯誤——我意識到我在剪輯一部完成的電影——做這件事很愚蠢，但我就是做了。洛杉磯國際電影節放映的版本多了二十分鐘——一小時五十分。而現在的版本是一小時三十分。

有位做電影發行的年輕人看了《橡皮擦頭》，真令人感激，他想到班．巴倫侯茲會是這部片的貴人，於是他聯絡了班，班希望看到這部片。班很有個性。他有點嚴肅，他是個生意人，但他也是個真正的藝術家生意人，而且，他是午夜電影的教父。他告訴我：「我不會做多少宣傳，但是我向你保證，兩個月之後，整條街會排滿人潮。」果然，全被他說中。

我和佩姬離婚之後，瑪麗搬去和傑克還有西西一起住在托班加。不過很顯然，他們兩個不大搭理瑪麗，瑪麗並不快樂。於是瑪麗和我慢慢地，一點一點開始了戀情。我又再度結婚了，我愛瑪麗。

我和瑪麗剛完婚便啟程去紐約，把片子製作完成。瑪麗在那裡住了一個星期——她很快就厭倦了——我卻整個夏天都住在班的公寓，在一個叫做「精確工作室」的地方工作。工作室聽起來比較像藝術家的地方，而這裡的人卻比較像卡車司機。那是個藍領的工作室，我不敢相信當我說我的電影要夠暗，他們竟然無法沖印得那麼暗。他們說：「不行，你不能夠印成那麼暗。」我說更暗，他們弄暗了一點點，我說不行，要更暗。每次他們沖印出一個版本，整個負片就得全部跑一次，最後花了兩個月，沖印出來的片子才達到我所要求的黑暗程度。很多印出來的片子都慘不忍睹。最後我終於得到一個我愛的拷貝。這部片在電影村首映。我沒有參加首映典禮，但是他們在星期四和星期五舉辦了午餐派對的放映，大部分參加的人都是法人和他們的朋友，接下來就是星期六的首映。我聽說首映夜有二十六位觀眾，第二個晚上有二十四位觀眾。

電影公映之後，我還是沒有錢，於是我回洛杉磯，去河濱市跟爸爸一起做房屋修繕。我並不灰心，怎麼可能！我反而非常感激，因為這部片完成了，也發行了。我不會說這部片百分之百成功，然而所有事情都是相對的。如果要談錢，《大白鯊》是成功的。如果要說把工作完成感到欣慰，也有一個能讓人們看到它的地方，那我是成功的。我每天跟父親工作，晚上回家享用母親為我們準備的晚餐。我們共進晚餐，然後我會先告退，回到自己的房間，跳上床，寫個十頁的《朗尼火箭或者存在的奇怪力量之荒誕謎團》[49]。*如果沒有寫到十頁，我無法睡覺，因為一切都在我腦子裡。在那個時代，如果你搭火車從華盛頓特區到紐約，你就會經過「朗尼火箭」區。在那個世代，塗鴉尚未在那裡盛行，你會看到還沒完全倒閉的舊工廠，以及工廠社區，非常美麗。然而這一切光景都不復存在。我曾經從火車裡看出去的世界消失了。我沒有從《橡皮擦頭》賺到任何錢，但是我愛我看到的世界，而且我正在思考如何把《朗尼火箭》拍出來。

＊存在的奇怪力量之荒誕謎團（The Absurd Mystery of the Strange Forces of Existence.）也是《雙峰》的一句臺詞。

1 Greystone Mansion　2 Edward Doheny　3 George Stevens Jr.　4 Jackson 5　5 Terrence Malick
6 Caleb Deschanel　7 Paul Schrader　8 Frank Daniel　9 Gill Dennis　10 Herb Cardwell
11 Doreen Small　12 *Cool Breeze*　13 Charlotte Stewart　14 Catherine Coulson, Jack Nance
15 Dallas Theater Center　16 David Lindeman, Interplayers Circus　17 Judith Roberts
18 Alan Joseph　19 Jeanne Bates　20 Theater West　21 Margit Fellegi Laszlo　22 Fred Elmes
23 Rochester Institute of Technology　24 Nash Publishing
25 Spiritual Regeneration Movement center　26 Charlie Lutes　27 *The Merv Griffin Show*
28 *Infusing the Being*　29 Captain Kundalini　30 Sid Solow　31 The Lady in the Radiator
32 Laurel Near　33 Los Angeles International Film Exposition, Filmex　34 Ben Barenholtz
35 Schwab's Pharmacy　36 *Ronnie Rocket*　37 shed-building　38 Bellevue Film Festival
39 Roberto Rossellini　40 Ed Parone　41 David Birney　42 Blythe Danner　43 Stanton Kaye
44 *In Pursuit of Treasure*　45 *Blood of the Beasts*　46 Captain Beefheart, *Trout Mask Replica*
47 Students International Meditation Society　48 Moviola
49 *Ronnie Rocket or Absurd Mystery of the Strange Forces of Existence*

年輕的美國人

EM-5470

林區確實在為他的作品尋找觀眾，但事實證明，他的下一部劇本《朗尼火箭》卻非常難推。劇本的開場畫面——一堵洶湧的火牆，從劇院舞臺向上延伸六十公尺——為接下來的一切設定了基調。故事中有太多超現實元素，一九七〇年代末的科技幾乎不可能拍出來，當時的電腦繪圖還在起步：劇本中的畫面包括：脖子折斷的鳥向後翻跟斗；電線像嘶嘶的蛇一樣蠕動；浪漫的愛情觸發天際的爆炸，如同下雨般落下的帶子；一隻會說話的豬用後腿行走。

《朗尼火箭》背景坐落在「烏雲籠罩在一片煙塵覆蓋的黑暗城市」的土地之上，讓人聯想起費城和《橡皮擦頭》。《朗尼火箭》的敘事方法與《橡皮擦頭》的極簡主義敘述有很大差異，它交織了兩組複雜的故事情節。其中之一的主角是一名偵探，他進入一個被稱為「內城」的禁區，追捕一名惡棍，這名惡棍劫持了所有電力，並且將它反轉，於是生產出的是黑暗而不是光明。第二個故事描寫一個十六歲男孩的悲劇性冒險，他類似科學怪人，是從電力生產出來的。林區指出這部電影與搖滾樂的誕生有很大關係，朗尼火箭（Ronnie Rocket）成為搖滾巨星，他被剝奪金錢利益，卻一直沒有同流合污被腐化。劇本中主要的隱喻是電力，它到處噴發——從電纜線上突然冒出，從指尖射出，在布滿整個城鎮上空的火車電纜上跳動。林區作品中反復出現的元素編織出這個劇本，包括特殊的性愛接觸，功能失調的家庭，以及氾濫的暴力。

這些不同的元素組合在一起，創造了一個靈性信仰的寓言，這也是林區生命的核心。故事中的偵探接受智者的指引，知道保持意識的重要性。在這個故事裡，失去意識即是死亡，而愛與痛苦則是使人保持意識的能量。故事中反覆出現的主題——偵探拜訪了一間名為「圈子俱樂部」的夜店，並被告知「世事反覆不息」和「生命是甜甜圈」——指出了輪迴和重生之循環。整部電影在一個人物圖像中結束，四隻手臂在睡蓮上跳舞，伸手摘金蛋。神聖的印度教經文《吠陀經》告訴我們，從梵天頭腦中浮現出來的物質宇宙是一個金色的蛋，像夢一樣漂浮在神聖意識的液體中。

林區描述《朗尼火箭》是與煤、石油和電力相關的事物，也是個隱蔽在黑暗幽默中的啟蒙故事，令人驚訝的是，它確實引起了人們的興趣。《橡皮擦頭》發行後的幾個月中，林區接到威廉·莫利斯經紀公司[1]的經紀人馬蒂·米契森[2]的電話，他有意代理林區，也試圖為《朗尼火箭》籌募資金，但是卻沒有結果。

就在這個時候，林區下一部電影《象人》的主要催生者史都華·康菲爾[3]出現了。史都華出生於洛杉磯，他是美國電影學會製片課程的學生，正火力全開為機構裡的女性導演工作坊效力。女演員安妮·班克勞馥當時是工作坊的學生，康菲爾為她製作了一部半小時的短片。他們倆合作完第二部短片《胖子》[4]之後，班克勞馥請他當製作人，把這部短片延伸成她的導演處女作。

康菲爾是一九七六年畢業班，同班同學還包括馬丁·布萊斯特[5]，他鼓勵康菲爾去新藝戲院看《橡皮擦頭》，「我非常喜歡，」康菲爾回憶道：「大衛突破了暗黑電影的窠臼，他可以非常暗黑，但結尾卻砰然一擊。他創造了一個駭人的黑洞，讓你陷進去，而在他的作品中，又潛藏著一份和平。我完全被《橡皮擦頭》收服了。」

康菲爾繼續說：「我知道大衛是電影學會的學生，於是我透過學校拿到他的電話，撥了個電話給他，我對他說：『你的電影太驚人了，你現在在做什麼呢？』於是我們在尼柏樂斯咖啡廳碰面，閑聊。他當時很窮，住在玫瑰木街，我記得跟他碰面之後不久，去過他住的地方。他有一組『劇院之聲』[6]的喇叭，他用唱盤放〈九十六顆眼淚〉給我聽，他一直很有趣，有適度的幽默感。我喜歡黑暗的人本主義者。」

「他給我看《朗尼火箭》的劇本，我覺得非常棒。我開始為劇本尋找投資者，卻徒勞無功。大衛的《橡皮擦頭》已經在主流好萊塢經歷了一次負面評價，於是我告訴他：『現在最重要的是，你必須趕快拍下一部片。』」①也就是這個時候，大衛開始考慮導演別人編寫的劇本。

安妮．班克勞馥把康菲爾介紹給她的丈夫梅爾．布魯克[7]，布魯克邀請康菲爾擔任他一九七七年賣座大片《緊張大師》[8]的私人助理；這部電影的第一助理導演是個年輕新手，名叫強納森．山傑[9]。山傑一九七六年來到洛杉磯，他的朋友，製片人巴瑞．李文森把他介紹給布魯克，然後被他雇用。康菲爾和山傑在片廠變成了好朋友。

《象人》的製作歷程，從一開始就很認真，當時山傑的保姆凱撒琳．普麗爾曼請他讀一份她男友克里斯．狄佛[10]和他朋友艾利．柏根[11]在北加州念電影時所寫的劇本。這兩個人本來都想以演員為業，但是當他們讀了一本叫做《非常特別的人》[12]的書之後，他們就轉行編劇，書中有一個章節就是關於象人。

象人一八六二年誕生於英國的萊斯特城，他染上了怪病，導致身體嚴重變形——象人的本名叫做約瑟夫．梅里克[13]——他在馬戲團做怪胎秀表演，過了一段殘酷的歲月。後來他住進倫敦醫院的病房，受到弗雷德里克．特雷弗斯爵士[14]的照顧與保護，直到二十七歲那年去世。（特雷弗斯在他一九二三年的《象人追憶》[15]一書當中，把梅里克的名字誤植為約翰，而非約瑟夫。）

「我被這個劇本吸引住了，」山傑回憶道：「我提出一年一千美元的版權費。他們願意賣給我，條件是希望掛名編劇。」②康菲爾對這劇本也非常興奮，讀畢劇本之後，他馬上打電話給山傑，跟他說：「我知道誰可以導這部片，」然後再打電話給林區：「你一定要讀一下這個劇本。」

《象人》是個暗黑的浪漫故事，完全是大衛的夢幻文本。一個星期之後，山傑和林區約在大胃王餐廳，林區告訴他，他讀完了劇本，問他是否決定好了導演。「大衛告訴我他對這部片的視覺想像，」山傑說：「看過《橡皮擦頭》，我相信他可以做到。」克里斯．狄佛和和艾利．柏根看完《橡皮擦頭》後也有同感。「我們想著，哇，這個人真的可以做到，」狄佛說道：「我們在世紀城的大胃王餐廳與林區和山傑碰面，我們確定他擁有這故事所需要的狂野心靈。」③

導演定案為林區之後，康菲爾和山傑捧著劇本跑了六家電影公司，但是都無法碰到夠大牌的人為影片拍攝做承諾。這時候，梅爾．布魯克介入了。「我把劇本交給布魯克的祕書蘭蒂．奧爾巴克，她把劇本交給布魯克，布魯克用一個週末讀完。」山傑說：「星期一一大早他打電話給我，因為我的名字印在劇本上，他說：『這劇本棒極了，我們來談談吧。』第二天我和布魯克及他的律師在比佛利山飯店碰面，他說：『我們來拍吧。』我簡直不敢相信。」

布魯克當時正在籌組新的製片公司，布魯克電影公司[16]，他計劃拍攝喜劇以外的電影，這也是他現有的十字弓製片公司[17]之外的事業重點。「我一直是個祕密知識分子。我喜歡果戈里以及湯瑪斯．哈代，但是我很早期就被定型成一個喜劇咖，我知道我的定位，」布魯克說：「但是這並沒有阻止我製作正經嚴肅的電影，我發現我可以做這件事，只要我把梅爾．布魯克這個名字丟得遠遠的。」④

布魯克認為《象人》會是亞倫．派克[18]的事業跳板，但是康菲爾告訴他：「不，這部片一定要給大衛．林區拍──他才是理想人選。」布魯斯同意跟林區碰面。「大衛來到我在二十世紀福斯公司裡的辦公室。他的穿著好像吉米．史都華主演的一部林白[19]執導的電影，」布魯克回憶道：「他穿著皮夾克，白襯衫，上端的鈕子打開，頭髮剪成一副鄉土風。他非常直接，說話帶著野性的中西部口音，我們談論劇本，他說：『我覺得這是一部溫暖窩心的電影，』這句話觸動了我。我們東聊西聊了一段很長的時間，他走了之後我說：『就是他了，我不用再見其他人了。』」

康菲爾告訴布魯克，或許他在正式定案讓林區擔任導演之前，應該先去看一下《橡皮擦頭》。在山傑的陪同之下，布魯克在福斯公司地下室的達瑞．F．扎努克戲院[20]進行了一場私人放映，大衛和康菲爾則在外邊等。這場放映的結果是，布魯克把導演棒子交給了林區。

布魯克說他愛《橡皮擦頭》，「因為都是象徵，但是非常真實。」他告訴山傑和康菲爾他計劃去哪裡投企畫案。康菲爾告訴他，他們已經聯繫好了，而且已經通過了，梅爾說：「你也通過了，」康菲爾回憶道：「沒有人拒絕我，而且有人回電，說他們喜歡這個案子——他說對了，當然，這份出去的劇本上掛名大衛擔任導演，然後，派拉蒙和哥倫比亞都回電了。」

麥可．艾斯納和傑佛瑞．凱森柏格[21]是當時派拉蒙公司的負責人，布魯克把劇本交給艾斯納。「我說，『請你讀一下吧，』」布魯克回憶道：「麥可迅速回電，他說：『我喜歡，我要拍。』」（影評人寶琳．凱爾[22]當時在派拉蒙公司負責審查資料，她鼓勵艾斯納拍這部片，然後寫了一份備忘錄給狄佛和柏根，告訴他們劇本中忽略了梅里克的性取向。）

儘管林區很快指出《象人》原始劇本的傑出之處，劇本仍然需要修改。柏根與狄佛的原始劇本長達兩百頁，所以第一件事，就是要精簡劇本。

這部片的執行製作，康菲爾，回想起：「大衛和布魯克努力改寫。梅爾加入了很多東西在劇本中，」山傑同意道：「梅爾對這劇本的貢獻非常重要，他讓故事更有戲劇性。電影中發生的跟真實發生的不一樣。但是梅爾說：『是否真實發生並不重要，我們所關心的是，如何讓故事的運作像一部電影般感情豐富。』」

就在福斯公司內布魯克辦公室的對面，設立了一個辦公室，兩個月來的每個週末，林區、狄佛，以及柏根都會和布魯克見面，討論劇本。「他們讀自己寫的東西，高聲朗誦出來，梅爾則在一旁觀察，」製片人山傑說：「梅爾會隨時丟出東西，因為那是喜劇運作的方式，有時候他的觀察不一定奏效，但是有時候，就剛好敲到重點——梅爾是個聰明的人。」

《象人》的選角，馬上成了當務之急，成功的選角有助於鞏固影片資金。許多名字都列入考慮。主流明星可以吸引更多的投資——達斯汀．霍夫曼是被考慮到的人選之一——但是主流明星比較難拋下形象融入角色。「我們耳聞約翰．赫特[23]在《裸體公僕》裡的演技，於是梅爾和我跑去看了這部片，印象深刻，」山傑說：「大衛推薦傑克．南斯飾演梅里克，但是梅爾覺得大衛應該跟一個可以幫助他跳脫安全地帶的演員，傑克做不到這一點。於是我們開始嘗試說服約翰．赫特來主演。」

赫特當時正在蒙大拿州拍攝麥可．西米諾[24]的《天堂之門》，但是他在一九七九年初會來洛杉磯參加奧斯卡盛會，他那年以《午夜快車》[25]入圍最佳男配角。梅爾打電話給約翰的經紀人，希望梅爾來洛杉磯的時候可以見到他，」山傑說：「梅爾提了一個點子，他想在辦公室的整面牆上，掛滿象人的真實照片，於是他開始策劃執行整件事。梅爾說：『好，約翰會坐在這裡，我們把照片掛在那裡，但是我們不要提這些照片。我們只跟他談關於電影的事。』」

「每個人都來了，大家坐定位，梅爾開始講這部片，我們看到約翰的眼睛飄向那些照片，」山傑繼續說：「約翰非常有禮貌，他的經紀人則一直說：『好像很有趣』之類的話，然後約翰突然間制止了他，說道：『我要演這部電影。』大衛起身走向約翰跟他握手，兩人馬上發展出一份特別的友誼。大衛身上有某些東西激起了約翰的興趣。這兩個人非常不同，不過大衛才是大贏家——他真的讓人很難拒絕——兩人從那時候起，就結下兄弟之盟。」

這部電影緊鑼密鼓地向前衝，大衛也打起精神全力以赴。「他喜歡這個拍片計畫，這故事觸動到他心底的一些東西，但是好萊塢電影的現實，對他而言也是全新的體驗，」瑪麗・菲斯科說道：「一切發生得太快，事情接二連三地來。連我哥哥都不知道他自己有沒有辦法應付，因為大衛是個藝術家。」

林區對於自己駕馭電影的能力毫不懷疑——只要是藝術，他都毫無懼色——他原本想把《橡皮擦頭》的那套土法煉鋼的理論，運用在《象人》上。「大衛說如果他當導演，他想自己做造型，」布魯克回憶道：「我告訴他，『我導過一些電影，你到時候會非常忙碌。』但是我還是讓他試試看。」於是，赫特回去拍攝《天堂之門》後不久，林區也前往蒙大拿。他在那裡做了一個演員的全身的模型。「做這模型非常痛苦，」瑪麗回憶道：「約翰全身被泥漿包住，鼻孔插著吸管，他真的很有耐性。」

編劇腳本完成了，第一男主角也講定了，林區、山傑和布魯克前往倫敦進行前置作業。「我們到達那裡的時候，天氣開始變得很冷，」布魯克回憶道：「於是我買了一件藍色的長大衣送給大衛，他拍片的每一天都穿著這件衣服。」

這三人隊伍抵達倫敦，便動身前往溫布利市，一個平凡無奇的郊區，位在市中心西北方四十五分鐘車程處。這地方曾經是個繁榮的工廠社區，但是林區當時抵達的溫布利，除了足球場，已經無啥值得一提。然而，李氏片廠[26]，一個剛進行過整修，由約翰和班尼・李[27]兄弟檔經營的電視片廠，卻座落在此地，而且非常適合這部電影。比起倫敦三大片廠——謝珀頓、埃斯特里和松木片場——這裡算簡樸，但是製片經理泰瑞・克雷格卻選擇了這地方，因為他覺得不跟大片廠搶奪服務資源，對這部片的拍攝比較好些。在正式拍攝的前三天，布魯克每天都會來片場半個小時。「他很開心、很窩心，也很支持我們，」林區回憶道：「他說他正在生命的空檔，他願意幫助想做事的年輕人。」

除了安妮．班克勞馥和約翰．赫特，所有的選角都在倫敦進行，由選角指導瑪姬．卡特[28]負責監督。安東尼．霍普金斯飾演主角弗雷德里克．特雷弗斯爵士，約翰．吉爾古德爵士[29]和溫蒂．希勒夫人[30]也過來討論參與次要角色。「我很驚訝這些如此德高望重的演員會來跟我們談，但是他們很高興做這件事，」山傑回憶道：「溫蒂．希勒非常愉快，約翰．吉爾古德則是個體貼又謙虛的人，他有著美麗的聲音，完美的口條。他喜歡他的角色，而且總是一副『任君擺布』的態度。大衛說跟約翰工作簡直棒到不行，因為他馬上做到你的要求。你告訴他這東西多一點點，他就會準確無誤地給你需要的東西。大衛對他的演技非常激賞。」

演員佛雷迪．瓊斯[31]，後來曾出現在多部林區的電影中，包括《沙丘魔堡》和《我心狂野》，然而這位演員比較難馴服。「大衛馬上就喜歡他——他是個夢幻般，非常特別的人，他可以完美地融入大衛的世界，」山傑說：「但是佛雷迪認為我們要求他扮演的角色太過單一，他應該不是個只會毆打手無寸鐵的怪物的人。他並沒有完全拒絕，於是大衛說：『我真的很欣賞你，請讓我再嘗試用角色的觀點來思考劇本，』大衛後來同意，《象人》中角色的感情必須更複雜。佛雷迪提出的意見，完全反映在最終劇本裡面。」

這部片中有兩場戲所需要的選角，非常具有挑戰性，那是維多利亞時期，園遊會上的怪胎。怪胎秀從一八九〇年起開始式微，到一九五〇年代幾乎完全消失。除此之外，二十世紀的醫學進步，戲劇化地降低十九世紀怪胎秀中那種怪誕異常畸形出生的機會。「瑪姬．卡特在倫敦的報紙上登了一則『徵求活人怪物』，」山傑說，「我們為此惹上一堆麻煩！」

自伊莉莎白時期起，英國每年都會舉行諾丁罕鵝市嘉年華[32]，其中一個重點表演，就是怪胎秀。在這部片的前置作業期，林區得知某個跟這嘉年華有關係的人，經紀了一組連體嬰。「大衛感到非常興奮，」山傑回憶道：「於是我們打電話給這個人，對方說：『是呀，我有連體嬰——我是他們的經紀人。』於是大衛和我開車到鵝市嘉年華，發現那是個落後封閉的地方，停了一堆死氣沉沉的拖車。我們走到那人的拖車，敲了門，一個穿著骯髒T恤的胖男人前來應門，他和他的妻子請我們進去。這個地方簡直就是大衛做的夢。這傢伙說：『親愛的，把連體嬰拿過來，』他老婆走到拖車很裡面，拿了一個大瓶子出來，瓶子裡盛滿福馬林，裡面泡著一組死亡雙胞胎的胚胎。大衛非常失望。」

卡特找到一家倫敦經紀公司「醜」（Ugly），他們提供巨人和侏儒給電影拍攝用；林區和他的藝術部門創造了怪胎秀中其他的角色。弗雷德里克·特雷弗斯的曾侄兒出現了一下子，飾演一個英國市政官，劇本原作者狄佛和柏根也有露臉。「我們在電影的第一景出現了一下，」狄佛回憶道：「我們飾演吟遊詩人，彈奏一個「利拉箱」（Lyra Box），一種很特別的樂器，大衛和藝術指導鮑伯·卡萊[33]一起做出來的，那是個桶狀的風琴，上面有個大衛林區奇異風格的尿袋狀物品。」

在拍片期間，菲斯科和林區住在溫布利市的一棟小房子裡，他們把車庫改造成工作室，讓林區在十二週的前置作業期，製作象人的造型。「大衛是個瘋狂科學家，一個人獨自在車庫工作，沒有人知道發生了什麼事，」山傑回憶道。

然而有一個人，卻跨過了禁止進入的警戒線。「我在《象人》的拍攝場景待過一小段時間，」珍妮佛·林區回憶道：「爸爸在做造型的時候，我是他的頭部模特兒。那是我的重要的回憶。我記得鼻孔裡塞著吸管，感覺到那份溫暖緊壓的感覺，記得他在說話，他發出的聲音，他一面想東西一面自言自語時嘴唇的動作。我感覺到與他之間的私密交流，那感覺很好。」

比較不如意的，是林區對同事揭曉他設計的象人妝的那一天。「他做的東西看起來像是真人造型的雕塑，不過基本上，那是一個面具，」山傑說：「他並不是直接面對約翰．赫特製作，所以那東西不可能融入約翰的臉，而且很明顯那並不成功，對林區而言，這件事是場災難。」

電影殺青之後，林區告訴山傑，他當時曾經考慮乾脆跳上飛機遠走高飛，退出這部電影，因為他覺得自己失敗了。「大衛做什麼事都是乘風破浪，他什麼都有辦法做，因為他一生都在做獨特的事情，」菲斯科說：「但是大衛的才華是藝術家的才華，他沒有知識去做這類事。當他們知道象人造型必須重做，大衛和強納森重新安排拍片時刻表，讓沒有約翰．赫特的戲分優先拍攝。他們找到一個方法可以解決造型的問題，但是大衛仍然陷入恐慌。連續三個晚上，他背部直挺挺地坐在床上，他嚇壞了。大衛似乎總是穩若泰山，泰然自若，但他並非永遠是這樣。造型災難之後不久，梅爾打電話來說：『大衛，我要你知道，我們落在你後面百分之一千倍遠。』這句話對他很有幫助。梅爾支持大衛的方式，真的很驚人。」

霍普金斯預定要和女星波．德瑞克[34]拍攝《季節變幻》[35]一片，所以他有檔期限制，如此一來，更沒有時間在造型上多傷腦筋。山傑馬上打電話給克利斯．塔克[36]，此人一九四六年誕生於英國哈特福鎮，他在一九七四年放棄了歌劇生涯，成為一名造型師。塔克聲稱，如果要做這個工作，他必須拿到約瑟夫．梅里克的原始活人模型，而這個東西是皇家倫敦醫院博物館資料庫的永久收藏。於是林區和山傑跑去找館長波西．努恩[37]。「一開始的時候，他對這個企畫毫無興趣，」山傑回憶道：「他覺得拍這部電影有點褻瀆象人，但是跟大衛聊過之後，他了解到大衛要做的是一件好事。不過，我想他還是不可能把梅里克的活人模型借給我們吧——直到今天，對於他竟然願意出借這件事，還是會感到心驚膽戰。那是他們的鎮館之寶啊，但是大衛當時只說了一句：『我們可以借嗎？』這問題問得太天真無邪，館長都被他給迷住了呢！」

有了真人模型，塔克的工作簡單了許多，但是工作速度依然緩慢。完成頭部造型需要八天，包含了十五道不同的重疊部分，都是用柔軟的泡棉做出來的，每組造型只能用一次。塔克每天用倉庫的烤箱，「烤」出一組新造型。裝設造型需要將近七個小時，所以赫特得騰出額外的時間工作。他早上五點鐘到片場，坐七個小時上妝，無法吃東西，只能夠偶爾塞個生蛋與果汁，然後從中午一直工作到晚上十點。

幸運的是，當演員和劇組第一次看到這個造型時，他們並沒有笑出來。赫特回憶道：「當時現場鴉雀無聲，那給了大衛——當時他是個非常年輕的導演——信心。在那個當下，我們知道我們做了很棒的事。」⑤

拍攝過程從一九七九年九月開始，經過耶誕假期，只拍到一九八〇年初。林區需要一片大畫布揮灑，於是他用寬螢幕來拍。寬螢幕通常用在西部片或史詩片。工業革命結束後倫敦的氣氛，奇異地讓人聯想起《橡皮擦頭》以及《朗尼火箭》的世界。這些電影都沾染著煤灰與煙塵，林區精彩地製造出一個充滿戲劇效果的環境。這部片的攝影佛雷迪．法蘭西斯[38]，是兩度奧斯卡獎得主，在定義英國新浪潮電影的形貌中扮演了重要角色。法蘭西斯在那個時期擔任過許多黑白經典電影的攝影指導。林區所選擇的寬螢幕格式，提供法蘭西斯許多空間來戲耍光影。

梅里克的故事大部分發生在皇家倫敦醫院，他生命的最後幾年都在那裡度過。然而實地拍攝完全不可能——畢竟這是一家還在運作的醫院；除此之外，維多利亞時期的視覺氛圍，在一九七九年，已經大量被建築物侵蝕殆盡。於是這部電影改在位於荷馬頓的「東區醫院」[39]拍攝，這間醫學機構創立於一八六七年，當林區到這家醫院的時候，醫院正在縮編中，（這地方在一九八二年完全關閉，不久後就被拆除。）醫院裡有閒置的病房，非常符合他對於維多利亞時期倫敦醫院的視覺想像。片中有幾個景點設定在倫敦的東邊，那是維多利亞時期最恐怖的貧民窟，林區拍片的時候，這地方還保留著古老時期留下來的破舊卵石街道，但現在早就消失了。林區說，一九八〇年之後再來拍《象人》是不可能的。他拍這部電影，剛好趕上適合的時間。

大衛喜歡醫院乾冷、微亮的感覺。瓦斯燈，鑄鐵火爐，亮漆的地板，精細的木工裝潢。結合維多利亞時期工廠的骯髒與黑暗，這根本就是為林區量身定做的美學。劇組花了點時間掌握他的視覺設定。「大衛早期的問題是每樣東西都太黑，」山傑說：「史都華．克雷格[40]的藝術指導鮑伯．卡萊說：『我們花了所有的工夫，結果什麼也看不到。』大衛對他要求的東西有非常清楚的概念，當他做出選擇，他就知道結果會是怎樣。」

「大衛在片廠非常強勢，」布魯克回憶道：「但是在外表後面，只是個小孩子在想著：『耶！我們在拍電影呢！』他舉止像個大人，但其實是個小孩子在執導電影。」

拍攝《象人》過程中，林區表現出他是演員的導演，他和受過正統訓練的演員工作，大都合作愉快。霍普金斯交出了他演藝生涯中最好的代表作之一。「有一場戲是安東尼．霍普金斯的眼睛開始濕潤，然後一大滴眼淚滑了下來，大衛抓住了角度和光線——他抓得住，」布魯克說：「人人都馬上喜歡上大衛，然而也有些騷動。約翰．赫特一直很支持每件事，約翰．吉爾古德和溫蒂．希勒都非常專業。如果你是軍隊小兵，長官經過的時候，你會對他敬禮；大衛是導演，大家對他敬禮。安東尼．霍普金斯並沒有真的要把他趕走，但是他確實抱怨過，他曾說：『我不覺得他功力高到可以導這部片。』」

山傑回憶道：「霍普金斯並沒有公開表現敵意，但是他態度冰冷，有一天他要我去他的化妝室，他說：『那傢伙為什麼可以導這部片？他只拍過一部小規模的電影，我不懂。』霍普金斯並不開心。唯一真正出過問題的一次是一場戲，這場戲要拍特雷弗斯帶梅里克回家見他的妻子。霍普金斯從門口走進一個掛著鏡子的走廊，大衛要求霍普金斯走進來，對著鏡子看。霍普金斯卻拒絕。他說：『我的角色不會那麼做，』大衛以他直接的個性，試著說服霍普金斯，如果不那樣做不合乎邏輯，但是霍普金斯就是拒絕。大衛最後終於說：『好吧！我來改鏡頭，』這件事就沒再討論下去了。這一天拍攝結束的時候，大衛告訴我他絕對不會再拍一部他無法創造角色的電影，因為他不要別人告訴他一個角色會做什麼或不會做什麼。」

菲斯科說：「拍這部電影非常艱難，大衛一直被檢驗。就是他，這個蒙大拿來的小子，竟然指導約翰．吉爾古德和溫蒂．希勒，我覺得他們一定在想，這個美國人是誰？兩位老牌演員都處在演藝生涯的尾聲，他們就要這樣子被終結了嗎？我有一張約翰．赫特扮演象人的照片，約翰．吉爾古德在照片下方寫了一行字：『我希望這一切都是值得的。』」

「大衛的日子不好過，」菲斯科繼續說：「但是他還是每天早上五點起床，他有一個很棒的司機，在開往片廠途中，帶他去享用咖啡和可頌。還有很多拍片中的瑣事讓他寄情。大衛享受生命。但是劇組長時間工作了一整個禮拜，星期天是唯一的休假日，而大衛的星期天，卻在緊張中度過。」

在片廠的時間，珍妮佛看得出來，「爸爸面對著許多不合理的待遇，很多工作人員都覺得自己比較年長，比較聰明。我知道霍普金斯對他並不友善，後來他也道歉了，但我從沒感覺到爸爸灰心喪氣。現在回想起來，我非常欽佩他把每件事都處理得那麼漂亮，因為他不會生氣，他處理得非常好。」

「隨著片子的拍攝，大衛越來越稱職，」約翰．赫特回憶道：「他在英國，這個非常年輕的人，沒人知道他是誰。大家剛開始難免對他懷抱戒心，而且會輕視他，但是我不認為到拍攝後期他們還這樣想。大衛意志堅定，他不會輕易被勸退。」[6]

至於他的嗜好，拍片期間的林區過著簡樸生活。他每天午餐吃乳酪三明治，每天省下的錢足夠回洛杉磯買一輛車了。他的片場不對外公開，很少人來探班。「大衛很明確地表示，他不希望我在片場，他要區分他的創作生活，」瑪麗．菲斯科說道：「我可以接受，但是他每天回家都會告訴當天我發生了什麼事，當他需要我的時候，我是他的『白老鼠』。」

到達倫敦之後不久，菲斯科和林區養了一隻狗。「大衛喜歡傑克羅素㹴，於是我去找飼養狗的人弄了一隻，」她回憶道：「我們叫她閃閃（Sparky），她很瘋，但是跟大衛相處融洽。她是大衛唯一養過的狗，大衛跟她玩遊戲，她都知道。大衛希望她也來演《藍絲絨》，她在電影的第一個場景就出現了。」

菲斯科身處異國，林區工作的時候，她隻身一人，在影片前置作業時期，她就懷了一對雙胞胎。「大衛非常興奮——他說：『我們要幫他們取名叫彼得與雷彼得（Pete and Repeat）。』」菲斯科說。那是個滿痛苦的過程，在懷孕的前三個月，菲斯科住院了三個星期。「大衛拍片拍一整天後，每隔一晚都會來醫院，坐在我旁邊。他無法在十點之前過來，之後病房就會關閉，但是護士們很喜歡他，所以都會讓他進來跟我待在一起。後來，梅爾來到病房，付清了所有的醫藥費——他真的很棒。」菲斯科出院之後，林區的母親也飛過來幫忙。但是兩週之後，菲斯科流產了。

拍攝到了最後階段，林區發現離倫敦以外半小時車程有個地方很適合拍比利時的那場戲。跑去比利時拍攝，必定是天價般昂貴，於是，史都華找到一個方法，在攝影棚重建此景。他所創造場景所需要的攝影棚尺度，溫布利無法提供。李氏兄弟剛剛取得了謝珀頓，一個位於倫敦另一端，規模更大的片廠，足以容納影片的後製需求，於是菲斯科和林區搬到特威克納姆的公寓，整個製作也轉移到謝珀頓，電影在那裡完成。

當時的謝珀頓片廠有七個攝影棚（現在有十五個），當林區抵達的時候，所有的攝影棚都在使用中。朱利安．坦普[41]的《初生之犢》剛剛開拍，主要的室外景占據了大塊空間。「大衛和我必須在離辦公室很遠的地方停車，因為我們只是排在後面的小成本電影，」山傑回憶道。

在拍攝最後階段，艾倫．斯普雷來到了謝珀頓，他和林區在密室內單獨工作，卻沒有和現有的聲音部門商討。「音效部門的人不懂為什麼艾倫在這裡，因為當時人們不懂聲音設計是什麼。電影行業並沒有許多音效設計師，而艾倫是這領域的開拓者之一，」山傑提起了斯普雷，他為卡羅爾．巴拉德[42]導演的《黑神駒》所做的音效設計，拿到了一九七九年的奧斯卡獎。

菲斯科回憶道：「隨著電影接近完工，大衛覺得這部片陷入了泥沼。我知道他要的是什麼，因為我們一直在談，於是他決定讓我看初剪。一些工作人員聽說有放映會，也跑了過來。放映結束後，有個看完片子的工作人員叫住大衛，說他痛很這部片，希望把他的名字拿掉，沒有人相信他竟然做出這樣的垃圾電影。我得努力把他從地上拉起來。」

「當大衛在剪輯這部片的時候，科藝百代（EMI）也剪了一個版本，一個沒有他參與的版本，然後打電話給梅爾，告知他們另有一個版本要給他看，」菲斯科繼續說：「梅爾說：『我根本不會看你們做的東西，我要大衛的版本。』製片公司的人毀了你，他們也會毀了大衛，梅爾義無反顧地擁護大衛。」

電影剪出的第一個版本，片長將近三小時，之後再剪輯成兩小時六分鐘的最終版本。「許多長廊上走動的畫面及氣氛畫面，最後都被剪掉，」康菲爾說：「但是大部分拍到的東西都出現在電影中。梅爾有最終決定權，但是他聽大衛的。他不願在片中掛名，因為他不希望自己的名字讓人對這部片抱著錯誤期待。」

林區對於放鬆的概念，就是做東西。菲斯科流產後回到美國進行額外醫療，他開始了自己的計畫。菲斯科離開倫敦當天，他去魚鋪買了一條鯖魚，帶回家分屍，把各部位排列好，貼上標籤以便事後重組，然後把排好的圖像拍下來。「一般人看到的怪誕，對我來說並不是怪誕，」林區評論道：「我對質感非常著迷，我們的身邊圍繞著太多塑膠，我發現自己一直在追尋質感。」他稱這個鯖魚計畫為「套裝魚」（a Fish Kit），作品中包括一份說明：「把處理好的魚放在水裡，餵你的魚。」這是他一系列「套裝」作品的第一部，陸續還包括：「套裝雞」、「套裝鴨」。他還收集了六個死老鼠，計劃做「套裝鼠」，但是一直沒有做出來，他把死老鼠留在北卡羅萊納州威明頓家中的冰箱裡，這地方是他拍《藍絲絨》時候的居住地。他對製造大型動物的套裝也很感興趣，但是一直沒有機會做。

電影創作者也是攝影師——對於勘景——差不多就在林區拍攝《象人》的時候，他開始積極地追求攝影人生，過去三十年間他所創作的攝影作品，有兩個持續不變的主題：女人，以及被遺棄的工廠。他經常評論道，壯烈的機械力量有多麼地壓迫人，在英國的幾個月間，他發展了一份對於工業廢墟的特殊迷戀。「我聽說英格蘭北部有很棒的工廠，於是我和佛雷迪．法蘭西斯揪了一個旅行團，但是，或許我錯過了好幾年，」林區回憶道：「我們去的每個地方，工廠都遭到毀壞。那真是個教人沮喪的旅行。」[7]

一九八〇年夏初，菲斯科回到倫敦，後製依然進行中。「那時候，他的工作時間表不再那麼緊繃，我們還會在家畫水彩，」菲斯科回憶道：「我們還放了一個禮拜的假去巴黎玩，那裡非常迷人。第一天晚上很慘，因為大衛很節省，我花錢總是很緊張，於是我找了一家他覺得很恐怖的旅館。我覺得那一區看起來沒什麼問題，但是他說：『我絕對不會離開房間！』」

林區有個讓人欽佩的能力，他可以同時做幾件不同的事，回到洛杉磯之後，他參加了導演約翰．拜倫姆的電影《心跳》[43]，一部改編自卡洛琳．卡薩迪的傳記電影，主角是西西．史派克。林區飾演一個藝術家，出現在電影中的圖畫，都是他畫的。

他繼續更深層地鑽研攝影，拍攝了一系列洛杉磯市中心廢棄油井的照片，那是個過去留下來的古怪遺物，現在已經不復存在。他拍的這些照片，也是他未來攝影作品的原形範本。林區的工業攝影都古典而正規，他的照片有一份無法言喻的柔軟；好像印在絲絨上面。白色部分從不會感覺乾冷或刺眼，所有東西都暗成一片灰色。他早期在洛杉磯拍的這些照片，捕捉盤繞的軟管、油管、水龍頭，和排列著整齊鉚釘的大油箱，優雅程度彷彿手工縫製的運動衫。二十年後，林區在波蘭的洛茲市尋覓到他的夢幻工廠，而他在那裡拍攝的照片，都源自他一九八〇年在洛杉磯拍攝下來的影像。

林區一直保持忙碌，隨著《象人》逐漸邁向發行，他卻忙於其他事情。「大衛沒有參加劇組的放映會——他太過緊張——但是我去了，我坐在約翰．赫特的好友傑瑞米．艾朗[44]的旁邊，」菲斯科回憶道。林區也錯過了首映典禮。「大衛太緊張而沒有參加，他待在玫瑰木街的家裡，幫我照顧我六個月大的小孩，安德魯，而我則和父母以及兩個姑姑，就是我爸的姊妹，瑪格麗特和諾妮一起去參加首映。」瑪莎．雷佛希回憶道：「大衛並沒有告訴我們太多關於這部片的事，所以我們也沒有期待，眼前這部不可思議的電影，讓我們澈底驚訝。看完後我們都無話可說，而觀眾都被迷住了。」

這部電影在一九八〇年十月三日正式上映，同時獲得八項奧斯卡獎入圍，包括最佳影片、最佳導演、最佳改編劇本、最佳剪輯、原創音樂、藝術指導，以及服裝設計。「我記得查理．魯特說：『大衛現在進入一個全新的世界，』」雷佛希回憶道：「《象人》之後，他的人生發生了巨大的改變。」

改變來得很快。「傑克和我都知道大衛有多麼酷，但是當他拍出《象人》，我們就得跟世界上其他人一起分享大衛了，」西西．史派克回憶道：「只要和大衛一起工作過的人，都想跟他繼續工作、親炙其人，因為他把自己完全投入創作。有時候就像在耕田，有時候又像在一艘火箭船裡面，總之就是讓人興奮，而大衛帶著人們開啟旅程。」

瑪麗．菲斯科回憶起這部片得到多項入圍時，大衛表露的興奮之情：「當我們住在玫瑰木街的時候，我有一臺超市購物車，我曾經推著購物車經過一家『查森』高檔餐廳，過街去超市購物，」她繼續說：「我每週只能夠花三十美元，花完我就推著購物車回家。有一天晚上，我看向查森餐廳，看到一輛黑頭轎車停下來，黛安．卡洛和卡萊．葛倫步出轎車，非常華麗。一年多之後，又有一部黑頭轎車停在餐廳門口，這次換成大衛和我走出來。我們和所有的劇組、演員、編劇以及製作人，一起來這裡參加《象人》的派對。大衛總是有遠大的夢想，但是我從來沒看過別人為他打造的夢想成真。我們真的是從爛泥巴裡一飛沖天。」

「大衛一直知道他會成名，」菲斯科補充說：「他對自己很有遠見。」

這一年結束的時候，大衛的事業開始蓬勃起飛，菲斯科再度懷孕了。「大衛要我嫁給他的時候，我跟他說我要一個家庭，」菲斯科說：「然後他說：『等到我年收入七萬五千美元的時候，我們就可以有小孩。』他說那句話的時候還沒有工作，所以賺那麼多錢的想法，似乎非常遙遠。但是這個數目，剛好是他拍《象人》的酬勞。幾個月之後，我重新提起這件事，他說：『如果西西有了小孩，妳也可以有小孩。』他以為西西太專注事業，永遠不會懷孕。然後在一九八一年十月，西西懷孕了，可是大衛依然拒絕這個想法。終於，我決定嘗試用試管嬰兒，連時間都訂好了，但是大衛不喜歡這個主意。十二月二十八日那天，他說：『我們今天晚上來做愛吧，如果妳懷孕了，那就是命中注定了。』然後，我就懷孕了。」

搬離玫瑰木街小平房的時候到了，林區和菲斯科開始找房子。一九八二年初，他們以十萬五千美元的價格，買下一棟位在在格拉納達山的小房子。「大衛並不喜歡住在山谷區，但是我們買不起洛杉磯的房子，」菲斯科說：「我們和強納森．山傑夫婦變成了朋友，他們住在北嶺，查理和海倫．魯特以及其他冥想的朋友也都住在山谷，所以我們就在這裡住下來了。」

雷佛希形容他們的新房子，「很好，但是完全可預料這不是大衛會選擇的房子。他知道這棟房子對瑪麗非常重要，我從來沒聽他抱怨過。他們正在期待嬰兒的誕生，這樣做非常體貼。他買了房子，他為瑪麗這樣做。不過那似乎不是他的地方。」

林區和菲斯科在格拉納達山的日子並不長久；好萊塢的菁英終於把林區奉為時尚，他即將經歷一場狂風暴雨式的關注，也即將帶他遠離聖費南多谷，使他偏離生命軌道。一窩蜂前來聯繫他的電影公司和製片，大多不是很清楚如何跟他合作，但是每個人都同意，他天賦異稟。

「大衛是個天才，這是無庸置疑的，」布魯克結論道：「他瞭解人的精神與感情，以及人類的心。當然，他私底下也是一團糟，但是他把自身情感與性混亂投射在他的作品中，用他受到打擊的方式，打擊我們。他在每一部電影中，都出色地呈現出這份情緒。我喜歡這個人，我很感激他拍了或許是布魯克電影公司所製作過最好的一部電影。」

128 Wembley Park Drive

你知道布許奈爾・基勒是我生命中重要的人吧？為什麼我們都有重要的人呢？史都華・康菲爾是我另一個重要的人。有一天我回家，菲斯科說：「有一個叫做史都華・康菲爾的人打電話給你。」這個名字有一點耳熟，我開始在屋子裡面踱步，「史都華・康菲爾，史都華・康菲爾打電話過來？」然後他就打過來了，我接了電話，他說：「你他媽是個天才，」這感覺不錯。他邀我去尼柏樂斯吃午餐，他要協助我拍攝《朗尼火箭》。史都華有幽默感，精力充沛——他是那種衝得很快的人，我喜歡這種人。

認識史都華之前，有個叫做馬蒂・米契森的人，也曾經幫過我一陣子。他喜歡《橡皮擦頭》，我想他算是我一小段時間的經紀人吧，雖然並沒有成果。我也跟一家電影公司開過一次會討論《朗尼火箭》，他們製作過《洗車》。他說：「好吧！大哥，你有什麼點子？」我說：「我有一部電影叫做《朗尼火箭》，」他說：「是什麼樣的電影啊？」我說：「是關於一個身高一公尺，留著紅色高捲髮的人，在六十赫茲交流電上面奔跑。」他說：「滾出我的辦公室。」

《朗尼火箭》並沒有拍成，所以我並沒有積極考慮導演別人寫的東西。我結婚了，我沒有工作，我處在「棚子內工作模式」，做一些雜事，如果有點錢的話，做些藝術。我不是很關心錢，況且瑪麗很支持我。她是個很棒的執行祕書，馬上找到工作。她看起來完全是大老闆的樣子，工作能力很強，每天早上，她像個百萬富翁般出去治理世界，而我卻在家裡，像個廢材。我不記得我一整天做了什麼，我或許只是在想《朗尼火箭》。終於，我的岳母跟瑪麗說：「《朗尼火箭》不會有什麼結果，妳最好趕快去催促他。或許他可以導別人寫的東西。」

我想過或許這行得通，於是我打電話給史都華，跟他說：「史都華，你知道有什麼片子我可以導嗎？」他說：「大衛，我至少知道四部電影可以給你導——我們約在尼柏樂斯餐廳碰面吧。」於是我去尼柏樂斯，剛剛坐定，我就說：「好了，史都華，放馬過來。」他說：「第一部電影是《象人》，」我一聽腦子裡就有一顆原子彈爆開了。我說：「就是這個了。」那感覺彷彿從遙遠的過去我就知道這個東西了。我要拍的電影絕對就是這一部，另外三部是什麼我不知道，我也不想知道。史都華說：「這是劇本，」我說：「我要讀一下。」

強納森·山傑把劇本帶了過來，他一定認識史都華，兩人都在梅爾·布魯克旗下工作。梅爾正忙著籌劃他的新公司，布魯克電影公司，而史都華聯繫上梅爾的妻子，安妮·班克勞馥，請她閱讀劇本，很幸運地，她喜歡這個劇本，然後告訴梅爾，要求他也讀一下。梅爾讀了之後非常喜歡，他說：「這將是我布魯克電影公司的第一部片。」於是他把每個人都找來，指著每一個人說：「你加入了，」然後他說：「這個大衛·林區是誰呀？」他們說：「他就是拍《橡皮擦頭》的人，」梅爾說：「我想看看。」他們打電話給我，對我說：「梅爾想看《橡皮擦頭》，再決定要不要用你。」我說：「能夠認識你們真是太好了。」那就是我當時的感覺。他們說：「他今天下午要看這部片，你得過來一下，等他看完之後跟他見面。」於是我在放映室外面的大廳走廊等待，放映結束後，門突然打開，梅爾朝著我走過來擁抱我，對我說：「你是個瘋子，我喜歡你！」那感覺真的好棒。

克里斯和艾利寫了一個很棒的劇本，掌握住了《象人》的精髓，但是劇本中沒有太多高潮轉折，身為一個前輩，梅爾說：「劇本必須改寫。」我得和克里斯與艾利一起合作寫劇本。我曾經送過報紙，每星期拿五十美元，突然間，我每星期可以賺到兩百美元，而且是做有趣的編劇工作！我的岳母很開心，我好像發了橫財。我們在福斯大樓的辦公室工作，在食堂吃午飯，我好像突然進入了電影圈。

梅爾非常積極地參與劇本的改寫。我比較喜歡抽象的東西，但是我們需要加強劇本的戲劇張力：我不知道是誰提出的點子，守夜者，酒吧，妓女，都開始出現在劇本中，與「象人」對立的角色出現了。我們都不打字，克里斯或艾利親手寫下我們的構想，沒有寫的那個人就在玩雜耍。他們有雜耍的小豆袋，我也是在那時學會了雜耍。我一生並沒有去過很多地方，但是現在，我和強納森要去倫敦，我們會先在紐約稍作停留，跟一位攝影指導見面，此人正在拍比利．佛瑞金*的《虎口巡航》，或許他也可以來拍《象人》。於是我們到了那裡，見到了強納森的凱子朋友，這個人娶了一個新聞播報員，住在中央公園西。這棟大樓門口有門房，走進漂亮的古董木質電梯，電梯停下來的時候，並非停在樓層；電梯門打開的時候，你已經置身在一棟大公寓內。男管家迎面走來，帶我們進去房間，牆壁上鋪著深綠色、棕色以及紫羅蘭色的麂皮絨面。我們走進前廳，看到一個大窗戶，俯瞰中央公園，男管家拿酒和點心上來，我們一面喝酒一面說話。這是有生以來，我頭一回置身在如此富裕的環境內。這個時候，比利．佛瑞金正在中央公園跟我們想要認識的攝影指導拍《虎口巡航》，我們應該下樓找他，但是我不想去，因為我從來不想去別人的片場。於是強納森和我在散發尿味的中央公園等待。漆黑的小路，尿，四處瀰漫著黑暗，我非常痛恨。紐約著實嚇到了我，是吧？我應該就是在如此的驚嚇當中跟那位攝影指導見面，他是個好人，但是他沒有做任何承諾；第二天，我們就搭上協和

＊注：即威廉．佛瑞金（William Friedkin），《大法師》導演，比利是電影界好友對他的暱稱。

號，飛往倫敦。

三小時二十分鐘後，我們抵達倫敦。那時候是夏天，天空還亮著，於是我們先散步了一下，回到旅館的時候，史都華已經到了。我們坐下來跟史都華談，他說：「梅爾會過來這裡，因為他不確定大衛是否可以掌握這部電影的情緒。」我說：「什麼？」然後我站起來說：「我要閃人了。」我上樓，睡不著覺，我重感冒，整晚冒汗。非常痛苦。第二天早上，我沐浴更衣，以及冥想，然後下樓，我想著，如果有人不道歉，把這件事情說清楚，我就回家。電梯門打開，史都華就站在門口，他說：「對不起，大衛。梅爾百分之百信任你。」我不知道為什麼前一天史都華會那樣說，但是，這部片就是這樣子拍出來的。一個充滿嘗試與挑戰的結果。

我很希望傑克·南斯可以演《象人》，但是我很早就知道這是不可能的。就像丹尼斯·霍柏注定要演《藍絲絨》，約翰·赫特也注定要演《象人》。我不記得我們有考慮過其他演員。

我準備開始製作《象人》的造型，但是到了倫敦之後，發現很多奇怪的事。我們住在溫布利的房子，那裡有個車庫，我在裡面用甘油、爽身粉、乳膠橡皮，以及其他的材料製作造型。我們住在一間真正的英國小屋，四處都是小裝飾，有一天我走過餐廳，突然有一種似曾相識的感覺。所謂的既視感，通常是：「噢！這件事以前發生過，」但是當我嘗試深入時，那種感覺立刻消失，溜進了未來。我看到了，我親眼看到。我的《象人》造型終將失敗。因為我看到了，我看到未來。你是可以進入未來的。那並不容易，並不是你想看就看得到，而是自然發生的。當時離造型完工還有一段時間，但是當我最後試著把它套在約翰·赫特身上時，他根本不能動，他說：「辛苦了，大衛。」

甘迺迪遇刺的時候，全國有四天的哀悼日。我也這樣度過了四天。當我醒著的時候，我無法清醒站立，當我睡覺的時候，惡夢連連。我想我最好自殺死掉算了，因為我無法忍受活在自己的身體裡。這感覺非常強烈，我想著，怎麼有人可以忍受置身在這麼痛苦的身體裡呢？他們找來了克利斯・塔克，這傢伙好好嘲笑了我一陣，讓大家看到我是笑柄，而他是救星。那真的很恐怖，我他媽是個無用之人。梅爾說：「我要飛去，我要見大衛，」經過了四天的等待，梅爾終於來了。我走進去，梅爾笑著對我說：「大衛，你的工作是導演這部電影。你不應該做這件事情——你有太多事情要做——感謝克利斯・塔克。」這件事就這樣結束了。

當時的倫敦，在某些街道上走起來的感覺像置身在十九世紀。街道上的行人，他們的臉，他們的衣服，四周的氛圍——彷彿福爾摩斯會從一扇門後走出來，或者會有四輪馬車從角落出現，或者開膛手傑克會突然跳出來。真是很了不起。拍完這部電影兩年之後，偉大的攝影指導佛雷迪・法蘭西斯打電話給我，說我們拍片跑過的每個地點，幾乎都消失了。就在我們電影結束之後，英國開始大張旗鼓，進行都市更新。

這部片的演員非常優秀。亞倫・貝茲[45]原本要飾演弗雷德里克・特雷弗斯，後來基於某些理由，沒有合作成功。選擇安東尼・霍普金斯，是梅爾的主意。約翰・吉爾古德是我見過最優雅的男人。他抽菸，但是不留一丁點菸灰在衣服上。煙會自己從他的身上避開。他的煙是橢圓形，倫敦店家特別為他訂製的。

《母親與情人》是我很喜歡的一部電影，這部片抓到了些許《象人》的感覺。這是部黑白片，我喜歡戲裡的狄恩・史達威爾[46]，溫蒂・希勒夫人也演了這部片，而她將要飾演馬勒黑小姐。我走進溫蒂・希勒夫人所在的房間，她看著我，一把抓住我的脖子，她個頭很小，然後只見她抓著我開始在房間裡兜圈子，一面揉著我的脖子一面說：「我不認識你，但我會好好看著你。」她去世了，上天眷顧，但是我愛她。我也愛佛雷迪．瓊斯。他就是我欣賞的那種人。有些人就是會讓你有很好的感覺，佛雷迪就是其中之一。他非常有趣，我喜歡和他在一起。佛雷迪．瓊斯本來要飾演《內陸帝國》中哈利．狄恩．史坦頓[47]的角色，但是他離開家，跑去洛杉磯，在通過機場的時候倒了下來。我接到電話，得知佛雷迪無法過來，他目前正在接受醫療。我不知道發生了什麼事，但是佛雷迪很有耐力，他挺得住。

在倫敦的時候，瑪麗懷孕了，我們得知是一對雙胞胎。《朗尼火箭》中有兩個角色叫做鮑伯與丹尼，於是我想把這對雙胞胎取名為鮑伯與丹尼，他們會穿圓頭黑皮鞋，留著整齊光滑的頭髮。我為此非常興奮，但是有一天我回家的時候，瑪麗不知為何在流血，我們從溫布利一路趕到溫布敦的天主教醫院，這是一段很遠的路。我不知道花了多久的時間才到那裡，不過我到凌晨才入睡，然後很早就起床去工作。到了片場，一個女人過來跟我說：「安東尼．霍普金斯想見你。」我走到長廊最底端他的房間，我臉色蒼白，睡眠不足，他拉住我說：不提別的，你不配導演這部電影。我說：「東尼，我很抱歉你有這樣的感覺，但是我是這部片的導演，而且我要繼續導下去。」我離開了。很奇怪，安東尼．霍普金斯是對的——我不配導演《象人》。我來自米蘇拉，蒙大拿，而這是一部巨星主演的維多利亞時期戲劇，我所拍過的，只是一部沒什麼人看過的小規模電影——真的很瘋狂。不過我就在這裡當導演。這部電影是我的第一個艱苦歷練。你無法想像發生過的這些事。

有一場比較前面的戲，特雷弗斯醫生把象人送到醫院，象人搭馬車過來。醫院大廳擠滿了人，兩個女人在打架，互相撕扯衣服等等之類的事情。馬勒黑小姐在櫃檯。她從未見過象人，她從象人的斗篷與帽兜看出了他，大廳裡的人都盯著他看，因為他身上發出臭味，但是馬勒黑小姐不在乎他的味道。然後特雷弗斯應該出現。我們彩排這場戲，安東尼．霍普金斯幾乎是跑下來，用很快的速度奔向象人，我說：「等一下。」我把東尼拉到一邊，對他說：「你下來得太快了。」而他故意放大音量讓全場人都聽見：「**你就告訴我你要什麼！**」一把火冒了上來，這狀況我一輩子只發生過幾次。怒火燒到連我自己都他媽不敢相信——我甚至無法模仿我吼叫的方式，因為會傷到喉嚨。我對他**吼了幾句**，然後吼著說我要你照我的話去做，然後溫蒂面向東尼，平靜地說：「我會照他說的做。」於是他做了。午餐的時候，他打電話給梅爾，對他說：「我要那個王八蛋走路，」梅爾說服了他。東尼在電影中表現完美，他絕對非常棒，但是拍片的時候，他大部分時間都是一張臭臉。不過，就像我那四天的哀悼日。心裡的東西一旦要發洩出來，你想擋也擋不住。東尼只是生氣生活不如意。

我們要找一家醫院，於是我們來到東區醫院，一家頹圮的倫敦病院，裡面的東西都還留著，這實在太理想了。那裡到處都是鴿子屎，破碎的窗戶，但是需要整理。病床都還在病房裡，還有很漂亮的小爐子以及瓦斯燈——那裡沒有電，但是瓦斯還是可以用。我站在走廊上，看著病房，一陣風迎面吹來，我知道了活在維多利亞時期的英格蘭是什麼樣子。我知道，就是那樣。沒有人可以把這份透徹從我身邊帶走——我知道是怎樣子了。任何人都有可能了解某件事，知道某件事，無論你從哪裡來。

瑪麗流產之後想要一隻狗，於是我們有了閃閃。我經常說閃閃是我生命中的摯愛——你無法想像她是多麼棒的一隻狗。我們發現閃閃很喜歡去咬水——就是去咬那個水——如果有一根水管在冒水，她就會跑去咬。在《藍絲絨》的片頭，你會看到閃閃耍這套把戲。

拍攝結束之後，艾倫前來做音效，艾倫也是個局外人。英國人有他們自己的音效部門，他們以為他們知道得最多，是這樣嗎？《象人》完成後，艾倫說：「我他媽的恨死英國人了！」有一天，我和艾倫在謝珀頓做混音，一位製作部的工作人員跑過來說：「大衛，把片子放給劇組看怎麼樣？」我說：「好啊！但是片子還沒完成，」他說：「大家會了解，他們只是想看一下。」於是我們安排了放映會，他們看了影片，但是他們不喜歡，有人還寫信給我，說他們有多麼不喜歡，說電影哪裡出了問題，還有他們多麼失望。之後我很快把片子完成，將負評拋在腦後。

⋯

瑪麗和我飛回家，我帶了一份拷貝過海關，因為瑪麗想馬上看到影片。約翰．赫特也在，他有幾個朋友也想看，於是我們安排在福斯公司大樓辦試映。我告訴艾倫：「我不會過去看，但是確保聲音都沒問題，好吧？」電影應該開始放映了，我接到艾倫的電話，他說：「大衛，聲音連單軌的感覺都沒有，整個聲音系統掛掉了，就像是最糟糕的聲音——太可怕了。」但是他們還是照樣把整部片放完，然後，約翰．赫特，願主祝福你，他說：「參與這部電影我感到相當驕傲。」所以反應還不錯，然而這只是這部片飛黃騰達的開始。稱讚這部片的影評開始相繼出現——聲勢相當浩大。大家喜歡這部片。《象人》是一部應該每隔四年就拿出來放映的電影，因為這部片幫助世人看到事物。對世界有益，那是個美麗的故事，以及一次美麗的經驗，更是超越時間的傑作。

我得去歐洲做宣傳，可能又得搭協和號了，很多時候我也會搭環球航空（TWA）。他們有很棒的頭等艙。不過在以前，算了吧！這麼一臺巨大的七四七客機，頭等艙卻在飛機最前面鼻子的地方，從你上飛機到下飛機，一直都在等。餐具重得要死，晚餐時間還沒到，一大堆東西就先送上來——真不愧是美好的頭等艙服務。

於是我到了德國，跟一個叫做亞歷山大的人見面，他在做電影製片和發行，父親開了一家旅館。他安排我住他爸爸的旅館，那是一家很好的旅館，房間非常大。到了晚上，我的房間冷得要死。第一個晚上被冷到之後，我下樓跟他們說：「你們德國人真是猛，」某人說：「你是什麼意思啊？」我說我的房間真的好冷，他說：「你有打開暖氣嗎？」原來我得打開藏在窗簾後面的暖氣，但是我卻沒看到。我在那裡接受一個女記者的訪問，我一面受訪，一面隨手畫了一張《象人》的圖片，因為那是訪問的主題，結束之後她說：「可以給我嗎？」我說當然可以，就把畫給了她，亞歷山大的眼睛睜大得像個碟子。我要走的時候，他說：「大衛，你也可以幫我畫一張嗎？」我說：「好啊！沒問題。」但是我一直沒有做到。很久之後，和他共事的一個人來到洛杉磯，我和他在瑪爾蒙莊園酒店[48]見面。他說：「亞歷山大請我提醒你。你曾經答應幫他畫一張《象人》。」我說：「是呀，我確實說過。你會在這裡待多久？」於是我畫好圖，交給那人，請他轉交給亞歷山大，他非常開心。不久後，亞歷山大走在街上被一輛公車撞死了。我很感恩我最後有畫了那張《象人》的圖畫給他。

現在我正在巴黎，我在吃炸薯條——法國薯條，對吧？我在受訪的時候，他們給了我一大堆這種法國薯條，以及美國醬料，就是我們說的番茄醬。我吃著薯條，電話鈴響了，我跑到臥室接電話，原來是瑪麗撥過來的，她說：「大衛，你的電影剛剛入圍了八項奧斯卡。」我問：「入圍？」她回答：「你入圍了兩項，但是佛雷迪沒有入圍。」我說：「妳是在開我玩笑嗎？」這樣不對啊！佛雷迪在電影中的表現超凡，他為我堅持了下來，他是我真誠的朋友。

參加奧斯卡頒獎大典禮非常有趣。馬丁・史柯西斯以《蠻牛》入圍，他就坐在我後面。在當年的世界，勞勃瑞福的名聲如日中天——放眼今天沒有任何明星比得上他的火紅程度。他跟他的電影《凡夫俗子》一起入圍。我去參加導演工會獎[49]，勞勃瑞福走上臺的時候，狗仔隊的相機閃個沒完。他得求他們停下來。我從來沒有見識過這樣的事，他真是紅到發紫。結果《凡夫俗子》贏得了每個獎項，馬丁和我空手而回。

儘管《象人》人前風光不可一世，我照樣住在小平房，問題是：如果我一個人的話，理論上我仍然會住在那棟小平房。現在我有了更多空間，那很棒，但是我喜歡小平房的簡單，我可以在那裡做東西。就像我幫艾德蒙蓋了車庫——做這件事帶給我很多樂趣，我可以在旁邊再搭一個大房間。我可以一直做東西。你知道有些老舊的工廠建築物都有木質地板，不是橡木，而是軟木地板嗎？我想在地板上鑽洞，把油倒進地板，讓洞的四周變黑。我喜歡做水電管工，我可以做銅管的管線工，不是那種閃亮的嶄新銅管，是比較舊的銅。我會有各種不同的水槽、水管，和水龍頭。我不懂為何我被這些東西所吸引，它們的視覺，它們的設計都令人興奮。管線工就是引導水流，控制水流這件事實在很刺激。

我們搬到了格拉納達山，一棟小社區的房子，那是個獨棟的房子，價錢很便宜，然後我開始寫《藍絲絨》。我在後院搭了一個四公尺乘七公尺的小屋，讓我可以在裡面工作，小屋做好之後，我在後院釘了一個平臺，從房子裡走出來，往下走幾吋，跨過平臺，再往上走幾吋，就會到達小屋了。非常棒。因為平臺有高度，表示樹上的橘子也更接近地面，閃閃愛死了水果。有一次我聽到慘烈的尖叫聲，我走出去，閃閃的牙齒被橘子勾住，整個身體被懸吊在樹上。他往上跳，咬住了橘子，卻被吊在那裡扭來扭去，無法把牙齒拔出來。真的很好笑。我並不介意住在格拉納達山。我有自己的地方，我很喜歡山谷區的一點是，我所有的鄰居都在做東西。他們的前院有摩托車，而且他們會自己修車——他們自給自足。你可以做任何你想做的東西。這樣的生活非常不一樣。

1 William Morris Agency 2 Marty Michelson 3 Stuart Cornfeld 4 *Fatso* 5 Martin Brest
6 Voice of the Theatre 7 Mel Brooks 8 *Hi gh Anxiety* 9 Jonathan Sanger 10 Chris De Vore
11 Eric Bergren 12 *Very Special People* 13 Joseph Merrick 14 Sir Frederick Treves
15 *The Elephant Man and Other Reminiscences* 16 Brooks FIlms 17 Crossbow Productions
18 Alan Parker 19 Charles Lindbergh 20 Darryl F. Zanuck Theater
21 Michael Eisner, Jeff Katzenberg 22 Pauline Kael 23 John Hurt 24 Michael Cimino
25 *Midnight Express* 26 Lee Studio 27 John and Benny Lee 28 Maggie Cartier
29 Sir John Gielgud 30 Dame Wendy Hiller 31 Freddie Jones 32 The Nottingham Goose Fair
33 Bob Cartwright 34 Bo Derek 35 *A Change of Seasons* 36 Chris Tucker 37 Percy Nunn
38 Freddie Francis 39 Homerton, Eastern Hospital 40 Stuart Craig
41 Julien Temple, *Absolute Beginners* 42 Carroll Ballard, *The Black Stallion* 43 *Heart Beat*
44 Jeremy Irons 45 Alan Bates 46 Dean Stockwell 47 Harry Dean Stanton
48 Chateau Marmont 49 Directors Guild Awards

催眠

一九八一年過了幾個月，全國最具重量級的娛樂中心創新藝人經紀公司（CAA）[1]的經紀人瑞克·尼西塔[2]，開始代理林區。「傑克·菲斯科介紹我們認識，他的太太西西·史派克從一九七四年起，就是我的客戶，」尼西塔說。「第一次見到大衛的時候，他走進我的辦公室，脖子上綁著一條帶子，上面吊著一枝筆，我問：『那是什麼啊？』他說：『這是一枝筆，寫筆記用的，』我接著問：『你經常寫筆記嗎？』他說：『從來沒有過。』」

「就像每個人的經驗一樣，我對大衛的第一印象是，他是很奇妙、很有趣、很聰明、很奇特的一個人，」尼西塔繼續說道：「當別人問我，我的客戶有哪些人，我都會提到大衛，他們就會揚起眉毛。大家都會設想他是個深沉、黑暗，戴著黑色帽兜的人，不過他並不是那樣。」①

尼西塔剛剛接手經紀的時候，林區的邀約接踵而來，但是好萊塢不會隨便給你一張空白支票。許多製作人都只想做另一部《象人》，卻沒有人想再做另一部《橡皮擦頭》。「《象人》之後，大衛很想拍《朗尼火箭》，但是沒人感興趣。」瑪麗·菲斯科說：「強納森和梅爾希望他導演潔西卡·蘭芝[3]的電影《法蘭西斯》，由克里斯·狄佛和艾利·柏根編劇，大衛也很感興趣，但是後來基於某些原因沒有拍成。後來又有邀約請他拍《絕地大反擊》，他的經紀人說：『你的銀行馬上就會有三百萬美元了，』於是他去跟喬治·盧卡斯談，但是對方覺得不妥。」

林區很不甘願地把《朗尼火箭》暫時擱在一旁，但是他還有一個原創劇本《藍絲絨》，也在這段時間進行籌備。這部電影的概念從一九七三年就開始醞釀，漸漸地，這計畫在他腦子的分量越來越重，可是他找不到投資者。

尼西塔為他安排了《沙丘魔堡》。這部史上最暢銷的科幻小說，描述一個發生在遙遠未來的成長故事，作者法蘭克．赫伯特於一九六五年出版此書，也是六部《沙丘》系列小說的第一部，這是個複雜的故事，許多製片人都曾企圖改編成電影，結果都失敗了。

這本書的電影版權，第一次是在一九七一年被獨立製片人阿圖．P．雅各[4]跟作者赫伯特買下，但是他才剛取得版權不久，便因為心臟病離世。三年後，一個由尚．保羅．吉布森[5]所領導的法國企業，買下版權，並且邀請智利導演亞歷山卓．尤杜洛斯基[6]執導，他計劃把這部小說改編成一個十小時長的劇情片，並邀請H．R．吉格爾[7]擔任美術設計，薩爾瓦多．達利[8]參與演出。他們花了兩百萬美元，耗掉兩年的前置作業時間，計畫卻破局。（二〇一三年的紀錄片《曠世奇片之死》記錄了這段大烏龍）

迪諾．狄．羅倫提斯[*]以兩百萬美元代價再度購下版權，並委託原作者赫伯特編寫劇本，但是寫出來的本子實在太厚。一九七九年，羅倫提斯雇用魯迪．瓦立策爾[9]改編劇本，打算交給雷利．史考特[10]來導，但是這計畫執行七個月之後，史考特卻中途離開，跑去導一九八二年的科幻黑色電影《銀翼殺手》。此時，羅倫提斯的女兒拉斐拉進入林區的故事。她看了《象人》之後下決定，林區才是這部片的最佳導演人選。

「我非常欽佩林區創造一個可以完全被信服的世界的能力，」拉斐拉．狄．羅倫提斯說道：「觀眾傾向導演定型，但是一個好導演可以整合不同的類型，我認為他有能力處理《沙丘魔堡》，我很有信心。」

「大衛和我父親見面的時候我也在場，我當下就喜歡上他。」她繼續說：「當時大衛和我兩人都是小孩，我們共度的時光非常美好，大衛好像變成我們家的一分子。我的父親喜歡導演，他覺得大衛跟費里尼一樣棒。他真的是大衛的超級粉絲。」[2]

大衛遇到狄・羅倫提斯家族是命運的安排，但是他與史都華・康菲爾的合作關係，卻因此畫下句點。「大衛和我計劃拍攝《朗尼火箭》卻沒有成功，因為當時大家覺得他是個瘋子，」他回憶道：「然而在《象人》之後，情況改變了，我們可以試試看拍《朗尼火箭》。有一天，大衛和我去吃午餐，他告訴我狄・羅倫提斯請他拍《沙丘魔堡》，報酬豐厚。大衛才三十多歲，他的藝術創作非常傑出，卻沒收穫實質報酬，於是當狄・羅倫提斯說：『我會給你需要的一切。』大衛就接受了。」

狄・羅倫提斯在二〇一〇年以九十一歲高齡去世，顯然是個讓人很難纏的硬漢。他是個超群不凡的人，引領大衛進入國際電影的華麗世界。狄・羅倫提斯一九一九年出生於那不勒斯，也是義大利戰後新寫實電影重要的支持者，他製作了費里尼早期的電影《卡比莉亞之夜》和《大路》，後者並贏得了一九五七年奧斯卡獎。狄・羅倫提斯涉獵的範圍非常廣——他製作過羅傑・華汀的《上空英雌》，英格瑪・柏格曼的《蛇蛋》——在他七十年的職業生涯中，他製作過以及聯合製作過的電影，超過五百部。狄・羅倫提斯是個執著的生意人，但是仍然是個備受鍾愛的人，他在林區的生命裡扮演了重要角色。「迪諾是一個非凡的人，非常擅長調解衝突，化整為零，而且他真心喜歡大衛，」菲斯科說道。

試圖把《沙丘魔堡》搬上銀幕，就如同把一道感恩節大餐變成冷凍食品，然而狄・羅倫提斯很有說服力，他成功地和林區簽下了三部電影的合約。「我相信對於一部大製作、大投資而言，《沙丘魔堡》就像酒

＊ Dino De Laurentiis，1919-2010，知名義大利裔電影製片人。

妖之歌，你不可能是為了拿錢辦事，何況大衛絕不會做那樣的事，」尼西塔說道：「他對這故事有感覺，有共鳴。」

故事的主人翁，是個名叫保羅．亞崔迪的年輕英雄，他在原著中被描繪成是個「必須被喚醒的沉睡者」；這句話觸動了大衛。大衛也喜歡發明另類世界，憑著《沙丘魔堡》，他可以創造三個完全不同的星球，結合豐富的質感、夢境段落，和地下工廠。大衛願意執導這部片，毫不意外。

改編劇本花了一年的時間，為了要配合普遍級的需求，大衛的劇本寫作受到了限制。為了迎合狄．羅倫提斯——他痛恨《橡皮擦頭》——他更縛手縛腳，陷入癱瘓，他一開始和《象人》的寫作夥伴狄佛和柏根一起寫劇本。「大衛很慷慨地邀請我和艾利加入協同編劇，我們三個人前去湯森港，與法蘭克．赫伯特一起度過，」狄佛回憶道。

「我們一起在環球影業大樓的辦公室寫劇本，完成了兩組腳本，但是迪諾覺得我們寫得太長，這計畫無法分成兩部片，」狄佛繼續說：「大衛也覺得片子有可能縮短，但是我們擔心會偏離赫伯特的原著太遠。大衛覺得忠於原著非常重要，他也想在劇本裡放進原著沒有的東西，但是我們不能那樣做。我們認為大衛絕對應該忠於自己的看法，於是告訴他，該怎麼做就怎麼做吧。」林區多完成了五組腳本，最後在一九八三年十二月九日，一份長達一百三十五頁的劇本定稿正式出爐。雖然今天人們會說他跟《沙丘魔堡》一起被「埋葬了」，但是他卻沒有注意到自己在寫劇本的時候，到底發生了什麼事。

「大衛很想賺錢，但是他不願妥協，也從來沒有妥協過，這並不是在《沙丘魔堡》製作初期才發生的事，」尼西塔說：「大衛保持劇本的純粹。電影這一行太多誘惑，他的成功也著實存在著腐蝕他的力量——他有很多機會可以拍大製作，也可以得到一筆財富，但是他都拒絕了。在早期的時候，大家覺得只要給錢，他就會做他們要求他做的，但是當他們清楚看到他是個真正的電影作者之後，商業片的邀約就愈來愈少上門了。主流明星想跟他合作，但是大衛的電影並不是靠明星。大衛是個藝術家，他不想看到大猩猩擋在前面。」

一九八二年九月七日，菲斯科分娩那天，林區窩在格拉納達山寫《沙丘魔堡》的劇本。「大衛也進了產房，如果沒有他我一定撐不下去，」她說到了兒子奧斯汀的誕生：「我在產房待了三十四個小時，他一直在一旁逗我開心，推我的背，因為嬰兒需要復位。」林區現在有了兩個小孩。林區在家總是同時做很多事情：在那幾年間，他做香爐，以及繫在脖子上、帶著黑色或白色斑點的繩結項鍊。「他有很多朋友都拿到這條繩結，」雷佛希回憶道。

一九八二年秋末，選角經紀人伊莉莎白・劉絲提格[11]遊走美國數個城市，尋找一個不為人知的年輕新演員，飾演《沙丘魔堡》的主角，然後她遇到了凱爾・麥克拉蘭[12]。麥克拉蘭剛從華盛頓大學接受表演訓練畢業。麥克拉蘭來到西雅圖時，在空間劇院[13]的舞臺上演出莫里哀的《守財奴》。「她詢問有沒有年齡相當的演員適合這個角色，有人說：『嗯！你一定要去看凱爾。』於是十二月底，我們約在四季大飯店碰面，之後她就把我列入候選名單。」麥克拉蘭回憶道。一九八三年初，他飛到洛杉磯與林區和拉斐拉・狄・羅倫提斯見面。

「我看過《橡皮擦頭》，但是我不知道該怎麼說，」麥克拉蘭說：「我喜歡的類型是《三劍客》那種英雄鬥士，那才是我的菜。所以在跟大衛見面之前，我不知道該期待些什麼。我們在環球公司大樓的一間平房見面，我記得我坐在那兒，等待他從大胃王餐廳回來。他開著一輛帕卡德（Packard Hawk），那是他的愛車。他到了之後，我們閒聊些西北部的成長經驗，以及紅酒，然後他說：『這是劇本。研究一下裡面的情節，回來之後，我們就來拍。』」③

麥克拉蘭幾天之後回到洛杉磯，在特效藝術家約翰．戴克斯特拉[14]的雅波吉製片公司[15]試鏡。「他們搞不定我的頭髮，在我的演藝事業中，頭髮一直是個煩人的事——而這頭髮問題就是從《沙丘魔堡》開始的。」麥克拉蘭笑著說：「我在一個大空間，四周有一大群人，攝影機看起來像是我這輩子看過最大的東西，但是大衛出現時，我就比較踏實，比較有安全感。我們拍了幾個鏡頭，包括一個我對著攝影機說話的鏡頭。我說：『大衛，我不知道我做不做得到，』他說：『你會做得很好的！』他非常會鼓勵人。」

林區和麥克拉蘭建立起一份友誼——林區都叫他「凱爾」——這也是他事業中最關鍵的情誼。他們合作了林區最受鍾愛的兩部片——《藍絲絨》和《雙峰》——麥克拉蘭被形容成林區電影中的另一個自我。他們在一些重要的地方也都很相似。兩人都很開放、積極，對事物抱持幽默感，這些特質讓他們怡然自得；兩人都散發出一種光芒四射的快活。

「我回到旅館，看到桌上放了一瓶林奇巴居堡的酒，」麥克拉蘭繼續說起他和林區初相識的經過：「當大衛和我談起酒，他說那是他最愛的東西，他送這個過來，真的很窩心。在看試鏡片段的時候，我在那裡等待，然後他叫我過去，對我說道：『我們很喜歡，但是我們得改變你的髮型，再做第二次的試鏡。』之後，他們就安排我飛到墨西哥做接下來的事。

「那時是一月，電影還在前置作業期，我到達的時候，大衛的生日過了。他們為他辦了一個派對，我也加入了，我記得我在想：他們真是一群很好的人——我希望電影會成功。後來我在樓下大廳喝啤酒時，接到電話通知：『你得到這個角色了。』大衛雇用了我，我會全然信任他，為這部電影全力以赴。」

《沙丘魔堡》在各方面都是大規模，演員也聲勢浩大，總共有三十五名有臺詞的角色。荷西．法拉[16]、琳達．杭特、傑克．南斯、狄恩．史達威爾、麥斯．馮．西度[17]，以及狄．羅倫提斯的第一任妻子，義大利女星施雲娜．曼卡諾都參加演出。有幾個演員，勇敢地接下了令人坐立難安的角色。肯尼斯．麥克米倫[18]使出渾身解數，演活故事中的大壞蛋；佛雷迪．瓊斯和布萊德．杜瑞夫出神入化地扮演怪誕的法庭顧問。

「當我剛認識大衛時，我的第一印象是，這是我這輩子見過外表最貴族調調的人。」杜瑞夫回憶道：「他穿著寬褲子和外套，襯衫領口的釦子是扣上的，說話聲音像是費城來的彼得．羅瑞*。我走過去跟他說：『嗨！我是布萊德。』他說：『我知道，我要問你一個問題：你覺得給演員動個外科手術怎麼樣？』顯然他要在演員的臉頰上切出一個洞，放進一個管子，製造牙齒冒煙的效果。我看不出來他是說真的還是在開玩笑，但是我聽到他跟拉斐拉說：『為什麼不行呢？』她說：『不行，你不行那樣做。』」

「我沒有看過《橡皮擦頭》，直到他在墨西哥放映給我們看，」杜瑞夫繼續說：「放映之前他站起來說：『這是一部我拍的電影，我希望你們不會離開鎮上，』我完全不知道我在看什麼，然後突然間，我瞭解了這是一個超現實的過程，挖掘女性精神心靈與外表個性下的男性恐懼。這是一部不得了的電影。」④

演員還包括音樂家史汀，當時他正在拓展表演事業，認識大衛的時候，他已經主演了四部電影。「大衛在倫敦為《沙丘魔堡》選角，我跟他約在克拉里奇酒店見面，」史汀回憶道：「我是《橡皮擦頭》的超級鐵粉，我以為我看到的他，會是電影中男主角的樣子，但是他看起來非常鄉土而平凡，而且會有點挖苦地說

* Peter Lorre，1904-1964，德裔演員，曾出演電影《M》男主角及《北非諜影》等片。

『好極了』[19]。我從來不把自己當演員。但是我演過幾部電影，他似乎很喜歡我，他對我說：『你想不想來墨西哥？』我說：『當然想。』當時我正在製作警察合唱團最重量級的專輯《同步化》[20]的最後完成階段，不過夏天有空，於是我穿著橡皮裝在墨西哥度過了夏天。」

菲得．羅薩這個角色，是個壯麗美貌的殺人機器，史汀第一次出場，從一面蒸汽牆中緩緩出現，身體閃著光，滴著水，全身赤裸，只穿一件他稱為「橡皮內褲」的東西。「大衛把那東西展示給我看，我說：『不行，我不會穿這種東西，』然後他說：『你會穿的。』我的第一場戲頗具爭議性，因為我從來沒有把自己看待成一個同志情慾的符號，但是穿上那件飛天造型的內褲後，我覺得實在無法用別的方式來呈現，大衛也同意。」⑤

經過進進出出墨西哥六個月的前置作業後，林區訂在一九八三年三月開鏡。前兩週用來排戲，三月三十日正式開拍。《沙丘魔堡》有四百萬預算，在當時是非常充裕。片場的演職員全部加起來有一千七百人，還有四臺攝影機同時操作，八個攝影棚，可以容納八十個場景，外景部分在墨西哥奇瓦瓦州華瑞茲城的薩馬拉尤卡沙丘場拍攝，拍攝的時候溫度高達五十度，他們在那裡工作了兩個禮拜，還有三百個工作人員清掃處理沙丘的沙，為拍攝做準備。曾經做過《2001太空漫遊》的製作設計安東尼．馬斯特斯[21]也加入製作群，還有曾經創造出《異形》、《E．T．外星人》的特效藝術家卡羅．蘭博蒂[22]。這是個龐大的工作，開始拍攝的時候也樂趣無窮。

在拍片計畫的初期，林區前去離威尼斯一小時車程的阿巴諾泰爾梅，拜訪狄．羅倫提斯的小別墅，他對威尼斯這城市印象深刻。「大衛喜歡義大利。我們經常為了電影在歐洲碰面——我不記得是為了什麼，可能是選角吧，」拉斐拉・狄・羅倫提斯回憶道：「大衛是個素食者，但是他很喜歡肉醬，我記得他常吃鵝肝。」

在其中一次的旅行，迪諾・狄・羅倫提斯送給大衛一本威尼斯建築的書，這本書也成為《沙丘魔堡》重要的靈感來源。片中有許多場景，都在精美華麗的宮殿庭園，還有許多精雕細琢的木質階梯。地獄般的地下工業世界，以及遊走的無人機，令人聯想起《大都會》[23]，還有「公會領航員」[24]，一個巨大的、沒有固定形體的神使，林區稱它為「多肉的蚱蜢」，他會透過性慾肉感的口中說出話。整部電影充滿了驚人的細節。亞崔迪家族有一隻巴哥，伴隨他們一路冒險，當太空船進入一個新的銀河系，他們就會通過一個鑰匙孔。這些元素的結合，清楚呈現所謂的「林區主義」[25]。

「大衛會花好幾個小時，在牆壁上貼便條紙，或許這就是他不會再想拍另外一部像《沙丘魔堡》這樣的大型製作的原因。」狄・羅倫提斯說：「有一天我們在華瑞茲城的沙漠拍戲，現場有兩百名穿著橡膠衣的臨時演員，大家熱到快要昏倒，還有一大群工作人員，我們花了很大的功夫才來到沙漠，但是他卻在拍一個主要演員的眼睛特寫！我說：『大衛！我們可以在舞臺上拍這個景！我們做了這些所有東西，所以趕快拍吧！』他非常聰明，從那時候起，他發現到細節是他視覺創作中很重要的一部分，他從此拍片都如此講究。」

拍攝《沙丘魔堡》是林區的一次大跳躍，史汀回憶起他：「對大衛感到驚訝，他從拍一部小規模的黑白片，一口氣跳到這部大製作。我很欽佩他如此沉著冷靜。我從來沒感覺到他被打倒，而且每個人都喜歡他。他一直都保持著『好極了』的心境。」

珍妮佛・林區在片場待了幾個星期，她的工作是負責操作公會領航者的左手和下巴。「我記得那是一個很大的製作，」她回憶道：「或許那是第一次我觀察到，爸爸感覺自己正面對一個無比龐大的東西。那要花好多錢，投入好多人。」

如果沒有愛情遊戲，林區就不是林區了，他的感情生活在這段時期，變得越來越複雜：就在這時候，伊娃．布朗斯坦[26]上場了。布朗斯坦出生於捷克，在布朗克斯長大，一九七〇年代末期，她搬到洛杉磯，找到一份工作，在「諾曼．李爾公司」[27]擔任選角導演和製作人。一九八三年時，她的朋友克勞蒂亞．貝克在墨西哥處理《沙丘魔堡》的選角，於是布朗斯坦加入她，一起來到墨西哥巴亞爾塔港度假。

「有一天晚上，克勞蒂亞說：『我們去一號畫廊[28]看一個藝術展覽吧。』基於某些原因，我不認識這位藝術家，當我們到了那裡，大衛和我在展間裡看到彼此，然後我們只是繞著對方轉圈。我還不知道他是誰。開幕活動結束之後，我跟一群朋友去了一家『卡洛歐布蘭』酒吧，當我們入坐，大衛跟一群人走進來，坐在我旁邊。這天晚上接下來的時光真是太神奇了，我們一整晚沒睡，在海邊散步聊天。第二天早上我要回洛杉磯，他要回墨西哥市，我們又在機場遇到。他飛國內線，我飛國際線，我們在不同的區域，中間隔著簾子，然後我們奔向簾子，開始接吻。一切就是這樣開始的。」⑥

林區最厲害的天賦之一，就是他專注於眼前事物的能力，從巴亞爾塔港飛回墨西哥市後，他又全神貫注在《沙丘魔堡》上。「大衛在《沙丘魔堡》的態度一如既往，片廠裡的每樣東西，他都要求完美精緻，」麥克拉蘭回憶道：「從槍枝與制服，到顏色與抽象形式，大衛的手經手了所有的場景以及特效設計。他的藝術感性從頭到尾都極具存在感。」

「一九八三年的三月到九月，我在墨西哥度過了一段快樂的時光，」麥克拉蘭補充說道：「我住在科約阿坎區，那裡總是有人開派對。狄．羅倫提斯一家人經常在家吃晚餐，我也經常去他們家。」這群人各方面都精力充沛；《沙丘魔堡》是一部累人的電影，所以大家會藉派對發洩情緒。「那是非常狂野的一群人，」

史汀說：「我身邊圍繞著一群傑出的演員，我只是個玩得很開心的搖滾明星。」

瑪麗．菲斯科觀察到林區正處在一個他從未遭遇過的環境。他正在導演他的第一部高預算好萊塢電影，無論是戲裡還是戲外，那都是個非常複雜的工作。「我們剛結婚的時候，大衛是個潔癖人，他不抽菸，也不說壞話，」菲斯科說：「但是拉斐拉是個派對女郎。我有一次打電話給他，他出去喝伏特加雞尾酒，這嚇到我了。那是一群放浪的人，我想他也開始參加派對。他喜歡上住在旅館，那驅使他去工作，他活在只有自己的世界裡。」

身為一個多工作業的專家，林區總是一次做多件事，在墨西哥的時候，他做了「套裝鴨」和「套裝雞」；「套裝雞」的組合說明書，是用西班牙語和英語寫的。在拍片途中，他畫了一套四格漫畫：《世界上最憤怒的狗》[29]，描寫一直被拴在柱子上嚎叫的狗，跟牠的鏈子搏鬥。這個漫畫每週刊登在《洛杉磯讀者》，後來換《洛杉磯週刊》，連載了九年，四格圖案從來沒有變過，但是林區每週星期一都會更新對白。「這漫畫的幽默點，來自於人們處在悲傷可憐狀態時候的病態。」大衛解釋道：「這其中有這一份被漠視中的掙扎，但是我仍然覺得，人們無視內心慣常的絕望，依然勇猛前進，是一種英雄的行為。」

在《沙丘魔堡》的製作期間，林區其實有一個剛誕生的家庭需要照顧。「大衛在拍《沙丘魔堡》的時候，我有點像個單親媽媽，」菲斯科說：「在那地方很難照顧新生嬰兒，因為我得餵母乳，我去過那裡幾次，我曾跟奧斯汀的教母瑪莎．波娜去旅行過一次。奧斯汀第一次開始走路，是在大衛的旅館房間，大衛親眼目睹經過。大衛和我經常通電話，但是長時間的分離，我並不喜歡。」

一九八三年秋天，林區的拍攝工作已經進行了六個月。菲斯科在維吉尼亞州買了房子，把格拉納達山的房子賣掉，帶著奧斯汀，搬到美國的另一邊。「我哥哥說服我搬家，」菲斯科說：「他和西西住在那裡，我找到一間一百四十坪的房子，有一點老舊，不過是一片非常漂亮的地方，大衛說『就這樣做吧——我相信妳。』於是我買下了，大衛甚至沒有去看，接下來又花了六個月整修。」

林區從容自在地搬家，他的女兒卻感到不安。「當他搬到維吉尼亞州，我非常恐慌，」珍妮佛．林區說：「爸爸一直都在我身邊，我們感情很好。我記得我寫信去了維吉尼亞州，跟他說：『我很害怕我再也見不到你，』他說：『妳在開玩笑嗎？我們一直都在講話呀！』他確實經常打電話給我，整夜傾談。但是我還是覺得害怕難過。其實我見到他的時間，比瑪麗和奧斯汀都還多，因為他經常住在洛杉磯。」

一九八三年九月九日，主要拍攝部分宣布殺青，大衛在墨西哥多停留了四個多月，處理模型和特效方面的工作。這時候，艱難痛苦才正要開始。「在拍片的時候，我從來沒有感覺到大衛不開心，不過你要記得，我當時只是個二十四歲、只會顧自己的人。我對當時身旁的人投注的關注，一定比今天少很多。」麥克拉蘭說：「但是我覺得一切都很好，很順利。對他而言，跟演員工作一直都很愉快——我可以看得出來，現在也是這樣。可是我記得他說過：『這是一個很大的負擔，』我想他應該是累了。在我工作部分結束之後很久，大衛仍然留在那裡做第二、第三組拍攝的東西。」

一九八四年二月，林區終於離開墨西哥，搬到西洛杉磯一棟簡樸的公寓，在那裡住了六個月，進行剪輯工作。布朗斯坦此時進入了他的生活，她回憶道：「大衛看到我過著藝術家的生活，那也是他所追求的——創作和藝術是他的一切。我們聊了很多藝術和心靈方面的東西，他讓我覺得身為一個藝術家是很好的事，也幫助我在這方面向前進步。這段關係對我們倆都造成了心理創傷，大衛不希望傷害瑪麗，他一直嘗試取得平衡，因為他兩方面都想要。他想要一個處在興奮刺激狀態中的感情關係，同時他也想要一個舒適安全的家庭，過那種中西部的農莊生活。他兩個都需要，而這也正是他生命的架構，以及創作的動力。我很願意馬上嫁給大衛，但是他做不到，在這段感情當中，我感到空虛，於是在一九八五年，我認識了別人，讓我的生命得以繼續前進。」

在大衛的整個生命過程中一直存在著一個東西，他就像女人的貓薄荷。「爸爸並沒有惡意，他做這些事也不是出於自私——完全不是那樣，」珍妮佛．林區說：「他只是一直愛著祕密、惡作劇，以及性愛。他頑皮，而他真誠地愛『愛情』。當他愛你的時候，你就是他**最愛的那個人**，他也快樂得飄飄然，然後他就有了創作的靈感，整個過程浪漫到無可救藥。」

菲斯科始終曉得林區的這一面，但是他還沒有準備好在洛杉磯把這件事情講出來。「大衛在剪輯《沙丘魔堡》的時候，一直在維吉尼亞和洛杉磯之間來回，那時候他告訴過我，他很擔心我們的婚姻。」菲斯科回憶道：「我哥哥覺得大衛有外遇，但是我不願去想這件事。我去參加了劇組的派對，女孩子都圍在他身邊，我記得我當時心想，真是詭異。不過後來我才知道，原來這種情況一直是如此。」

《沙丘魔堡》第一個初剪——林區在墨西哥放映的版本——長達四個小時。林區依照第七組腳本，剪出了一個將近三小時的版本。最後發行的版本片長兩小時十七分鐘。不用說，許多他希望在電影中出現的東西，都被棄置在剪接室的地板上。在剪接過程中，他不得不被迫讓步。洛杉磯的這幾個月，他並不好過。「《沙丘魔堡》結束了一年半之後，我感覺到一種深層的恐怖，」林區說：「但是我從中學到了很多拍電影和好萊塢業界的事。」在二〇〇一年英國廣播公司（BBC）的紀錄片《最後電影大亨》[31]中，迪諾．狄．羅倫提斯承認，「我們在剪接室裡毀了《沙丘魔堡》。」不過既然迪諾．狄．羅倫提斯是決定這部片最終定剪版本的人，有人猜測，他在話裡所說的「我們」，就是指「我」。

「如果由大衛來決定定剪，電影也不見得會比較好——他剪了一個版本，我有看到，」拉斐拉．狄．羅倫提斯說：「整部片長達五個小時，而且艱深難懂，即使你可以不睡著。」

「這部片最大的錯誤在於我們嘗試忠於原著，」她補充說道：「那就像是，我的天啊，這是『沙丘魔堡』——我們怎麼可以亂搞！但是電影和小說不一樣，這是一開始就應該知道的。」

《沙丘魔堡》由環球影片發行，一九八四年十二月三日在甘迺迪中心首映。「那是非常盛大的一件事，」菲斯科回憶道：「迪諾安排我們受邀參加白宮的國宴，和雷根總統及夫人南茜見面（林區景仰的總統）共餐，安迪．威廉也參與演唱。這是《沙丘魔堡》有趣的部分。接著《沙丘魔堡》的評論開始出現，他們砲轟這部電影，也同時重挫大衛。」所有的影評幾乎都是負評，羅傑．伊伯特[31]和吉恩．西斯克爾[32]都說這部片是「年度最爛電影。」《時代週刊》的理查．柯里斯[33]形容這部片「難的像期末考」。《沙丘魔堡》剛發行的時候，林區正在寫《沙丘魔堡》續集的劇本，但是隨著電影失敗，續集的資金也中斷了。

這部片確實也有重量級的支持者。科幻作家哈蘭．艾里森[34]喜歡這部電影。法蘭克．赫伯特在他一九八五年短篇小說集《眼睛》的前言中說：「《沙丘魔堡》一開場，銀幕上頓時開啟了一場視覺饗宴，我書中的對白，貫穿在其中。」雷佛希回憶道：「大衛與法蘭克．赫伯特的關係融洽。他很高興大衛詮釋他作品的方式，也給予這部電影高度肯定，這對大衛非常重要。」

至於麥克拉蘭——這個幾乎出現在電影的每一格膠卷中的人——對自己在銀幕上的初次亮相，心情相當複雜。「我看著自己的表演，感覺尷尬，因為我是第一次在攝影機前演戲，」他說：「我想在某些方面，確實是成功的，因為我演的角色從青春男孩階段，經過歷練，成長為一個領導者。我想他們找我來演正是時候，因為在電影中，我非常青澀。」

「我覺得大衛做得很好，」麥克拉蘭補充說道：「終究來說，法蘭克．赫伯特所創造的世界之複雜性，是很難賦予血肉的，因為故事中實在發生了太多事情。但是我可以欣賞《沙丘魔堡》，享受這部電影的純粹的視覺衝擊力。大衛確實有能力以他自己的感覺呈現這個故事。哈肯尼，還有駛進宮廷的火車——我的天，那真是天才。我會說這是一部有缺陷的傑作。」

回顧這部片，史汀說：「要把整本書塞進一部電影裡，或許是個錯誤。我發現在大銀幕上看這部片有點嚇人，但是很奇怪，我在小螢幕上看卻覺得很適合。總歸說來，我一直覺得大衛的作品非常吸引人。就像哥雅，就像法蘭西斯．培根，他有視野，雖然最後的成果不是很舒服，而他所做的一切，都注入了『他者』的情緒。他有自己的視野，一種認真、不虛浮的視野。我一直很高興看到他在自己的國度中做他想做的事，我也很感恩能成為他經典作品的一部分。」

《沙丘魔堡》發行之後，林區回到維吉尼亞州夏綠蒂市郊阿爾伯馬郡的家，也就是菲斯科買的房子，開始專注於他決心要拍的下一部片。「他說：『我不想談《沙丘魔堡》了，』於是我們就不談，然後他往前進，改寫《藍絲絨》的完成劇本。」菲斯科說起林區當時一面寫劇本，一面聽蕭士塔高維奇〈A大調第十五號交響曲〉。「大衛是個很有紀律的人，這也是為什麼他可以成就這麼多事。他會坐下來，寫作兩個小時，儘管某些日子，他的產量不多，但是他還是會坐兩個小時。然後他會畫畫兩個小時。他總是從一個計畫到下一個計畫，或許這是來自他的父母以及童子軍時期的影響。大衛在處理事物方面，非常有才華。」

林區很想擺脫《沙丘魔堡》，但是他和狄．羅倫提斯一家人感情深厚。「大衛非常著迷於人體器官，《沙丘魔堡》結束後，我要進行一次子宮切除手術。」拉斐拉．狄．羅倫提斯回憶道：「大衛說：『妳要切除子宮？我可以擁有妳的子宮嗎？』我說當然，為什麼不呢？於是我要求醫院把它留下來，但是他們困惑地看著我，好像我瘋了。於是我請我的繼子幫我從肉販那裡要了一個豬的子宮，把它裝在福馬林的瓶子裡，然後貼上我在醫院的身分標籤，送給大衛。聽說他放在冰箱裡放了好多年，有一次甚至帶著這個瓶子過海關。或許他某任老婆早就把它丟掉了。」

迪諾．狄．羅倫提斯始終沒有對林區失去信心，儘管《沙丘魔堡》有很多問題。首映會結束，一切塵埃落定之後，他問林區下一步想做什麼。林區回答，他想拍《藍絲絨》。當時，提交給華納兄弟公司的《藍絲絨》最初草稿的周轉條款已經失效，劇本所有權也回歸電影公司。狄．羅倫提斯打電話給電影公司總裁，買回版權。林區明白表示，如果要繼續合作，他堅持要有最終定剪的權力。狄．羅倫提斯約定好，如果他把他的酬勞和電影預算減半，他就可以這樣做。「大衛愛迪諾，」菲斯科說，「因為迪諾給他機會拍《藍絲絨》。」

我跟瑞克．尼西塔簽約，因為我很喜歡他。他看起來不像經紀人，不過他是西西的經紀人，所以我信任他。他的祕書將我手寫的《朗尼火箭》劇本打成紙本，所以他當我經紀人之前，我應該就認識他了。瑞克從來不會嘗試將我推往任何特定的方向。

《象人》結束之後，我或許可以來拍《朗尼火箭》，因為梅爾願意投資，但是不夠，差很多。我不記得自己為什麼沒有去拍《法蘭西斯》，那是一部關於法蘭西斯．法瑪[35]的電影。差不多在那個時間，喬治．盧卡斯開始啟動他的第三部《星際大戰》，有人打電話給我，問我可不可以跟喬治見面。他們叫我去華納電影大樓附近一家叫做「蛋公司」的地方，他們要我去那裡，我拿到一個信封，裡面有一張信用卡、一個鑰匙、一張機票，以及一些東西。於是我飛到舊金山，領到租車，開到一個叫做「齒輪」的地方，我想這地方是盧卡斯的公司之一。我進去見到盧卡斯，他開始談起《星際大戰》。我覺得某種程度的受寵若驚，但是我也不知道為何要來，因為《星際大戰》不是我感興趣的東西。總之，他跟我談，我開始覺得頭痛加劇。我們又談了一會兒，然後鑽進喬治的法拉利，開去一家沙拉餐廳吃沙拉午餐。這時候我的頭痛到我想馬上離開這裡。我從機場打電話給瑞克——我覺得腦袋要爆炸，但是我得在上飛機之前告訴他。我說：「瑞克，我做不到！答應喬治讓我壓力好大，我做不到！」他說：「大衛，沒有關係，你不必做。」然後我打電話給喬治感謝他，告訴他我希望他可以導這部片，因為這是他的東西。喬治是史上最偉大的創造者之一。他有自己的系統，他是很特別的人類，但是《星際大戰》和我並不同國。

有個名叫理查．羅斯[36]的製作人前來接洽我，商談《紅龍》這本書的電影改篇，我告訴他我沒興趣，他說：「你有什麼東西嗎？」我說：「我有一部電影《朗尼火箭》在籌拍，」但是他並不感興趣，他又問：「你還有什麼嗎？」我說：「我算不上有，但是有想法，」於是我開始談起《藍絲絨》，他說：「噢，這聽起來很有趣。」他帶我到華納公司，把這案子交給某個人——不記得他是誰——我想這個人一定有付錢給我寫劇本，因為後來華納公司擁有我的劇本版權。我幫他們寫了兩個腳本，但是他們兩個都討厭，我並不怪他們——事情尚未結束。

然後我聽說迪諾．狄．羅倫提斯想跟我見面，討論這個叫做《沙丘魔堡》（*Dune*）的東西，我以為他說的是「六月」（June），因為我對《沙丘魔堡》一無所知，但是我所有朋友都說：「我的天，那是史上科幻小說的第一名啊！」於是我想，好吧，那我就去認識一下迪諾。根據我所聽說關於他的事，我真的頭痛起來。於是我去了他在比佛利山的辦公室，接待小姐非常漂亮，對我非常友善。然後我走進去，見到了迪諾。迪諾說：「哈囉！」我坐下來，眼角視線看到一個人坐在陰影裡，他就是迪諾．康提，迪諾的朋友。我不知道他為什麼會那裡，但是我從他們兩個那邊得到了最溫暖的感覺，他們幫我泡卡布奇諾，好喝到要上天堂。還有一個人叫做恩佐，他是迪諾的理髮師，恩佐的老婆康雀塔那天為我們做了點心。恩佐以前曾經幫迪諾剪頭髮，後來迪諾在威爾榭大道有一間辦公室，還開了一間理髮廳，我也可以去找恩佐理頭髮，他是最棒的剪髮師傅，不可思議。他是在義大利學習剪髮造型的。真有點本事。

然後我開始認識迪諾這個人。迪諾並不是天生就有錢，他剛開始是想當一個演員。有一天他要參加一次試鏡，他被告知要穿西裝，看起來要非常光鮮。他有西裝，但是沒有一雙好鞋子。他走向車站，前去選角的途中，經過了一家鞋店。於是他走進去，跟那個人說：「我要去參加試鏡，我沒有錢，但是我需要一雙鞋子，」那個人說：「沒問題，你可以拿這雙鞋子去。」迪諾在往後的日子一直寄錢給那個人。

在五、六〇年代，迪諾在羅馬工作，在週末——現在你想像一下——他搭火車往北通過義大利，到達左邊的法國，然後他下火車，前往地中海一個美麗小地方。那地方有羅馬松樹，他沿著蜿蜒的長車道一路往下走，到達一個海灣旁邊的別墅。勒・柯比意死在這個港灣。真是瘋狂。我去過勒・柯比意的墳墓，就在那個海邊。那是他幫自己設計的，高踞在山坡上，俯瞰著地中海，非常漂亮。總而言之，如果你是在羅馬的電影圈，你在蒙地卡羅或者其他什麼地方有一個房子，想像一下那會是什麼樣的生活。實在太美妙了。

當我回顧起認識迪諾的那段日子，我彷彿被催眠了。迪諾像一輛義大利的大貨車，他只會往前狂奔。他有巨大的能量，他是真正有魅力的人。他過著上流生活，生活環繞著美食、漂亮的地方、華麗的旅行，以及對於工作的高度熱忱。所以，迪諾魅力的一部分，就是置身在他的世界。但是請不要誤會我——我愛迪諾和拉斐拉，以及施雲娜・曼卡諾，還有他們的女兒薇若尼卡與法蘭西斯卡，我曾經就像他們的家人。迪諾和我唯一合不來的地方，就是電影。迪諾愛電影，但是並不是我這種電影，所以他和我之間有一個困境。他說：「這個叫做林區的人拍了《橡皮擦頭》，我非常痛恨；他也拍了《象人》，我非常喜歡。」他要的是《象人》那個導演。

所以，迪諾正在他位於義大利阿巴諾溫泉的豪宅，施雲娜也在，她正在做泥浴治療。這個泥浴啊，我告訴你：你進入浴室，浴缸超級巨大，裡面還有非常漂亮的水龍頭和水管，護士穿著白色的制服走來走去。就像是《八又二分之一》那部電影——好吧！不完全像，因為克勞蒂亞・卡蒂納[37]不在裡面。總之，迪諾打電話叫我過去，當我到了那裡，他說：「大衛，我帶你去威尼斯。」於是我們跳進車子，車上有拉斐拉，我坐在中間，迪諾，以及拉斐拉的前夫。開車的司機是個大塊頭，他沒有脖子——就像肩膀上戴了一頂帽子——他的手抓住方向盤，整個開往鎮上的途中，車子的左轉燈都一直亮著。他的腳踩住油門。他一路超車，以一百九十公里的時速飆車，我們飛到了威尼斯，風吹進車子裡，因為拉斐拉暈車，她的頭伸出車窗外。我們沿著迪諾知道的後街小路，開到聖馬可廣場，廣場上的店家剛開店。然後我們搭船去海明威曾經住過的地方，回程的時候，水變得漆黑，那些義大利的華廈彷彿從水中升起。我就是在這地方找到許多《沙丘魔堡》場景的靈感。我告訴安東尼．馬斯特斯我在那裡看到的東西，因為實在太驚人了。

《沙丘魔堡》是一場啟蒙的追尋，這正是我想做的原因之一，但是我也知道，我將要進入一個命中注定的世界。我並不知道什麼原因，但是我已經進入了。我請克里斯．狄佛和艾利．柏根一起加入編劇，因為我們曾合作過，我很喜歡他們，他們倆剛好也是這本書的粉絲。克里斯、艾利、迪諾的兒子菲德列科和我跑去湯森港與法蘭克．赫伯特和他的妻子貝芙莉共度了一天。這天過得很愉快，我們只聊天。我甚至不記得我們那一天有談到這本書。然而我越是研究這本書，這件事似乎越複雜，有些東西迪諾不想要，我知道這很難理解。這裡有一道防護牆那裡又一道牆，從這個文化到另一個文化。同時這又是一場聖戰的故事，以及很多東西。非常複雜。和法蘭克，赫伯特共度的那一天非常美好，一整天結束之後，我飛回洛杉磯，菲德列科飛去西雅圖，再轉機去阿拉斯加。我的飛機先起飛，所以他陪我走到登機門，他真是個好人。菲德列科非常帥氣，女人都為他瘋狂。在飛往阿拉斯加途中，菲德列科邂逅了一個飛行員，這個人在七月的一場墜機事故，奪走了菲德列科的生命。

我和克里斯與艾利開始合寫劇本，很快我就發現，每個人對《沙丘魔堡》都有不同的看法。我知道迪諾喜歡什麼不喜歡什麼，我也知道如果依照克里斯與艾利的想法去寫，會是浪費時間，因為迪諾絕對不會同意。迪諾完全不懂抽象、詩歌，根本不可能——他要的是動作。我很難過克里斯與艾利離開了編劇組，因為他們為對《沙丘魔堡》有很多期待。於是我繼續獨自寫劇本。我不記得迪諾對劇本提出過任何意見，除了說我喜歡，或者，我不懂。他什麼都不知道，只會做反應。迪諾想要賺錢，這一點我沒有意見——畢竟迪諾就是那個樣子。

我們開始在紐約和洛杉磯尋找適合保羅．亞崔迪的演員，但是一直找不到合適的人。於是迪諾說：「好吧，我們去二線城市找。」有位西雅圖的女士推薦凱爾，並且寄了一張照片給我。然後就這樣，凱爾出現了，他是所有我遇過來選角的人當中，最突出的。凱爾是個很好的人，也是個很好的演員。凱爾有兩個優點了。然後凱爾得去比佛利山莊飯店的「九號房子」酒吧跟迪諾見面。迪諾就是這樣說的。他總是住在同一家飯店，那是一家很大的「房子」。他們見面了，迪諾讓他試演，凱爾演得很棒。然後他讓凱爾脫掉襯衫演一場打鬥戲，看看他打鬥的樣子——你知道，就是義大利動作片裡面的那種猛男。凱爾照做了，然後他得到這個角色。

拉斐拉和我前去墨西哥的楚魯巴斯科片廠[38]探勘，她雇了一個中東人，駕直升機帶我們四處看景，這些景或許適合片中外星場景。直升機非常大，他帶我們去了一個四處都是黑色岩漿石的地方，從亂石中冒出綠色的仙人掌。那真是個又詭異，又美得奇怪的景色。

我們到了楚魯巴斯科片廠，我在餐廳見到阿多．雷[39]，覺得他很適合演葛尼．哈萊克這角色。我跟他談，告訴他我希望他能來演，他很開心。迪諾聽說我要找阿多．雷，他說：「這傢伙是個他媽的酒鬼，」於是我說：「把他找來，再看看他怎麼樣吧——他太適合這個角色了。」於是阿多跟他大約十七歲的兒子艾瑞克一起過來。（艾瑞克．迪．雷後來在《雙峰》第一、二季中出現。）當時是早上八點半或九點，阿多癱在沙發上，他喝了一整晚的酒，艾瑞克埋著頭，可憐兮兮地坐在房間的另外一端。我搬了一張椅子，坐在阿多前面問他：「阿多，你做得到嗎？」阿多說：「不。」

我們去許多地方場勘，尋找合適的拍片場地，最後迪諾找到最便宜的地方，就是在墨西哥。當時的墨西哥非常奇幻，墨西哥城是全世界最浪漫的地方。除非你親眼看見，否則你不會相信，但是去過的人都會說，是的，你說得對。第一，那裡的光線和色彩太夢幻了。天空可以完全黑暗，小巧的燈泡發出亮光，映照在美麗的綠色或粉紅色或黃色的牆上。墨西哥的建築都五顏六色，歷史悠久的古樸銅綠色，到了晚上一切都變成黑色，卻有小小的漏斗狀的色彩，照亮牆壁。這是個真正詩意的城市，年輕畫家創作驚人的藝術。這裡並沒有毒品交易，人們友善且隨和，雖然他們的領導者把他們搞得很慘，掠奪他們的金錢。當一個總統落選，他就盡可能把錢撈走，然後在西班牙蓋豪宅，大家似乎也都接受了。

我不知道迪諾有沒有來過楚魯巴斯科片廠——我不記得他在那裡出現過——但是拉斐拉在那裡發號施令，畢竟他們是父女。拉斐拉很有個性。她絕頂聰明，不會說屁話，不會說笨話，是個很強的製作人，跟迪諾一樣，不過是個女生，我很喜歡她。我們的劇組來自世界各地，有義大利人、英國人、德國人，還有一些西班牙人——各式各樣的人都有，在拍片過程中，大家經常卯起來喝酒、開派對，那是一定的。有一次我很晚回家，我必須打電話給瑪麗，但是我醉得很厲害，不知為何，我一身盛裝在浴缸裡，我不知道我是怎麼倒進浴缸的，我靠著浴缸，我有電話，但是我很難專心撥號。當我和瑪麗講電話的時候，我得閉上眼睛，努力集中精神讓自己的聲音保持正常。我成功了，但是我想我後來跑去大吐特吐。

查理．魯特告訴我，在墨西哥淋浴的時候，一定要喝一小口伏特加，含在嘴裡，然後去淋浴，淋浴完之後，再把伏特加吐出來。否則，淋浴的水會灌進嘴巴，就像喝東西一樣。我每天早上都這樣做，從來沒有生過病，但是其他每個人都生病了。拉斐拉說每天都有一半的工作人員缺席，因為他們經常生病。

當時的楚魯巴斯科片廠有八個大區塊——我們將兩兩一區的四塊區域合在一起。楚魯巴斯科片廠非常大，而且幅員廣闊，我有一輛很喜歡的三輪腳踏車，我會騎著它往返各個片場，查看拍片狀況，我到處跑，因為有四組工作人員同時在拍片。真是瘋狂。那些場景真是美麗極了！墨西哥的工藝師父實在太厲害，他們連布景的後面都做的跟前面一樣漂亮。他們用雨林的柳安桃花心木做這些東西——他們太厲害了。我們至少有八個場景，有些景真的是精雕細琢。安東尼．馬斯特斯的設計太棒了，他總是能從無到有生出神奇的作品。他希望把這個設計做得比較有科幻感，但是我在威尼斯的水道之旅的感覺更加重要，這件事我跟安東尼講了很多，於是我們就朝這個方向去設計。片中太空船的製造，結合了青銅、白銀、赤銅、黃銅、白蠟，還有一些金，實在太不可思議。卡羅．蘭博蒂負責設計公會領航員。我希望它像一個巨大的蚱蜢。那是在劇本裡面的描述，那也是個起始點，我跟卡羅討論，但是非常奇怪：如果你看ET外星人，你就會看到卡羅．蘭博蒂。人們都在形塑自我，公會領航員的臉，有一點像卡羅．蘭博蒂呢。

迪諾雇用了一個叫做巴瑞．諾蘭的人來擔任特殊攝影效果，巴瑞是個很棒的人，知道自己在做什麼，而且他做得很好，想想看他是跟誰打交道。迪諾在雇用他之前，面試過很多人，而巴瑞是最便宜的——迪諾也有可能跟巴瑞討價還價，讓他以很便宜的酬勞做這件工作，所以巴瑞可能賺不到什麼錢。迪諾很會折騰人。

設計哈肯尼的世界真是樂趣無窮，那是個工業感的世界。哈肯尼公爵的家沒有屋頂，所以他們的世界會直上進入黑暗，然後火車會開進他家的月臺，真的是非常酷。哈肯尼公爵會向上漂浮，飄在牆壁上面，而牆壁很高。有一次，我們在拍哈肯尼公爵的房間，這個場景有六十個人，置身在這個浩大的場景中，牆壁高度至少三十公尺，非常龐大。這是個非常浩大的工程。所以大家在一個鏡頭和下一個鏡頭之間跑來跑去，突然間聽到一個巨大的聲響！有個大鉗子從貓道上掉落，如果掉在人身上可能會致命。然後我們聽到上方有人奔跑著想離開，因為他們可能會被炒魷魚。

有一天，我們拍一場戲，需要「動作控制」，也就是說我們必須基於不同原因，拍下許多組個別鏡頭，每個鏡頭都必須跟前面的動作一模一樣。有人會用電腦和機械來做動作控制，讓每一次的拍攝都可以複製同樣的動作，但是我們在墨西哥，我們沒有那種東西。我們只好用軌道和升降機來做，當時我轉過身看到這個動作控制的設備，好像一臺娃娃車放在軌道上。軌道小小的，地板上都是灰，而這個小娃娃車是用繃帶，電燈電線，以及鋼絲做成的。這套裝置真的是窮人家的土法煉鋼——上面有泡泡糖、橡皮圈，還有棍子，這就是我們的動作控制攝影系統。它可以用，不過絕對不是一個四百萬美元大製作會用的方式。

布萊德．杜瑞夫說得沒錯。為了戲的需要，我確實想過要幫尤爾根．普洛斯諾動手術。我跟尤爾根說我要給他動手術，但是我不覺得他有認真考慮過。可是你知道嗎，我摸著我的臉頰，其實並沒有什麼肉，所以在臉上挖一個洞，應該不是很誇張吧！你想像一下。雷多爵士——就是尤爾根——躺在一張桌子上，他嘴巴裡的牙齒裡面有毒藥，他必須咬碎牙齒，把毒氣噴出來，殺死哈肯尼公爵，但是他卻病懨懨地處在精神錯亂當中。我們為這場戲做了一套設備，但是只能夠從某個固定角度去拍。我們用一根管子從尤爾根的臉一邊伸出來，彎到他的嘴巴裡，然後再彎一次到後面，讓方向朝上，這整組東西都用膠帶黏在他的臉上。於是我們從側邊拍，避免看到管子，但是可以看到氣體噴出，那是我們拍的第一個鏡頭。他躺著，牙齒吱吱作響，然後噴出有顏色的氣體。這鏡頭拍的相當好，但是當攝影機一停止，尤爾根開始大叫，他把那個東西扯掉，飛奔到外面。他跑進他的拖車，死也不肯出來，非常火大。那蒸汽，誰知道管子裡氣體是什麼，非常熱，而管子更是高溫，他的臉被嚴重燙到。我得跑去他的拖車安撫他，跟他賠不是。這場戲他不願意拍第二次了，而我們拍的那個鏡頭就是最後用到的鏡頭。

結束拍片的時候，我已經在那裡度過了一年半，我們回到洛杉磯剪接影片，在《沙丘魔堡》六個月的剪輯工作中，我在西木村住過三、四個地方。我不知道為何我老是在搬家。我從不討厭墨西哥生活，但是當我們回到洛杉磯，我開始崩潰了，因為當我到剪接室，有不好的預感。那實在很可怕，非常可怕。把這電影片長剪成兩小時十七分鐘，就是一場惡夢。電影被截肢，又加入耳語般的旁白，因為每個人都認為觀眾會看不懂發生了什麼事。某些畫外音根本不該出現，而許多重要的場景卻被消失，可怕極了。重點是，對於迪諾，他關心的是錢，在商言商，如果一部電影片長超過兩小時二十七分，戲院就得縮減場次。這是合乎邏輯的，只要數字對了，把電影殺死也無所謂。我喜歡迪諾，迪諾是個很棒的人，他待我如子，我愛他的整個家庭，我愛和他在一起。但是他的想法，和我的想法不一樣。就像你努力畫了一幅畫。然後有人過來把它切成碎塊，然後把幾塊扔掉，那不再是你的畫了。《沙丘魔堡》也不是我的電影。

電影最終定剪決定之後，我們辦了一場派對，瑪麗也有來參加，派對上有女孩打架。我不知道受傷多嚴重，但是可能受一點傷。然後電影在白宮放映，我和瑪麗．菲斯科，以及拉斐拉和她丈夫一起去白宮。瑪麗與我和南茜與羅納．雷根站在一起，他對《沙丘魔堡》以及一些電影話題很感興趣，然後我們全部都下場跳舞。整部電影放映時，我坐著看，腦子一片空白，片子正式公映後，我沒有去讀任何一篇影評。

不久後，他們要求我剪一個《沙丘魔堡》的電視版，但是我拒絕。我從來沒有看過他們剪的版本，也不想看——我知道他們加了我拍的一些東西進去，也增加了更多敘述。我想過，如果把我拍的東西全部用進去，會是什麼樣子呢？但是我一直知道迪諾擁有《沙丘魔堡》最終定剪的決定權，正因為如此，我在開始拍攝續集之前就把導演「沙丘」的權利賣掉。我知道他會這樣做，但是他沒有那樣做，所以我就賣掉了。這樣的結果非常可惜，但那是我唯一可以生存下去的辦法，因為我簽了他媽的合約。三部《沙丘魔堡》電影，包括兩部續集。如果這部電影成功了，我就會是「沙丘先生」。

在拍攝《沙丘魔堡》的時候，瑪麗和奧斯汀搬到維吉尼亞，這是合理的。瑪麗的母親做房地產，她找到一個可以信賴的交易，傑克和西西在那裡還有農莊，而我不在家，我想瑪麗希望離她的母親近一點。那是個不錯的地方，也是《沙丘魔堡》之後我們居住的地方。回到維吉尼亞時，我的身體非常虛弱——所有這些緊繃壓力，還有失敗，讓我疲累。我記得我們在草地上散步，那裡有一些植物，看起來不像草，有點介於一棵樹和一根草之間。那裡有很多這種植物的樹叢，直徑大約兩公分半，高度達三十二或三十五公分，很單薄的小東西。我不喜歡這些東西，於是我站了起來，抓住那植物連根拔起。我想我可以除掉這些東西，於是我又拔掉兩株。後來我又抓了五株，但我要開始拔的時候，我聽到也感覺到我的背在裂開。我無法拔起這五株植物，於是我決定停止做這件事。我並沒有馬上感覺疼痛，於是我繼續坐下來說話，但是當談話結束，我卻站不起來了。當天晚上瑪麗要我去跟奧斯汀說晚安。我撐起背走出臥室，橫過走廊到奧斯汀的房間，他醒著躺在床上。我撐著身體靠近床邊，躺在地上跟他說一個床邊故事。然後我再撐著回到臥室，不知為何，一陣劇痛襲來，我在床上躺了四天，完全動不了。隔天醫生來了，告訴我我背後的肌肉拉傷，需要長時間復原。這部電影在許多方面都讓我元氣大傷，不過儘管《沙丘魔堡》是惡夢一場，可以認識迪諾和他的家人，一切都還是值得的。這一切，最後都導向了《藍絲絨》。

1 Creative Artists Agency 2 Rick Nicita 3 Jessica Lange 4 Arthur P. Jacobs 5 Jean-Paul Gibon
6 Alejandro Jodorowsky 7 H. R. Giger 8 Salvador Dalí 9 Rudy Wurlitzer 10 Ridley Scott
11 Elisabeth Leustig 12 Kyle MacLachlan 13 Empty Space Theatre 14 John Dykstra
15 Apogee Productions, Inc 16 José Ferrer 17 Max von Sydow
18 Kenneth McMillan 19 peachy keen 20 *Synchronicity* 21 Anthony Masters
22 Carlo Rambaldi 23 *Metropolis* 24 Guild Navigator 25 Lynchian 26 Eve Brandstein
27 Norman Lear's company 28 Galeria Uno 29 *The Angriest Dog in the World*
30 *The Last Movie Mogul* 31 Roger Ebert 32 Gene Siskel 33 Richard Corliss
34 Harlan Ellison (1934-2018) 35 Frances Farmer (1913-1970) 36 Richard Roth
37 Claudia Cardinale 38 Churubusco Studios 390 Aldo Ray

另類郊區愛情故事

《沙丘魔堡》說到底就是林區的一次失誤，他被澈底打敗了。「有時候我想你應該有些不好的經歷，我在《沙丘魔堡》中澈底經歷了一次。」林區評論道。林區天才的面相之一，就是他有能力挖掘到小宇宙，從日常生活中最微小的部分，尋找神祕與超現實，他的注意力揮霍在每一件事物，從一小堆泥巴，到一片碎布。「有人打開了屋子的窗戶，但是我喜歡室內，我不關心窗戶，」他說：「我喜歡深入這間屋子，尋找潛藏在底下的事物。」很顯然，史詩戰爭的畫面與花大錢營造出來的空曠沙漠，純粹就空間特性來看，對於林區根本就是錯誤的選擇。外太空與遙遠的未來？留給別人去處理吧。

無論如何，在林區作為藝術家的蛻變過程中，《沙丘魔堡》扮演著關鍵性的角色，這部片也幫助他正確地釐清自己是怎樣的一個電影作者。林區是第一個也是最重要的美國藝術家，他作品的主題具有普世性，儘管故事發生地點在美國。在這裡，不可磨滅的兒時回憶烙印在他的生命裡，影響他的作品，這裡也有他青春愛情的狂熱，注入在他往後對於浪漫愛情的描述上，一種激情的狀態。然後還有這個國家本身：太平洋西北岸參天的大樹；中西部鄉郊地區的夏天夜晚潺潺的昆蟲聲；金錢吞噬靈魂的洛杉磯；還有費城，一九六〇年代他在這個地方，從恐怖歷練當中，發展出他的美學與感性。當他從墨西哥的艱難歲月回來之後，他開始忠實地面對內心的自己。

林區不屈不撓的創作動力並沒有因為《沙丘魔堡》的痛苦折磨而減少，在整個拍片過程中，他從來沒有停止守望未來。「拍攝《沙丘魔堡》的時候，大衛給了我《藍絲絨》的劇本，他說：『你看看這個。』我讀了這個劇本，感到非常興奮，」麥克拉蘭說：「這故事情色又有力，傑佛瑞經歷的旅程讓我驚訝。不知為何，我可以理解，而且心有戚戚焉。」

極度的個人呈現，以及黑暗的趣味，《藍絲絨》是林區注定要拍的電影，也奠定了他未來持續探索的領域。「這部電影的氛圍是一種小鎮風情，街坊的感覺，以及潛藏在底下的事物，」林區說過：「這並不是個真正歡愉的東西。那是像夢境般，而且是在黑暗的那一側。它比《橡皮擦頭》格局大，但基本上依然是一種幽閉恐懼的情緒。」

拍完《沙丘魔堡》後，他又回到《藍絲絨》，大衛了解這劇本是黑暗的，不需要光明，而且在某種程度上是不完整的。困擾他的最後一片拼圖，就是故事最高潮的結局，然後在他的一個夢中，出現了解答。林區的夢，場景在桃樂絲．瓦倫斯——《藍絲絨》的悲劇性致命女子——的公寓客廳，夢中牽涉到一把黃色夾克口袋裡的手槍，以及一個警察用無線電。運用這些簡單的元素，林區就可以把這個故事的結局發展出來，他在一九八五年七月二十四日完成最終拍攝腳本。

林區有了一個他滿意的劇本，但這只是這部片躍上大銀幕漫長過程中的一小步。「《藍絲絨》的籌拍過程非常艱鉅，」瑞克．尼西塔回憶道：「大衛堅持擁有最終定剪的決定權。如果你要跟他合作，你就不能在文字上推拖——你要不就是進入他的視野，跟著他的軌道走，否則就拉倒。這對於潛在投資者來說有好有壞。一九八四年，環球公司的湯姆．波拉克出現了，上帝保佑迪諾．狄．羅倫提斯，他是最棒的。他為這部片提供了全部的資金，或者說，大量資金。」

迪諾．狄．羅倫提斯通過《藍絲絨》拍片計畫之後，找到一名製片人，佛雷德．卡羅索[1]，此人在一九七〇年代初開始擔任製片助理，然後一路走進電影圈。「我做過迪諾在聯美公司的第一部片《大時代》[2]，後來我幫他製作過很多部電影，」卡羅索說：「迪諾跑來跟我說：『我想跟大衛．林區合作這部電影，但是我不知道做不做得出來，因為預算要一千萬。』」當時迪諾正在威明頓片廠，他說：「來見見大衛吧，看看你能做什麼。」我把劇本讀了幾次，然後跟迪諾說：『我完全不知道這部電影在幹嘛，但是我很樂意做下去。我很會控制預算，我可以把預算縮到四百萬，然後迪諾說：『來拍這部電影吧！』」①

佛雷．艾爾姆斯回憶起：「當迪諾決定要拍《藍絲絨》時，他說：『你用當地人，這樣我可以節省開支，』這個約定就是，如果大衛可以精簡預算，迪諾就不會干涉任何事，大衛喜歡這個主意，因為迪諾超級愛管事。」

一九八五年的五月，林區離開維吉尼亞，來到威明頓開始進行《藍絲絨》的前置作業，這地方離他家有五小時的車程。卡羅索到的時候，他已經安頓好了。「我第一次見到他時，他穿黑色的球鞋，但那是一種奇怪的黑色，」卡羅索回憶道：「我後來才發現，原來他買的是白球鞋，再用噴漆噴成黑色。我告訴大衛我看不懂劇本，然後他開始解釋給我聽，可是我心裡想，我還是不懂。」

「解釋《藍絲絨》」是件微妙的工作。一九八七年，林區對《影癡雜誌》[3]討論這部電影的起源，他說：「最初的想法只是一種感覺，以及『藍絲絨』這個片名。第二個想法，是一個被割掉的耳朵靜置在野外。我不知道為什麼是耳朵，我只是需要人體的某個部分當作電影開場，或者是一個可以到達某個地方的洞穴。耳朵長在頭上，直通心裡，所以感覺非常對。第三個想法，就是巴比．雲頓[4]的那首〈藍絲絨〉。」

林區的《藍絲絨》激盪出上千篇畢業論文。然而，你無法把這部電影簡化成佛洛伊德符號的集合，儘管很多人都嘗試過；這部片的元素太錯綜複雜，工整的故事情節中卻有多層次內涵。此外，如果林區真的百分之百洞悉這故事的一切，也打算讓觀眾輕易看懂故事全貌——他就不會把它拍成電影。林區比較喜歡在神祕的夾縫中運作，將人類憑想像力和渴望打造出來的夢幻領域，與日常現實區分開來的空間中，追求理性或理性說不通的事物。他希望自己的電影能被感受和體驗，而不只是被看得懂。

「大衛總是喜歡在作品中處理神祕，」飾演桃樂絲．瓦倫斯的伊莎貝拉．羅塞里尼[5]說：「他曾經說過一件事，真的有助於我了解他的作品，他說：『在生活當中，你不會知道每一件事。你進入了一個房間，有人坐在哪兒，空間中有一股氣氛，你可以馬上知道你是否需要言語謹慎，需要大聲，或者保持安靜或柔和——你馬上就知道。你所不知道的事就是下一件事。在生活中我們並不知道故事會怎麼發展，或者一段對話在下一分鐘會怎麼發展。』大衛在這方面的觀察，是他電影的中心。他對於環繞在每樣事物上的神祕，非常敏感。」②

《藍絲絨》的敘事非常簡單。麥克拉蘭飾演的大學生傑佛瑞．博蒙特回到故鄉小鎮探望生病的父親，在草坪上發現一個被割掉的耳朵，他想解開這個謎團，卻又面對著丹尼斯．霍柏飾演的極惡之人法蘭克．布斯。在過程中，他進入了一處前所未聞的性愛禁忌王國。我們大部分的人從未經歷過致使我們發現自身性慾內在複雜性的獨特狀況。《藍絲絨》四名主要角色中的三名：傑佛瑞、桃樂絲．瓦倫斯和法蘭克．布斯，都發現了他們自己的慾望世界。

「某些性愛面相是讓人困擾的——性愛被當成一種權力在使用，或者性愛被誤用來剝削他人。」林區說：「性愛是通往神祕與力量的大門，但是電影通常以完全平面的方式來描繪。大膽直接的方式無法觸及到那份神祕。這是很難表達的東西，因為性愛實在是個謎團。」

性愛的執迷是《藍絲絨》的中心，也是林區作品的中心。然而，從長遠來看，這個存在於他每部作品中的首要主題，也是個「雙重性」的議題，我們活在雙重性的世界，我們也努力在調和雙重性。《藍絲絨》戲劇化地擺盪在知更鳥般的歡愉純潔，以及法蘭克·布斯的錯亂野蠻之間，這部電影暗示著，生活中的雙重性並不能如你所願被明顯描述。法蘭克·布斯是個粗暴的人，但是當他聽到深情的歌曲時會流淚。當他看著桃樂絲·瓦倫斯唱歌，他會溫柔地撫摸絲絨，他臉上的渴望與苦痛，讓他變得有人性。而片中另外一個主人翁傑佛瑞·博蒙特，他有慈悲心，同時也是個窺淫狂，而若無其事地搶了別人的女友。桃樂絲·瓦倫斯是個柔弱、心碎的母親，但是當男人毆打她時，她很享受。處女般純潔的珊蒂又有愛心又快樂，但是他會在男友背後跟蹤他。沒有一個人是單一面向的人。

要探索《藍絲絨》中黑暗與光明並置的世界，我們的導遊就是傑佛瑞·博蒙特。「跟大衛在《沙丘魔堡》工作過之後，我對他更加了解，我也在傑佛瑞這個角色中看到許多他自己。」麥克拉蘭說：「大衛很會處理生活中的問題，把它變成藝術的一部分，他在作品中呈現的誠懇情感非常驚人。在我們的合作中，無論我是否詮釋出他的另一個自我，我想我只能說，當我進入他賦予我的角色時，我可以輕易地進入，並轉換成他的人格。」

林區對於透過虛構的角色呈現自我件事，毫不忸怩作態，他說：「我在傑佛瑞身上看到很多自己，我也對《橡皮擦頭》中的亨利有自我認同。這兩個角色都對世界感到困惑。我看到世界上許多東西都很美麗，但是我仍然很難弄清楚世界到底為何，我想這就是為什麼我的電影開放各種詮釋。」

製片人佛雷德·卡羅索列出的工作人員表，有一位林區的現場助理，他省略面試，就雇用了約翰·溫特沃思[6]。溫特沃思是一九八〇年代初布朗大學的學生，他非常欽佩《橡皮擦頭》，一九八二年他搬到洛杉磯之後，跑去參加林區在威尼斯海灘舉辦的演講。「我喜歡他散發出來的正面能量，」溫特沃思回憶道：「他散發著個人魅力，卻不咄咄逼人——誠懇中帶著陶醉人的力量——我想，噢，我要跟這個人工作。」溫特沃思遇到美國電影學會的發起人小喬治．史蒂芬，溫特沃思在一九八三到一九八四年之間就讀美國電影學會，他請史蒂芬介紹他進入林區的世界。然後在一九八五年初，他接到一通卡羅索打來的電話。「佛雷德問我有沒有辦法在一週之內來威明頓，他們要給我一個工作，當大衛的助理。」溫特沃思說：「我過去之前，和大衛通過電話，他說他正在徒手設計《藍絲絨》的片頭字樣，需要做『植絨』工作。我的助理工作包括一些尋常的事，例如跑雜務、排行程，但是也會遇到一些很『大衛模式』的特別工作，像『植絨』。」

「到了威明頓後不久，大衛想到一個點子，他要拍一場『拉椅子』（Chair Put）的戲，這場戲有幾個年輕女人、幾件舊家具，以及長繩索。於是我們在片廠設定場景，拍攝這幾個女人把椅子拉來拉去的戲。諸如此類的事經常發生，為他工作就像為一個有視野、有啟發性的人工作，他知道自己在做什麼，而且享受這一切瘋狂。」③

雖然《藍絲絨》在七月開拍，他們到了春天還持續在選角，當時劇組來到威明頓，開始架設片場。來到威明頓之前，大衛遇見了選角指導瓊安．雷[7]，日後她也成為林區拍片的重要支柱；認識她之後，大衛再也沒有和其他的選角指導合作過。雷在英國出生，一九六〇年搬到美國，嫁給演員阿多．雷。他們的兩個兒子出生之後，兩人在一九六七年離婚，然後她開始朝向選角指導發展。一九八四年她接手第一個重大的任務，為馬克．萊斯特[8]導演，史蒂芬金的小說改編電影《勢如破竹》選角，這部片的製作人是迪諾．狄．羅倫提斯。於是他雇用雷為另外三部電影選角，《藍絲絨》是其中之一。

「迪諾的女兒拉斐拉打電話過來說：『妳何不過來認識一下大衛．林區呢？』」雷回憶道：「他當時正在山谷區很遙遠的辦公室做《沙丘魔堡》，我們討論他要找的角色。當他說：『對於桃樂絲．瓦倫斯，我不要一個擁有完美體態的女演員。』我就愛上他了，他的這句話深深打動我。」

「剛開始的時候，他似乎很難熟稔，因為我以為他害羞，」她繼續說：「我也害羞，可能這就是為什麼他喜歡我，因為我沒有侵略性。後來我們變成很親密的朋友，我發現我可以很自然地跟他吐露內心的話。我們對彼此都懷著一份深情。」④

蘿拉．鄧恩[9]，演員布魯斯．鄧恩和黛安．賴德的女兒，主演過兩部電影《面具》和《甜言蜜語》。當她第一次遇見林區討論《藍絲絨》的時候，她才十七歲。「這個劇本讓我非常震驚，但是我也覺得非常奇妙。」蘿拉．鄧恩飾演片中的珊蒂．威廉斯，她說：「我的角色並不是片中黑暗的部分。每個人都在談大衛電影中的暴力與殘忍，但他同時是一位深信不疑的信徒，這正是我在片中飾演的角色的憑依，也是我做為一個演員所接觸到的大衛。」⑤

林區花了一些功夫，才請到丹尼斯．霍柏來飾演法蘭克．布斯。威廉．達佛[10]曾經來討論過這個角色，林區卻選擇了哈利．狄恩．史坦頓，史坦頓說：「我不想繼續暴力的旅程，」於是拒絕了。霍柏在一九八〇年代中期，沒有太多重要的電影作品，在大眾眼中，他瘋狂的名聲掩蓋了他的演員天賦。「當這個名字出現的時候，大家都說：『我的天，這個人很瘋！』」溫特沃思回憶道：「但是他剛剛戒酒，當他出現的時候，他對大衛說：『你看，我酒醒了，我知道自己在做什麼，』於是他得到了這個角色——丹尼斯的體內真的窩藏著一個法蘭克．布斯。」

霍柏在《藍絲絨》中的演出，恢復了他長久以來應得的專業認可。他所表演的每一個場景，都棒極了。

當他準備狠狠地毆打傑佛瑞．博蒙特，用口紅在他臉上塗抹，親吻他，然後在他耳邊輕語：「永遠，在夢裡，」他真的非常恐怖。林區的冷幽默，透過一些小趣味，呈現在整部電影當中。被毆打過之後，傑佛瑞第二天早上恢復神智，發現自己躺在一個淒涼的木材廠外的泥巴碎石地上。他跌跌撞撞地離開，看到一個路上的招牌，指示他要去的路：「草地」[11]。這個地點在他其他部電影當中也有提到，林區說在他的心裡「那是一個很重要的地方，有些事會在那裡發生，」但是到底是什麼事，目前還沒有洩漏。

劇組中的每個人都花了些時間來適應霍柏，「大衛拍片的方法是，當他準備好拍一場戲，他會先清場，讓演員跟他一起思考該做什麼，然後再叫我進來，指示我他要怎麼拍。」艾爾姆斯說：「我的天，我第一次看到丹尼斯和伊莎貝拉的那場戲，我被嚇到了。那簡直是一發不可收拾，丹尼斯的表演，活生生地體現了大衛劇本中的文字。」

「了解他之後，我就很喜歡丹尼斯，他是整個片廠最負責任的演員，」艾爾姆斯補充說道：「他演了《藍絲絨》，也擺脫掉過去的壞名聲，而且他舉止得當。事實上，當別的演員忘詞，或者沒有依照時間表準時來片場報到，他都會生氣。」

霍柏非常重視林區給予他的機會；他知道在當時那個節骨眼上，他沒有多少談判籌碼，而這是個非常棒的角色。」霍柏在威明頓的一次談話中說道：「恐怖電影的鐵粉或許會去看《藍絲絨》，但是這部片不僅是恐怖片。從另外一個層次來看，這是關於美國的精神分裂，如果大家願意放下自我來看這部片，我相信大家都會認同銀幕上所展現的集體夢魘。」⑥

「對我而言，法蘭克．布斯是美國人所熟知的人物，」林區說道：「我相信大部分的人都遇到過法蘭克這樣的人。可能跟他握過手，可能跟他出去喝過酒，但是你只要跟這樣的人眼神接觸一下，你就知道遇到他了。」

找到伊莎貝拉．羅塞里尼飾演桃樂絲．瓦倫斯，純粹是巧合。她是女演員英格麗．褒曼和導演羅貝托．羅塞里尼的女兒，她在羅馬長大，大部分時間都和父親一起度過。一九七二年她來到紐約，為義大利國家電視擔任記者，一九七〇年代末，她開始了模特兒生涯。當林區在紐約遇到她的時候，她只演過一部美國電影。

「我在一家餐廳裡和幾個女孩子吃飯，她們其中有兩個在為迪諾工作，」羅塞里尼回憶：「我們在迪諾的餐廳，名字叫做『阿羅阿羅』，因為迪諾都把『哈囉』唸成『阿羅』。大衛和狄．羅倫提斯家族的另外一個人在一起——我想是拉斐拉的前夫——於是我們把兩張桌子併起來，大衛和我就是這樣認識的。我提到我剛剛拍完一部和海倫．米蘭合演的電影，叫做《飛躍蘇聯》，他告訴我，他很希望她可以來參與他正在選角的電影，叫做《藍絲絨》。第二天他把劇本寄給我，並且留了一張紙條，上面寫著：『或許妳想讀一下這個角色。』」

「我問馬丁＊關於大衛的事，他要我去看《橡皮擦頭》——馬丁的藝術品味是我遇過的電影人當中最好的，他也非常仰慕大衛。我看了《象人》，這部片和《橡皮擦頭》的差距也太大了，我也開始知道，他是個非常有才華的導演。於是我打電話給大衛，告訴他我可以和凱爾一起試鏡，看看我是不是可以抓住他的角色，大衛花了很多時間讓我和凱爾排演。並不是排我們躺在床上接吻的戲——而是更多的對話戲。我要怎麼引誘他？我該如何用我的行為令他吃驚？我要怎樣塑造一個女人，一個身為受害者，同時也是犯罪肇事者的人？我們討論了最困難的幾場戲，試鏡結束後，大衛給了我這個角色。我覺得我有信心能勝任，因為大衛在

＊原注：導演馬丁．史柯西斯是羅塞里尼從一九七九年到一九八二年的丈夫。

試鏡的時候，給了我非常多時間。」

羅塞里尼不僅勝任這個角色，完成了一場激烈的演出，她和如火山般爆裂的霍柏，也搭配得很好。剛開始，她充滿惶恐與他接觸。「每個人都知道他去過戒酒中心——很多年了，我想在遇見丹尼斯之前，我問過大衛他是怎麼樣的人，他說：『就像坐在一顆定時炸彈旁邊。』

「大衛覺得，我們應該先拍這場『儀式強暴』戲，讓我們先習慣彼此，我心想，我們要先拍這場戲？太可怕了，」羅塞里尼繼續說：「我還沒和丹尼斯見過面，於是我請第一助導幫我詢問他，願不願意上戲之前一起吃頓早餐。於是我們約了吃早餐，他態度非常冷淡，似乎有點不爽，好像是在問，我到底做了什麼？我們要合作拍電影，但是你不需要先認識我嗎？是的，我們要拍一場很難的戲，但這就是我們的工作。他嚇到我了，我想或許專業演員在開始拍戲之前，不必要跟對手見面。回想起來，我想他之所以冷漠，也許是因為他跟我一樣害怕。他當然會害怕。經過了這麼多年戒酒的日子，他好不容易回來演戲，大衛卻用這一場非常困難的戲做為開始。」

「在第一場戲中，我必須坐在丹尼斯面前，雙腿打開，他傾身過來，看我的私處，彷彿是個瘋子在崇拜，」她繼續說：「然後他揍我，我跌倒在地上，但是當我向後倒的時候，我身上的袍子敞開了，你可以看得到我有穿內褲。大衛要我把內褲脫掉，於是我對丹尼斯說：『真抱歉，我被要求脫掉內褲，因為會向後倒的時候會被鏡頭拍到。』當我們第一次拍的時候，他傾身過來注視著我的私處，我說：『不好意思，』而他只是看著我說：『我以前看過啊。』我笑了，當他看到我笑，我看得出來他喜歡我。後來，我們就變成了好朋友，他告訴我他生病，失去理智，拼命嗑藥的事，以及那份驚恐情緒。而現在，他正在演一個嗑藥，完全失去理智的人。這對他來說是非常困難的事，我後來才了解到這一點。」

「還有，拍攝這場強暴戲，大衛從頭到尾都在笑！我說：『大衛，有什麼好笑啊？』我們做了什麼荒謬的事情嗎？我不知道為什麼，但是他就一直笑。《藍絲絨》中有一個東西，就是好笑。多年以後我再回頭看這部電影，我發現這場戲裡有一份純真，營造了些許喜感。但是我還是不知道大衛為何要笑！」

這場「儀式強暴」戲，是羅塞里尼被霍柏暴力對待的場景之一，而這段情節中最有力量也最讓人不解的部分，就是她演的角色享受被毆打。然而羅塞里尼卻覺得很合理。「我年輕的時候曾交過一個男友，他會打我，我記得我非常驚訝，」她回憶道：「當他打我的時候，我並不覺得疼痛，我記得我在想，我的天啊，他打我的時候，我看到了卡通片唐老鴨頭上冒出的星星。我想這份經驗和桃樂絲被打，兩者之間的關聯。她被打的時候非常震驚，但是在那一瞬間，她的悲痛消失了——有時候肉體的痛苦會中斷精神的痛苦。」

如同《橡皮擦頭》，《藍絲絨》也是經費拮据，要走的路還很長。「每個人都是領最低日薪，甚至更少，我們的劇組非常小。」卡羅索說：「應該要有四個電工，但是我們只有三個，片場的髮型師，就是前一天在威明頓店裡的髮型師。我們用了許多威明頓當地的素人演出，他們都喜歡我們。」

狄．羅倫提斯仍然在興建威明頓片廠，《藍絲絨》也正在那裡拍攝，拍電影的人來到鎮上，對於當地人依然是件大事。其實最主要的戲都在晚上拍攝，興致勃勃的旁觀者總是會出現，整個社區變得兵荒馬亂，有人搬凳子過來看這場特別暴力的戲：羅塞里尼渾身傷痕，在街道上漫遊，滿臉驚恐，而且全身赤裸。「大衛曾經告訴我，當他還是個小男孩的時候，曾經和他的弟弟走路回家，途中看到一個裸體的女人在街上走，他了解到一定發生了不好的事。」羅塞里尼說：「這場戲是根據那段回憶，而不是故意要製造騷動。」

助理導演警告旁觀者，接下來要拍的這場戲會有裸露，或許會令人不舒服，「但是他們依然留在原處，彷彿在想：哇，有好戲可以看了！」羅塞里尼回憶道。第二天，警察告知製片組，《藍絲絨》不可以繼續在威明頓的街道上拍片；針對於這件事，狄．羅倫提斯一直站在林區這一邊，然後還有其他挑戰也跟著來到。「迪諾有時候回來看毛片，」卡羅索回憶道：「而他只是聳聳肩膀。迪諾承諾過大衛，他擁有電影最後定剪的決定權，迪諾一直遵守承諾。」

羅塞里尼大膽無懼的演出，並沒有在其他演員身上消失。「我有一點怕她，」麥克拉蘭回憶道：「當然，在開始拍攝之前，我知道我得和她拍一場激烈的裸戲，我真的被嚇到了。有一場戲是，我必須在伊莎貝拉面前完全裸體，拍攝的時候我一直重複告訴自己：『你並不在這裡，此時此刻你在別的地方，那只是一具身體，不要去想你身上沒有穿衣服。』」

「另外一場戲，伊莎貝拉要我打她，我想。這我做不到啊。」麥克拉蘭繼續說：「我不是真的打她，但是我必須完整做出打她的動作，光是這樣就讓我心慌。之後傑佛瑞回到家，在自己的房間，回想發生過的事，他整個人崩潰，這幾場戲都很有挑戰性。我信任大衛指引我完成這個過程。」

在這一片騷動當中，林區卻維持著陽光的個性，騎著粉紅色的單車在片場來來回回，車把手上的絲帶隨風搖曳，他的口袋裡裝滿了M&M's花生巧克力。「大衛是個徹頭徹尾快樂的人，這也是他非凡的特點之一——我從來沒遇到像他這麼開朗的人，」羅塞里尼說：「我記得我對他說：『你早上起來都好開心。』他的這種基因可以被複製嗎？」

「大衛會說冥想是他快樂的來源，」蘿拉．鄧恩說：「我相信那是真的。開始冥想之後，他幾乎馬上領悟他是誰，他想變成什麼樣的人，所以這方面他是最好的裁判。我可以補充說，我覺得他的快樂，一部分是來自於他身為一個創作者，卻完全不給自己設限。我們的文化中有太多自我評斷和自我羞恥，大衛身上完全沒有這些。當他在做事的時候，他從不去想別人怎麼想，或者他應該怎麼做，或者這個時代需要什麼。他想到什麼，就去做什麼，那就是他快樂的泉源。」

林區在威明頓片場的簡樸辦公室裡，凌亂放置了塑膠玩具，廢紙上的塗鴉，以及顏料管。牆壁上掛了兩幅畫，各自有不同的完成度，以及一個俗氣的鐘，上面刻著「朗伯頓釣魚俱樂部」。地板上散置著爆米花紙盒，以及一張他在墨西哥做的《套裝雞》的照片。玻璃杯整齊排在窗檯上，裡面有發芽中的馬鈴薯。

「《藍絲絨》的故事，是關於純真，以及不可能的純真。」飾演法蘭克·布斯跟班雷蒙的布萊德·杜瑞夫說：「當我和大衛工作時，他是發自內心的純真。他的純真表現在他全然的熱情上——他可以看著一雙網球鞋，然後變得非常興奮。他對女人的想法，似乎也非常純真。」

卡羅索回憶道：「片廠的氣氛非常快樂，因為大衛會帶來美好的氣氛——每個人，包括工作人員都喜歡他。大衛每天的冥想，是他精神的來源。每當下午冥想結束，他回到片廠，他的四周都有一股能量場環繞著他。他可以帶你進入這個能量場，你就會心平氣和。」

麥克拉蘭說：「大衛有領導能力，卻不會給人不好的感覺，如果某人不懂什麼，他就會用幽默的方式來教他。為了引導演員表現出他所要的，他會用一些字眼——例如『需要多一點風』——來改變表演的氛圍，而我就很自然地跟著他走。大衛從來不會給我任何我無法了解的指示。」

對於羅塞里尼而言，林區導戲方式是非語言的。「有時候當我們在拍特寫鏡頭的時候，他會非常靠近鏡頭，即使我把眼睛閉上，或者必須看向另外一邊，我還是可以感覺到他在場，也知道他希望我做多一點或是做少一點。凱爾模仿過大衛一次，準確抓住了大衛導戲時候的品質。大衛藉由各種不同程度的熱忱來導戲。」

杜瑞夫說：「片中狄恩·史達威爾唱著〈在夢裡〉[12]這首歌，而我在背後跳一小段舞，當時我們是即興發揮——大衛總是開放想法。他是個畫家，而他給予指示的方式是很微妙的。他在特定的時刻，非常明確地用畫筆畫在畫布上，以便在某些瞬間進行非常嚴格的調整。」

「你也可以在片場上感覺到愛，」杜瑞夫說：「我就坐在那兒看著大衛愛上伊莎貝拉。當她在唱〈藍絲絨〉的時候，他已經完全被她吸引住了，而她也被他吸引住了。」

一如以往，珍妮佛．林區待在父親的片場，這次她是製作助理。「我當時十七歲，我在那裡當實習生，但只參與部分拍攝，因為我還得回學校。」她回憶道：「我知道我爸爸在拍片的時候戀愛了，不過他總是在戀愛，總是在尋找愛情，而且總是找得到。」溫特沃思同意這一點，他說：「拍這部電影的時候，大衛的婚姻瓦解了，很顯然拍到最後，他和伊莎貝拉戀愛了。」

「對於我，我們之間有一份默契，」羅塞里尼說。她和林區發展出一段長達五年，跨越東西兩岸的感情關係，她說道：「他非常好笑而貼心，我完全了解他的電影想要什麼——我覺得自己彷彿可以讀到他的心。這一點我錯得很嚴重！但是在當時，我感覺我可以讀到他的心，感覺到那一份和他談戀愛的時候，一份從我內心長出來的親密感。我深深地愛著大衛，所以我不知道我是不是能做些什麼，現在回想起來，瑪麗．菲斯科當時一定很不好過。」

羅塞里尼在這一點上說對了。「大衛和我每天都通電話，我完全沒有感覺我的婚姻陷入危險，直到我在片場遇見他的第一女主角，」菲斯科回憶道：「你想一下：有多少妻子會送丈夫去跟一個穿著黑色花邊胸罩和絲襪的女人工作？我眼睜睜地看著一輛火車即將出事，直到八月，就在我遇見伊莎貝拉的那一瞬間，一切都太明顯了，儘管大衛還是說他有多愛我。他們都有鬼，但是他們之間發生的事，我想那就是人們所說的『化學效應』吧！」

林區電影的視覺，很大部分建立在林區與時間的獨特關係，事實上，他認為即使呈現特定時代的風格，並不需要受限於歷史精確性與否。在林區的世界，美國就像一條向前流動的河流，帶著浮光碎片，從一個十年跳到下一個十年，零星的碎片混合在一起，模糊了我們為了標記時間而立下的分界線。《藍絲絨》設定在一個不確定的時空，時間概念已然崩解。在「慢酒吧」，桃樂絲．瓦倫斯在臺上表演，對著一個一九二〇年代老式麥克風演唱，她住的「深河公寓」流露出彷彿《瘦子》[13]這部片中一九三〇年代新立體派的調性。她有一臺一九五〇年代的電視，上面還附帶兔耳朵形狀的天線。傑佛瑞與珊蒂的「朗伯頓亞琳餐廳」卻讓人聯想起五〇年代，而傑佛瑞的耳環和珊蒂的服裝，明顯是八〇年代風格。珊蒂——一個表面上看起來一九八〇年代的青少女——臥室的牆壁上卻貼著蒙哥馬利．克利夫特的照片，朗伯頓街上，經典美國汽車漫遊而過。

林區的視覺風格在某方面是隨心所欲的，然而他的每一格畫面，都別具深義。「拍片時間表有一半是在晚上，而那些戲的燈光很複雜，」艾爾姆斯回憶起林區如何利用光線來加強他想得到的情緒。「當你看到珊蒂家外面綠樹成蔭的人行道，那不僅僅是一片樹木，那是有細節和質感的綠樹，路上還有路燈，那是我們把燈裝在那裡。我們在一條沒有路燈的街道上拍片，所以請電器公司來裝上路燈——很不可思議，他們居然真的為我們做了這件事！他們裝上燈柱，我們接上電線和燈泡。這燈光營造出豐富的質感，那正是我和大衛所要的。」

林區的電影場景中經常出現他製作的特殊道具。《藍絲絨》上有一塊刻有朗伯頓字樣的牆板，是他用木頭拼湊成的。朗伯頓警局外面有一塊畫得很笨拙的招牌。傑佛瑞的臥室牆上有一個奇怪的雕塑，傑佛瑞在法蘭克．布斯的地盤潛伏時使用的針孔相機，以及在朗伯頓警局櫃檯上那株覆滿白雪的迷你怪樹模型。這些都是林區親手製作的。

「有一場夜戲，背景中有個紅磚建築物，油井架的影子在建築物的側邊上下移動，」卡羅索說：「在電影上看起來很巨大，不過那是林區在地面上用剪刀和紙板剪成一個縮小版的油井，用膠帶組合在一起，用一條繩子勾起來，製造上下移動的效果。」

《藍絲絨》的剪接師杜威尼．鄧漢[14]回憶起他看到林區親自做一些很小的事，他非常小心地把一小塊灰塵放在桃樂絲．瓦倫斯公寓裡的暖氣下面，「得要防範攝影機碰到——但是從來沒有發生，」鄧漢說：「這就是大衛在說故事方面的深度。」⑦

鄧漢一九七五年從電影學院畢業之後，受聘於喬治．盧卡斯，擔任剪接師，工作了七年。「大衛計劃在盧卡斯的天行者牧場裡剪接《藍絲絨》，這是個小圈子，因此他知道我，」鄧漢回憶道。「我飛到洛杉磯，和大衛在羅利工作室[15]見面，我告訴他我覺得《藍絲絨》的劇本讓人不安，那不是我的菜。他說：『你只需要信任我。』我一直拖延這件事，直到最後他打電話過來說：『明天我要去北卡羅萊納州，我想知道你是否會到。』很幸運，我去了。我很榮幸剪接他的素材，那都是他製作的神聖之物。」

林區似乎很喜愛解決拍片時出現的奇怪創作問題，有個案例是《藍絲絨》最後一幕中出現的知更鳥。知更鳥和牠們的巢穴都受到「候鳥條約法案」*的保護，任何人都不能隨意捕捉知更鳥拍進電影裡。但是林區需要一隻知更鳥。

「佛雷德．卡羅索找到了一位訓練師，他說他有一隻受過訓練的知更鳥，但是當他們來到片場，卻糟糕透了，」艾爾姆斯回憶道：「那是一隻放在籠子裡，正在換毛的知更鳥，看起來很悲傷；此外，根本就沒有訓練過的知更鳥這種東西！眼看著拍攝將近尾聲，我們都因為這件事而緊張。然後，很奇怪，一隻知更鳥飛到校車的一邊然後摔死了。我們一直在找知更鳥，所以我們聽說了這件事。」

「幾個孩子看到了這隻死去的知更鳥，決定拿到學校的生物系去處理，」艾爾姆斯繼續說：「他們把知更鳥填充做成標本，從標本室回家時，他們繞道經過片場。大衛把知更鳥安置在窗臺上，在它嘴裡放了一個活蟲，於是我們有一隻無法動的填充知更鳥。大衛用單絲魚線，綁在知更鳥的頭上，讓它可以動作，然後在窗戶下方的矮樹叢操縱魚線。他在下面問：『它看起來沒問題嗎？』我說：『我想你的玩偶做得很好，但是看起來有點機械化。』。他說：『是的，是的，就是這樣！』這隻知更鳥品質超凡，我想大衛喜歡它假假的感覺。」

艾倫．斯普雷和林區合作，為《藍絲絨》創造了一份生猛又原創的聲音風景。當桃樂絲和傑佛瑞做愛時，我們聽到呻吟般的咆哮聲，轉化成一陣搖曳火焰的聲音。法蘭克．布斯憤怒爆發時，我們聽到刺耳的金屬聲；當攝影機進入腐爛的耳窩內部，則聽到陰森的風聲，逐漸加劇，擴大。「大衛處理音像結合的方式非常奇妙，」艾爾姆斯說。「有一場戲，凱爾被毆打後的隔天早上醒了過來，你先看到他倒在污水坑中的臉部特寫。你只看到泥巴和髒水，卻聽到一陣奇怪重複聲音，但你不知道在哪裡。然後鏡頭拉回來，看到他在一個伐木場，你聽到為了保持木材潮濕的灑水聲。這部電影中聲音的品質非常神奇。如果只是鳥兒的聲音，你不會覺得有異，但是出現一些無法解釋的機械聲響，就很特別了。大衛了解如何結合這些音像元素，那是純粹建立在感官上，他知道如何戲耍聲音和圖像，讓它們彼此撞擊燃燒。」

林區的創意音效，與他獨有的音樂水乳交融，這個特點也是從《藍絲絨》開始，音樂成為他創作實踐中

---

* Migratory Bird Treaty Act of 1918，MBTA，制定於一九一八年，為保護美國境內候鳥，禁止殺害、獵捕、販賣候鳥及其羽毛。

重要的一環。《藍絲絨》中的歌曲，像是推動敘事的角色，特別是羅伊．奧比森[16]一九六三年的暢銷曲〈在夢裡〉，這首充滿渴望和失落的傷感民謠，它是一把鑰匙，開啟了法蘭克翻騰潛意識的大門。

扮演傷感的女歌手桃樂絲．瓦倫斯，羅塞里尼得翻唱巴比．雲頓的〈藍絲絨〉這首歌，於是大衛雇了一組當地樂團來搭配她。「他們不理解我想要表達的詮釋，」羅塞里尼說。此時卡羅索打電話給他一位紐約的朋友，安傑洛．貝德拉曼堤[17]，「我對他說：『安傑洛，你得幫我搞定這個不會唱歌的女孩。』於是他來到威明頓。」

羅塞里尼回憶道：「我向安傑洛解釋，桃樂絲．瓦倫斯唱歌時，她被傳送到另一個世界——我想大衛把她取名為桃樂絲是《綠野仙踪》的典故，當她唱歌時，她被傳送到彩虹之上。所以我需要以一份慵懶的情調演唱，讓我得以品嚐彩虹之上的世界，安傑洛完全理解這一點。我完全沒有音感，所以安傑洛一個音節，一個歌詞地做整合編輯，創造出你們在電影中聽到的翻唱歌，他完成了一件驚人的工作。後來電影問世之後，有人甚至打電話問我：『妳能來晚會演唱嗎？』」

貝德拉曼堤與羅塞里尼精巧的合作，也促成了林區事業生涯中最持久的創意合作。在他們相遇之後，貝德拉曼堤幾乎包辦了林區所有電影和電視配樂，也在《藍絲絨》和《穆荷蘭大道》的中粉墨登場，還與林區一起作曲演唱了幾十首歌。「我不是受過訓練的音樂家，但安傑洛是一個偉大的音樂家，我們之間一拍即合。」林區說。

他們的合作關係，始於一張餐巾紙，林區在這張餐巾紙上，寫下了《藍絲絨》中的歌曲〈愛的奧祕〉[18]的歌詞。「有一天，伊莎貝拉拿著一張黃色的紙片過來——我把它裱框了——上面是大衛的筆跡寫著『愛的奧祕』四個字，這就是全部的歌詞了。」貝德拉曼堤回憶道：「我看著它想著，這太可怕了。我到底該怎麼辦呢？這不是一首歌。我打電話給大衛說：『伊莎貝拉給了我你寫的歌詞；你到底從這四個字當中聽到什麼音樂？』他說：『讓音樂飄浮起來，像夜晚的海潮一樣無窮無盡。』於是我坐在鋼琴旁，〈愛的奧祕〉的曲子就這樣出現了。」⑧

貝德拉曼堤隨後打電話給茱莉．克魯斯[19]。一九八〇年代初期，當他在明尼亞波利斯的一家劇院公司工作時，認識了這位女歌手。「我們一拍即合，」克魯斯回憶起她與貝德拉曼堤的初相遇，「我告訴他如果有什麼事情就打電話給我。安傑洛對我解釋他希望這首他與大衛合寫的歌曲該如何表現，他說，『非常柔軟；用妳的高音唱，然後讓它落下。』他希望這曲子是非常純淨的。」

「說大衛很怪異，是個天大的誤解，他一點也不怪異——他是世界上最好笑，最有魅力的人，」克魯斯繼續說：「〈愛的奧祕〉被收進《藍絲絨》的原聲帶裡，這首歌也促成了我和華納唱片公司簽約。大衛開啟了我的事業，與安傑洛和大衛一起工作，讓我找到自己。」⑨

貝德拉曼堤對《藍絲絨》的貢獻並未就此結束。「大衛想要用蕭士塔高維奇的音樂，但是他買不起，」貝德拉曼堤說：「他問我，『你會寫蕭士塔高維奇那樣的音樂嗎？』我告訴他我無法和他相提並論，但是我可以做些俄羅斯的聲音給你。」林區意識到貝德拉曼堤是個寶藏，他對音樂的知識太廣泛、太浩大。

一九八五年十一月《藍絲絨》拍攝部分殺青時，剪接編輯工作進行順利。林區是個有直覺但不衝動的導演，卡羅索說：「大衛沒有拍掉很多底片，因為他知道電影應該是什麼樣，相機角度應該是什麼樣，鏡頭會是什麼樣，他知道什麼時候他會得到他需要的東西，然後繼續往前進。」林區很有效率，但《藍絲絨》的初剪版本片長達三小時五十七分鐘。「這個長度也沒問題，」鄧漢說：「我把片子放給大衛看，他說：『很好啊，但有一個問題：我們必須把片長縮短一半。』我們得放棄掉許多完整的片段，從初剪到最終定剪，變化非常大。」

艾爾姆斯認為，放棄掉的素材畢竟是不需要的。「我們拍的某些場景並沒有出現在影片中。但是當我看到大衛製作的版本，我感覺他們並沒添加什麼東西。他對影片的脈絡非常清楚。我們拍出來的膠卷，彷彿只是把我們拍的膠卷加以濃縮，我簡直佩服到五體投地。」

林區和貝德拉曼提接下來前往布拉格錄製配樂。貝德拉曼提回憶道：「當時那個國家仍然在共產主義控制之下，我們到達的時候是冬天。街道上的行人、音樂家、房屋工程師——你遇到的每個人都不敢說話，他們的臉上都沒有笑容。太奇怪了。我們下榻的飯店房間被竊聽，在餐廳被錄影，還有穿黑色外套的人跟蹤我們。我們走過冰冷的街道來到工作室，門口有垃圾桶，然後進入一道閃著低矮燈光的黑暗走廊，爬上長長的階梯，進入一個更黑暗的工作室。人、建築物，以及深深的沉默，交織出來的氣氛，就是錄製《藍絲絨》音樂時的完美環境，大衛很喜歡。」

「在那裡的時候，大衛說：『安傑洛，我希望你幫我做些柴火的音軌，我可以用它們來做聲音設計。用一些低音的樂器，例如大提琴和低音貝斯，錄製一些悠長而緩慢的音樂，』貝德拉曼提繼續說道：「我寫下了十分鐘長度的所有音符，讓它們持續變成非常緩慢的點擊音效，穿插著琴弓上的刮弦聲。大衛處理這些慢速錄音時，他用一半的速度，有時甚至是四分之一的速度播放。他把柴火放在東西下面，我們做了很多這種東西。」

拍攝工作結束之後，大衛在柏克萊找了一棟公寓進行後製。「那段時期的關係很緊繃，」菲斯科回憶道：「我甚至給了他一塊煤，放在他的皮革旅行袋裡面，當作耶誕禮物。當時我們努力在一起，大衛也和我一起過耶誕節，然後和伊莎貝拉過新年。我們對這類事情都很開放，我告訴大衛，我們可以保有這段婚姻，他可以自由做他想做的事——或許我們可以度過這一關。我嘗試過在這樣的處境下生存，但是我終究辦不到。我真的心碎了，我像一個失去靈魂的人，漫無目的地遊走，身上每個毛孔都在淌血。我失去了我最好的朋友。」

「然而，我們還是經常保持聯絡，」她說：「我從小就不在父親身邊，所以我不會抗拒我的兒子跟他父親維繫關係。我在家裝了一支專用電話，讓大衛和奧斯汀可以保持聯絡，他們每天都通電話。大衛是對的——他從來沒有離棄我們，他照顧我們。我的成長經驗很奇怪，也有很多限制，我欠大衛很多，因為他教了我很多關於生命的事。他是個好人，我永遠對他心懷感激。」

這部電影在狄．羅倫提斯位於比佛利山佳能大道上的總部進行第一次放映，當時林區的個人生活也陷入混亂。第一次的放映也有點不穩定。「當時有幾個人在那裡，」卡羅索回憶道：「有迪諾、迪諾的得力助手佛雷德．西德瓦特和大衛，還有其他人。我們放了電影，結束後燈光亮起，然後一陣沉默。大家面面相覷，最後迪諾說：『沒有人願意發行這部影片，所以我要自己組發行公司，自己發行。』這部片的發行、沖印和廣告費用，迪諾統統買單。」

這部電影陸續開始巡迴試映。「我記得在聖費南多谷的試映會，那是我去過的最淒慘的試映，」瑞克．尼西塔說：「角色不成熟，這是伊莎貝拉得到的評論，彷彿一場惡夢。觀眾不僅走著離場，還有人跑著離場！在我的記憶中，有人在走道上跑！第二天，大衛、我、拉斐拉、迪諾和其他一些人坐在迪諾的辦公室看問卷，氣氛非常低落。他們寫的評論意見像是：『殺死導演』、『這是誰拍的』、『很恐怖』。我們讀著這些問卷，然後迪諾環顧四周說：『他媽的。他們搞錯了。這是一部精彩的電影，我們不會剪掉任何一個畫面，我們會原封不動地發行。影評會喜歡，觀眾會進來。』迪諾真是太棒了。」

狄·羅倫提斯說得沒錯，這是當然，不過《藍絲絨》依然花了一點時間才找到觀眾。一九八六年九月，這部電影在泰路萊德影展[20]放映——這是全國最多嬉皮觀眾的地方——蘿拉·鄧恩、林區和麥克拉蘭一起出席放映，她回憶道：「觀眾不知道應該笑，還是應該逃離現場。今天的電影觀眾很容易把異常的事物當成歡樂美味在欣賞，但是大衛在風格上的大膽野性是前所未見的。在大衛之前，沒有人會同時表現悲傷和滑稽，或者恐怖又可笑，或者性感又奇怪，而《藍絲絨》就是這樣的東西。隨著電影的開放，你馬上進入一個感覺真實但又不真實的世界，一切都很完美，但你不能相信它，接著你會進入到最脆弱的一面。電影片頭非常驚人，可惜那次放映會上的觀眾，還沒準備好。」

這部電影於一九八六年八月在蒙特婁世界電影節競賽項目中官方首映，並於一九八六年九月十九日在全美九十八家戲院正式商業上映。雖然許多觀眾覺得這部片難以忍受，令人不安，但是《藍絲絨》仍然為林區入圍當年奧斯卡的最佳導演，挽救了丹尼斯·霍柏的演藝事業，並且一直是全世界電影學校課程的一個主要教材。

這部片的出現也引起了很大的騷動。「我不知道這部片會有如此大的爭議性，」羅塞里尼說：「這部電影的爭議非常粗暴，而我首當其衝。如果人們喜歡這部片，功勞就是屬於大衛的——當然這是他應得的。這部片最重要的就是大衛的表現。但是，如果他們不喜歡，他們就會歸罪於我身為名模和英格麗·褒曼的女兒，卻一心想透過這個角色來摧毀自己的形象，我背叛了自己等等。許多這樣的投射純粹都是幻想。」

影評人羅傑·伊伯特對這部片特別憤怒。他指責林區厭女，伊伯特聲稱羅塞里尼在鏡頭前被「貶抑，毆打，羞辱，脫衣服。當你要求一位女演員忍受這些經歷時，你應該把她放在一部重要的電影中，以平衡這場交易。」伊伯特的批評，不如電影評論界的首席女王，當時《紐約時報》的寶琳·凱爾成熟。她描述林區是個「民粹的超現實主義者」，並且稱讚麥克拉蘭的表演「驚人傑出」，她將《藍絲絨》概括為對一種「潛藏在『正常』中的神祕與瘋狂」的研究，並評論「林區適當地發揮了非理性材料的運用：我們在一種不完全清醒的層次上，閱讀他的影像。」[10]

卡羅索回憶道：「我們很驚訝這部片如此轟動。我們不覺得它是一場災難，但我們沒有想到這部片會在往後的幾十年間，不斷被討論。然而，大多數影評都喜歡，而且我覺得，寫負評的評論者並不理解他們所看到的內容。《藍絲絨》是一部你必須多看幾次才能通盤洞悉所有細微差異以及細部細節的電影。」

「《藍絲絨》或許是大衛最偉大的電影，」傑克．菲斯科說。「他擺脫了《沙丘魔堡》帶給他的恐怖經驗，彷彿是一個安慰獎，迪諾說：『你可以拍你想要的東西。』他的壓抑，終於可以表達，而《藍絲絨》釋放了所有他必須憋住的東西。」

這部電影問世數十年之後，麥克拉蘭主持了一場《藍絲絨》的慈善放映會，他回憶道：「這部片上映之後，我幾乎從來沒有再看過，而且也不知道該期待什麼，不過我真的被這個故事感動到了。我想這是一部完美的電影。」

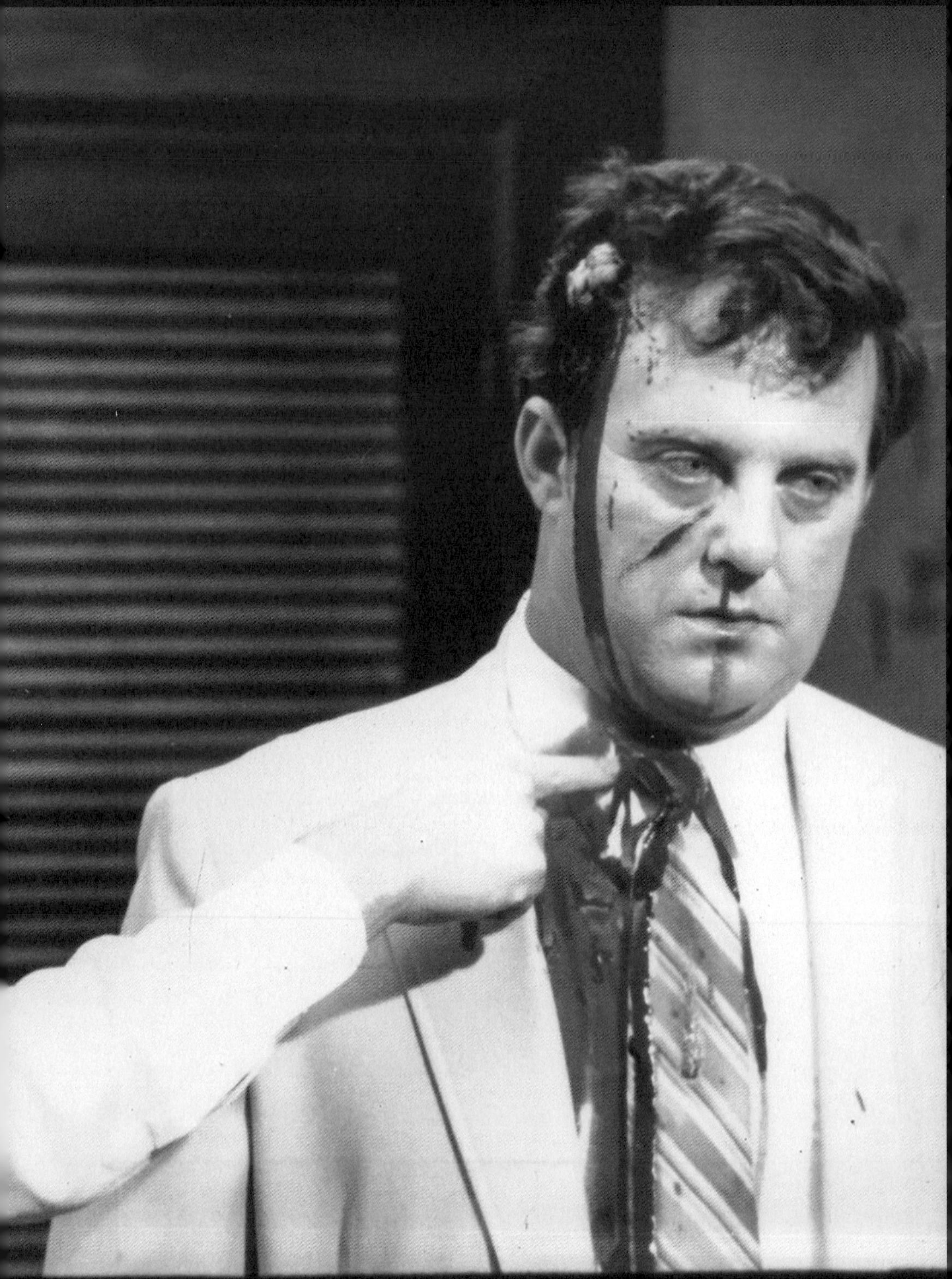

BISCUIT
AM·2 EGGS
with HAM.
JUICES · M

我病了，《沙丘魔堡》後我就開始生病和毀滅。冥想拯救了我很多次，這次是其中一次。那是一段黑暗的時光。還好我有其他劇本，我正在考慮下一步該怎麼做，但是我無法不去回想我在那部電影上花下的工夫。當你無法自由創作你想做的事，並搞砸這件事，你覺得你被出賣了，而且你罪有應得，我從一開始就被賣了。我知道迪諾做事的方式，我知道我沒有最後定剪的決定權，我不得不一直調整——這件事非常恐怖。

我學到了失敗，在某種程度上，失敗是件美好的事，因為悲劇落幕之後，你無處可去，只有繼續往前，而且你自由了。你不能失去更多，但你可以找回來。你失敗了，每個人都知道你失敗了，你搞砸了，你是一個失敗者，於是你只好說，「好吧，繼續工作吧。」

我有很多想法，很多時候我不知道它們是什麼，或者該如何處理，但是我把它們寫下來，自然而然一環扣一環，所以在某種程度上，我什麼都沒有做。只是堅持這個想法。我可能寫了四份《藍絲絨》的草稿。它們並非完全不同，但我找到自己的方式，拍攝《沙丘魔堡》的時候，我給了凱爾一份未完成的劇本草稿。

〈藍絲絨〉這首歌問世的時候，我並不喜歡。這首歌不是搖滾樂，而是在搖滾樂的誕生過程中出現的，這正是力量所在。〈藍絲絨〉是首感傷的歌，對我沒什麼意義。然後我有一天晚上聽到這首歌，伴隨著綠色的草坪，以及車窗上一個女人的紅唇——一道明亮的光線照射在這張白皙臉蛋和紅唇上。這兩樣東西，以及這句歌詞「我依然在淚眼間看見藍絲絨」，深深打動了我，所有這一切，至死不渝。

如果有個人物出現，你又是眼前唯一的作家，他們會向你自我介紹，你就認識他們了。然後他們開始說話，你會更深入認識他們，然而有些東西令人驚訝，因為每個人都是善與惡的混合體。幾乎每個人的內在都是暗潮洶湧，我不覺得大部分的人了解自己的黑暗面。人們欺騙自己，都認為自己很好，別人都有錯。但人都有慾望。就像瑪赫西說的，「生而為人總會想要更多，但也是慾望會帶你的心回家。」每個人最終都會找到自己的路。

《藍絲絨》劇本中很重要的一部分來自我的夢，但是我醒來後就忘掉夢，直到後來我才想起。所以，想像一下，為了某種原因，在我做了一個我不記得的夢之後的隔天，我去了環球影城。我去那裡是為了見了一個人，於是我走進祕書室，我要見的人在她身後的房間裡。祕書室的桌子附近有一張沙發或一張椅子，因為那個人還沒有準備好見我，所以我坐在椅子上等待。坐上那把椅子，我想起了我的夢，我跟祕書要了一張紙和一支鉛筆，然後寫下我夢中出現的兩件東西：警察無線電和一把槍。我做到了。我總是說我不會晚上做夢，因為我喜歡做白日夢。我喜歡夢的邏輯。任何事都可能發生，都有其道理。

因此，理查．羅斯和我把《藍絲絨》的想法推薦給他在華納公司工作的朋友。我告訴這個人，在戶外找到了一隻耳朵，還有一些關於這個故事的想法，他轉過身對理查說：「他是不是瞎編的？」我寫了兩個劇本草稿，把第二稿給華納公司的這位仁兄看，他很討厭。他說寫得太可怕了。

我有一個律師，他並沒有告訴我他把《藍絲絨》提案給華納兄弟公司的人，結果這個項目被雪藏，如果要把劇本版權要回來，我得做些事情。我不知道怎麼會變成這樣，這些事對我來說簡直是恐怖故事。我在墨西哥拍《沙丘魔堡》，在那段時間，我以為我有《藍絲絨》和《朗尼火箭》的劇本，他們是屬於我的。當《沙丘魔堡》結束後，我和迪諾以及瑞克．尼西塔坐下來討論事情，卻發現華納兄弟擁有《藍絲絨》的劇本，我快要死掉了。於是迪諾拿起電話，打給電影公司的負責人——事情後續是露西．費雪跑到大廳告訴他不要賣掉劇本，但迪諾從他們那裡拿回來了。事情就是這樣。我想你可以說他把劇本還給我，因為他讓我有機會拍這部片，並給我最後定剪的決定權，迪諾對於這劇本所能做的，就到此為止了。理查．羅斯一直很喜歡這部電影，但是最後他還是決定最好讓迪諾做。不過理查被列為這部電影的監製，他也有付出貢獻。桃樂絲．瓦倫斯演唱的「慢酒吧」，就是理查取的名字。

佛雷德．卡羅索是《藍絲絨》的製片，我愛佛雷德，祝他大吉大利。有一種人說話的方式會讓你給感到安全和信賴，佛雷德就是這種人。他非常冷靜，非常義大利。他就是有一種個人風格，總是可以說服你。佛雷德經常對我說：「我不知道你在做什麼，」不過他真的是個好製作人。

我們前往威明頓，迪諾正在片廠拍攝他第十三部電影，我們排在後段班，但是我們很愉快。我們的電影是全片廠最窮酸的，但是拍《藍絲絨》就像從地獄直上天堂，因為我有絕對的自由。預算削減並沒有讓我放棄任何東西，我還是有辦法搞定。在那個年頭，沒有太多規定，現在的規矩很多，預算也越來越降低。它會迫使你放棄一些東西，或者搞到你發瘋。

我們都玩得很開心，彼此也非常親近。我們各自工作，但是會聚在一起吃晚餐，我們每天都會見面，每天都會花很長的時間待在一起，但是這些都不會再發生了。如今的人們倉促來去，大家不會一起用餐。我不明白到底發生了什麼變化。現在的人彷佛壓力很大。非常大。那簡直是要逼死人。拍電影都要用趕的。《藍絲絨》從五月一直拍到感恩節，日以繼夜的拍攝工作，終於結束。

我記得拍攝的第一天，迪諾來到現場，我們在桃樂絲的公寓樓梯上拿著穩定器上上下下跑著拍東西，底片沖出來之後，佛雷德發現他用的鏡頭壞掉了，所以底片幾乎黑成一片，什麼都看不到。迪諾看到這情況開始尖叫，我說：「迪諾，冷靜一下，鏡頭壞掉了，我們只要再拍一次就好了。」

凱爾飾演傑佛瑞．博蒙特，因為凱爾很單純，他是那種非常純粹的美國男孩子，讓人聯想起童書《強硬的男孩》[21]裡的男生。傑佛瑞是個好奇寶寶，他也是個偵探——好吧，每個人都是偵探——但是他真的實踐了，而且他喜歡女人，喜歡神祕。在我遇見蘿拉之前，我試過許多人，而她是珊蒂最完美的人選。珊蒂這個角色冰雪聰明，有一種俏皮的本性。她是個好女孩，但是在內心裡……有過夢幻的東西正在潛行，以及一件古怪的事。她是偵探的女兒。珊蒂剛開始是傑佛瑞的好哥兒們，後來卻愛上他，他們的愛情不是黑暗的。他們之間是一份純潔的愛。

丹尼斯．霍柏是個偉大的演員，我非常喜歡他在《巨人》、《養子不教誰之過》[22]，以及《美國朋友》[23]中的演出。有人告訴我不要用丹尼斯。他們說：「不行，你不能那麼做——他會把事情搞砸，你永遠無法達到你要的東西，」但是我一直想要丹尼斯來演，我知道他是法蘭克．布斯的理想人選。我跟其他幾個演員談過這個角色，然後某天某日，他的經紀人打電話給我，說丹尼斯已經戒毒戒酒成功，剛拍完另外一部電影，那個導演非常喜歡和他工作，而且很樂意跟我進一步談。然後丹尼斯打電話給我說：「我必須演法蘭克．布斯，因為我就是法蘭克．布斯。」我說這真是好消息和壞消息。邀請他參加演出，我毫不遲疑。

對我而言，丹尼斯是最酷的。他懷抱叛逆的夢想，他擁有浪漫，也是個硬漢，這些想法捲入我的腦子，而且完美極了。有一場戲是丹尼斯看著桃樂絲唱歌，然後他哭了出來，簡直完美極了。那是一份浪漫的五〇年代叛逆性，一個男人可以哭泣，完全沒有問題，然後在下一分鐘，他可以把一個人揍到屁滾尿流。今天的男子漢不容許哭泣，那是錯誤的，真是的，在五〇年代，男性都潛藏著詩意。

丹尼斯飾演的法蘭克．布斯和桃樂絲的第一場戲，我笑到不行，一部分是因為我很開心。法蘭克強硬、癡迷，又執著——他就應該是這個樣子。當人們癡迷的時候，我就會覺得幽默，而且非常喜愛。他幹的太好了。從拍片的第一秒到整個過程為止，丹尼斯就是法蘭克。

丹尼斯本來要唱〈在夢裡〉這首歌，後來換成由狄恩．史達威爾來唱，這安排實在太棒了。狄恩和丹尼斯一直是朋友，狄恩幫丹尼斯排練這首歌，這裡換狄恩唱，這裡換丹尼唱，然後我們把音樂放出來，狄恩的對嘴完美無缺。丹尼斯剛開始的時候還不錯，但是他的腦子被藥物燒壞了，因此記不住歌詞。可是我看到丹尼斯注視狄恩的眼神，我就想到，這太完美了啊，於是他們互換了。幹這一行需要很多運氣。事情為什麼會那樣發生呢？你可能想了一百萬年都想不透，直到你親眼看到它在你的眼前發生。

於是我們知道狄恩要唱歌。法蘭克說：「糖果色的小丑，」然後放進卡帶，狄恩拿起了一盞燈。派蒂．諾里斯（製作設計）並沒有把燈放在那裡。我沒有把燈放在那裡，沒有人知道那燈是哪來的，但是狄恩以為是他的。那是一盞工作燈，狄恩拿它來當麥克風，實在是再好不過了，我真的愛死了。拍那場戲的時候，我們在路上看到一條死蛇，布萊德．杜瑞夫拿走了這條蛇。當狄恩在唱〈在夢裡〉時，布萊德站在後面背景的沙發上玩這個東西，我也覺得完全沒問題。

七月三日，我在紐約一家餐廳遇到伊莎貝拉，那是個很詭異的夜晚，非常詭異。我和拉斐拉的前夫在一起，我們要開黑頭轎車去一家夜店。我當時過著迪諾的生活，去哪裡都搭協和號，坐黑頭轎車到處跑；迪諾有一件事：他家族餐廳的義大利菜絕對是舉世第一。我們看到幾個迪諾辦公室的人坐在那裡，於是我們順道過去打個招呼。坐定之後，我看著這個端坐一旁的女孩，然後說：「妳可以當英格麗．褒曼的女兒。」然後有人說：「笨蛋！她就是英格麗．褒曼的女兒。」這就是我和伊莎貝拉的第一次對話，然後我們開始聊天，然而在我心裡，我正注視著她，盤算她。我跟海倫．米蘭談過，請她來演桃樂絲，可是她不願意，不過她說：「大衛，有點不對勁，桃樂絲應該有個小孩，」這太有道理了。海倫．米蘭是個偉大的女演員，而那是她的點子。有些女人不必有小孩，也可以對法蘭克做出相同的反應，因為她們都是受害者；面對法蘭克這樣一個控制魔王，她們會踩在桃樂絲同樣的位置。但是如果她是一個保護孩子的母親，那就更容易理解桃樂絲的行為。

《藍絲絨》裡的伊莎貝拉實在太完美——我覺得非常幸運。她是個身在異國的外地人，所以她本身就有易被操縱的特質，這是伊莎貝拉本身就具備的。況且，她有驚人的姿色，這是她有的另一個特點。但是你可以從她的眼睛裡看到，她可能是個憂愁不安的人，她的眼神帶著恐懼，所有這些元素結合在一起，簡直太適合桃樂絲。我知道她只拍過一部電影，但是我不在乎，因為我知道她做得到。人們習慣在電影中看到某種特定的帥氣，某種美麗，但是當你在街上看到真實的人的臉，他們之中很多人是有特色的。也許他們不能撐整部電影，但他們肯定可以扮演某個角色。

在我們拍片的公寓下方有一家酒吧，狄恩．史達威爾稱它為「就是」酒吧，我們去這家酒吧勘景，那裡有一個籠子，裡面有舞女在跳舞。我碰到其中一個叫做邦妮的舞女，我很喜歡她。她的眼神以及她說話的方式——實在太驚人了。我問她有沒有興趣參加電影演出，於是她在法蘭克的車上跳舞，她跳的舞完美無瑕。我在威明頓酒吧遇到的這個女孩，她是我發現的至寶。我非常愛她。

我去片場拍片的時候，並不會在腦子裡把一切全部想清楚。我喜歡現場排演，搞定之後，再告訴攝影指導，就像佛雷迪（法蘭西斯）所說的，我在排練，他在旁邊看，於是他就知道了攝影機該怎麼擺，這是真的。你頭一回在現場看著他們排練，他們穿著戲服，畫好了妝，你在排練，這時候很多想法就出來了，於是你就會思考該怎麼處理。因此排演非常重要。一個鏡頭我不會拍很多次——通常是四次，最多六次。在與人們工作的過程中，會找到最佳對策，如果你聽到我對演員說的一些東西，你會說：搞什麼鬼啊。但是如果你用一種另類的溝通方式去對待他們，演員和音樂家都會跟上你的步調。他們配合得很好。我不知道為什麼，一些小的臺詞或小手勢，再做一次就更好，再下一次就簡直完美了。

我們拍片的時候，當地人會跑來看，但是我沒看見他們。我都在看演員，我也不在乎我後面有什麼人。事實上，如果我看到他們，我會抓狂。我必須保持專注，把片子拍好。其他東西都是屁——都會把我搞瘋。我什麼都不甩；你要專注的是甜甜圈，而不是中間的空洞。

大家對於伊莎貝拉演唱〈藍絲絨〉這首曲子的過程，是個誤解，事情的發生的是這樣的：伊莎貝拉從一位正在教她的老太太那裡拿到樂譜，學到這首歌，她所學到的與巴比．雲頓的版本有所不同。我找了一個當地樂團——不花俏，但都是優秀的音樂家——但是伊莎貝拉已經學了這首歌錯誤的版本。兩者根本無法搭配。我對佛雷德．卡羅索說：「佛雷德，如果我們繼續練，有可能成功，」佛雷德說：「大衛，沒有用的，我打電話給我的朋友安傑洛，」但是我很抗拒。我說：「我想要這樣，」但最後我知道它並沒有成功，我說：「佛雷德，打給你朋友安傑洛吧。」於是佛雷德打給安傑洛，第二天安傑洛飛來了威明頓。伊莎貝拉住在一家附早餐，還有一個鋼琴大廳的旅館，安傑洛和她在那裡工作。我們拍攝博蒙特先生（即傑佛瑞）反擊那場戲的同一天，我的狗閃閃，我生命中的摯愛，也出現在那場戲中。當天的午餐時間，佛雷德帶著安傑洛走過車道，我向安傑洛打了聲招呼，他用小卡式錄音機，播放伊莎貝拉演唱的歌曲，搭配他的鋼琴伴奏，我說：「安傑洛，我們可以馬上把它剪進電影裡面，這曲子太美了。幹得好啊。」

我非常想要「向下沉淪樂團」的〈海妖之歌〉[24]這首歌放在這部電影裡，我就是想要，於是我告訴佛雷德：「你他媽的幫我弄來這首歌，」佛雷德說：「大衛，問題很多，」主要就是因為錢——錢，錢，錢。於是佛雷德說：「大衛，你經常在紙上寫東西，何不把你寫東西給安傑洛看，請他幫你寫首歌。」我說：「佛雷德，首先，這個世界上有二十七億首歌，可是我一首都不要，我只要這首歌，我只要『向下沉淪樂團』的〈海妖之歌〉。我不會在紙上寫個什麼東西給一個我根本不認識的人，他也不可能寫出我要的東西。一百萬年都不可能。看清楚吧，佛雷德。」

安傑洛與佛雷德都是狡猾的義大利人，佛雷德知道，只要你願意花心思寫歌詞，你就更可能喜歡上你曾貢獻過心力的歌曲。這是他們的詭計。於是有一天晚上我在外面，一個想法冒出腦際，於是我寫下來，寄給安傑洛，當他看到時，他大笑不已。「這是我看過最爛的歌詞，不但沒押韻，也沒有個形式！」安傑洛當時是個老派之人。但是他百般思量，寫出了這首歌的一個版本，找了一個歌手來唱，但是並沒有達到我要求的品質。我告訴他我喜歡這首歌的旋律，但是它聽起來必須空靈飄渺。然後他找來茱莉．克魯斯來演唱，錄了一次又一次，這首歌終於完成。茱莉唱得太美，安傑洛也做得太妙，我必須承認我喜歡這首歌。或許我喜歡的原因是因為我寫了歌詞，誰知道呢，不過我是真心喜歡。

不過，我還是很猶疑，因為我要〈海妖之歌〉，這是無可取代的，雖然我真的很喜歡〈愛的神祕〉。我聽說〈海妖之歌〉的演唱伊麗莎白．弗雷澤[25]是個深居簡出，非常注重隱私的人，但是她有這首歌，我想這首歌的吉他是她男友彈的，他用殘響效果器刷吉他刷得好瘋狂，就像施展魔法。彷彿一種無垠宇宙的感覺，而〈愛的神祕〉則比較溫暖，是兩個人之間的感覺。這首歌的開始也有宇宙感，但是太溫暖了。我後來終於有了〈海妖之歌〉——不過是用在《驚狂》——而〈愛的神祕〉放在《藍絲絨》裡的感覺非常完美。你永遠無法預料事情會這樣發展，而安傑洛，願他大吉大利，他棒透了。他就像我的兄弟，他會寫音樂，非常美麗的音樂。這是命運，我只能這樣解讀。與安傑洛一起工作，我得到許多樂趣。

安傑洛和我飛到布拉格做《藍絲絨》的配樂，過程也太驚人了。那裡的房間是木頭做的，有共鳴效果，並且營造了一份我稱之為「東歐空氣」的東西，統統收進麥克風。那是一個聲音和一份感覺，並不悲哀，卻古意盎然，也非常美麗。安傑洛和我來到布拉格時，那裡仍然是受共黨統治，走在街道上，看到一家服飾店，看到美麗的黑幕架子，上面有大約三件毛衣。空蕩蕩的。黯淡無色。沒有人在說話。我們走進旅館，妓女就在大廳站成一排，非常奇妙。你可以想像這裡到處都有攝影機和麥克風，你可以感覺出來。我躺在床上，仔細聽看是否聽得到高頻的聲音。我喜歡這個地方。我們走到一座山坡，向外望出去，就像是老彼得・布勒哲爾[26]的畫。

派蒂・諾里斯[27]在《藍絲絨》整部片中無所不在。派蒂是個天才服裝設計師，超級大天才。演員們從試衣間走出來，法蘭克變得更法蘭克，傑佛瑞更傑佛瑞，珊蒂更珊蒂——很不可思議。派蒂與我在《象人》中初次合作，然後就是《藍絲絨》，她問我可不可以也讓她擔任製作設計，我覺得可以。她對於房間的感覺，就如同她對服裝的感覺——她真的有思考過。我們每件事都一起討論，一旦我有了想法，她就會提出更多東西。桃樂絲的公寓——色調太完美了，但是當我看到沙發時卻感覺完全不對。那是獨立的沙發，但是我需要的是內建式的。於是她設計了這些扶手椅，我很喜歡。派蒂做得非常好。

我們還拍了一段影片，裡面看到走上樓梯的腳，以及手上拿著槍。這個影片就是傑佛瑞・博蒙特家裡的電視上播放的東西。我們還拍攝了「拉椅子」的一場戲，但最後並沒有用在電影裡。你知道奧運會吧？選手們跑著，一百碼——五十碼——一公里，他們接過棍子繼續跑。「拉椅子」就像奧運賽跑一樣。你先準備好墊得又軟又厚的椅子，椅子上綁繩子，一條長繩從椅子上拉出來。參加比賽的女孩子們穿著舞會禮服，每個女孩子都有一條粉筆跑道，她們排在起跑線上，身後是椅子，目標是五十碼。鳴槍之後開始比賽，誰把椅子拉過終點線誰就獲勝。拍攝當天氣溫三十八度，空氣非常潮濕，雖然熱氣逼人，我們還是把戲拍了出來，有個女孩子昏了過去，得送去看醫生。我發明了這把戲，就叫做「拉椅子」。

艾倫．斯普雷是個真正的聲音思想家，我當然希望他能夠為《藍絲絨》工作，於是他來了，在柏克萊的房間工作，但是有一天，他突然不做了。艾倫的個性很固執，他跑過來跟我說：「大衛，這部電影我做不下去了，我無法忍受這部片，我無法忍受法蘭克．布斯，我真的沒辦法做，我覺得想吐，」我說：「天哪艾倫，怎麼會這樣，」任何事情就是這樣。我們弄完一半的音效，然後我再和艾倫工作小組其他的人，把其餘的音效部分完成。

這部片在感恩節殺青，殺青前一週，杜威尼．鄧漢在柏克萊安頓好剪接室，我也在柏克萊找到公寓，我們開始輪流工作，彷彿我們已經輪流工作一段很長的時間。每次我剪出來的第一個版本，片長通常都是四個小時，我不記得《藍絲絨》最後到底放棄哪些片段。我想我流失的或許是一種步調，以及一些搖擺不定的東西。奧斯汀到柏克萊看過我幾次，他當時只有三、四歲。他後來是怎麼離開的？

我想，迪諾看懂了《藍絲絨》。他第一次看這部電影，是在洛杉磯的一個小放映室，那場試映大約有三十個人參加。迪諾看完之後，開心地從椅子上起來，臉上帶著微笑。他覺得這部片可能是個大突破，於是他想放給一般觀眾看，試試他們的接受度。凱爾和蘿拉住在柏本克大道，我和他們住過一段時間，然後我在西木村找到了住處。我在西木村住過很多地方——我不知道為什麼一直搬家。我非常喜歡最後住的地方。那是全新的公寓，房間非常乾淨，我的東西也非常少。我在那裡畫了一些黑白的油畫。總之，在聖費南多谷的放映之夜，我和凱爾，還有蘿拉待在一起，沒有參加放映會。蘿拉的媽媽和她朋友去了，瑞克．尼西塔和ＣＡＡ的人過來。放映會之後，瑞克從他車上打電話給我，大家都在尖叫，「太棒了，大衛，太棒了！」蘿拉的媽媽帶她的朋友回家，但大夥坐在餐廳，沉默，氣氛像憂心。第二天早上，我打電話給迪諾，他接起來我就說：「嗨！迪諾，情況怎麼樣？」他說：「我讓你跟賴瑞講，」賴瑞負責發行，他說：「大衛，很抱歉，那或許是我去過最糟糕的放映會。」我說：「你開玩笑嗎！瑞克在電話裡跟我說非常好啊，」他說：「並沒有很好，你應該看一下問卷。觀眾被要求填寫電影中最喜歡的部分，他們寫的東西像是『小狗閃閃』，或者『劇終』。」於是瑞克和我跑去找迪諾，他說很棒。他說：「這部片並不適合某些人看，但是一定沒有問題。」

如果我的記憶正確，《彩虹小馬》[28]和《藍絲絨》是他的十三部電影中，唯二有在戲院轟動過的。我相信迪諾對《藍絲絨》感到驕傲。我欣賞迪諾的一點是，當他在後面幫助人的時候，他根本不在乎別人怎麼想。《藍絲絨》或許不是他會喜歡的那種電影，但是我相信他很高興拍了這部片。

我不知道為什麼我會開始不在乎他人的想法，不過這是件好事。重點是，你愛上你的想法，就彷彿愛上一個女孩。你可能不會把這個女孩帶回家見父母，但是你不會理會別人怎麼想。你就是喜歡這個女孩，這是很美的事，而你也坦承面對。印度教經典《吠陀經》中有一句話：「人只能駕馭行動，但是無駕馭法結果。」換句話說，你盡力而為，但是會怎麼發展下去，是你無法控制的。如果結果是好的，那很幸運，對我也很好；如果結果是壞的，那很慘，對我也不好。每個人都曾有過這份經驗，所以又怎麼樣呢？如果你被賣掉，又不做該做的事，你等於死了兩次。《沙丘魔堡》就是這樣，你死第一次，因為你被賣了，然後你又死一次，因為那是你的失敗。《雙峰：與火同行》並沒有得到這個世界的認可，但是這部片只讓我死一次，因為我對它感到滿意。只要你誠懇對待你所愛的事物，你就可以和自己完美和諧地共存。

我受邀參加拉扎爾[29]在斯帕格餐廳舉辦的奧斯卡派對，因為我以《藍絲絨》入圍最佳導演，但是最終敗給《前進高棉》的奧立佛．史東。我和伊莎貝拉一起參加派對，賓客們都帶著他們贏到的奧斯卡，安潔莉卡．休斯頓過來跟我說：「大衛，我知道你認識我父親，」我在墨西哥與約翰．休斯頓見過面。我當時在巴亞爾塔港有一個藝術展，約翰．休斯頓有過來看。佛雷迪．法蘭西斯也有參加，佛雷迪曾為約翰的《白鯨記》側拍，我們聊得很愉快。他是個好人。總之，安潔莉卡說：「我父親在另一個房間裡，你何不過去跟他打聲招呼，」我說：「我很樂意，」於是我打開門走進了一個私人套房，約翰就在裡面。和他同桌的還包括喬治．漢彌頓和伊莉莎白．泰勒。我愛死了伊莉莎白．泰勒，以及《郎心如鐵》。她與蒙哥馬利．克利夫特的吻戲，是影史上最棒的吻戲。葛麗絲．凱莉與吉米．史都華在《後窗》中的吻也非常棒。

伊莉莎白．泰勒當晚頒發最佳導演獎，我們在後面房間的時候，她說：「我喜歡《藍絲絨》，」我的心臟怦怦跳了起來，我很訝異她居然看過這部片，而且喜歡。「我希望我可以贏，因為如果妳頒獎給奧立佛．史東，他就可以吻妳。」於是她說：「來吧，」我過去，她坐在椅子上，我站著，伊莉莎白．泰勒的臉就在我前面，我傾身下去，看著她紫色的雙眸，和她的臉，然後我朝著那片唇俯身彎下，一直下去，她的唇深若無底。太不可思議，我吻了她，那感覺太美妙了，然後我們和約翰．休斯頓聊了一會兒，我就離開了。另外一次在坎城影展，我也吻了她，我和她坐同一桌，我記得我在斯帕格餐廳吻過她，我問她可不可以再吻一次。當時我和瑪莉．史溫尼[30]在一起，伊莉莎白．泰勒後來打電話去我房間，想知道我結婚了沒有。她很喜歡跟人結婚，結過七、八次婚吧，但是我並不想跟伊莉莎白．泰勒結婚。我在一場愛滋病研究基金會的活動中，又吻了她一次，然後我們去吃午餐，她講故事給我聽。那是我最後一次看到她。

1 Fred Caruso　2 *Valachi Papers*　3 *Cinéaste*　4 Bobby Vinton　5 IsaBella Rossellini
6 John Wentworth　7 Johanna Ray　8 Mark Lester, *Firestarter*　9 Laura Dern　10 Williem Dafoe
11 Meadow Lane　12 *In Dreams*　13 *The Thin Man*　14 Duwayne Dunham　15 Raleigh Studio
16 Roy Orbison　17 Angelo Badalamenti　18 *Mysteries of L ove*　19 Julee Cruise
20 Telluride Film Festival　21 *Hardy Boys*　22 *Rabel Without a Cause*　23 *Amrican Friends*
24 This Mortal Coil, *Song to the Siren*　25 Elizabeth Fraser　26 Pieter Bruegel　27 Patty Norris
28 *My Little Pon*　29 Swifty Lazar　30 Mary Sweeney

包裹在塑膠袋裡

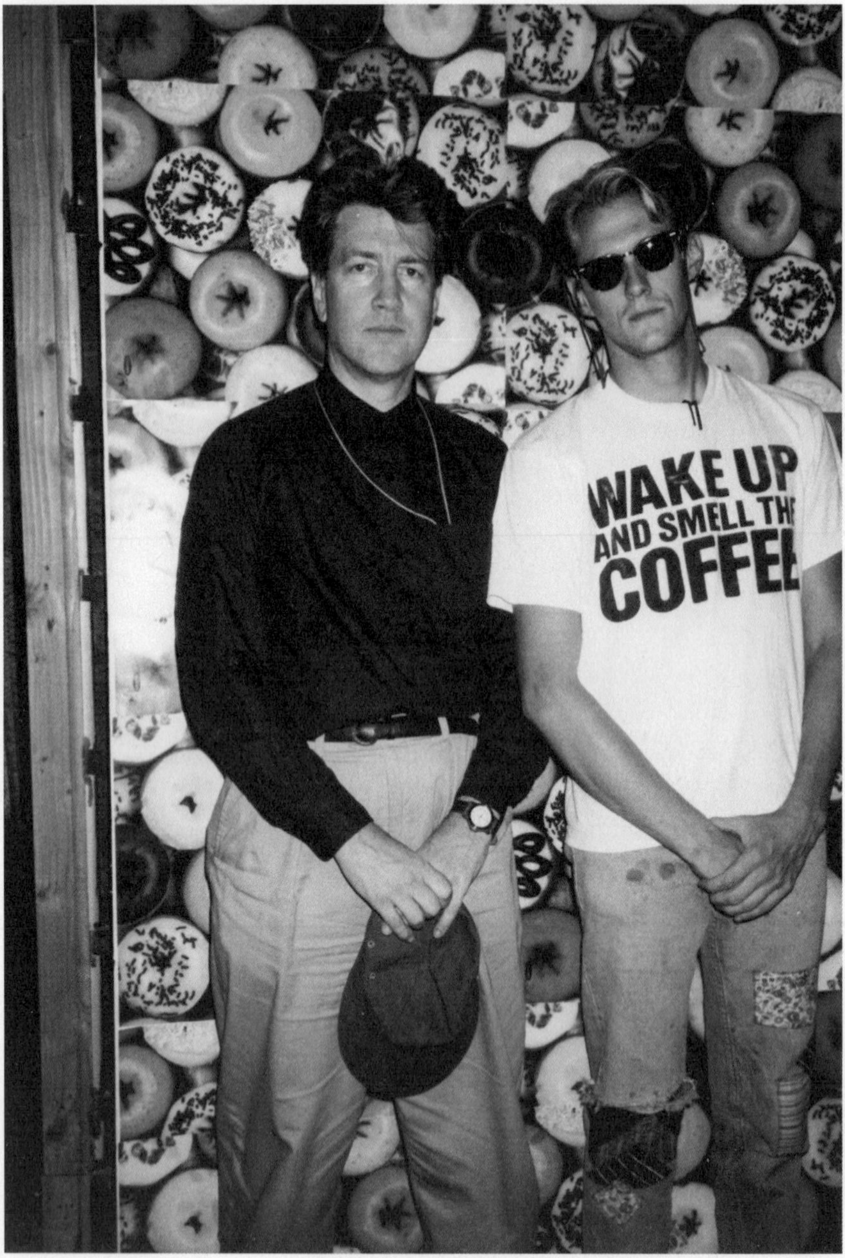
WAKE UP
AND SMELL THE
COFFEE

對林區來說，一九八六年是個不錯的一年，《藍絲絨》讓他晉升大師殿堂，但是同樣重要的，是當年初春的一場偶遇，他認識了作家馬克·佛洛斯特。佛洛斯特一九五三年出生於紐約，青少年時代在明尼亞波利斯度過，他當時在嘉塞莉劇場工作，然後在卡內基美隆大學修習表演、導演，以及編劇。一九七五年畢業之後，他前往洛杉磯，從事電視編劇。一九八一年，他擔任頗受好評的電視劇集《山街藍調》的編劇班底，一直做到一九八五年。隔年，他認識了林區。

「有一位CAA的經紀人湊合我們一起拍攝聯美公司的電影《女神》，」佛洛斯特回憶起一個紀錄瑪麗蓮·夢露生命最後幾個月的拍片計畫，這部片改編自安東尼·桑默斯的傳記《瑪麗蓮·夢露的祕密生活》[1]。「大衛讓我驚訝，他是個直接的人，也有很好的幽默感，我們一拍即合——我們常惹對方笑。他很親切，我也以禮回報，我們相處得非常愉快。大衛一九八六年在迪諾位於威爾榭大道上的地方開了一家店，那裡也是我們合作《女神》的地方。我們都希望將故事擴展到冰冷的現實之外，並注入抒情，近乎奇幻的元素，我們開始以一種亦步亦趨的合作方式。」[①]

這個劇本還有一個名字叫做《沉淪維納斯》[2]，他們在一九八六年十一月完成劇本，由於故事中牽涉到巴比·甘迺迪介入這位女星的死亡，計畫很快就被擱置。「《女神》有個很好的主題，我們也寫了一個很棒的劇本，」佛洛斯特說：「但是很不幸，聯美公司和雇用我們的製作人伯尼·史瓦茲不了解原著中所揭露甘迺迪家族的真相，今日早已見怪不怪，不過在當時卻是前所未聞。因為我們在劇本中披露了這些事，所以一切也結束了。」

在這段時期裡，大衛有許多導演機會，但是他對拍大片做的電影不感興趣。「大衛和我曾經開玩笑說，他想要高酬勞，低成本，」瑞克．尼西塔談起林區，他從《沙丘魔堡》中得到的教訓還記憶猶新。林區嘗試說服狄．羅倫提斯搞定《朗尼火箭》，但是他說：「迪諾對這個故事沒有感覺。」狄．羅倫提斯信任林區，他們也努力找機會繼續合作。《湖面上》[3]是一個可能，在拍攝《沙丘魔堡》時，林區把這構想告訴拉斐拉．狄．羅倫提斯。她鼓勵林區跟她父親談這個構想，她父親願意承諾籌募資金，但是後來也無疾而終。

林區在這段時期最重要的一件事，就是他取得了一棟他稱之為「粉紅屋」（Pink Room）的房子。這是個世紀中現代主義住宅，位於好萊塢山。這棟房子建於一九六三年，有著阿茲特克風格的紋飾設計，設計者是洛伊．萊特，法蘭克．洛伊．萊特的兒子*。後來洛伊．萊特的兒子艾瑞克幫助林區把房子整修好，內部牆壁是淡紫色灰泥牆，而他居住的地方，家具總是很少。粉紅屋讓林區第一次住在一個完全是他想要的地方，這棟房子對他很重要。他從不離開這裡，他後來又買下兩棟鄰近的地產，創造了一個複合式空間，提供他生活與工作。

當時，林區的生活方式也在改變，他開始需要一個團隊。團隊成員在幾年內開始擴張，如今包括一個音效工程師，一個內部剪接師，一個全職雜工，一個檔案人員，負責處理他的藝術作品以及展覽，一個專職製片人，以及一位個人助理。剛開始精簡實務，只有兩、三個人。大衛可以完成這麼多事情，原因之一在於為他工作的人都能獨當一面，並且對他忠誠。黛比．特魯尼克在一九八七年擔任他的辦公室經理。約翰．溫特沃思則是什麼事情都會，都可以處理。

《女神》計畫失敗了，但是佛洛斯特和林區希望一起合作，佛洛斯特說：「有一天我們在康乃馨咖啡廳，大衛說：『我有一個想法：在堪薩斯州一個叫做牛頓維爾的虛構城市，有一個安全研究機構，兩個蠢蛋在那裡工作。其中一個大笑的時候，一顆泡泡從他嘴裡冒出，一路飛到走廊轉角，進入一個放置精密裝備的房間。然後切到外太空，有一枚衛星部署一種雷射砲，然後發射，接下來就倒數計時。』這就是大衛進來咖啡廳時所想到的，然後我們腦力激盪，把這故事變成一個滑稽奇幻的文本，叫做《唾液泡泡》[4]。」劇本敲定由史提夫·馬丁[5]和馬丁·蕭特[6]主演，就在開拍前六週，迪諾沒錢了，他的公司和所有的拍片計畫，全都付諸流水。

《唾液泡泡》就這樣泡湯了，但其他方面卻很有進展。當年六月，他的藝術事業開始起飛，他遇到了藝術商詹姆斯·科爾科蘭[7]，詹姆斯·科爾科蘭藝廊的老闆。「大衛住在西木村小公寓時候，我去那裡找過他，」科爾科蘭回憶起，一年之後，他幫大衛辦了個展：「大衛看來神采奕奕，我馬上就喜歡上他——他是個正派的人。當時他在製作大型蠟筆畫，讓我好奇的是，比較起當時其他展覽藝術家，他的作品非常黑暗，就像肯尼斯·普萊斯[8]和愛德華·魯沙[9]。」②

林區的展覽在銷售和口碑兩方面都非常成功。《藝術論壇》雜誌形容他的作品「直入人心，古怪討喜。」《洛杉磯時報》則說他「真實，原創。」伊莎貝拉·羅塞里尼後來把林區的作品展示給米蘭畫廊主人碧翠絲·摩蒂·黛拉·寇德[10]，她請傳奇藝術商李歐·卡斯特里[11]看。卡斯特里於一九八九年二月，舉辦了林區第一個在紐約的展覽，科爾科蘭則在洛杉磯為他辦了第二個展。

＊法蘭克·洛伊·萊特（Frank Lloyd Wright, 1867-1959），美國傳奇建築師，生前設計的八座建築入列世界遺產。

在這次的展覽中可以輕易發現，任何潛藏在林區靈魂中的黑暗，都可以直接進入他的藝術創作。例如：《通過我的房間，一道扭曲的手的影子》[12]、《風大的夜晚，一個寂寞的人影走進強波的小丑房》[13]，以及《我的天，媽媽，狗咬了我》，這些作品都完成於一九八八年，展覽名稱恰如其份地呈現了他作品中的氛圍。灰色、棕色和黑色的顏料，徒手繪畫的大面積陰暗，圖片散發威脅恐懼的氣氛。精心配置的肉色調段落，勾勒出作品中人的存在，但形式上只是粗略勾出簡單筆劃；肉體的觸感更像傷口。都是駭人的作品。

在這幾年間，林區的生活往返東西兩岸，半年時間在紐約與羅塞里尼作伴，另外半年則在洛杉磯。他和菲斯科的婚姻在一九八七年正式結束。「我不想上法院，不想深入處理那些亂七八糟的東西，」菲斯科說：「我們結婚的時候並沒有找律師，所以我們分手也不需要律師，我們希望盡可能快速簡單。這是很難熬的。離婚當天，我就在《浮華世界》雜誌上看到大衛與伊莎貝拉的報導。」

一九八七年，大衛遇到了製作人蒙帝．蒙哥馬利[14]，開啟了一段重要的友誼，此人在一九八一年和凱薩琳．畢格羅合導了一部獨立靠片《無愛》[15]。「我遇到一個叫做亞倫的人，他在洛杉磯有一家模特兒經紀公司，叫做「閃」（Flick），他們很想各方面嘗試——我們是因為拍音樂錄影帶而認識，」蒙哥馬利說：「亞倫是伊莎貝拉的代理人，他告訴伊莎貝拉，他們應該來認識我，於是我去大衛家。他坐在空蕩蕩的房子裡，只有一個家具，他非常友善；我們聊起電影，覺得彼此頻率相當，他似乎非常誠懇——我們一拍即合。我們認識的第一天，就跑去慕索與法蘭克餐廳吃午餐，好萊塢大道上形形色色的人跟我們錯肩而過，大衛看著他們說：『我很好奇他們會有怎樣的故事？』他對每一件事情都感到好奇。」

「認識大衛的時候，他剛剛拍完一個廣告，需要進行後製，」蒙哥馬利繼續說：「帕帕干達製片公司[16]希望加速這支廣告的進度，於是我們碰頭了，他經驗非常豐富。我們就是這樣開始合作的。」③

蒙哥馬利並不是帕帕干達公司的合夥人，但是他協助林區所有的拍片計畫。帕帕干達公司在一九七八年開始萌芽，冰島製片人喬尼．史瓦森當時是美國電影學會的學生，他遇到了修習製作課程的史蒂夫．哥林，兩人開始共同發展拍片計畫，然後又與另外三個製作人，在一九八三年創辦了「帕帕干達」製片公司。哥林和史瓦森在八〇年代中期認識了蒙哥馬利，他們發現彼此都在進行同一個計畫。「史蒂夫和我都喜歡一本一九八三年發行，理查．哈拉斯的小說《你玩黑的，出來紅的》，但是這本書的版權被某個德州人買走了，於是我們打電話給這個人，他就是蒙帝。」史瓦森說道：「我們一起發展電影，這是我們三個人第一次接觸大衛。他很喜歡，但是他對歷史題材不感興趣，而且當時他想做的是《朗尼火箭》。我們也有參與，有好幾次幾乎找到資金，但最後還是不了了之。後來，大衛開始和馬克寫《雙峰》的劇本。」④

這時候，林區的事業開始往多方向擴展，他開始一步步涉入音樂。羅伊．奧比森本來對於《藍絲絨》用他的歌曲〈在夢裡〉持保留態度，但是後來他態度改變了，一九八七年四月，他進錄音室錄了一個新版的〈在夢裡〉，由林區和T．本恩．本內特[17]監製。然後在一九八八年，林區接受《費加洛雜誌》和伊拉多電影公司的邀請，拍攝一部法國電視劇集《誰在看法國》的短片，他編導了《牛仔與法國佬》，一個二十四分鐘的陳詞濫調大集合，主題是關於美國和法國，主角是製作人菲德列克．勾臣[18]，他飾演一個茫然的法國人，戴著貝雷帽，帶著異國情調的奶酪和麵包；他突然來到一個花花公子的牧場，在那裡遇到了無能的牧場工人，一個鄉村音樂三重唱，還有一個穿著腰布和羽毛頭飾的原住民美國人。

哈利．狄恩．史坦頓在這部片中飾演牛仔，這是他出現在八部林區電影中的第一部，「我一直很欣賞林區的電影，我們非常投緣。」史坦頓回憶道：「我們了解彼此，我們討論道家、佛法、冥想，以及一份建立在對於東方的共同興趣上的友好關係。」⑤

勾臣說：「瓊安．雷來電說，『有位導演正在找一位法國演員，你有興趣跟他見面嗎？』我告訴她我不是演員，但很想見他，所以她安排我去大衛家，我記得他的屋子非常空曠。有兩個揚聲器和兩把椅子，彼此相隔很遠。感覺很荒涼，但他是非常熱情友善，無論我說什麼他都會笑。他說：『我覺得你很完美，』三天後我們開始拍片。剛開始的時候，我對演這個角色有些怯場，但大衛會帶領我，這是一段有趣的經歷，我不再擔憂了。」⑥

因為這部電影與林區首次合作的，還有劇本監製可麗．格雷[19]，她後來也成為林區的固定班底。當時她每天領五十美元擔任製作助理，她的事業生涯就這樣起步了。「我記得我想過，如果我只要為一個導演工作，他就是我想要一起工作的人，」她談起林區說道：「我愛上他的創造力，他擁有我認識的人中最大的包容心。我記得伊莎貝拉來片場探望他，他送了一個綠色的M&M's給她。他總是很開心，一天工作結束之後，他會感謝每個人，他知道劇組每個人的名字，即使是最卑微的製作助理。如果有工作人員給他帶來一杯咖啡，他會看著他們的眼睛說：『謝謝你，強尼，非常感謝你。』」⑦

同一年，林區在蒂娜．拉斯伯恩導演的的《莎莉與我》[20]中首次以演員身分亮相。這部電影描寫一個小女孩在有虐待傾向的老祖母，和羅塞里尼扮演的愛心家庭教師之間掙扎的故事。林區飾演家庭教師的神祕男友威利。「蒂娜（後來導演了《雙峰》第三集和第十三集）拍了一部關於一個有問題的已婚婦女的電影，我覺得這故事很美，所以當我們見面談《莎莉與我》時，我很感興趣，」羅塞里尼說道：「我飾演一個有男友的保姆，但是當我們為男友這角色選角時，卻找不到男演員可以勝任。這個故事令人回想起另一個世紀，一個人們不會快速消耗愛情的世代，我們試鏡過的男演員都太現代、太性感。大衛溫文有禮，當他試鏡這角色時，蒂娜被說服而且接受了。」

這部電影於一九八八年一月二十三日在日舞影展首映，四月十五日正式公開，評價普通。對於演電影，林區的感覺有好有壞，他很少說這方面的事，但是他似乎對於自己在文化領域中的這個新身分感到自在。他越來越有名了。

「我記得有一回他和我在一起，第一回有人找他簽名，」瑪莎．雷佛希說：「那是在一九八八年左右，我們在丹尼餐廳或者類似的餐廳，有兩個人拿著餐巾紙過來，請他簽名。他態度從容地說，『是的，有人開始認出我了。』他似乎不覺得奇怪。事實就是如此，他非常親切和藹。那出自我們父母的教導。」

眼看著林區就要大紅大紫了。托尼．克蘭茨[21]是個年輕的經紀人，他從一九八一年在CAA的收發室開始，一路爬到管理階層，他覺得林區說故事的方法可以轉化成電視劇集的結構。「當我聽說大衛與《山街藍調》的資深作家合作時，我就在想，這會是一種奇怪的可能性！我想製作一個熱門劇集，我看到了機會，於是請他們來開會討論，說服他們試試看。他們想出了一個叫做《雷姆利亞人》的企畫，故事關於一片叫做雷姆利亞的大陸，一個邪惡當道的地方。這片陸地消失在海洋之中，只剩下幾個生還者，於是聯邦調查局利用粒子探測器尋找剩餘的雷姆利亞人，並殺死他們。我們把這個企畫拿給國家廣播公司（NBC）的經理布蘭登．塔提科夫[22]，他定位這是部電影，可是大衛不想拍成電影，因為他覺得那是影集。所以這劇本即使賣掉了，同時也死掉了。

「大衛和我經常一起吃午餐，」克蘭茨繼續說：「有一天我們在尼柏樂斯餐廳，我環顧四周說：『大衛，這是你的世界，這些人，這些洛杉磯有的沒有的東西。這是你的電視劇應該做的東西啊！』於是我租了《冷暖人間》[23]，放給大衛和馬克看，然後說：『讓《冷暖人間》和你的世界交會，大衛。』」⑧

雖然林區討厭《冷暖人間》，佛洛斯特回憶起當時他和林區「共謀大計。然後我們去美國廣播公司，和一些高級主管會面討論該怎麼做，包括美國廣播公司（ABC）的戲劇節目主管查德．霍夫曼[24]。我們談到這個最初被稱為『西北航道』的想法，但是被他們猛烈抨擊。」

林區和佛洛斯特在一九八八年三月，成功把企畫案提交出去，當時編劇工會正進行一場持續到八月的抗議罷工。「因為罷工的關係，每件事都拖延了將近一年，所以第一次在ABC的會議之後，有一個空檔，」佛洛斯特說：「罷工結束後，他們打電話過來說：『我們想進行你們提出的企畫，』但是當時我們兩人都不記得我們說過了什麼！於是我們又再討論了一下，然後去見他們，接下來，他們就要求我們寫劇本。我們知道那將會發展成電視劇，故事是關於高中返校日皇后的謀殺，我們構思中的第一個影像，是一具在湖畔，被水沖刷的女屍。」

這個故事是個小鎮陰謀的研究，背景設定在與《藍絲絨》類似的不確定的時空，《雙峰》有一個清晰的敘事線，然而故事結構很有彈性，可以容納我們一路發展出的新想法。例如，佛洛斯特和林區正在寫前面幾集，但林區有機會見到達賴喇嘛，達賴喇嘛向他講述了西藏的困境。因此到後面當戴爾．庫柏探長對雙峰鎮的警局人員演說時，也說到了西藏與達賴。

電視網可以接受這類非典型的題材，部分原因是佛洛斯特知道如何跟電視圈打交道。作為一名經驗豐富的電視編劇，他了解電視媒體的節奏和局限，佛洛斯特是林區的好搭檔，他們兩人各自為這計畫帶進不同的東西。「在計畫的最初，我的貢獻就是我比大衛更了解做電視的基本規則，」佛洛斯特說。林區回憶起佛洛斯特有個像精神科醫生的沙發那樣的辦公室，他會躺在沙發上說話，而佛洛斯特則用打字機打出來。

「我們會把主題丟出來，像打乒乓球一樣來來回回討論，」佛洛斯特說。「劇情會自動生出，我們則把原始概念搓揉成形。我們各自會對其中某些部分特別堅持。結構算是我的強項，但是大衛對於提昇氛圍、角色，以及動作細節，有深刻獨到的看法。大衛比我黑暗，有時候不免意見分歧，但是我們都會解決問題。我們從來不會任性地說：『這樣不行。』然後就拂袖而去。」

「我們不會過度興奮，好像說：就是這樣的啦！」佛洛斯特談到他們剛完成的兩小時試播集劇本：「這次的案子就像吞了藥那樣如有神助。我們很快就寫完試播集的劇本——不到一個月就寫好了——第一個完成的草稿就是最終定稿。我記得大衛在我的辦公室，我把兩份劇本印出來，大衛當晚回家讀了劇本後打電話給我說：『我想我們開始有進展了。』」

林區畫了一張雙峰鎮的地圖（這地圖現在掛在克蘭茨的辦公室），他們把這地圖連同劇本一起帶去美國廣播公司，用它來描述從劇本中發想出來的世界。美國廣播公司娛樂部門的總裁布蘭登．斯托達德[25]非常喜歡，並指示這試播集盡可能在一九八九年秋季推出。

「然後他們通知我們來開一個備忘錄會議，」佛洛斯特回憶道：「我記得有一個主管從口袋裡拿出一長列的備忘錄，然後說：『我這裡有些注意事項，如果你有興趣聽的話，』大衛說：『沒有，我沒興趣，』於是那個人安靜地把備忘錄收進口袋，臉上充滿羞怯。這個小插曲代表了一切。如果你想要一些不一樣的東西，就不要搞砸它！他們很少插手干涉。」

回顧那段時期，蒙哥馬利回想到當時：「有很多企畫擠在一起。大衛有辦法同時做很多事，但是他在《雙峰》製作初期，並沒有費太多心神。計畫已經箭在弦上。於是我告訴大衛：『你何不來帕帕干達公司呢？』我們有一個新的辦公室，有很多房間，我建議他安排馬克．佛洛斯特在辦公室工作，讓瓊安．雷也在那裡進行選角。」

《雙峰》的選角過程，也出現了典型林區製作中常見的「意外發現」。影集中跳舞，並且把對白倒著唸的麥可．安德森[26]，林區一九八七年在曼哈頓的馬固夜店遇到他。安德森穿一身金色，正在停車，林區馬上就想像到他演《朗尼火箭》的樣子。副警長安迪．布瑞南，由哈利．高茲[27]飾演，他是林區參加羅伊．奧比森致敬會時雇用的司機。而凱爾．麥克拉蘭則飾演主角戴爾．庫柏探員，林區說：「凱爾天生就是演這個角色的。」麥克拉蘭確實完美詮釋了庫柏，一個天真的智者，對人世間的奧妙感到好奇，而企圖發掘那黑暗的神祕。麥克拉蘭有一種厲害的喜劇節奏，非常迷人而有趣，正如同庫柏一樣。

飾演利蘭．帕瑪的雷．懷斯[28]觀察到：「對於大衛，演員就是一切。他的直覺性很強，在某方面，他會感覺自己與某人產生連結，知道該把他放在什麼位置。演員也感覺到林區對他們的信任，促使他們擺脫壓抑，跟隨自己，經歷影片中的一切。」⑨

利蘭．帕瑪傷痛的妻子莎拉．帕瑪由葛蕾斯．薩布麗斯基[29]飾演，這也是她與林區五次合作中的首部曲。妻子莎拉．帕瑪承載著整個鎮上的苦痛，每當薩布麗斯基出現在影片，她都得表現出極端的情緒；她變成了一個願意大膽嘗試折磨的表演者，「我記得有一天在片場，大衛問我：『妳要再來一次嗎？』我回答他：『大衛，我在第十七個鏡頭之前，就已經到達極限了。』」

「你不會知道你壓抑了多少東西，直到你遇到了一個不希望你壓抑的工作夥伴，」薩布麗斯基說：「我可以表現任何我腦中出現的東西給大衛看，如果可以用，他就會用。我跟大衛每一次的合作都樂趣無窮。那些潛意識和未說出口的東西，在我們之間潛移默化，在某種程度上更加珍貴。」⑩

《雙峰》開啟了很多演員的事業，他在這部影集中發掘的演員都非常感激他。「遇見大衛的時候，我非常年輕，我坐在我的手上，因為我的手抖得很厲害，」扮演蘿拉．帕瑪的雪洛．李[30]說：「但是大衛是個善良又溫暖的人，他馬上讓你覺得安心。他問我如果我要被塗滿灰漆，裝進塑膠袋，泡在冷水裡，我覺得怎麼樣？我說：『沒問題啊！』」⑪

娜迪．赫里原本只是個小角色，後來越滾越大，飾演她的溫蒂．羅比[31]說道：「我與大衛和馬克聊得非常愉快，然後大衛說：『妳有一隻眼睛會被槍射到，』然後我說：『噢！是那一隻啊？』他很開心地笑了，我有一個朋友剛好在我們會面的辦公室工作，他告訴我那天我離開之後，大衛說：『娜迪出現了。』」⑫

麥德辰．亞米克[32]扮演女服務生以及受虐妻子雪莉．強森，選角當天她忙到下午很晚，她有和我們預約。「我直到晚上十一點才到達選角會場，」她回憶道：「大衛一直在等！瓊安、艾瑞克[33]和馬克都在場，艾瑞克和我一起讀劇本，然後大衛說：『那麼，妳想演電視劇嗎？』我說：『是的，我想！』」⑬

《雙峰》的演員陣容也包括了許多很久沒出現的老戲骨，包括：魯斯．譚柏林[34]，琵琶．羅莉[35]，佩吉．利普頓[36]，理察．俾馬[37]，麥可．安特金[38]。他們都以不同的方式參加演出。

「一九八六年的一月，丹尼斯．霍柏為大衛四十歲生日慶生，我當時和狄恩．史達威爾住在一起，於是迪恩也帶我過去。」譚柏林說：「我是大衛的超級粉絲，在派對的某個時刻，大家都聚在一起，他開始打開生日卡，他打開了一張卡片，上面是一個被許多男人包圍的裸女的照片，然後他轉過頭來跟我說：『嘿！魯斯，』你想不想當這個男人？」那是個開始，於是我說：『大衛，我真正想做的，是與你一同工作，』然後他說：『下次就找你。』」

「好萊塢有很多人都喜歡空口說白話，但大衛不是那樣的人，」譚柏林繼續說：「兩年過去了，在他開始為《雙峰》選角的時候，他聯絡上我。我永遠忘不了當我們剛坐下來談的時候，從他嘴巴說出來的話，他說：『魯斯，我要你演的角色是怎樣怎樣……』我當時滿腦子只想著，他不是要我讀這個角色的劇本，而是要我演它。」⑭

當然，譚柏林在一九六一年經典音樂劇電影《西城故事》中飾演主角而一炮而紅。在那部電影中與他一起成名的另外一個演員理察・俾馬，卻是在純粹偶然的機會下，進入了《雙峰》。「我對大衛的第一印象是，他很隨和，」俾馬回憶道：「那並不像是個普通的導演會面，我感覺很放鬆。在我離開幾個小時之後，瓊安・雷打電話來告訴我：『他要你演賈柯比醫生這個角色，』後來她又打來說：『不是，他要你演一個叫做班・霍恩的商人。』我想著，幹，賈柯比聽起來有趣多了，不過其實我得到的角色比較有趣。」⑮

加拿大演員麥可・安特金以童星起家參與電視演出，他曾經在一九七七年與保羅・紐曼合作演出《火爆群龍》[39]。他與林區的見面，是一段鮮活的記憶。「他的頭髮站了起來，非常濃密，有一種後現代的搖滾感覺，我抱著剛剛出生的第二個女兒，昂首闊步走進來，」他回憶道：「那是秋末的某個黃昏，洛杉磯煙霧瀰漫的室內，感覺彷彿我們是在緬因州或奧瑞岡州的戶外。大衛有一件超級酷的釣魚夾克，害得我一直在找附近是不是有釣具和一大桶鱒魚。」⑯

選角過程非常順利，林區繼續做其他的事。「大衛跑去紐約與安傑洛合作音樂，《雙峰》依然在進行，」蒙哥馬利回憶道：「他們在西雅圖雇了一位製作經理，把預算、時程表，以及拍片地點整合好，我定期會去查看，有一天我告訴大衛：『我不覺得前置作業處理得很好，』他要求我去看一下，我深入查看之後，發現情況就像著馬上要發生事故的火車，我把我的預感告訴大衛，他說：『我要你當製作人。』」

「結果就是我和他全程待在片場，甚至有好幾次他乾脆派我上去拍些東西，這是前所未聞的。」蒙哥馬利繼續說，「他不想這樣，但別無選擇。無論下雨、降霰、起霧、下雪都要拍。二十四小時無休趕拍，睡在器材旁。這是一次充滿野心且條件苛刻的拍攝，大衛做得很棒。」

經過了二十二天半的工作，四百萬美元的預算，主要在華盛頓州的斯諾夸爾米、北灣市，以及佛爾城等地拍攝，試播集終於完成了。「我們全部演職員聚集在紅獅飯店，整個地方全被我們占滿了，」亞米克說：「好像在過大學宿舍生活，大家跑來跑去，拜訪別人的房間。」

露西．莫蘭是雙峰鎮警長室的古怪祕書，飾演這角色的金咪．羅伯森[40]回憶起拍攝試播集就跟「在天堂一樣，非常好玩，有些跟大衛玩的傻事，我都覺得好神奇。如果我好好地要求他，他會允許我用手指穿過他髮間，他的頭髮長在他頭上，就在他腦子裡的東西上面——你可以從他的頭髮中感覺到。大衛的頭髮是有功用的，是神賜予的能力。」⑰

試播集的外景在馬里布的樹林區拍攝，大部分的內景則是在聖費南多谷的一個倉庫拍攝，片中的電視裡播放的肥皂劇《愛的邀請》則是在洛杉磯法蘭克．洛伊．萊特的歷史建築「恩尼斯之家」拍攝。不過在劇中的地點是華盛頓，演員們都使出全身解數，賣力演出。

「我記得那是很漫長的一天，」雪洛．李回憶起《雙峰》難忘的開場戲，人們發現她赤裸著身體，被包裹在塑膠袋裡。「我有點進入了冥想狀態，我記得我在想，這是我的第一場戲，而我安靜地躺在這裡，我得像一片海綿。我聽得到所有的聲音，我知道不同部門的人正在工作——這是個非常好的學習，演一具屍體。」

林區不會把人限制在他們自己的框架內，當他發掘他們的時候，通常會看到別人沒有注意到的事。關於這方面的一個例子是德巴克．納婭爾[41]，他在八〇年代後期從印度來到美國，曾經在墨詮艾佛利製片[42]工作過。納婭爾有拍電影的經驗，但是在《雙峰》中唯一適合他的職位只是當林區的司機。他也接受了。

「我記得我在辦公室等待，然後他走進來了，一個精力充沛的男人，他伸出手對我說：『很高興認識你，納婭爾，』」納婭爾在接下來的十年之間，跟林區在許多不同的領域上合作，他也共同製作了一九九七年的電影《驚狂》，他回憶道：「我們談到了冥想，以及我的印度身分等等。後來我受雇擔任製作助理，也是司機，非常棒呀。」

「他都叫我『強哥』，我們經常玩打賭一元的遊戲，」納婭爾繼續說：「有一天我們一群人站在那裡，等待拍一場鐵軌的戲，大衛在丟石頭。我說：『跟你打賭一元，大衛，你一定丟不到那邊的柱子，』他沒有丟中柱子，於是說：『我以兩倍賭注，賭你也丟不到，』但是我丟到了。於是他指控我用了比較大的石頭！他真的很好玩，又是個很棒的導演。他從來不發脾氣，不大小聲，更重要的是，他從不離開片場。《雙峰》中出現許多驚人的東西，都是因為他在現場，他以創造力回應那些突然出現的、不可預料的東西。」[18]

林區的天賦中很重要的一部分，是他善於變通的想像力：他建構身邊的世界，而不是去尋找不在場的東西，這是和他工作過的人對他一致的看法。「大衛教過我最重要的一件事之一，是真正在現場存在。」雪洛·李說道：「他注意到每一件事，而且會把身邊發生的事物改造成藝術，他對理所當然的事，一點也不感興趣。與他一起在片場工作，總是又興奮又活力充沛，原因就在於此。」

理察·俾馬回憶起：「大衛非常重視劇本，當然我們也必須了解自己的臺詞，但是他經常會靈光一閃，出現自發性的念頭而營造轉折。有一天我到了片場，他們正在拍戲，於是我站在後面等，我穿了一雙新鞋，有一點緊。我小時候學過踢踏舞，於是我跳了一小段，想把鞋子弄鬆一點，他看到了就過來問我：『你會跳舞？』我說：『我跳過一點舞，』他說：『那你何不在下一場戲跳個舞？』我說：『大衛，下一場戲我會談論謀殺。』他說：『那很棒啊！這樣吧，你就在書桌上跳舞。』」

林區確實非常尊重《雙峰》的劇本，但是同時，隨著這齣劇的進展，角色本身也在過程中為這齣劇增添深度。「大衛不會告訴你你演的是什麼角色，」麥德辰．亞米克說。「他讓我自己去尋找到雪莉，看著我如何潛進她的皮囊，然後他再做回應。」

有些角色已然超越了原本的概念，通常是因為林區喜歡演員帶給角色的東西。「我想我知道為什麼大衛給了娜迪更多戲分。」溫蒂．羅比說：「有一個場戲，攝影機架在對街，看著赫里房子的窗口，我在裡面拉開和拉上窗簾。這場戲沒有對話——你只看到窗簾開開合合，當我們拍攝的時候，我可以聽到現場製作助理的對講機傳來大衛的笑聲。大衛讓機器一直運轉並繼續大笑，於是我繼續做，做到我手都要流血了。」

•••

亞米克描述林區在片場的風格是「事必躬親。有一場戲，我和我的男友巴比在開車，大衛就在車子的底板上說：『好，你現在用鼻子去磨蹭他。』之類的。另外一場戲，我正在講電話，大衛突然跟我說：『麥德辰，我要妳慢慢地把眼睛往上飄，一直飄到天花板。慢慢地向上飄，一直飄一直飄，再飄，繼續飄——然後，卡！』我說：『大衛，我這場表演的動機是什麼啊？』他說：『就是看上去很棒呀。』」

「為了從演員身上得到他想要的東西，他的方式非常神奇，」亞米克繼續說：「我記得有一場戲，雪莉與她的老闆諾瑪．詹寧斯分享某些痛苦的事，大衛知道我必須非常投入。我們拍了幾次，然後他走向我，把手放在我手臂上，然後嘆了一口氣走掉，彷彿他要把這場戲需要的情緒灌注給我。他一句話都沒有說，卻把我所需要的帶給我。」

譚柏林也對林區深感驚訝：「大衛導戲的時候，坐得非常靠近。有一場戲，賈柯比醫生在醫院裡與庫柏探員和楚門警長談論賈克・雷諾在鄰近病床上被謀殺之事，大衛給了我最奇怪的指示。我們拍了一次，然後他說：『魯斯，再試一次，這次你不要想臺詞，或者臺詞的意思，你只要想到鬼，』這是他典型的導戲方式，而且對整場戲真的很奏效。」

「大衛為將要發生的事建立情緒與調性，」雷・懷斯說：「他有異常的能力，說出正確的東西，為你指出正確的方向。這裡的每個角色都有他們自己的傷痛必須表達，而表達的方式沒有限制。他對我們開放，讓我們表現出百分之一千，你可以從他的作品中看到這些。看看他從丹尼斯・霍柏身上得到的表演吧！他放任演員做到底，自由發揮。」

他也很願意等待，直到任務達成。「大衛是我四十年來唯一要求我放慢速度，花更多時間的導演，」麥可・安特金說：「午夜過了好幾個小時，楚門警長保持警戒，看著黑色旅館這令人畏懼的深淵，他期待，也祈禱可以找到他的哥兒們庫柏的身影。我們來回拍了五、六個越來越緩慢的鏡頭，每個鏡頭的結束後唯一的聲音，是大衛清晰、鬼魅般的低語，暗示著楚門警長得花更多的時間。為了永恆，再長的等待也值得。」

金咪・羅伯森回憶起她的片廠時光，她說：「大衛導戲的時候有一整套程序。他會先讓你坐下，然後用他的能量包圍住兩人之間的沉默，然後才開始設定整場戲。我的第一場戲是露西把電話轉給楚門警長，大衛說：『有一個重要的電話進來了，露西很有效率，做事小心謹慎，她關心房間裡的每一個人，她得確定沒有人搞錯，她對整個鎮瞭若指掌。露西該怎麼說呢？這電話是給你的。』」

亞米克特別鍾愛那天她所飾演的角色被聯邦調查局戈登・柯爾探員親吻的記憶，林區親自扮演這位探員。

「我很榮幸飾演被他吻的人！每個女孩都有點嫉妒我，我好像變成了老師最寵愛的學生。」至於那個吻？「很可愛，很柔軟，」金咪·羅伯森坦承她也吻了林區。「那是很久以前的一個殺青派對，我想那是他生命當中，身邊沒有人的一天，我們隨著一首跟吻有關的歌起舞，我吻了他，然後馬上跑掉。」

美國廣播公司協議的條款規定，林區得拍一個替代結尾，讓試播集以劇情片的模式在歐洲發行。這項要求也發展出這齣劇的「紅房間」（Red Room）結尾戲，紅房間是個介於生死之間的神祕中陰地帶，裡面出現謎語，並揭示了祕密。紅房間裡的人說話是倒轉的，這個想法從一九七一年以來一直在沉浸在林區腦中，當時為了一個《橡皮擦頭》中沒有拍出來的戲，他讓艾倫·斯普雷錄下他倒轉著說「我想要鉛筆」。《雙峰》的試播集，就以紅房間的戲做結束，試播集在美國開播前的五個月，在英國直接發行錄影帶。

「大衛踏進片場的那一刻，他就精準地知道一切應該是怎樣，即使是一個桌上的玻璃杯。」史瓦森說：「他就是知道，我們建造紅房間的那天，當他來到片場，他快要發瘋了，因為房間的門在右邊而不是在左邊。我說：『大衛，他媽的誰在意啊？』他很在意，他堅持要重建，因為他在腦海裡已經看到這個場景，他拍下的東西得與他在腦海中看到的一致。」

看過試播集的業內人士都印象深刻。「試播集真的很靜默而安祥，前半個小時幾乎完全是悲痛中的人，得到了噩耗，」佛洛斯特說：「試播集有一股現實的氛圍，以及人們不習慣的節奏——它需要時間來進入，儘管它講述了一個複雜的故事，但作法並不花俏。它帶著一絲神話的感覺，將故事帶入另一個領域，但仍然維持著基調。大衛的精神信仰是這齣劇力量的重要源頭，它具有一種莊嚴的純潔性。這部試播集可與羅伯特·布列松的《鄉村牧師日記》[43]相媲美。」

羅比指出：「在《雙峰》之前，你不會看到電視上出現多層次的作品。要不是喜劇，就是戲劇，或驚悚劇，但是永遠不可能同時呈現。你會在《雙峰》中看到幽默，但大衛把痛苦、恐懼和性慾同時呈現出來，卻依然沒有失去幽默趣味。我到了片場，以為自己對這些素材很了解，但大衛總是看到更多。」

布蘭登．斯托達德指示美國廣播公司播出試播集，但是他於一九八九年三月，也就是《雙峰》開拍一個月之後，離開電視臺，於是整個企畫交給節目主管羅伯特．艾格[44]負責推動。「當我們拍攝試播集時，我們就知道這片子一定很特別，」雷．懷斯說：「我記得我去導演工會參加第一次的放映，我想著：哇，這部片太棒了。然而，那些看美國廣播公司節目的觀眾，真的也會接受這齣影集嗎？我不知道。」

艾格喜歡試播集，但是他很難說服美國廣播公司的高階主管播這齣劇，然後艾格在一個滿是紐約高級主管的房間內，開了一場跨越東西兩岸的會議，做最後的攤牌。艾格贏了。一九八九年五月，美國廣播公司終於選擇這齣劇集當作本季的節目，並且又訂了七集。每集的預算為一百一十萬美元，這些劇集在試播播出的前幾個月就都寫好而且拍攝完成。

「大衛和我寫了第一季的前兩集，然後我開始培養寫作人才，其中包括哈利．佩頓[45]和羅伯特．恩格斯[46]，」佛洛斯特說。「當新編劇進來時，我們都會提供基本規則和詳細的故事情節給他們，我們討論每集的內容和基調。我們會錄下這些，並將帶子交給編劇，以便他們在工作時可以參考。」

林區的參與是有限的，因為在美國廣播公司決定節目開播後的一個月，他就前往紐奧良拍攝他的第五部電影《我心狂野》。林區很擅長同時做多件事，一九八九年秋天《我心狂野》殺青後不久，他又去紐約與貝德拉曼堤合作電影配樂。

林區顯然覺得，只要在紐約，他也可以策劃一齣劇場作品，他在十一月十日在布魯克林音樂學院[47]發表了〈第一號工業交響曲：心碎的夢〉[48]。〈工業交響曲〉是他與貝德拉曼堤在非常短暫的時間內合作完成的，也是一部整合行銷的傑作。四十五分鐘的節目中，包含了一系列截然不同的元素：包括尼可拉斯．凱吉與蘿拉．鄧恩在《我心狂野》中打電話分手的影片；演員麥可．安德森演一個叫做樹人的角色，在舞臺上很有耐性地鋸一棵圓木；茱莉．克魯斯演唱她一九八九年專輯《漂浮入夜》中的四首歌，這張由林區和貝德拉曼堤聯合製作的專輯兩個月前才剛剛發行，兩人也包辦了專輯中所有的詞曲創作。

約翰．溫特沃思負責這次布魯克林音樂學院的演出，他記得那是一次：「驚人的經驗。當我在做《雙峰》的時候，我錄製了《我心狂野》的音效，然後突然之間，我們也要做〈工業交響曲〉——布魯克林音樂學院為他騰出檔期，大衛覺得辦得到。我們到那裡的時候，大衛先生還不知道我們要做什麼，但是他打開他的想像力，我們兩週內完成全部創作。這個作品也是一個大製作，裡面有拉斯維加斯的跳舞女郎、踩高蹺的人、侏儒，以及割草機——真是夠瘋狂。所有大衛的作品都奇妙無比，但是這個非常特別，因為它具有完整的獨特性，這場表演非常轟動。」

這場秀的主要表演者茱莉．克魯斯說道：「我無法告訴你〈工業交響曲〉到底是什麼。我身上懸掛著安全帶，在空中漂浮，身上穿著舞會的服裝，戴著一頂大衛靈光一閃的造型爆炸頭假髮，緊張無比。我們很快就完成排演，演了兩場。過程混亂，但是真的很好玩。」（這場表演後來出了ＤＶＤ，由帕帕干達公司發行並協同製作。）

林區經由克魯斯的專輯《漂浮入夜》跨足音樂事業，是ＣＡＡ的經紀人布萊安．洛克斯[49]一手策劃的。洛克斯在《藍絲絨》的製作期間聯絡林區，希望協助音樂的部分。「大衛說：『我已經有安傑洛了，』」洛克斯說道，他定時與林區保持聯繫。[19]然後在一九八七年，林區告訴他，他有興趣做一張茱莉．克魯斯的唱片，於是洛克斯協助他與華納兄弟公司簽下合約。

這段期間，林區以眼花撩亂的速度發表他的作品，在布魯克林音樂學院演出的前幾天，他為克里斯．伊薩克的歌曲〈邪惡遊戲〉導演的音樂錄影帶發行了，這首歌也出現在《我心狂野》中。這一年結束之前，他為卡文．克萊拍了四支香水廣告，並且在達拉斯的恩諾恩藝廊舉辦了一場展覽。

然而就在此時，《雙峰》的試播集卻因為電視公司的猶豫不決而陷入泥沼，製作完畢已經過了整整一年，終於在一九九〇年四月八日晚上九點首播。這齣劇播出的時機，觀眾都已經就位。「當時有舉辦試映會，某些作家看了都非常喜歡，所以正式開播之前，已經在敲鑼打鼓了，」佛洛斯特回憶道：「到了正式開播，大眾的期待達到頂點，首播收視率非常高。」

「這整件事情發生得太快，」佛洛斯特回憶道：「《雙峰》就像是在暴風眼上騎一隻蠻牛，對所有的參與者來說，都是極度不穩定。受到這麼多的注視，實在非常荒謬，不只是在美國——全世界都是這樣。第二年同樣的時間，我們還是在繼續拍攝，但是這齣劇衍生的文化現象，變得讓我們分心。這幾股力量通常互相矛盾。」

這齣劇在全球播出，得到極大的成功，一九九〇年十月，林區登上《時代雜誌》封面人物，人物標題為「怪誕界之沙皇」[50]。《雙峰》的周邊商品也不容小覷：領結、公仔、立體模型、咖啡香味的運動衫、枕頭、鑰匙圈、咖啡杯、海報、賀卡、手提袋和首飾等等。珍妮佛．林區撰寫的《蘿拉．帕瑪的祕密日記》[51]，九月十五日發行，就在第一季結束和第二季播出之前。幾週後，這本書也登上了《紐約時報》平裝小說暢銷榜第四名。約翰．索恩和克雷格．米勒推出了《包裹在塑膠袋裡》[52]，這是《雙峰》的粉絲雜誌，持續發行了十三年。

美國廣播公司似乎想殺死這隻會孵出金蛋的鵝。從一開始，這齣劇的的推進引擎就是「誰殺了蘿拉．

帕瑪？」這謎團是推動每一集敘事張力的核心，但是第二季播出的中途，電視公司堅持要揭露凶手的身分。從此一切開始走下坡。「我們努力保持神祕感，但是電視公司給我們很多阻力，」佛洛斯特回憶道：「首都公司[53]收購了美國廣播公司，這是一家非常保守的媒體，就像全國其他地方一樣。我想這齣劇讓他們坐立難安，這也是他們把第二季移到週六晚間播出的部分原因。放棄這齣劇原有的時段，這是個糟糕的決策。」

林區回歸編劇，並導演了第二季的第一集和最後一集，以及額外兩集，但是到那時候，已經回天乏術了。「凶手身分被揭露之後，就像輪胎洩氣，」佛洛斯特說：「然後波灣戰爭劫持了電視臺，八週內，我們被戰爭新聞搶走六週。觀眾只能偶爾看到這齣戲，根本無法跟上複雜的故事情節。」

把節目移動到劣質時段，以及不定期的播出時間，對這齣劇毫無助益，然而這齣劇還有其他問題。「第二季的故事一定有某些弱項，」佛洛斯特坦承：「大衛離開了，跑去拍《我心狂野》，而我簽了一部名為《故事村》的導演合約，我們的時間都被壓縮。另外，我們愚蠢地聽從經紀人的話，賣了另一齣叫做《美國編年史》[54]劇集給福斯公司。我們根本沒有足夠的時間把所有事情全部做好。」

這齣戲的演員們，也敏銳感覺到了第二季垮了的事實。「大衛離開的時候，我覺得他放棄了這齣戲，」金咪．羅伯森說道：「這不是針對第二季的工作人員——他們已經盡力做好分內的事情，老實說我真的也不知道是誰的錯。我所知道的是，我不喜歡總是有新的女性角色加入，原本的故事發展反而被丟棄。人們會進來，在相機上放一個萬花筒，像個觀光客般地說：『哦，來見識一下所謂的「林區主義」吧。』沒有人喜歡這齣劇後來的發展。

「我記得我坐在更衣室，等著拍一場露西對哈利發脾氣的戲——她總是無止無盡地對哈利發脾氣，」羅伯森繼續說：「編劇會那樣寫她，因為她不再被視為一個值得珍惜的角色了。大衛和馬克珍惜露西，除非他們合作，否則這齣劇不可能成功。」

「大衛與神、宇宙，以及創作的高速公路互通，他的腦子裡有一堆上下斜坡，直接通往檔案、房間和圖書館，他可以同時存取這一切，」羅伯森補充說道：「而馬克就是圖書管理員，負責檢查出入口，他會說：『不，你不能馬上把這些全部取走，但是我們可以依序把它完成。』只有他們倆一起合作，這齣劇才有辦法繼續走下去，但是在第二季中，他們已經不再團隊合作。」

一九九一年六月十日，第二季第十五集播出後一週，這齣劇在八十九個節目中排名第八十五，美國廣播公司將該節目無限期停播。「電視公司處理這齣劇的方式非常糟糕，觀眾已經流失，但大衛漂亮地重寫並重新定義了最後一集，也把『紅房間』帶進劇中，」佛洛斯特說：「他在最後一集畫龍點睛，也為此劇終止了第三季的可能性，不過他終究還是拍出第三季。就此而言，我認為大衛和我已經完成了階段性的任務，應該是時候邁向下一步了。」

回顧這齣劇的滅亡，克蘭茨說：「我不知道大衛是否仔細考慮過，他離開這齣劇跑去拍《我心狂野》的後果。他對電視的工作方式了解得夠多，知道節目一定得向前發展，但是他們需要大衛施展魔法，即使魔法來得太遲，他們還是不得不一集接一集拍下去，因為他們必須往前進。」

《雙峰》第二季不缺人才，但不可否認，林區與佛洛斯特之間存在摩擦。「這種緊張局勢部分歸因於馬克的挫敗感，因為這齣劇被視為大衛．林區的《雙峰》，」克蘭茨繼續說：「他們合作創造了這齣劇，馬克帶來講故事的方法，讓大衛透過電視呈現他的藝術，這是個關鍵。他們倆結合成一個完美的單位，缺一不可。但馬克覺得所有的殊榮都給大衛拿走了，而他的自我卻被夾在中間，處境尷尬。」

「在第二季中，馬克獲得了他渴望的認可，他全權負責，也終於有機會製作馬克．佛洛斯特的《雙峰》，」

克蘭茨繼續說：「他和哈利．佩頓為第二季創造了新的劇情，引進新的角色，而不把焦點放在原本劇集中的核心角色。大衛對此並不滿意，劇本中有些情節並沒有得到他的許可。就像是『嘿，等一下，你誤解了造成《雙峰》第一季如此偉大的這場夢。你在模仿，你在製造假的版本。』」

「然後，電視臺強迫他揭曉殺死蘿拉．帕瑪的凶手，他有權利抗拒，」克蘭茨補充說道：「很顯然這是美國廣播公司犯下的一個錯誤，但還有其他原因導致第二季的失敗。其中有些是創作方面的責任，大衛和馬克的合作關係已經毀了。大衛、馬克和我曾經去過一家叫做繆思的餐館，有一天我和他們在那裡，我說：『你們剛入圍了十七項艾美獎。』然後我就把他們的手拉在一起說：『你們必須手牽手團隊合作。』」

林區和佛洛斯特之間的關係尚未結束，但他們需要暫停彼此的接觸，林區把專注力轉移到其他方面。「我們合作拍了幾支廣告，以及一個關於紐約市老鼠的公共政策宣導片。」蒙哥馬利說：「我覺得大衛做這些事做得很開心——大衛喜歡拍任何東西，你只要把他放在一個有材料的房間裡，他就會巧妙地做出東西。大衛可以適應任何一種可能的限制，這是很多人做不到的。」

與此同時，《雙峰》顛顛簸簸地走到終點，《我心狂野》出現了，征服了世界，又走了。林區對他與佛洛斯特創造出來的世界，懷抱著從未減弱的愛，而他在《雙峰》演員身上刻下的印記，更是永恆不變。

「和大衛在一起的時候，總是感情豐富，」安特金說：「就像把某個手工馬戲團，變成另類異教儀式。《藍絲絨》證明大衛就是古老的煉金士，他從一無所有中，憑空捏造出可以觸及到的、持久的氣氛。你不會看到琴弦或電線或兔子，除非他要你看到。」

雪洛．李說：「我曾開玩笑說他好像在給我催眠，因為大衛有辦法引導你朝向一個不是很有邏輯的方向，但是他突破了你的抗拒，讓你進入一個美妙的遊戲世界中，你不必想得太多。你知道，當你和大衛一起進入片場，你會做一些過去從未做過的事，那真是讓人興奮。」

《雙峰》的演員們受惠於林區，改變了他們的事業發展。他也在個人層面上也影響了演員。「大衛非常關心人，他也關心合作的夥伴的生活，這是他最感動我的事，」麥德辰・亞米克總結道：「我非常幸運，遇到了這顆劃過銀河的美麗星辰，我珍惜我們的關係。他引導我，教導我保持高標準，沒有任何東西足以衡量我與大衛走過的這段旅程。」

TIM AND TOM'S
TAXI-DERMY

《藍絲絨》結束後，工作並沒有蜂擁而來。我確實拒絕了勞勃．杜瓦[55]主演的《溫柔的慈悲》，結果那是一部很棒的片子，但我覺得不適合我。瑞克不會特別要求我做什麼事——他始終是那麼一個好人。

《藍絲絨》之後，我開始過著跨越東西兩岸的生活，我並不喜歡那樣。我喜歡和伊莎貝拉一起住在紐約，去歐洲的時候，我也喜歡歐洲的生活，但我更像個顧家男孩。當你一直到處跑，你什麼事都無法完成。不過，在那段時間裡還是發生了些很酷的事。有一次我和伊莎貝拉在義大利，她正在拍某位俄羅斯導演的電影，施雲娜．曼卡諾也在那部電影中演出，我跟她也很熟。他們在羅馬南部最神奇的地方拍片：地面彷彿向上升起形成高原，夢幻般的、極簡感的義大利房舍，以及向上攀爬的樓梯，一路堆高到美麗的露臺——真是美得難以置信。

有一天晚上，施雲娜邀請伊莎貝拉和我共進晚餐，於是我們去了家有閃爍燈光的戶外餐廳。當時是蘑菇季，所以全部餐點都是蘑菇——主菜的蘑菇像牛排一般又大又厚，每一道蘑菇料理都有不同的風味。當時有施雲娜、我、伊莎貝拉，和馬切洛．馬斯楚安尼[56]一起吃晚餐。我必須承認我有一點在追星。他和施雲娜是老朋友，人也非常好，他說了些故事——這是最棒的事。用餐時我告訴他，費里尼和我的生日是同一天，我也是費里尼的忠實粉絲。我最喜歡的費里尼電影是《八又二分之一》，但是我也很喜歡《大路》，這兩部片中都有很棒的東西。第二天早上我走出旅館，一輛賓士轎車停在門口，司機告訴我：「我帶你去奇尼奇塔電影城。馬切洛安排你和費里尼一起共度一天。」於是我們開車去羅馬，費里尼在那裡拍攝《訪談錄》[57]，他歡迎我，他工作的時候我和他坐一起，我們成了好哥兒們。

後來，差不多幾年之後，我在伊莎貝拉長島的家，我記得那地方叫做貝爾波特吧。有一天晚上我們和她的朋友去乘船。他們有一艘小遊艇，有點像我喜歡的木頭吉普車玩具，我問他們從哪裡弄來的，他們說：「我們是從斯丁．梅爾比那裡弄到的。」於是我去找斯丁．梅爾比，他是個好人，會修船，知識淵博到要發瘋。他說：「我有一艘船可以給你，船名是『小印地安人』。」我看了這艘船，非常漂亮，我很想要這艘船，我得到它了。那是一九四二年由約翰．赫克[58]設計的費茲傑羅與李[59]遊艇，他們在紐約的千島湖地區用這種船當計程車使用。

有一天，伊莎貝拉說：「我們要去釣螃蟹，」她計劃跟她朋友一起乘船去，這樣他們就可以去她家附近接她。我打算開「小印地安人」去釣魚地點跟他們會面。他們指示我如何到達那裡，那是個神奇的下午，純粹就是很美麗，我非常興奮。我開著我的「小印地安人」沿河而上，經過過聖路易的拱門。那時候我已經駛了很遠，然後開始看到浮標。他們告訴我：「駛出浮標線，就會看到浮標終點，向右轉，沿著另一條浮標往前，然後再向左轉，你就會看到我們。」

差不多花了半個小時，我到了那裡，我們一起釣螃蟹。他們把金屬籠放進水中，螃蟹會過來抓住籠子，然後就被捕上來。這一切像是什麼呢？我想有些人就像這樣，不該抓的時候，卻緊緊抓著不放。

時間已經五點半了，我們決定打包回府，回各自的船上。我們離開時陽光普照，但是當我抵達浮標線的盡頭時，應該向左轉，一轉過來時，彷彿到了「陰陽魔界」[60]。燦爛的陽光，馬上變成黑暗的夜晚，以及一場暴風雨。就在一瞬間。我必須站在船上，因為下雨了，我看不到擋風玻璃，我的船上有一個引擎，最高速度每小時十七海浬，而海浪越來越大。我想起我出發前沒有檢查汽油，這是一定要做的事。於是我就隨著波浪漂流，我已經忘了計算過多少浮標，然後我來到了一艘巨大的漁船後面，差不多兩、三層樓高的大船。整個船身全部大放光芒，我跟著漁船尾巴的波紋往前走，非常順利，而且我也很享受身處在那艘船的波紋當中。接著它開始向左轉，我想，這艘船要出海了，可我不想出海。於是我向右轉，海浪非常大，四周漆黑一片，只有霧和暴風雨。突然間，我看到了岸邊的燈光，河口有拱門，我把船開進去停了下來。對於真正的水手來說，這絕對是個膽小鬼的故事，但是對於我，那真有夠刺激。

拍完《藍絲絨》之後，我住在西木村的一棟公寓，但是我喜歡現代建築，我想要一棟屬於自己的現代住宅。我聽說可以詢問克羅斯貝·杜伊地產公司，於是我打電話給他們。那裡有個叫做楊的人，我跟他接洽。他帶我看了幾棟我不喜歡的房子，然後我就去紐約。到了紐約後不久，我接到他的來電，他說：「我找到你要的房子。」回到洛杉磯之後，他接我過去看，並且告訴我這房子是粉紅色的。我們開車穿過好萊塢山，看到了這房子，我看到它的第一秒，就覺得我一定要擁有它。我說：「就是這個了，」我興奮地發抖。然後我們進去會見這房子的主人威爾，屋子裡有牆到牆的白色粗毛地毯，但我並不在意。我知道這房子本來的樣子。威爾說：「我希望大衛可以擁有它，這是價格，」我說：「好的，」於是在一九八七年六月搬了進來。我搬進了粉紅屋，在地下室弄了一個工作室，我在那裡畫了很多畫。

我買得起這棟房子，是的，但我不會說我感覺很富有。我從來沒有感到富有過。事實上，當我住在玫瑰木街時，我比買下這棟房子時更富有。當我搬進玫瑰木街時，我的租金是每月八十五美元，我有一間附帶分隔牆的大房間，所以我有了一個臥室、一個座位區、一個廚房，還有一間附帶浴缸和淋浴設備的浴室。我在戶外搭了一個棚子，放置我所有的工具。我有一個繪圖桌，我有一個冰箱、一個爐子和一臺洗衣機，平屋頂上還有一條晾衣繩。我有一輛汽車、一臺電視、椅子、電燈和一臺電話，我可以去聖塔莫尼卡大道和聖文生路交叉口，一家名為「你多付」（Y-Pay-More）的加油站加油，把油箱加滿要價三美元。

錢是個有趣的東西。有錢的終極目標，就在於獲得自由，相對來說，我想我現在有一點錢，但我從沒有感覺到自由。這是最奇怪的事。我從來沒有感覺到真正的自由。有一次，佩姬和我決定分手，我有一種自由的幸福感。我記得我在洛杉磯市中心高速公路交叉口處開著一輛敞篷車。到了某一個點，我彷彿要翱翔天際了，那時候我感受到一兩個瞬間的真正自由。這幾乎就是我感覺自由程度的極限了。我不知道是什麼東西束縛住了我的感覺，但我知道我有責任，所以我不是真的自由。

那段時期發生許多事，我參加了蒂娜．拉斯伯恩電影《莎莉與我》的演出，我不知道這是怎麼發生的，但是我做了這件事，而且我並不後悔。這部電影是蒂娜的故事，她成長的世界都在電影裡，伊莎貝拉喜歡蒂娜，她也想演這部片。

就在那個時候，我認識了蒙帝．蒙哥馬利，我們變成了好朋友。蒙帝是個非常親切和藹的人，他經常邀我去各種地方，他也很有個性。在那個時期，我第一次拍攝廣告，是拍聖羅蘭的香水「鴉片」，非常好玩。蒙帝說我很喜歡拍東西，那是真的。拍廣告是為了賺錢，但是我總會從工作中學到東西，因為他們用的是最新最強的科技，於是我學到這些東西。拍廣告讓我學習到效率，廣告都是描述小小的故事，卻可以拍得非常美。皮耶・埃德爾曼[61]為我安排這支廣告，而蒙帝協助我後製，這也是我們一起合作的開始。

我遇到了一位名叫詹姆斯・科爾科蘭的藝術經銷商，他希望展示我的作品，詹姆斯是個好人。他是個極簡先生。他認識藝術圈內的每一個人，他也喜歡我的作品，這讓我非常開心。我也喜歡李歐・卡斯特里，他是伊莎貝拉的朋友，這兩個義大利人，她介紹我們認識。我們初見面的時候，完全不是在談藝術，只是聊天，瞎混，我不知道他是怎樣或是在哪裡看到我的作品。他幫我辦了一場展覽，但我很好奇，他做這件事是為了伊莎貝拉？還是出於某種善意。總之，我和李歐・卡斯特里合作展覽了！這很棒。

當時維京唱片有個人名叫傑夫・埃洛夫[62]，《藍絲絨》問世時，他想幫我拍一個〈在夢裡〉的音樂錄影帶。後來我發現羅伊痛恨他的這首歌用在《藍絲絨》中的方式。這首歌對羅伊有很多個人情感，他的第一任妻子克勞黛在一九六六年的機車事故中喪生，儘管他在妻子去世前三年就錄製了〈在夢裡〉，但這首歌依然對他有特殊的感情。後來一個朋友告訴他：「羅伊，你一定得再去看看那部電影——實在太酷了。」身為偉大的羅伊・奧比森，他回頭看了這部片，他說：「你是對的。」然後事情一環扣一環，自然而然地我遇到了羅伊，羅伊是個木工藝家，我們談論店鋪、鋸子等等，我很喜歡他。他是個腳踏實地的好人，超級友善。

擁有他所有歌曲版權的唱片公司已經破產，他的歌曲被某個法律規定給套牢，所以他無法從唱片公司獲得任何收益，於是他決定重新錄製所有的歌曲，打算在深夜電視節目上銷售。還記得凌晨兩點的廣告嗎？傑夫對他說：「羅伊，維京唱片會做這個。你不必這樣做——我們將支付專輯製作的費用。」羅伊已經完成所有歌曲的錄音，傑夫把這些錄好的歌交給我，但是品質並不好。我打電話給傑夫說：「你不能把它拿出來。這些曲子跟原版差太多，你不能這樣做。」傑夫說：「太遲了，他會這樣做的，但如果你想嘗試重做〈在夢裡〉，我們可以做到。」我說：「我說的不是這個！根本就不應該有任何人來重做！」他說：「我知道，但是這對你和羅伊，或許會是件好事。」於是我們和T．本恩．本內特一起進錄音室。我們製作的錄音，當然沒有達到原版的水準。怎麼可能呢？

羅伊說：「大衛，我們以前錄唱片的時候，都會有像你這樣導演型的人，他會說：『來吧，羅伊，多給點力！想一想你寫這首歌的內容，給它一些感覺！』」所以我有點像在指導羅伊，這真的很有趣。有一次時間已經很晚，波諾和巴布．狄倫進來了。波諾當時剛剛出道，還稱不上大明星，但我想既然他和狄倫一起，他應該也是個大人物。我當時還不算真正見過狄倫——其實我是和丹尼斯．霍柏一起遇見過他。當時我和丹尼斯一起去洛杉磯的希臘劇院參加巴布．狄倫的演唱會，後來丹尼斯和我跑去巴布．狄倫的更衣室，這有點好玩。巴布說：「哦，嘿，大衛，」好像他認識我，那感覺真棒。巴布．狄倫？他是人中之人，最棒的！

總之。波諾和巴布．狄倫在跟羅伊講話，他們走了之後，我問工程師有沒有地方可以讓我冥想，他說：「當然有，我可以幫你找一個安靜的房間。」然後芭芭拉．奧比森過來跟我說：「你都做哪一種冥想？」我說超覺靜坐，她說：「羅伊和我也做超覺靜坐！」於是芭芭拉、羅伊和我，一起進入房間，一起冥想。可以跟偉大的羅伊．奧比森冥想，實在是太奇妙了。

就在同一年，我做了《牛仔與法國佬》。菲德列克．勾臣並不是演員——他是個製作人——可是他絕對是《牛仔與法國佬》的理想人選。他的眼睛散發一分瘋狂的眼神，而且他是法國人，他演得非常好。哈利．狄恩．史坦頓也有在這部片演出，哈利．狄恩哪一點不特別？他是全世界最棒的人，我愛他的每一分每一毫。我可以在他旁邊坐四個小時，因為從他身上散發出來的東西，都是那麼自然，不造作，不狗屁，純粹是美麗，他也是最仁慈、最溫柔的靈魂。他有一份憂鬱的質感，他也有自己的精神上的東西。他絕對不會去超覺靜坐。他的冥想就是生命本身，他說的。這個人也會唱歌。有個叫做索菲．胡貝爾的女孩，拍了一部哈利・狄恩的紀錄片，片名叫做《部分小說》[63]，在這部電影的預告片裡，你會看到哈利・狄恩和一個彈吉他的朋友在家裡。哈利・狄恩坐在沙發上，身體向後倒，然後出現他的第一個臉部特寫，他的臉上出現了某些東西。他唱著「每個人都在說，」這首歌是哈利・尼爾森[64]唱紅的。我看這部片的時候，淚水就這樣從眼睛流出來。他唱歌的神情，就像是，算了。實在太不可思議。我不敢相信他已經走了。

就像我說過的，我當時做過很多不一樣的事，拍完《我心狂野》之後，我馬上去紐約，〈工業交響曲第一號〉就發生了。我們只有兩個星期的時間整合一切。我寫了這個工廠的段落，畫了一些畫，我希望派蒂・諾里斯可以過來一起工作。但是她說：「大衛，你不能用我，因為你在紐約，如果我介入他們的世界，他們會排斥我。你得用那邊的人。」於是我找到一位在紐澤西州開工廠的女人，她做出了最漂亮的布景。

安傑洛和我寫了一些新的東西，但是這場表演最主要的部分，還是茱莉・克魯斯演唱她專輯中的四首歌，我還拍了尼可拉斯・凱吉與蘿拉・鄧恩的影片，在演出時投影出來。我和強尼・W（約翰・溫特沃思）一起執行這場演出，表演中大部分的聲音都是用播放的。演出當天早晨，一群工作人員帶著超級巨大的數位播放裝置。我們想測試看看聲音效果，於是我們開始排演，機器卻出包了。我說：「這樣不行啊。」他們只好重新來過，又再次出包，於是我們知道了這東西不能用。強尼・W和我都有一個小型數位錄音帶播放器，於是我說：「幹！我們就用這個數位錄音機跑完全場。」強尼・W和我協同布魯克林音樂學院的人弄來一個小方桌，靠在劇院後方最高處的大牆前面。強尼和我的數位錄音帶播放器一起和我的數位錄音帶就擺在桌上，我們同時按下按鈕，如果我的出問題，就馬上切換到另一臺，兩者同步效果非常完美。這兩臺小機器，讓聲音充斥在整個劇院內，棒到你他媽的絕對不會相信。

我們有一整天的時間可以排練，就是演出的當天，大家都在忙，但是一小時過去了，我們甚至還沒開始！我想到了一個拯救世界的辦法，這個辦法我以後一定會繼續用。我把每個人拉過來，按著他們的肩膀，直視他們的眼睛，然後說：「你看到那邊那個東西了嗎？當這件事情發生的時候，你就去那裡做這件事，然後再做這件事，做完之後，你就往那邊跑。你懂了嗎？」然後我再跟下一個人說同樣的東西，你告訴每個人他們在什麼時間該做什麼，所以他們只要把這些記住就好。我們接連演了兩場，我得找二十個人來執行，每個人都做得非常好。

表演中有一部分是約翰．貝爾[65]扮演的剝皮鹿，這東西身長三點五或四公尺。他頭上有很大的鹿角，腳上踩著橡皮包裹的高蹺，看起來很像皮膚，高蹺的底部有蹄子，但是身上沒有有皮毛，因為他是一隻剝皮鹿。和我一起在那裡工作的人，做出所有東西，他們製作出來的東西，真是他媽不可能的棒！開場的時候，臺上有兩張病床綁在一起，剝皮鹿躺在其中一張病床上。伊莎貝拉的女兒愛蕾特拉，她當時還很小，她看到這東西在病床上，雖然沒有動，但是她知道它會動，她非常害怕躺在那兒的剝皮鹿。

約翰．貝爾是個高蹺藝術家，他飾演這隻鹿，全身被包在戲服裡面躺著，戲服裡很溫熱。突然間，一群戴安全帽的工人，揮舞著黃色的燈泡衝進去，繞著剝皮鹿旋轉，剝皮鹿彷彿有了生命，站了起來。他非常巨大。這隻鹿開始走了一點路，小麥可（即麥可．安德森）在下面拿探照燈照他，強烈的光線照得他目眩，血從他的頭上湧出，因為他躺太久，他身體開始向前傾，跌入樂池。鼓手一把接住他。有一半的觀眾覺得很可怕，另一半覺得這是表演一部分。表演的第二部分即將開始，這隻該死的鹿回到化妝間，不肯再出來了。我得從後面的小方桌上起身，一路跑到地下室的化妝間，求他上場表演。舞臺上有一個大水箱，我告訴他：「你可以抓住水箱，」他說：「好，如果可以抓住水箱，我就演下去。」他做到了。真的是現場演出。這場表演非常刺激，一切都完美達成，除了這隻鹿。

當我認識馬克・佛洛斯特的時候，我不確定我是否可以跟他合作，但是我願意試試看。當時他被《女神》這個劇本綁死，我和千萬人一樣，我也愛瑪麗蓮・夢露，於是我們開始合作寫劇本。瑪麗蓮・夢露究竟是什麼，很難確切說明，但是必定是她的一部分。讓人著迷的不只是「困擾中的女性」。更重要的是，有些女人真的很神祕。因為甘迺迪的關係，《女神》並沒有成功飛進銀幕——瑪麗蓮・夢露就是個是非不斷的女人，你終究還是得擺脫掉她。但是她的故事我非常喜歡。你可以說蘿拉・帕瑪就是瑪麗蓮・夢露，《穆荷蘭大道》也是關於瑪麗蓮・夢露。一切的一切，都是瑪麗蓮・夢露。

《女神》沒有拍成之後，馬克和我開始進行《唾液泡泡》，笑得我們要死掉。雖然我們兩個很不一樣，但是寫劇本的時候，我們相處得很好，我們寫作時非常愉快，也鞏固了我們的友誼。我和史提夫・馬丁當過一小段時間的朋友，因為他喜歡《唾液泡泡》，他希望和馬丁・蕭特合演這個劇本。我想，當我要求他買下劇本的時候，他很生氣——真的非常生氣——但是在此之前，他會帶我去他比佛利山的家，他有非常美麗的藝術收藏，非常驚人。

托尼・克蘭茨是一位炙手可熱的電視經紀人，他總是在煩瑞克・尼西塔，希望和我商談做電視劇。電視對我來說是一件可怕的事，在過去那些日子裡，電視也很可悲。那些把節目中斷的廣告——電視臺都是荒謬劇場，廣告則是野獸的本質。但是一環扣一環，托尼說服了馬克和我，為電視寫些東西，我們寫了一個叫做《雷姆利亞人》的劇本。我們在寫這故事的時候，一直狂笑，但是後來還是沒有拍成，我記得這劇本從頭到尾沒有賣出去。

至於《雙峰》從無到有的過程，托尼的版本可能是他自己腦補的，並不是我記憶中的過程。不過，我必須說托尼為我做了很多好事，因為他讓我做了《雙峰》，我喜歡《雙峰》，我喜歡那裡面的角色和世界，以及幽默與神祕的結合。

我把試播集看得和劇情片一樣，整個《雙峰》前兩季，我唯一關注的就是試播集。其餘的都是用電視劇方式製作，但是試播集真的掌握住氣氛。這一切都歸功於我們採實景拍攝，場地本身非常重要。實景拍片總是比較辛苦，但那個地方真的很漂亮，而且有一種自由的感覺，因為我們完全沒有被美國廣播公司干預。他們寄了好幾次關於語言的筆記，要求我修改臺詞，但是我修改後的臺詞，比當初美國廣播公司不喜歡的原始臺詞還要好。

這齣劇陣容堅強。當我遇見雪琳．芬[66]的時候，我就看出來她可以演像奧黛麗．霍恩這樣的女孩，即使我知道琵琶．羅莉，我知道她可以進入凱瑟琳．馬泰爾的角色。很巧的是，琵琶和理察．俾馬、佩吉．利普頓，以及魯斯．譚柏林都屬於同一個世代，他們也有類似的演藝生涯。我得感謝丹尼斯．霍柏讓我找到魯斯，因為丹尼斯．霍柏為我四十歲的生日辦了一場派對，魯斯也在場，於是當我在思考誰可以演賈柯比醫生的時候，我的腦子裡「叮」了一聲！他就變成了賈柯比醫生。

在試播集的劇本中有一場戲，庫柏和楚門警長正在搭電梯，當門打開時，庫柏注意到一個獨臂男子正要離開。這就是我們用艾爾．史綽博[67]的起源。當時他正要回家，而他馬上就要在《雙峰》中大放異彩。我那時候聽到了艾爾．史綽博的聲音，那是個不可思議的聲音，我必須為那個聲音寫些東西。我想那時候是德巴克在開車，我記得很清楚我們在哪裡。我們正沿著高速公路駛下坡道，而我正寫出了這段文字，開頭是：「在未來過去的黑暗中，魔術師渴望看到。」於是，我寫了一場新的戲，艾爾在他的房間裡遇到庫柏，他朗誦這段文字，我們拍好馬上送交給剪輯師杜威尼。那時已經很晚了，杜威尼拿到膠卷的時候，他正準備要回家了，他說：「搞什麼鬼啊？」因為這場戲，艾爾開啟了很多故事線索，他自己也融入故事中。

理察．俾馬投入冥想的歷史比我還久，他和瑪哈禮希相處過很長的一段時間，但是我選他來演班．霍恩的時候並不知道。我甚至沒有跟他談過瑪哈禮希——我只是很喜歡理查。伊莎貝拉本來也應該要演《雙峰》，但是她沒興趣，於是她本來要演的角色，變成了陳沖飾演的裘西．帕卡德。陳沖非常美麗，她和伊莎貝拉同樣都是外國人，她也覺得自己很適合飾演裘西．帕卡德。我知道佩吉．利普頓在六〇年代演《莫德組》[68]而走紅，但是我沒看過那齣劇，因為當它播出的時候，我沒看電視。我會選擇佩吉，因為她就是諾瑪．詹寧斯。這就是《雙峰》演員的選角狀況。沒有人可以演他們所飾演的角色，他們是無可取代的。想到這裡，除了凱爾，也沒有人可以飾演庫柏探員。我一直要讓凱爾演這個角色，但是一開始馬克就說：「他不會太年輕嗎？」後來馬克改變立場，歷史就這樣寫出來了。庫柏探員這角色來自很多不同的東西。例如，烏瑪．舒曼的父親與達賴喇嘛關係緊密，我去她家的時候，遇到了達賴喇嘛，因此就有了庫柏探長關心西藏人民，以及丟石塊的場景。與達賴喇嘛的會面非常愉快。他沒有提出冥想技術，但他是為和平而來的。

圓木女士（The Log Lady）是我從一九七三年起，就為凱薩琳．康森構思的角色，圓木女士原本住在傑克和凱薩琳的住處，位在洛杉磯海灘木道一棟西班牙式公寓的二樓。我從那個房間開始發想圓木女士的故事，那裡有寬大的壁爐，她的丈夫在森林大火中去世，骨灰擺在壁爐架上，他的菸斗也放在那裡。她總是帶著一塊圓木，她有一個小兒子，大概五歲左右，她主演了《我會用每個知識的分支，來測試我的圓木》，一個學習節目。她不開車，所以他們都搭計程車。如果他們去看牙醫，她會帶著圓木，牙醫把圓木放在椅子上，為圓木圍上一個小圍兜，然後尋找蛀牙，他會一直說話，讓小孩子瞭解牙齒保健的知識。他會談論蛀牙，如何填充蛀牙，用什麼來填充，以及刷牙和保持口腔清潔的重要性。

在某幾集，他們會去某間餐廳坐在一起，她帶著圓木，小孩坐她旁邊，他們點了些食物吃。在我腦子裡，這間餐廳有可能發展出很有趣的次要故事。於是凱薩琳和我有時候會聊聊這方面的想法。

多年之後，我們在拍攝《雙峰》的試播集，我們準備要拍一個市政廳的戲，庫柏探員和楚門警長會在這裏跟大眾說明這起謀殺案。我想，這是個好機會，於是我打電話給凱薩琳，告訴她：「妳要拿一根圓木，妳的工作是讓電燈一直開開關關，以便提醒大家注意時間，這場說明會要開始了。」凱薩琳說：「很好，」然後就飛了過來，我們給她圓木，她演了這場戲，然後就這樣繼續下去了。這支圓木有一份質感，大家開始對她的故事感到好奇。她並不合理，但是她也很合理，每個城鎮都會有這樣的人，他們都會被接受。她是個很特別的《雙峰》人。

我所扮演的戈登．柯爾，來自我們的一場戲：庫柏探員需要打電話給費城的老闆，他的老闆本來沒有命名。我決定擔任配音，目的只是為了讓它更具真實性，並沒有想過這個角色真的在劇中出現。我把臺詞說得很大聲，讓凱爾可以聽得到我，這就是那角色誕生的起源。戈登．柯爾這名字來自《日落大道》——在片中，他是派拉蒙公司的經理，打電話給諾瑪．戴斯蒙想租她的車。大家取名字都有不同的方式，當我想起戈登．柯爾，我對自己說：等一下。開車到派拉蒙公司，比利．懷德會先經過戈登街，然後經過柯爾街，我確定這就是他取這名字的典故。所以我在《雙峰》裡扮演的角色，是為了紀念好萊塢和比利．懷德[69]。

鮑伯這個角色並不是一開始就寫在試播集的劇本中，那是當我們在華盛頓州埃弗里特市的帕瑪家拍戲的時候才出現的。當時我在二樓，跪在風扇的下面，我聽到後面有一個女人的聲音說：「不要把自己鎖在房間裡啊，法蘭克，」法蘭克．西爾法是道具師，他在房間裡搬動東西，把一個衣櫃滑到門口。這女人對他說的話只是開個玩笑，但是在我腦子裡，我看到法蘭克被鎖在蘿拉．帕瑪的衣櫥裡，我突然有了靈感，就說：「法蘭克，你是演員嗎？」他說：「怎麼了？是啊，大衛，我是演員。」我說：「好了！你要演這場戲。」

我們拍了一場蘿拉．帕瑪房間的慢拉鏡頭，我們拍了三次，都沒有法蘭克，於是我說：「法蘭克，你到床腳那邊，蹲在地上，握住床框的桿子，好像躲在那裡。」於是法蘭克入鏡，我們拍了另外一個有法蘭克的橫移鏡頭，不過我並不知道為什麼要這樣做。當天很晚的時候，我們拍了一場帕瑪家客廳的戲，莎拉．帕瑪為了女兒慘死而心力交瘁。她痛苦地躺在沙發上，突然間她內心的眼睛看到某個可怕的東西，她大受驚嚇，猛然坐直，然後尖叫出聲。這場戲就是這樣。攝影師是一個英國人，叫做西恩．道爾，拍完之後我說：「卡！」葛蕾斯．薩布麗斯基實在是全世界最棒的演員。但是西恩卻說：「不行，大衛，拍的不好——有個人影在窗戶上。」我說：「是誰？」他說：「是法蘭克，他的人影出現在鏡子裡。」就在那一秒，鮑伯誕生了。鮑伯的概念就是這樣來的。這些人到底是哪裡來的呢？他們都很有天賦。法蘭克是個好人，認識他的人都說他一點也不像鮑伯，但是他抓住了鮑伯。他的臉，他的頭髮——他整個人都是完美的鮑伯，而且，他了解鮑伯。

《雙峰》開播的時候很轟動，但是美國廣播公司從來沒有喜歡過這齣劇，當大家開始寫信詢問：「誰殺了蘿拉．帕瑪？」他們強迫我們揭曉謎底，於是大家再也不看了，我跟他們說如果揭露凶手身分，這齣劇就完了，而且真的完蛋。接著還有其他事情作梗。曾經有一段時間，故事一直繼續著，大家都接受，都願意繼續收看，但是廣告商說：「觀眾錯過了幾集，他們無法追下去，於是他們不看了，所以我們必須提出明確的結局。」被他們這樣一搞，整齣劇的感覺全變了。我想這都是因為錢在作祟。當羅伯特．艾格過來跟我們說：「你必須解開這個謎團。」。我已經受夠了。

拍完《我心狂野》回來，我不知道這齣劇發生了什麼事。我只記得我感覺到，這是一輛失控火車，你必須一天二十四小時全天候看顧，讓它回到軌道。我想如果馬克和我可以寫每一集的劇本，應該就沒有問題了，但是我們無法做到，而且其他人加入了。我並不是反對他們，但是他們不了解我的《雙峰》，於是，它變成一個我認不得的東西。當我再回頭拍的時候，我嘗試改變，讓它變成我要的東西，但是後來它又變質成其他愚蠢的東西。這件事不再有趣了。然後播出的時段從星期四改成星期六晚間，這也不是好事。我不懂為什麼要改時段。

我想你可以說《雙峰》讓我名氣攀升，但是每件事都是相對的。什麼是有名？貓王有名。可是拜託，「名氣」這整件事就是很荒謬啊。如果今天梅爾．布魯克走在街上，二十五歲以下的人根本不會知道他是誰，這件事太刺激我。所有知道他豐功偉業的人都去世了。你懂我的意思了嗎？當你老了，沒有人記得你做過什麼。

大約十年前，我和埃米莉．斯托弗[70]去埃及戲院，我在二〇〇九年跟她結婚了。她的一個朋友在那裡放她的電影。在某個時刻，我跑去外面抽菸，我正在抽菸，有個女人——我想她是個妓女——過來開始講《內陸帝國》講個不停！她知道這部電影所有的一切。名氣，或者隨便你要怎麼稱呼它，真是詭異。

九〇年代末期，我控告一家製片公司，因為他們想違約，所以我和當時和我同居的瑪莉．史溫尼，以及這幾位強大、敏銳的年輕律師：喬治．亨奇斯[71]和湯姆．韓森[72]到市政廳的法庭。這些法庭在二〇、三〇年代之間非常美麗——都是彌足珍貴的老東西。我們進去等著見法官，因為瑪莉．史溫尼將宣誓。然後我們被告知可以告退，於是我們在外面徘徊，站著討論法庭攻防策略，因為這是我們第一次會面。遠處有個大包小包的女士，推著一個裝滿垃圾般雜物的推車。她穿著一身紫色，正推著推車越來越靠近我，越來越靠近。

終於，她從我們正前方走過，她看著我說：「我愛你的電影！」我們笑個不停，直到她離去。這就是理想的「有名」。真是太棒了。我愛那位大包小包女士。

《雙峰》的大成功對我來說沒什麼意義。我總是說，失敗不是壞事，因為跌落谷底之後，你只能往上爬，謝謝你從失敗中得到自由感。成功可以把你毀掉，因為你會開始擔心走下坡，你甚至無法一直留在原位。事情就是這樣。不過，你也要對成功心懷感恩，因為大家真的喜歡你的東西，作品才是一切。

人們最後終於不再喜歡《雙峰》了，不過至少它收場收很漂亮，因為紅房間出現了。我不能談論關於紅房間的東西，但是我記得當時這想法出現時，從我內心奔湧而出的激動。紅房間開啟了《雙峰》的新頁，也開發出更多東西。所以，試播集，紅房間，以及它們延伸出來的東西——結合在一起，造就了真實的《雙峰》。這是一件精美的事，比你表面看到的更精美，那是一種漂浮在空氣中的神祕感。

多數人的生命中都充滿著神祕，但是在今天，世事變動太快，我們沒有太多時間坐下來好好發個白日夢，去發現世界的神祕。現在可以讓你仰望星空夜晚的地方越來越少了，你得遠離洛杉磯，去某個乾枯的湖床去看這些景色。有一次我們出去拍一支廣告，到了凌晨兩點鐘，我們把燈關掉，躺在沙地上，仰望著天空。有幾百萬兆顆星星。幾百萬兆呢。那真是太強大了。因為我們沒有看到星星，所以我們遺忘了這整場秀有多麼壯麗。

1 Anthony Summers, "*Goddess: The Secret Lives of Marilyn Monroe*" 2 *Venus Descending*
3 *Up at the Lake* 4 *One Saliva Bubble* 5 Steve Martin 6 Martin Short 7 James Corcoran
8 Ken Price 9 Ed Ruscha 10 Beatrice Monti della Corte 11 Leo Castelli
12 *Shadow of a Twisted Hand Across My House*
13 *On a Windy Night a Lonely Figure Walks to Jumbo's Klown Room* 14 Monty Montgomery
15 Kathryn Bigelow, *The Loveless* 16 Propaganda Films 17 T Bone Burnett 18 Frederic Golchan
19 Cori Glazer 20 Tina Rathborne, *Zelly and Me* 21 Tony Krantz 22 Brandon Tartikoff
23 *Peyton Place* 24 Chad Hoffman 25 Brandon Stoddard 26 Michael Anderson 27 Harry Goaz
28 Ray Wise 29 Grace Zabriskie 30 Sheryl Lee 31 Wendy Robie 32 Mädchen Amick
33 Eric Da Re 34 Russ Tamblyn 35 Piper Laurie 36 Peggy Lipton 37 Richard Beymer
38 Michael Ontkean 39 *Slap Shot* 40 Kimmy Robertson 41 Deepak Nayar 42 Merchant Ivery
43 Robert Bresson, *Diary of a Country Priest* 44 Robert Iger 45 Harley Peyton 46 Robert Engels
47 Brooklyn Academy of Music 48 *Industrial Symphony No.1: The Dream of the Brokenhearted*
49 Brian Loucks 50 the Czar of Bizarre 51 *The Secret Diary of Laura Palmer*
52 *Wrapped in Plastic* 53 Capital Cities 54 *American Chronicles* 55 Robert Duvall
56 Marcello Mastroianni 57 *Intervista* 58 John Hacker 59 Fitzgerald & Lee 60 *Twilight Zone*
61 Pierre Edelman 62 Jeff Ayeroff 63 *Partly Fiction*
64 Harry Nilsson, 1941-1994, *Everybody's Talkin* 65 John Bell 66 Sherilyn Fenn 67 Al Strobel
68 *The Mod Squad* 69 Billy Wilder 70 Emily Stofle 71 George Hedges 72 Tom Hansen

在地獄尋找愛

一九八九年，史提夫・哥林和喬尼・史瓦森請林區改編一部一九四〇年代的黑色犯罪小說。大約在同時，蒙帝・蒙哥馬利取得貝瑞・吉佛的小說《我心狂野：賽勒與露拉的故事》的原稿。「貝瑞是黑蜥蜴出版社[1]的編輯，他們專門重新出版舊的通俗小說，有一天他把這本還沒正式發行的書寄給我，」蒙哥馬利回憶道：「我讀完之後，打電話給貝瑞，告訴他：『我想買版權，我想導這部片。』」

蒙哥馬利接著接洽林區，問他願不願意當這部片的監製。林區表示有興趣親自編導這部小說，蒙哥馬利就把這個計畫交給他，並和哥林提供資金給林區寫劇本。「似乎每個人都希望他來拍這部電影，有一股氣勢。」蒙哥馬利回憶道：「大衛在我們知道之前就開始進行排練，寶麗金公司提供資金。」

「我們那時快完成《雙峰》的試播集，大衛說他要休息一下，」《雙峰》的剪輯師杜威尼・鄧漢，以為他的工作至此早該結束了，但事情的轉折突如其來，令他感到驚訝，「一週之後，他跟我說他要導演《我心狂野》，希望我可以負責剪輯。當時是五月中旬，他說他計劃七月開拍，即使他根本還沒有劇本。我告訴他我早已接了別的工作，無法做這件事。大衛問我『要怎麼樣才能讓你來做《我心狂野》的剪輯？』我說，如果我有機會當導演我就願意。於是他說：『好，我們才選好七集的《雙峰》，你可以導演第一集跟其他幾集。現在你願意幫《我心狂野》剪輯了嗎？』我說：『沒問題！』」

林區花了一個禮拜完成劇本草稿，但是他覺得他寫得太悲情，缺乏魅力，於是他又寫了第二份草稿，其中包含許多顯著的改變。他把事件的順序重新調整，故事中處處向《綠野仙蹤》致敬，還增加了幾個角色。最後，成就出一部無盡濃烈而悠遠的青春愛情頌歌。主角尼可拉斯．凱吉和蘿拉．鄧恩，飾演一對逃亡中的伴侶，這部片以肆無忌憚的性愛為主軸，同時也是一部暴力的公路電影，一部喜劇，一個愛情故事，一步步將故事推向現實邊緣。場景是一個瀕臨崩塌的世界，顏色強烈，火是反覆出現的主題——開場字幕便打在一牆的火海上。這是林區製作過最通俗的電影，他終於拍出他想在《朗尼火箭》中呈現的開場畫面。

「大衛覺得我從來沒有演過真正表現自我情慾的角色，他很看好我飾演露拉這角色，」蘿拉．鄧恩說：「我記得和他一起坐在『帕帕干達』的會議室，討論賽勒和露拉，突然間他說：『我需要泡泡糖。』就在那時候，這個角色完全到位了。他也覺得尼可（即尼可拉斯．凱吉）和我是完美的一對，他說對了——當我們在一起的那一刻，賽勒和露拉就真的活起來了。」①

這部電影的音樂非常關鍵，整部片的音軌部分包括大樂隊搖擺樂、速度金屬樂、古典搖滾樂，大量非洲人頭衝鋒樂團[2]的混搭，以及約翰．史特勞斯最後作品之一：〈黃昏〉[3]。尼可拉斯．凱吉的角色，有一點參照貓王，他在片中也深情翻唱了兩首貓王的歌，藍調音樂天后可可．泰勒則演唱了林區與貝德拉曼堤合寫的歌〈火焰中〉。音樂都是以高音量進行混音。

《我心狂野》的角色都相當極端，壞人也格外陰森。飾演露拉母親的演員黛安．賴德完成了一次歷史性的演出，讓人聯想起在《一樹梨花壓海棠》中的雪萊．溫特斯[4]，她也因此入圍一項奧斯卡；葛蕾斯．薩布麗斯基飾演一個操著南方口音的險惡傭殺手；還有一個由威廉．摩根．謝伯德[5]扮演的角色，名叫藍迪爾先生，他坐在馬桶上下處決令。

伊莎貝拉．羅塞里尼飾演邪惡的浪女派迪塔．杜蘭歌，她說為了要拍這個角色早已醞釀多時。「在拍攝

《我心狂野》很多年前，我跟大衛逛書店時，看到一本芙烈達．卡蘿的書。當時她還沒有變成流行符號，我叫大衛過來，跟他說：『你看這個女人。』她同時具吸引力，也令人反感。有時她會用看得見的傷口來描繪自己，其他時候她讓小鬍子和濃眉毛長在一起。她有一種令人難以置信的美感，我便說創造一個像她這樣的角色會很棒。多年之後大衛說：『我想我有這個角色了。』派迪塔．杜蘭歌部分是來自芙烈達．卡蘿——她的眉毛絕對是向卡蘿致敬。」

在這部電影中出現的，還包括威廉．達佛，他扮演一個變態的越戰老兵，也是林區創造的角色當中，最難忘的人物之一。「大衛為《藍絲絨》選角的時候，我在曼哈頓海灣西樓的迪諾．狄．羅倫提斯辦公室跟他見面，」達佛說：「就像大多數人一樣，我深深為他的氣質所吸引。他那份甜蜜令人愉快，如孩子般的莫名興奮，真的很讓人放鬆，我們見面非常愉快。離開之後我在想，如果他現在不用我，未來某個時候一定會用我，幾年後他聯絡我：『你想演嗎？』我說：『太棒了。』他們根本不需要說服我參與演出，因為劇本非常精彩，我愛大衛。」

「大衛人非常好，片場樂趣無窮，《我心狂野》是我演過的作品中最沒壓力的一部，」達佛接著說：「我曾想像我是個嗑藥犯罪狂，我知道他的頭髮該怎麼梳，我也知道他的小鬍子是什麼樣。但是這個角色最關鍵部分，是他的牙齒。劇本中非常明確地描述他有怪異、粗短的牙齒，我想他們應該會把一些狗屎東西放在我的牙齒上。然後在我第一次和大衛討論角色的時候，他說：『所以，你要去看牙醫吧？』我說：『你是什麼意思？』他說：『去整牙啊！』我從來沒有遇過這種事。後來我做了整排假牙，套在我的真牙上面。假牙有一點太大，所以我的嘴巴總是以一種猥褻的感覺微微張開，也讓這角色看起來有點笨拙，這也正是角色的重要個性。牙齒這部分，全是大衛的點子。」[2]

戴爾表哥這角色，是個情緒不穩定的獨行俠，著迷於怪誕的儀式。扮演這角色的演員克斯賓．葛洛佛[6]在一年前《唾液泡泡》選角的時候就遇見了林區。「我跟大衛合作過兩次，」葛洛佛回憶道：「第一次是《我心狂野》，第二次是《飯店客房》，導演兩次風格都不一樣。《我心狂野》的導演部分或許是我經歷過最精準的。有一場戲中，我演的角色在做三明治，這場戲的節奏精準符合大衛的設定。」

遇見大衛之前，葛洛佛記得他看到《橡皮擦頭》預告片的鮮明記憶，他當時是個私立學校的十四歲男孩，去新藝戲院看電影是他們電影課的一部分。「我不知道那是什麼電影，但是我告訴自己，只要到了可以開車的年紀，我就要去看。很幸運，這部片到我滿十六歲的時候還在上映，於是後來幾年間我開車去看了《橡皮擦頭》至少十二次。在一九八〇年，新藝戲院的午夜電影觀眾並不多，我記得有人氣得對著銀幕大罵然後憤而離場，但是其他時候，觀眾非常安靜而專心。在大銀幕看三十五釐米膠卷的《橡皮擦頭》是個難忘的經驗，它對我來說是一部重要的電影。大衛這些年也非常支持我。」葛洛佛提到林區說道。林區也是葛洛佛導演處女作《是什麼？》[7]的監製。「我不知道該如何對一個我很仰慕又曾大力相挺的人表達我的感激。」③

蘿拉．鄧恩對於葛洛佛的角色有很歡樂的回憶，她回想起：「我很喜歡那一場我在談表哥的戲。拍攝那場戲的時候，我們都在笑，當我說『我們』，我的意思是整個劇組。我們花了好幾個小時拍這場戲，因為一旦有人笑，我們就得重來。大衛得在臉上放一條大手帕，讓我們看不到他在笑，他也把大手帕放在其他工作人員臉上。後來我們終於拍到了一個沒有人笑的鏡頭，也就是出現在電影中的那個。」

《我心狂野》於一九八九年八月四日在紐奧良開鏡，然後移到德州和洛杉磯去拍。這部片預算一千萬美元，製片是哥林和史瓦森，蒙哥馬利也參與製片，並全程參與拍攝。「開拍之前，大衛和我在紐奧良勘景，我記得有一天晚上我們和派蒂．諾里斯一起去加拉托雷餐廳，」蒙哥馬利說：「我們通過法國區走路回家，這一區都是脫衣舞俱樂部，我們經過一個地方，上面有個招牌寫著『現場性愛秀』。大衛說：『我們進去看看。』這是為了他的研究，而那裡面的東西，就是招牌所說的東西。他也非常感興趣，就像一個醫生對待將要被解剖的身體那樣的興趣。大衛對每件事的態度都是那樣。」

對人體錯綜複雜的迷戀，是林區感性的重要部分；也是《橡皮擦頭》的核心，在他的所有繪畫和電影中都有不同程度的介入。那絕對也是《我心狂野》的一部分。「拍攝鮑勃·雷·萊蒙被殺的那一場戲時，我也在片場，尼可拉斯·凱吉把這傢伙丟到樓下，他應該要流血，」貝瑞·吉佛記得：「拍完之後，大衛說：『血不夠黑啊！我要更黑！一定要更黑才行！』於是他們用假血弄了一下，他又說：『不對，要更黑！更黑！』大衛對血特別執著，他也掌控了整個片場。」④

蒙哥馬利說：「是的，大衛是個非常有效率的導演，但是他也會有脫線的時候。你把一切都就定位，準備好要拍攝，演員和重要工作人員都在待命，你完全知道你要做什麼。然後你出去喝杯咖啡，回來的時候，大衛可能正在做一些完全不同的事，或者專注在一些細節，例如爬過地板的蟲子。《我心狂野》中有個場景，大衛要拍一個老鷹飛過頭頂的影子。對大多數導演來說，這是第二攝影組的事，但是我們花一整天拍那個影子，演員都站在旁邊乾等。當然，這幾筆色彩平添了林區電影的魅力，他必須順從自己的直覺，我很少去干涉他。」

林區堅持的自由是他的最高準則，所有東西——道具、對白、角色——都必須保持流暢，他才能做好事情。「他曾痛恨製作討論會議，」德巴克·納婭爾回憶道：「我記得他剛到片場就說：『好了，我來了，你看見這個劇本了嗎？』然後他就把劇本扔進垃圾桶。」

因為他拍電影的方法如此獨特，林區總是讓與他合作的人驚訝。「我記得有一天我在片場，大衛正在浴室拍攝尼可和黛安．賴德的戲，我心想：這真是太奇怪了，我們在幹什麼啊！」史瓦森回憶道：「然後我看了毛片，真是太了不起了。大衛沒有偏離劇本，他照著劇本拍，但我在銀幕上看到的，卻和劇本完全不同，我從來沒有碰過其他像他一樣的導演。他有自己獨特的魅力。許多導演在衝突中茁壯成長，但大衛無法忍受片場出現任何衝突，如果有人讓他覺得氣場不對盤，那些人第二天就不在了。」

賽勒和露拉的故事，彷彿是個宿命的結果，故事進行到某個時刻，一陣惡風吹來，他們的運氣也隨之改變。命運突然背離他們，一切都開始不對勁。命運和運氣的概念，是林區世界觀中重要的一部分，與他親近的人可以證明這一點。「我當時住在大衛那條街上，在洛杉磯拍片時，我們每天會一起開車去《我心狂野》片廠，」蒙哥馬利說。「我們一定要等到大衛用車牌完成他的數密術，看到有他名字起首字母的車牌，我們才能進片廠。有時我們必須繼續開一段時間，直到我們在車牌上看到『ＤＫＬ』。在極少數情況下，這些字母會按順序排列，這樣就是一個特別好的兆頭。」

林區說他在拍《橡皮擦頭》之前就開始「看車牌」，還說他的幸運數字是7。「儀式和祭典對爸爸很重要，」珍妮佛．林區說：「他一部分大腦運作的方式是，凡事都有道理可循，奇蹟出現的機會非常少。就像他用車牌做的事，還有擲硬幣人頭朝上也是好兆頭──所有東西都是他用來施魔法、改變運勢的策略。他一直都是這樣。」

《我心狂野》殺青時，《雙峰》正如火如荼地拍攝中。鄧漢也要完成第一集的導演工作。鄧漢回憶道：「開始拍這一集時，我向大衛尋求建議，他說：『不要問我──你是導演，就照你想要的拍。』接著他提出了一些建議給我：『首先，先清場，除了你和演員之外沒有別人。開始排練，和演員對詞走位，然後當你有了粗略大概之後，叫攝影指導進去，你們兩個做細部調整。你和攝影指導搞定之後，把演員帶上場，進行最後的排練並做你需要的調整。之後把片場交給劇組，演員去梳化，他們回來你再拍片。』」

「我們在同一天完成各自的拍攝，」鄧漢繼續說：「大衛離開，回來導第二集《雙峰》。於是我們手上有我的那集、《我心狂野》，以及大衛導的那集，全部都堆在剪接室，同時還有更多集陸續進來。一桶一桶的膠卷，到處都是，牆上貼滿了便條卡，超級有趣。我們在西洛杉磯的Todd AO工作，每天大約三點鐘，蒙帝．蒙哥馬利會帶著卡布奇諾和幾包花生M&M's巧克力來剪接室分給大家。」「我們拚了命做每一件事，大衛說：『我想帶《我心狂野》參加坎城影展。做得到嗎？』我跟他說時間會很趕，但是我們決定參加。」鄧漢說：「大衛在我還沒全部剪輯完之前，就開始在『天行者牧場』做混音——我把前半段剪輯好的膠卷給他，同時剪輯後半段。艾倫．斯普雷並不常出現，所以都是大衛在做混音，而且加入了各種東西。每次他過來要我試聽，我就離開房間，心想：這傢伙是瘋子。」

「同時剪輯《我心狂野》和《雙峰》是件瘋狂的事，心智正常的人不會這樣做，」鄧漢繼續說：「《我心狂野》第一個剪出來的版本片長四小時，第一次放映給一些人看的時候，大衛把音樂的音量調太高——但是，哇，你聽著聽著手指開始在動了！那真是最詭異、最酷的事。音樂在整個空間裡到處遊走，我們有一張很大的記事版，上面掛滿了提示卡，我們開始調動影片。在第一個版本中，在恐怖角的那場打鬥是在片子的中間，當我們把它移到電影的開始時，感覺就大大不同了。」

「我們第一次放映最終定剪的版本，是在『天行者』的大半夜，喇叭爆音，」他說：「我們隔天一早八點要飛去洛杉磯，然後當天下午飛去坎城，但是我們不知道問題是出在喇叭，還是影片本身，我們只能把影片膠卷帶去坎城放映了。我們帶著片盒上飛機，先去巴黎做字幕，兩天之後我的助理帶著一份新的膠卷來。於是我們有了新上字幕的影片，但是卻一直沒有看過。」

「我們星期五到達坎城，他們為每部競賽片分配二十分鐘的時間檢查聲音與畫質。我們的片子被安排在午夜，因為我們是閉幕片，於是我們跑去參加大衛．鮑伊的遊艇派對，然後再搭小船回去看我們的二十分鐘。放映當天我還在剪東西，我們還是沒有看過整部片！於是我們進放映室，大衛跟放映師說：『我們沒有看過這部電影，我們現在才開始要看。』放映師猶豫了一下，大衛說：『你看，這是我們做的東西。』我們離開的時候已經是凌晨三點，這部電影隔天的晚上首映，反應相當好，後來得到了金棕櫚獎，真是讓人興奮。」當評審團主席貝納多．貝托魯奇宣布得獎者時，臺下同時有噓聲和掌聲，不過終究還是得獎了。

《我心狂野》進軍坎城時，林區和羅塞里尼的感情也面臨困境，眼看就要走到終點。「瑪莉．史溫尼是《藍絲絨》的助理剪輯，她一開始就存在，她也參與了許多林區的電影，」羅塞里尼回憶起他們的分手時說道：「我不知道他們是怎麼開始的，或者一直以來，他們的關係和我是平行發展的，不過剛開始時可能不是這樣。我依稀記得在《我心狂野》拍攝時就微微出現一絲緊張。還有另外一件事引起我的注意。有一天晚上，我很晚才抵達，我住進一個房間。我期待大衛會在那裡，可是他不在。我想他可能需要睡眠。第二天早上我在片場化妝，我聽到對講機的聲音，大衛來了，但是他並沒有和我打招呼。兩小時後他過來跟我說：『噢，妳好嗎？』語氣中帶著虛假的熱情。我記得我心裡想著，怎麼回事啊？然後當大衛和我帶《我心狂野》去坎城的時候，他突然說：『我們去機場接瑪莉。』我說：『瑪莉？瑪莉要來嗎？』他說：『是的，她工作非常辛苦。』我想著，大衛會邀請剪接助理過來真是窩心啊。但是我當時並沒有看出來。」（史溫尼是《我心狂野》的劇本監製。）

「大衛是非常體貼的人，但是不久之後他完全把我排除在他生命之外。他打電話給我，說他再也不要見到我，」羅塞里尼說：「我沒有料到會這樣，這件事太讓我震驚。難道是我做錯什麼？或者他在我身上看到了什麼？或者只是他早就對我失去興趣了。有時候我在想，會不會是因為我沒有冥想，所以他離開我。我嘗試過一陣子，但是終究沒有辦法。我是義大利人，在義大利我們都受制於天主教——梵蒂岡令我厭惡任何跟宗教靈性有關的事物。大衛離開我的時候，我非常難過，我花了好多年才恢復正常生活步調。我很氣自己，因為我有一個女兒，我有一份光鮮亮麗的事業，我不敢相信自己竟然栽在一個男朋友手裡。但是我非常愛他，我以為他也愛我，所以我遭受的打擊非常大。我看到他在生活中有些不開心，我以為是因為他的工作。事實上，他愛上了別的女人。」

珍妮佛・林區觀察到：「伊莎貝拉是個優雅、快樂、社交型的人，每個人都知道她、想跟她說話，她也覺得這樣很可愛。大衛是個非常和氣的人，但是他不是很喜歡拋頭露面，於是對他來說，跟她出去變成了一個挑戰，有一陣子感覺還不錯，後來就變得很困難。」史瓦森對他們分手毫不意外，他說：「我記得大衛說過：『當伊莎貝拉的男朋友是一個全職工作。』他和瑪莉發展戀情的時候我也在場，當我們在盧卡斯電影公司做《我心狂野》混音的時候，我看到她溜進大衛的房間。我很喜歡瑪莉，我覺得她很適合大衛。她也會約束自己和大衛接觸，大衛正需要這樣。」

《我心狂野》征服了坎城，但是還沒有在美國發行。電影的發行商山謬戈德溫電影公司[8]，花了八個月的時間為暑假最後一檔醞釀造勢。林區一直很不喜歡試映會，但是說到《我心狂野》，他承認和一群非業界的觀眾一起看這部片是很有意義的。特別是在兩場試映會中，片中的一個場景，震退了幾百名觀眾。「哈利・狄恩・史坦頓被射中腦袋，腦漿噴到牆上，」鄧漢回憶道：「殺死他的那兩個人對著他的無頭脖子狂笑，把他的腦袋插回去，然後狂吻。」銀幕上出現這場景的當下，有一百二十五個觀眾離場。我們到外面，米高梅和帕干達的人快要瘋了，我們說：『嘿！這些是迪士尼電影的觀眾——我們需要的是大衛・林區的觀眾。』我們說服了他們，幾天之後我們又找來另一群觀眾，辦了另一場試映。觀眾本來被銀幕上的東西吸引，但是當那一幕冒出來的時候，一百二十五個觀眾起身離場，觀眾開始暴動。有人開始大吼：『這傢伙有病！他應該被關起來，再也不要讓他拍電影！』」

「觀眾狂奔離開戲院，好像在逃難，」蒙哥馬利說：「如果大衛可以選擇的話，他不會把這段戲剪掉，他會把它弄更長！但是終究還是剪掉了，因為實在太超過。」

這場戲並非這部片遇到的唯一障礙。「小山謬、米高梅、大衛、史提夫、喬尼和我在繆思餐廳一起吃午餐，」蒙哥馬利繼續說：「山謬說：『我喜歡這部電影，我想做，但是我無法接受電影的結局。』原本的結局其實並不漂亮。午餐結束時，大家都有點沮喪，然後在回家的路上，大衛說：『我來弄個他媽的快樂的結局，』那就是他所做的。他精心而巧妙地打造一個非常幸福的結局。」

林區把《綠野仙蹤》裡面的善良女巫葛琳達[9]帶進來，讓她盤旋在空中，唱歌讚美真愛。「我在離地兩公尺高的空中。嚇得要死，」飾演葛琳達的雪洛·李回憶道：「我得很難為情地承認，為了得到這個角色，我說了謊。當時我在科羅拉多州探望家人，大衛打電話來問我：『妳對高有什麼感覺？』其實我非常懼高，但是我說：『高？沒問題呀！』他說：『好哇，因為我要把妳用鋼琴線吊起來，』我說：『噢！好啊！』到了片場，特技小組，空氣袋，全組裝備都弄好了，然後我飄浮在高空中，大衛得用大聲公指導我，因為我根本聽不到他的聲音。我記得我被掛在那上面，感覺很恐怖，同時平靜下來並心存感恩。大衛有辦法讓你去做你想都不會想也不肯做的事。被一根魚線掛著，為了訴說大衛的故事而服務，把他的視覺想像體現成真？我百分百願意。」

這部電影八月十七日上映，票房還算成功，林區終於可以休息一個晚上。「《我心狂野》在洛杉磯首映當天，我們辦了一場盛大的夜間派對，尼可、大衛、史提夫・哥林，我自己，我想（監製）邁克・庫恩[10]也在場，」蒙哥馬利回憶道：「我們去比佛利山的花園餐廳，大衛很喜歡這家餐廳，因為當我們進去的時候，他們放了《雙峰》的主題音樂。當時是夏天，我們坐在戶外花園，每個人都喝醉了。很慶幸的是，我們都不用開車——我們雇車——晚餐之後，尼可、大衛和我，決定去洛斯費利茲的德勒斯登酒吧，這家酒吧有兩個年長的人在彈電鋼琴。我們喝了幾杯之後，其中一個人說：『尼可拉斯・凱吉和大衛・林區今晚也在觀眾席！我們何不請他們上來唱首歌？』大衛戴著一副貓王的墨鏡，他和尼可上臺唱了一首貓王的歌。」

大自然的規律就是凡事有起必有落，從那時候起，大衛開始察覺到針對他以及他的作品的批評聲浪，開始出現了。他知道自己無力阻止。影評對《我心狂野》非常嚴苛，他們指控林區搖盪在拙劣的自我模仿中，儘管這部電影經過了幾十年，卻一直不斷地被評價，如此已經被視為林區作品中最有價值的一部分，但是這部片剛問世的時候，一切都不是這樣。

凡事總有贏家，蒙哥馬利就是個贏家，他總結說：「《我心狂野》會在坎城得獎，因為這是一部夠強的電影，這部片在當年的影展上所向披靡。大衛為影迷開啟了新的疆界，即使許多導演或許不願意承認，但是他們都深受這部電影的影響。」

這部片對許多人來說也歷久不衰。「自從《我心狂野》拍完之後，大衛和我都沒有再看這部片，一直到我們合作拍《內陸帝國》這時候，我們一起看這部片，對於我們倆，這是一次棒透了的經驗。」蘿拉・鄧恩說：「電影結束的時候，我們都深受感動。感覺好像在翻閱一本相簿，所有的回憶都湧上心頭，我最喜歡床戲的部分。我熱愛跟大衛工作。我們哪怕是在一輛車上，或一張床上，在那裡只剩下我們，一切東西彷彿都停止了，那種感覺只有跟大衛一起才會出現。」

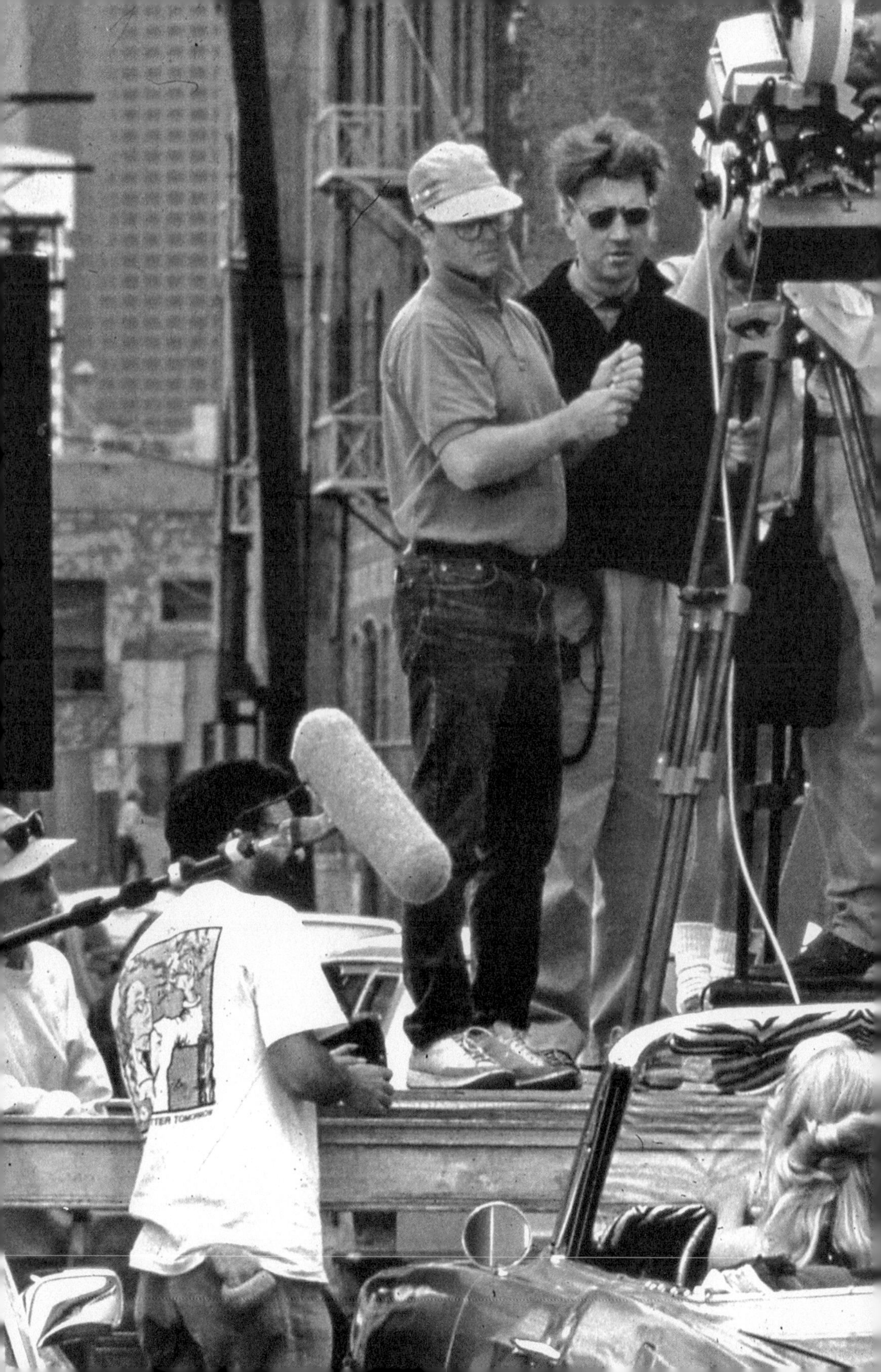

《雙峰》越拍越像電視，越沒有電影品質，我和馬克開始有點興致索然。當我讀了《我心狂野》，我非常喜歡故事裡的角色。那時候蒙帝過來跟我說：「大衛，我讀了一本書叫做《我心狂野》，我想導這本書，你要不要考慮來當我的監製？」我說：「我先讀讀看，」然後我開玩笑著說：「蒙帝，如果我也很喜歡這本書，我也想導呢？」蒙帝說：「那就給你導啊，大衛。」事情的經過就是這樣。

我讀到這本書正是時候，因為那時世界正在崩壞。好萊塢大道上毒品氾濫，晚上到那裡去非常恐怖；山谷區幫派橫行，每天晚上都會聽到槍聲，世界變得瘋狂——我把這故事看作是一個如臨地獄般瘋狂的愛情故事。貝瑞．吉佛是個超屌的作家，我非常敬重他。他的作品純粹又極簡，像閃電一般激發你的想像力。這本書中有些東西只是輕描淡寫，卻讓我反覆思考，想把它說下去。貝瑞創造了這些角色，他們不是醫生也不是律師，但是他們非常聰明，而且活在地下文化中，我真的很喜歡那個世界，以及那地方所發生的事。那是一種狂野和自由，一種無所畏懼，也是一種對生活的深刻理解。

在我的電影中，我會有所偏好。每個藝術家都有自己特殊的機制，以及特定的好惡，他們愛上的概念就成為某種特別的概念。那並非意指你會一遍又一遍地做同樣的事，而是其中會出現相似性。就像爵士樂。某個主題吸引了你，雖然這主題有多種變化，但你喜歡的主題總是存在。而那些想法出現便會自行到位，可能是這主題的變奏，或者不同的角色，但是這些概念掌控全局，你的工作就是忠於這些概念。

《我心狂野》的選角幾乎馬上開始。我覺得尼可拉斯．凱吉什麼都能演，包括貓王。賽勒個性的一部分正是來自貓王。他是個天不怕地不怕的演員，超級酷，而且他是我能想到唯一可以飾演賽勒的演員。我與尼可和蘿拉第一次見面約在繆思餐廳，那天晚上，同一條街上名為泛美公園的美麗的新立體主義老建築失火了。

威廉．達佛是蒙帝的朋友，他可能是蒙帝一手帶起，就像是上帝的禮物。當他戴上那牙齒，真的，巴比．貝魯就活了起來，他的表演無懈可擊，絕對完美。不光是牙齒而已。你把同樣的牙齒放在別人嘴裡，不可能有同樣的感覺，那是一種演員和角色的融合，就像這個人做得到，別人做不到。威廉也有這種特質。我愛克斯賓．葛洛佛。他的角色在貝瑞的書中有寫到，不過我想可能只是稍微提到。內褲裡面的蟑螂應該不在書裡面，做三明治那場戲可能也沒有。但是克斯賓演得太完美了，這又是另一次無懈可擊的表演。

我不知道藍迪爾先生有沒有在書裡，我也不知道他是哪裡來的。他就這樣出現了。哈利．狄恩的角色書裡有，但是我不知道有多少，我不覺得葛蕾斯．薩布麗斯基的角色是小說裡的。葛蕾斯來自紐奧良，當我在拍《雙峰》遇見她的時候，她操著一口紐奧良口音，這個印象一直烙印在我的腦子裡。當我在寫這角色的時候，那些關於紐奧良的東西就浮現出來了，我覺得這樣安排不錯，葛蕾斯也很喜歡。

雪洛．李飾演的好女巫葛琳達在電影最後出現，就在彷彿一切都失去的時候，她出現救了賽勒和蘿拉。在那個時候，快樂的結局會讓人想吐——他們覺得被欺騙了，應該要搞得越消沉越酷。但是那似乎並不適合《我心狂野》的結局。凡事都有可能。有時候，天外飛來一筆，一切都對了。但在現實生活中，如果你倚賴那渺茫的機會，你可能要失望了。

不過你也該時時保持專注，因為任何時候都有可能發生意想不到的事。比方說，片中有一位女士揮著手走過畫面，但是她不在劇本當中。那是某次我在餐廳看到這位女士，我請她演這場戲，大家都對這女人的美麗印象深刻。

《我心狂野》中有許多搖滾樂。搖滾樂是一個節奏，是愛情、性和夢想的結合。欣賞搖滾樂未必須要年輕，那是一種沉迷於自由的青春大夢。

《我心狂野》在洛杉磯和紐奧良拍攝。紐奧良是個好地方，有天晚上我們去了夜店，裡面的光線很明亮，也有人在放音樂。你會在紐奧良的任何一家餐廳看到各種人，我們坐在一個黑人家庭的旁邊。父親不在場，但是有母親、女兒，和她的兄弟，他們是從某個郊區來市區遊玩。這個家庭毫不矯揉造作，他們就做他們自己，非常享受生命。我們開始談話，然後我邀請他們家的一個女兒跳舞，這女孩棒透了。她非常純潔。我們來自兩個不同世界的人，就在那裡大聊特聊。她對我的世界一無所知，而她是個非常好的女孩。我喜歡這樣的城市，不同種類的人都可以聚在一起。這裡也是個音樂的城市，到處都是音樂，有趣的食物，以及很多法國的東西。這是個魔術般的地方，到了晚上，一切又變得非常夢幻。

我不記得是否去過蒙帝提到的紐奧良夜店，不過當然了，我們可能的確去過。我想人們的記憶是不一樣的。有時候他人的記憶完全錯誤，但大部分的時候，他們的記憶只是不一樣罷了。我記得很多紐奧良的事，畢竟那是個我非常喜歡的城市。

我現在大部分時間都在都市裡。我已經不再懷念大自然了，我想我把它排除在我的生活系統之外，我也不渴望它。當我在波伊西長大的時候，樹林又密又實，走在林間聞到的氣味讓人難以忘懷。從那時候起發生了一籮筐的事：配備槍架的皮卡車和顏色鮮豔的越野車在樹林裡繞行，這些東西不能在一起。還有全球暖化和樹皮甲蟲。在嚴寒天氣下，樹皮甲蟲會死亡，但是如果不夠寒冷，它們就不再死亡，反而會殺死所有的樹木。我父親告訴我，當你看到一棵樹正在死去，就表示這棵樹已經死了十年或十五年了。那時已經太遲了，他們說有很大比例的森林正在死亡。我成長中的那個大自然世界已經不復存在。現在都是背包客和喜歡露營的人到森林，搞得森林很擁擠！我以前去森林的時候，從來沒看到任何人。一個人都沒有。可能偶爾會在森林裡看到一些奇怪的人，但大部分的時候，森林都是空蕩蕩的。

在這世間，常常是景物依舊，人事已非。當我一九九二年回到波伊西的時候，有些東西依然保持原樣。大地、光線、氣候的生成法則沒變。但是其他東西消失了。當你在一個地方長大成人，你就會感受到，而且總是有一塊溫暖的地方在那裡，回想起你在那裡經歷過的事，你的心底會湧現美好的感覺。而這些東西現在已經消失了，你無法向任何人解釋。若我現在見到一個孩子，我可以告訴他有關波伊西的事，但是我無法將我記憶中的那份感覺給他；而當他老後，想向某人解釋他十六歲的生活長什麼樣子時，他也會遇到同樣的問題。

製作《我心狂野》似乎很容易，這個世界似乎已經為這部電影做好準備。有一場戲是有一點過頭了，我們必須剪掉它。因為你只能用自己的品味來判斷事物，所以你無法預測什麼東西會嚇到人——有些事物也太過顛覆我的價值，於是我也不能多想。當你迷戀上一個強大的想法時，你必須檢視一下環境，看看它該如何融入這個世界。有時你也會感覺：不對，時機不對。

當我萌生一個想法時，我通常都清楚感覺到它會如何發展。有時候我沒這種感覺，我不喜歡陷在不確定的區域。有時你以為你了解了，然後你意識到：不，不對，那樣行不通。就像繪畫一樣——繪畫是一種行動和反應的過程，你會找到自己的方法。有時需要花很多時間，但是當你找到的時候，你就會知道，並且馬上做出決定。所以當你決定：好，我想去紐約，從那片刻起你就是要去紐約，別的地方你都不想去——你做了抉擇，現在要去紐約，你的自由意志便消失了。一旦你決定要製作某部電影，它就變成了一條路，你決定了你要走的路。你可以變換方向，但如果你偏離太遠，你就會在另一部電影中。

我有更多想法，多到我無法處理，無法全部顧及到。我有些繪畫的靈感，但我現在無法畫畫，因為我忙著做其他事。然而當我有機會畫畫時，今天的想法已經不會再讓我興奮。我會記得之前的想法，但是不會覺得刺激。當我沒在畫畫的時候，我想念繪畫。

《我心狂野》進軍坎城的那一年，費里尼的《月吟》[11]也參加放映，我很興奮，我的片子接在費里尼的片子後面放映。太不可思議。整個過程都非常刺激，我們到最後一刻還在處理這部片，這是一定的。《我心狂野》放映前，杜威尼和我很晚才到放映室，你得攀爬樓梯上去放映室，放映機非常巨大，好像俄國科幻電影中的道具。我們用雙系統跑這部片，聲音和影像分開測試，全塗磁膠片上的類比音軌具有柔和的力量，不可思議的力量。

現在的人很難有機會看到一部狀況良好的膠卷電影，這很可惜。我覺得未來可能會發生兩件事。其一，家庭電影院系統會越來越好，你家裡可能會有一整面牆的電視螢幕，音質棒到不行。如果你要看電影，你就把燈光調暗，手機關掉，打開喇叭，就可以進入美好的電影世界。除非你找了很多朋友來，否則就不會是一個共享的經驗，然而這是很重要的一部分。再者，電影直接串流到你的手機，但是感覺一定大打折扣。今天的人們想要什麼呢？他們不會想去電影院，大電影已經失去了吸引力。有線電視成了新的藝術電影院。

在坎城，不到最後一刻你不會知道結果。如果有人告訴你，要求你留到星期日，你就知道你可能會得某個獎，但是不知道是什麼獎。我記得那天晚上在走星光大道上，我完全不知道我會得獎。我上前和皮耶．維歐特[12]握手，這個人從一開始就在坎城影展，他也是影展主席。他說：「大衛，你一定會得獎，絕對不會一無所獲。」然後我們進會場就座。典禮開始之前，二〇〇一到二〇一四年的影展主席吉爾斯・雅各布[13]過來跟我說：「你得了金棕櫚。」

1 Black Lizard Press 2 African Head Charge 3 *Im Abendrot* 4 Shelley Winters
5 William Morgan Sheppard 6 Crispin Glover 7 *What Is It?* 8 Samuel Goldwyn Company
9 Glinda the Good Witch 10 Michael Kuhn 11 *The Voice of the Moon* 12 Pierre Viot
13 Gilles Jacob

人生有起必有落

《雙峰》徹底轉變了林區的生活，接著《我心狂野》又得了坎城影展大獎，林區搖身變成一個商標，和一種風格。突然間，你可以用「林區主義」來形容某個東西，而且大家都會知道你的意思。如此成功當然有好有壞。一旦你完全滲入流行文化，它也會反過來吸收你，然後假設他們懂你，假設他們都有權利關注你所關注的。在一九九〇年代初，廣大群眾希望接近林區，希望從他身上得到東西、和他稱兄道弟、表達對他的看法，或者只想呼吸他呼吸到的空氣，狀況愈演愈烈，以至於他和這些人之間的距離越來越遠。文化的化身是虛幻不實的，他們別無選擇，因為加諸在他們身上的要求，太過巨大。如今種種力量在林區身上施壓，他的日常生活因此改變。他的工作團隊越來越大，在洛杉磯咖啡廳見到他的機會也越來越少了。

贏得坎城影展大獎對林區而言，是個複雜的恩賜，但是當年在影展上，卻發生了一件好事：他遇見了一個老朋友，皮耶·埃德爾曼。這位妙想天開的人精於研發大型計畫，埃德爾曼的人生非常精彩，他曾經因為在法國陸軍逃兵被關；賣衣服賺了一大筆錢；又陷入毒品多年；經歷一次破產；在傑克·尼柯遜[1]家住過很長一段時間；還當過一陣子記者。一九八三年他為了幫一本法國雜誌寫一篇《沙丘魔堡》的報導，來到楚魯巴斯科片廠，在片廠酒吧認識了林區。「我們一拍即合，」埃德爾曼說道。[①] 那次會面之後的幾年，他想協助林區拍廣告。但是帕帕干達公司和林區的合約範圍包含廣告在內，所以埃德爾曼動彈不得，但是他始終希望和林區合作，他不是那種會輕易放棄的人。

一九九〇年，法國企業家法蘭西斯·波伊格[2]決心跨足影壇。此人是全球最大營造業的發起人（他也是建造戴高樂機場的核心人物），波伊格成立了個人投資的電影片廠，西霸兩千[3]，計畫網羅全世界頂尖導演為他工作，當他向埃德爾曼詢問公司應該雇用哪些導演，埃德爾曼列了一張名單，林區也在其中。

「我參加了《我心狂野》的坎城影展派對，我把大衛拉到一旁跟他說，如果他來巴黎可以跟法蘭西斯·波伊格見一面，」埃德爾曼說：「我向他解釋波伊格是哪一號人物，並且告訴他，波伊格或許會願意製作任何他想要拍的電影。他告訴我他想拍《朗尼火箭》。不久之後，我在洛杉磯的花園餐廳與大衛共進晚餐，（林區的律師）湯姆·漢森[4]也在場，當時我策劃了一件有趣的事。幾個月前，我在聖特羅佩遇到克林·伊斯威特，我們成了朋友，那天我事先安排克林在餐廳出現，說：『我的天，是皮耶！』他照做了。我不知道大衛是否有留下印象，但我覺得他很驚訝。」不管是不是驚訝，林區確實去了巴黎與波伊格見面，並與西霸兩千簽訂三部片約，約定他提出三個不同的企畫，其中一部就是《朗尼火箭》。

「大衛跟法國人的關係一直很好，」瑪莉·史溫尼觀察到。認識波伊格的時候，她已經正式成為林區的伴侶，「大衛相信創作力是我們與生俱來的權利，他喜歡法國的原因之一，就是如果你有創作力，你就是搖滾巨星，你的創作權利會受到尊重。」②

這時候正是林區和史溫尼感情發展的初期，她成了林區創作生涯中重要的一分子，兩人同居了十五年。史溫尼出生於威斯康辛州的麥迪遜市，當她在紐約大學學習電影的時候，發現自己對剪輯的喜好。一九八〇年畢業之後，她開始找工作，當時華倫比提霸占了紐約大部分的器材，用來完成他的史詩電影《烽火赤焰萬里情》。傳奇剪輯師戴迪·艾倫[5]領導一個六十五人的團隊，任用史溫尼擔任音效剪輯實習生。一九八三年，她在喬治·盧卡斯的音效公司「齒輪」（Sprocket）旗下找到一份工作，於是搬到柏克萊，杜威尼·鄧漢雇她擔任《藍絲絨》的助理剪輯。她終於在一九八五年認識了林區，當時林區為進行這部片的後製搬到了柏克萊。「我記得大衛走進剪接室的那一天，」史溫尼說：「他非常快樂，這個陽光男孩走進來，非常友善且窩心地跟我握手，這就是我們初識的一切。」

一九八七年春天，史溫尼為了《藍絲絨》電視版的剪輯，移居洛杉磯三個月，這是合約的要求，到了一九八九年，她永久定居洛杉磯，擔任《我心狂野》的劇本監製和第一剪輯助理。一九九〇年，她擔任《雙峰》第二季第一集的劇本監製，同年九月，她首度直接受命於林區，負責七集的剪接。

在這段時期，林區和史溫尼越來越親密，林區正在準備他的第一個美術館作品回顧展，一九九一年一月十二日在東京東高現代美術館*展出。展覽內容包括幾幅八〇年代末在科爾科蘭畫廊展出的黑暗湍流畫作，以及從一九八五年到一九八七年間創作的一系列精美蠟筆畫。這系列作品非常柔和，包括一個光軸的渲染圖，碰觸荒蕪的景觀；一道盤懸在白霧之上的螺旋；和一片菱形的雲，在空曠的黑色田野上像個幽浮般伸展開來。

從日本回來後，他創立了自己的「非對稱製片公司」[6]，開始著手下一部片。林區說他愛上了蘿拉・帕瑪這個角色，即使《雙峰》在一九九一年六月已經停播，他卻還沒準備好離開《雙峰》的世界。《雙峰》停播後沒多久，他就開始談起他和佛洛斯特計劃製作一部座落在夢幻般小鎮的電影。為此，他與寫了十集劇本的羅伯特・恩格斯合作，在一九九一年七月，兩人合寫一個名為《雙峰：與火同行》的劇本，記錄了蘿拉・帕瑪謀殺案發生前的幾天。預計由林區和佛洛斯特共同監製。然而，《雙峰》前傳並沒有得到演員的熱情支

＊ Touko Museum of Contemporary Art，一九八八年設立在東京青山區的私人美術館，一九九一年閉館。

持。林區說大約百分之二十五的演員不支持這想法，反對者包括雪琳．芬、蘿拉．佛林．鮑兒[7]，以及最重要的凱爾．麥克拉蘭。最初的劇本很依賴凱爾的角色，庫柏探員。在七月十一日當天，林區／佛洛斯特製片[8]的首席執行長肯．雪瑞[9]宣布，由於麥克拉克蘭不願意參與，這計畫無法繼續。

林區很懂得調整克服加諸在身上的限制，只見他重新修訂劇本，加入了兩個調查局探員角色，分別由克里斯．伊薩克和基佛．蘇德蘭[10]飾演，準備進行拍攝。麥克拉蘭於是重新考慮同意參與演出，但是希望低調。哈利．狄恩飾演老舊拖車公園的管理員並首次在《雙峰》登場。大衛．鮑伊也露了一下臉，飾演神祕的菲利浦．傑佛瑞，一位滿口南方口音的調查局探員，一出場就精神崩潰。劇本初稿第一版，比一九九一年八月八日最終定案的版本長很多，所有角色都精簡化，洋溢其中的幽默緩和了電視影集中的暴戾之氣。《雙峰：與火同行》本質上是個亂倫的故事，要輕鬆愉悅真不簡單。

一九九一年九月五日正式在華盛頓開拍，主要拍攝花了三個多月完成。在西雅圖片場拍攝時，有個宣傳公關名叫蓋伊．波普[11]，她很受大家喜愛，後來當了林區的私人助理以及可靠的紅粉知己。她一直為林區工作，直到二〇〇三年四月癌症去世。德巴克．納婭爾也有參與這部片，擔任助理導演。「我這次不幫大衛開車，我們一起坐車，由凱爾的弟弟（克雷格）開車載我們，」納婭爾說：「（攝影指導）朗．賈西亞[12]和劇本監製可麗．格雷經常一起坐車，我們一面前往片場，一面討論當天的工作。」

「我們都在晚上工作。跟大衛拍電影可以確定的一件事就是，大約百分之三十的時間都是晚上拍。有一天大衛說：『告訴我，強哥，你覺得我們星期六何時可以拍完呢？我們要在午夜之前結束。』我告訴他那是不可能的，因為我們星期五晚上無法拍完，一定會拍到星期六早上，不可能那麼快搞定。儘管如此，星期六下午兩點鐘，我接到大衛的電話，他說：『你在哪裡？我在午餐桌上等你！你故意浪費我時間喔！』我說：『除了卡車司機，沒有人現在會去片場啊，』他說：『你看！你總是在搞破壞！』這時候我們打賭二十塊錢，賭我們今天何時會收工。我下午來到片場，我是對的——沒有人在那裡，除了四個工作人員，當第一個卡車司機到的時候，他的表情好像在說，我遲到了嗎？我跟大衛打賭的事情傳了開來，大家各自去工作。後來在某個時刻，雪洛得離開片廠去換衣服，大衛說：『胡來！妳在浪費時間！把妳的衣服拿過來，你們男生圍成一圈，臉朝外面，讓雪洛在裡面換衣服！』終於在午夜前兩分鐘，他看著我說：『你要宣布收工？還是由我來說？』我說：『大衛，這是你應得的，你來說吧。』我給了他二十美元，然後轉過身，跟製片拿了一百元。我賭自己會輸，大衛十分火大！他說：『你要買酒給每一個人，』他讓我把贏來的錢統統買酒花光了。」

「有一天我們從片場開車回家，」納婭爾繼續說：「大衛說：『停車，克雷格！』然後他說：『你看到街上那個女人了嗎？去弄到她的電話。』我問：『為何？』他說：『我不知道，弄到她電話就對了。』於是我照他說的做，這件事我就忘了。幾天之後他跟我說：『你還記得我要你去弄到一個女人的電話吧？她會在下一場戲跟哈利．狄恩．史坦頓對戲，她要演一個住在拖車公園的老婦人，對哈利．狄恩說：『我的熱水呢？』』大衛很喜歡投變化球，讓你措手不及。」

史溫尼一直在西雅圖陪伴林區，回到洛杉磯進行後製的時候，她懷孕了。林區和貝德拉曼堤合作電影音樂，史溫尼負責剪輯。「瑪莉與大衛合作無間，可能沒有其他剪輯師可以辦到。」《與火同行》主角之一的雷．懷斯說：「他們之間有一種超越語言的默契。」

林區和貝德拉曼堤之間也有這種默契，《與火同行》的配樂是他們倆最全面性的合作。林區和貝德拉曼堤作曲，林區和大衛．斯魯塞[13]合奏，以及貝德拉曼堤伴奏，這張電影原聲帶是林區電影中相當特別的一張，沒有其他流行樂手參與錄製。林區和貝德拉曼堤之間合作無間，兩人樂趣無窮。「我們錄了一首名為〈真實感應〉[14]的曲子，大衛在錄音室裡，」貝德拉曼堤回憶道：「他寫了歌詞，要求我做些即興聲音，我想，不管了啦！我要弄些違背良心的東西，我會很誇張。於是我像瘋子般展開聲域，即興地又吼又唱，大衛大笑到疝氣發作，得去醫院開刀。」

《雙峰》主要演員陸續到位。林區從中挑出了一些演員，主演三部他為喬亞咖啡[15]拍攝的廣告，在日本播出。一九九二年五月，林區在西班牙瓦倫西亞的塞拉帕巴尤博物館[16]舉辦他首次在歐洲博物館的展覽。林區和史溫尼正好去巴黎，花了幾個星期進行《雙峰：與火同行》坎城首映前最後的準備工作。舉辦了一場茱莉・克魯斯與麥可・J・安德森表演的派對，這場派對也是向製片法蘭西斯・波伊格致敬。他非常興奮林區的這部新片入圍坎城影展正式競賽。

儘管如此，業界權威人士並不站在林區這一邊，這部片的迴響並不友善。《與火同行》是一部複雜而具有挑戰性的作品，雷・懷斯和雪洛・李貫穿整部片，他們都展現了引人入勝的表現。懷斯可怖，雪洛・李狂暴、困惑，被無情地摧殘。然而，觀眾在放映時發出不滿的嘶聲和噓聲，映後的記者會上，林區面臨公開的敵意。在羅伯特・恩格斯、安傑洛・貝德拉曼堤、麥可・安德森，以及西霸兩千製片人尚・克勞德・佛勒希[17]的陪同下，林區被一名法國記者質疑，他選擇回歸《雙峰》的世界，是否因為「缺乏靈感」。另一位記者提問道：「很多人會把你定義為變態導演，你同意嗎？」昆汀・塔倫提諾也在場觀察道：「（他）現在已經自我迷失了，我沒有興趣再看大衛・林區的電影。」

雪洛・李很慶幸自己錯過了坎城。「我在紐約有舞臺劇演出，所以無法去坎城，當我聽到這些批評，我真的很失望，或許我不在場是件好事，」她接著說：「我不知道我的臉皮是否厚到有辦法面對這一切。」

「這不是一部可以讓人舒服坐下來看的電影，當觀眾看到一部讓他們不舒服的電影，首先就會去怪罪導演，」在整部電影中出現高達三分之二篇幅的雪洛・李繼續說：「我覺得這部電影傳達某些意涵，我不認為大衛故意要觸怒他人，但是很少人看出這些意涵而說：『哇！這很有意思。』他的作品總是具有高度複雜性，以及深層意義。如果觀眾自認他們可以理解一部電影，卻無法將它簡化成一個簡單的故事，他們可能會因此感到挫敗。」

史溫尼的觀點則認為，這部電影在坎城受到的無情對待，說明了一件事實：「人們喜歡《雙峰》上了癮，他們想看更多，但是最後卻得到一部大衛・林區的電影。《與火同行》既黑暗又殘酷，因此惹到觀眾。」

雷・懷斯覺得這部片根本不需要解釋和道歉。「《與火同行》是大衛的傑作，」他說：「他作品中的每個面相都體現在這部電影中，這個真的是影集的前傳嗎？這故事只有在大衛・林區的腦子裡才會發生，他幹得非常漂亮。」

「片中有一場戲，我和蘿拉坐在一輛敞篷車裡，我想這是我拍過最棒的作品之一，」懷斯繼續說道：「拍戲那天非常熱，我們拍了好幾次，大家都有點火氣，但是我們把這種緊張情緒灌注到作品中。電影的最後二十分鐘彷彿一場宗教體驗。《與火同行》問世的時候，受到很多責難，但是我相信經過長時間的考驗，這部電影會被重新評估。」懷斯說得沒有錯，二〇一七年九月，《衛報》的馬丁・康特里歐寫道：「經過了四分之一世紀，這部電影被影迷與影評重新發掘，定位為林區被忽視的傑作。」

緊接著坎城影展，《與火同行》五月十六日在日本上映，反應非常好。日本人是瘋狂的林區粉絲。等到一九九二年八月二十八日在美國上映時，情況卻沒那麼樂觀。《紐約時報》影評人文森・坎比[18]寫道：「這不是史上最爛的電影，只是似乎如此。」珍妮佛・林區回憶道：「《與火同行》對父親別具意義，我記得當這部電影受到誤解時，他非常困惑。在那段時間，他開始遭遇一堆好萊塢的狗屁麻煩。」

前往坎城時，史溫尼不久即將臨盆，電影放映之後幾天，五月二十二日雷利．林區[19]在巴黎出生。「從坎城回來之後，我們馬上去威斯康辛州蘿多達湖的家中，和我媽一起度過了五個星期。我們也開始在當地找住處，」史溫尼回憶道：「麥迪遜市是個優雅又理想的中西部地方，那裡的人非常友善。大衛去五金行，跟當地人混，他也很喜歡我媽，以及我的愛爾蘭天主教大家族，第一個夏天結束的時候，我們找到了一個地方，一九九三到一九九四年間，我們在那裡住了好幾個月。我記得大衛整天都在看O．J．辛普森審判，他也因此構思出《驚狂》的概念。」

蒙哥馬利記得他去威斯康辛州拜訪這對愛侶，他說：「有些事情如果不是因為瑪莉，大衛永遠不會去做，她讓大衛走出自我的世界。他們在那裡買了一棟房子，他還有一艘鍾愛的老式木製快艇，他似乎非常放鬆。」

林區的生活從那時候開始向內轉移，他整修了洛杉磯的房子。就在那時候，他雇用了阿爾弗雷多．彭斯[20]，一位從那時起一直為他工作的天才高手。彭斯回憶道：「我當時正在為大衛的鄰居做景觀設計，他從柵欄外看到我並說了聲『嗨』。我們就是這樣開始認識。」彭斯一九五一年在墨西哥出生，一九七三年搬到洛杉磯。「他一直跟我說『嗨』，然後他問我願不願意也幫他整理院子，於是我就開始清理他的泳池，然後工作一個接一個來。」多年來彭斯完成了水電管線、造景、電線、機械維修，也為林區的房舍打造了一套灌溉系統，規劃出穿越他家的通道。他知道如何打地基、蓋房屋、造家具，並為林區在自家拍攝的實驗電影製作布景。「佩姬．蕾薇曾說過，『大衛不可能在分類廣告中找到像你這樣的人，』」彭斯接著說：「大衛是個勤奮工作的人，他對自己想做的東西非常了解，我喜歡和他工作，因為他只告訴我要做什麼，然後放手讓我規畫完成。當他在拍《內陸帝國》時，他需要搭一個場景，於是他拿了一根棍子，就在地面泥土上畫出他想要的東西，然後問：『你會做嗎？』這就是我們工作的方式。」[3]

彭斯多年來一週五天為林區做全職工作，他也看在眼裡。「大家看到我在這裡做清潔工或者清掃樹葉，他們沒有想太多——他們不知道我知道很多事，」他說：「我可以遠遠地嗅到東西，當有人來到這裡，如果不是大衛打從心底想見的人，我立刻就能察覺。我看到很多人來來去去，而我可以看到——負能量。大衛是個隨和善良的人，他可能會被占便宜，所以我得保護他。任何在這工作的人，都必須是我信任的人。」

史溫尼回憶起他們在一起的前幾年中，大衛的創作成果。「大衛在那幾年間不停畫畫，他弄了一個窯，做了一陣子陶器，他也為他的商店設計製造家具。他拍了很多照片，在美國和國外舉辦過多次展覽。他從不疲倦，總是精力充沛，雖然並沒有消耗太多體力。我一直跟著他去做運動。而且戒菸了（他在一九七三年戒菸後，一九九二年又恢復抽菸），但是好景不常。他就是個吸菸仔。」

羅伯特．恩格斯的妻子吉兒和史溫尼同時間懷孕，兩個女人生下孩子一個星期之後，恩格斯一家成了林區家的常客。他們週末會帶孩子來拜訪，林區和史溫尼則叫外賣來吃。大部分是因為他們的朋友並不多。「大衛是個隱士。」史溫尼說。

林區的築巢行為很強大，當他隔壁的鄰居一九九二年去世時，他買下了她的房子，在粉紅屋子上方建造了一個由洛伊．萊特設計的游泳池屋。漸漸地，他的房子變成了一個綜合建築。「我們弄得很漂亮，」史溫尼說：「我們兩人都有各自的畫室，我有一個編輯室，大衛另有一個木作室，他還建造了一個後製工作室。我們喜歡在家工作。」

林區和佛洛斯特接著開始進行一個叫做《空中相見》[21]的電視劇。林區是通俗喜劇的粉絲，就像他沒拍成的劇本《唾液泡泡》和《牛的夢想》一樣——這故事描述「聖費南多谷的兩個人，他們不知道自己是牛」——《空中相見》是視覺噱頭、出洋相，和無限蠢度的綜合；這一切都反映了他對法國喜劇天才賈克·大地的仰慕。這齣劇由《雙峰》老將伊恩·布坎南[22]主演，背景設在一九五七年佐布羅尼克廣播公司的紐約總部，描寫電視直播的綜藝節目「萊斯特秀」所發生的一連串災難。

美國廣播公司對於《空中相見》的回應相當好，除了試播集之外還預訂了六集。林區與佛洛斯特合作並親自導演。親朋好友們跨刀相助：羅伯特·恩格斯寫了三集劇本，傑克·菲斯科導演了兩集，貝德拉曼堤做音樂。雖然試播時觀眾反應良好，美國廣播公司卻把已完成的劇集冷藏了一年多。最後在一九九二年六月二十日星期六播出試播集，反應並不好。即使自稱「林區狂」的已故作家大衛·福斯特·華萊士[23]，也說它「無情的可怕」而放棄了這節目。這齣劇沒有太多粉絲。

「美國廣播公司痛恨這齣劇，我想他們把它腰斬之前只播了三集，」佛洛斯特回憶道：「對於電視臺來說，這齣劇太愚蠢又太怪異，但是我覺得它已經超前了時代。大衛和我最近又重看了一些，這劇還是把我們逗得哈哈大笑，還是有些非常有趣的東西。在《空中相見》被撤檔之後，大衛和我分道揚鑣了一陣子。這是個拮据的六年，我想過寫一部小說。」

協助這節目播出的的托尼·克蘭茨對於它得到的反應百思不解。「《空中相見》是當時評分最低的電視節目，但我很喜歡，我覺得很棒。也許它太古怪了，或大衛·林區與馬克·佛洛斯特盛況不再。我真的不知道為什麼，但它就是失敗了。」

林區馬上著手進行下個計畫，想當然爾他會這樣做，那是一齣叫做《飯店客房》的電視劇，一部發生在紐約鐵路飯店同一間客房，跨越好幾十年的三部曲電視劇。根據蒙帝·蒙哥馬利提出的概念，由林區和貝瑞·吉佛共同開發。吉佛寫了兩集劇本，由林區執導，傑伊·麥金納尼[24]在計畫取消前寫了三分之一的劇本，一九九二年底開始拍攝，林區導演的那兩集——時間設定在一九六七年的《伎倆》，以及一九三六年的《停電》——無疑是他作品中最演員導向的。劇本非常簡約，每一集的故事都發生在一天當中，有許多非常長的鏡頭，克斯賓・葛洛佛、艾莉西雅・薇特、哈利・狄恩・史坦頓、佛雷迪・瓊斯，以及葛蘭・海德麗都有大膽嘗試的演出。

「有一天，大衛整個上午到午餐時間都在跟演員排練，大家開始緊張，為什麼還沒開拍，」製片總監莎賓娜・蘇瑟蘭[25]回憶道。蘇瑟蘭出生於麻州，在加州大學聖地亞哥分校學電影，然後在派拉蒙影城擔任導覽員。八十年代中期，她經常擔任製作總監，在《雙峰》第二季中，她開始為林區工作，自此之後，她一直和他工作，並且製作了《雙峰：回歸》。「午飯結束後，大家都被嚇到了，然後大衛突然開始拍這些十分鐘的鏡頭，一個接著一個拍下去。這是最奇怪的一天，可是如果演員的表現沒有達到他腦中預設的效果，他就會一直和他們排練，直到他們達到他想要的表現為止。這是我欽佩他的事情之一。他永遠不會輕易滿足，或者說：『好吧，這樣夠了。我們繼續拍下去吧。』他不會做這種事。」④

HBO在一九九三年一月八日播出了試播集，並且承諾播出三集。《洛杉磯時報》讚賞這齣劇「絕妙地吸引人」，但是《紐約時報》卻批評它是個「集錦劇」，彷彿「無止盡地造訪林區主義的《陰陽魔界》，劇情卻不知所云。」「我們拍了三集，HBO討厭極了，」蒙哥馬利說道：「這齣劇對他們而言，實在太古怪了。」

「大衛和我一直想做點什麼，」蒙哥馬利繼續說，他曾為麥可・傑克森一九九一年的專輯《危險》製作音樂錄影帶。一九九三年他們需要一支前導預告，宣告麥可即將發行的一系列短片，以配合專輯發行。蒙哥馬利提議讓林區來執導，傑克森覺得這主意不錯。「大衛自己就是個明星，麥可・傑克森呢？那只會製造更多的麻煩，」蒙哥馬利說道：「這整件事就像：唐娜特拉・凡賽斯親自帶兩車衣服過來給麥可，但是鏡頭只會拍到脖子以上的地方。」

「我想麥可並不知道大衛想要做什麼，大衛計劃用高速攝影，拍下麥可的面部特寫。終於，在拖車混夠久了之後，麥可姍姍來到片廠，和大衛談了些關於《象人》的話題，也藉此機會了解一下彼此。然後大衛說：『我們這樣拍吧，』麥可走到鏡頭前，他的臉必須非常靠近鏡頭，鏡頭一停下來，麥可馬上飛奔跑進拖車。四十五分鐘過去了，大衛開始等得不耐煩，於是我敲了麥可的拖車門，問道：『發生了什麼事嗎？』當你在那種燈光下，又那麼靠近攝影機，感覺就像是你在卡車停靠站，從一個最爛的鏡子中看到自己，麥可嚇壞了。又過了一個小時，我終於把他請回片廠，但大衛已經受夠了。」

林區那年執導了六支廣告，法蘭西斯．波伊格七月去世之後，他與西霸兩千的關係也出現裂痕。九〇年代末，他與這家公司對簿公堂。就在同一年，林區開始與一位有抱負的年輕製片人尼爾．埃德爾斯坦[26]建立友誼，在接下來的十年間，他們倆合作無間。埃德爾斯坦在芝加哥出生長大，一九九二年搬到洛杉磯打拚電影事業。「我透過傑．夏皮羅認識了大衛，傑．夏皮羅是大衛一九九三導演一部乳癌防治公共宣導片的製作總監，傑帶我從攝製組做起，」埃德爾斯坦回憶道：「在我的另一個宇宙，大衛是個作者。助理工作讓我可以和他一起工作，看到他是多麼友善又平易近人，看他導戲。我非常尊敬他處理事情的方式。」

「我們見面之後不久，大衛雇用我參與在洛杉磯國際機場高速公路拍攝的愛迪達廣告，」埃德爾斯坦繼續說：「然後在一九九四年，我接到蓋伊．波普的電話，她說：『大衛想和你說話。』然後大衛接過電話說：「我要你製作一個音樂錄影帶，為一個名叫YOSHIKI的日本人製作音樂錄影帶，」此人是X Japan樂團的團長，地位相當日本的麥可．傑克森。我說：「我不能當製作人啊！我只是個製片經理！」他說：「如果你是製片經理，你就已經在當製作人了！來我辦公室，我們把事情搞定。」我當時大約二十五歲，掛上電話後，我想，哇，我要製作一個由大衛・林區執導的音樂錄影帶。」我不覺得自己準備好了，但是大衛對我很有信心，這項工作非常順利，大衛是個很棒的導演。

「我們曾經在馬里布的杜馬角拍廣告，通告時間是早上六點，」埃德爾斯坦繼續說：「大衛和我一起開車過去，我們提前到達，天都還沒亮。大衛希望沙子平順整齊，當攝製組成員們在耙沙子時，大衛也跑出來拿起耙子！他就是這樣的人，一個導演，在黑暗中耙沙子。大衛就是這樣，他尊重別人，他喜歡樸實的拍片經驗。我從他身上學到了生活、電影製作，以及如何待人處事，那是無價的。」⑤

皮耶·埃德爾曼是個冒險家，一個好傢伙，也是我最年長的法國朋友，他參與過我許多部電影。我非常愛他。我在《沙丘魔堡》片場認識了皮耶，拉斐拉把他趕出片場，因為她不希望我跟記者交談，而他當時是記者。皮耶認識每個人，他去過全世界，他可以當每座城市的導遊。實在太強大了。六〇年代的時候他在好萊塢，認識了很多人，還賣過牛仔褲狠撈了一筆，但是因為一些不良惡行，賺到的錢又飛了。他坐過牢，因犯一定很高興有皮耶為伴，因為他會讓監獄變有趣。他策劃了一個賽蟑螂賭局，在蟑螂身上塗顏料，讓犯人下注。我可以想像那光景。皮耶有一家公司叫「蜜蜂娛樂」，他西裝的翻領上戴著一個小蜜蜂別針，皮耶就像一隻蜜蜂，他會授粉。他會把這個人和那個人湊在一起，他湊合過無數的人。他在坎城告訴我法蘭西斯·波伊格喜歡《我心狂野》，而且他還有一家新公司，想和我見見面，這就是皮耶做的事情。他把人們湊在一起。

皮耶是個好人，但是有些人無法和他相處，因為他會掉入一種挖苦別人的氣氛，而侮辱到他人。有一次我們搭飛機，肩並肩坐在一起，空姐過來的時候，他對她說了些不好聽的話。空姐走掉之後我說：「皮耶，我不喜歡你這樣，不要在我旁邊做這種事。你為什麼要這樣對待別人？」這趟飛行結束時，他向空姐道歉，皮耶和她變成了好朋友，所以他是有魅力的，不過他還是有侮辱旁人的問題。

你會因為不良習性而誤入歧途。每個人都可能被欲望驅使而誤入歧途——例如毒品、性、奇怪的想法，

你會因為態度不佳而惹上麻煩。大多數的人都有些衝動，但大致上循規蹈矩，衝動越界的人最後進了監獄。在比佛利山郵局的對街，曾經有一家很棒的義大利餐廳，花園餐廳。那地方看起來並不起眼，裝潢也沒有很炫，但是食物棒到不行。有一天晚上我和皮耶、湯姆．漢森，以及西霸兩千的執行長尚．克勞德．佛勒希一起去那裡吃晚餐。那天晚上我發現尚．克勞德和我的出生時刻只相隔十或十一個小時，他在法國，我在蒙大拿州。費里尼和我同一天生日，喬治．伯恩斯[27]也是。喬治比我大五十歲，一九九一年在我四十五歲生日那天，喬治和我分享了一支雪茄。我們並不是合抽一根雪茄——我們每個人都有自己的雪茄，我們待在一起抽菸。喬治．伯恩斯個頭很小，身子輕如羽毛，感覺可以像一塊紙板那樣把他舉起來。喬治在浴缸摔倒受傷之後，他的狀況就開始走下坡。那是結束的開始。如果他沒有摔倒，他還可以活到現在。

總之，皮耶總是在談他的朋友，很多人都覺得他是吹牛大王。那天晚上在花園餐廳，他說他的好哥兒們克林要過來，在我們用餐到三分之二的時候，猛一抬頭就看到克林．伊斯威特，他走過來說：「皮耶！」然後給了他一個很大的擁抱。我並不覺得驚訝，因為那時候我知道皮耶這個人，而且我也猜到克林會出現。

於是我去了巴黎，在他位於香榭麗舍大道上的公司頂樓辦公室與法蘭西斯．波伊格會面。托尼．克蘭茨和湯姆．漢森和我一起去巴黎，他們應該來參加這次會議。前一天晚上我們去了魚子醬屋，托尼大口喝櫻桃伏特加，當時已經下雪了。巴黎的積雪有十五公分厚，結果只見托尼大吐特吐，吐在路邊的石頭上——我可以從窗戶外看到他嘔吐到雪地裡。皮耶把女孩全帶來了——這個晚上很了得。結果湯姆和托尼沒有參加這次會議，所以我沒團隊隨行，而是隻身一人赴約，我的正對面就是波伊格先生，他的兩邊則是兩名為他工作的法國人。這些傢伙是最會討好賣乖的下流傢伙，他們帶著一種微笑看著我，彷彿在告訴我，我們要把你釘死在十字架上。他們不喜歡波伊格搞電影，他們的態度糟透了。

到了某個時候，波伊格先生說：「告訴我《朗尼火箭》的故事吧。」這句話聽起來好像是，如果你不告訴我，就什麼都別談了——你知道，要證明你自己啊。我以為我們已經談好了，居然又搞出這花樣。我開始想，好吧，我他媽的要離開這裡；這些東西不是我想要的。我要離開這棟他媽的房子，然後我站起來走向電梯，打算搭計程車直奔機場，跟這些狗屁東西說掰掰。他旁邊的那些混蛋，臉上帶著那種法國人的微笑——法國人最爛的地方就是這種沾沾自喜的態度，那些微笑道盡了一切。我以前談到冥想時就受夠了這一套。記者喜歡跟我談電影，但是一旦我提起冥想，他們就會擺出這種微笑。

總之，皮耶看到我離開，趕緊跟了出去，說服我留下來。我回到會議說：「我會告訴你這個故事，但是皮耶必須翻譯，」我坐下來看著波伊格先生，皮耶則站著翻譯，這些傢伙安靜下來。當我說完，現場一陣沉默，然後波伊格先生說：「好。」就這樣。交易完成了。我只表演了一個戲法，就大功告成。他對《朗尼火箭》說好，但是一切定案之後，我卻一直害怕拍這部片。劇本某些地方不對勁，我不知道問題出在哪裡；此外，我也開始思考蘿拉．帕瑪。

法蘭西斯．波伊格並不精通電影，但他喜歡《我心狂野》。我想他喜歡這部片的能量與力道。他和他的妻子莫妮克都是性情中人，我跟他相處得很好，雖然在生意上，他可能又會是完全不一樣的人。談生意的時候，他是個硬漢，身邊也圍繞著硬漢，很多人因此不喜歡他。但法蘭西斯和我都喜歡對方。我們搭他的高爾夫球車，像親戚一般交談。他是個懂得如何完成任務的普通人。

他在巴黎西北部的皮托建造了英法海底隧道和新凱旋門。他與他的高級工程師帶我去參觀，那裡有十五輛裝滿保鏢和人的貨車。他曾經訪問過加州斯托克頓市，他非常喜歡斯托克頓的人和工廠，他幾乎要住在那裡。但是最後還是回到法國，成立了這家大型公司，這是他的命運。法蘭西斯曾經問我有多少員工，我說：

「三個。」他告訴我他有三十萬員工。他的權力非常大。

我愛法國，因為他們做出來的一切都是藝術。建築物，椅子，盤子，玻璃杯，鐵路，汽車，工具，食品，飲料，時尚——每樣東西都是以藝術形式存在，他們欣賞高級的材料、精密的工藝和殺手級的設計。義大利人和法國人都是這樣。義大利人有點不同，但是義大利人也做出很棒的東西。我喜歡我在巴黎住的飯店以及那裡的人，我喜歡鵝肝、波爾多酒和庫克太太三明治。我甚至也喜歡咖啡，雖然它不如大衛・林區精選咖啡[28]那麼好。它有某種味道，讓我感覺像在法國，所以我喜歡它。

我不知道為什麼我喜歡蘿拉・帕瑪，但就是很愛她，我想回去看看她死去前的那段日子裡，到底經歷了什麼。我想繼續留在《雙峰》的世界，但這是個奇怪的時間點。那時候大家都抗拒《雙峰》，所以很難推動。波伊格願意開拍《與火同行》，但是其他業界的人卻不願意。某些《雙峰》的演員也不希望我這樣做。當一個演員簽下影集合約時，他們得下定決心，許多演員擔心觀眾從此只記得他演的這個角色，再也沒有其他角色上門。《雙峰》的許多演員都希望各自繼續往前走，所以當這齣劇結束時，大家都得到自由，他們的事業可以從此起飛，朝向摘星之路邁進。

即使有人不願意參與，倒也不是世界末日。你會想到其他的東西，我在某種程度也喜歡這樣做。我們得重寫劇本，減少凱爾的戲分。原始劇本中的演員很多，但是我們刪掉了很多東西。我放棄了幾場戲，因為太冗長了，也因為它們不適合出現在電影中而剪掉。這部片必須這麼做。所以有些人物被刪掉，其他人物加進來。我不知道我們是怎麼找到大衛・鮑伊的，但我很愛他。我不覺得他喜歡他的口音，或許有人說他的口音很尷尬或者什麼的。只要有一個人提出這樣的批評，你可能就毀於一旦。不過，他很棒，超級棒。

「紅房間」是《與火同行》中的重要元素，我很喜歡紅房間。第一，有布簾，我喜歡布簾。你在開玩笑嗎？我喜歡簾子，因為它們裡面以及它們本身都很漂亮，但同時也因為它們藏了某些東西。簾子後面有東西，你不知道那東西是好是壞。夾層空間？沒有比夾層空間更棒的了。如果沒有建築，一切都是開放的，但有了建築，你就可以創造空間，你可以讓它變美麗，或者你讓它變得非常恐怖，讓你迫不及待想要離開。瑪哈禮希說過一個叫做「建築哲學」[29]的東西，關於如何建造一個房子，讓你的生活更美好。他們說靈魂建造了身體，身體建造了房屋，身體是何種樣貌，房子也會是何種樣貌。今天人們的生活環境完全錯誤。門朝南是最壞的方位。朝東方是最好的，朝北是好的——粉紅屋有一個朝北的門——但是其他條件都不利人居住。房子的位置最重要。要真正做對這一點，廚房必須在某個地方，冥想處必須在某個地方，睡覺的地方，洗手間的地方——他們都必須在某個空間方位，以適當的比例分配。

拍攝《與火同行》之前，安傑洛和我正在錄製一首名為〈真實感應〉的歌，這首歌後來被用在電影中。我們和一個殺手級的貝斯手格瑞迪．塔特[30]合作，安傑洛彈鍵盤，他們合作這首了不起的歌。我很喜歡自己寫的歌詞，我說：「安傑洛，我不知該找誰來唱這首歌，」他說：「大衛，我來唱吧。」安傑洛有時會一面演奏一面唱歌，想到那情境幾乎要讓我頭皮發麻，但我說：「好啊！試試吧。」於是安傑洛走進錄音室，他在那裡又唱又跳，（工程師）亞提（波赫姆斯）按下按鈕，一切就開始了，他做得完美極了！他那股勁，讓我笑到皮帶都鬆掉，肚子裡面好像有一個燈泡突然破了，我得了疝氣。安傑洛搞到我得了疝氣。我很痛，但是我並不知道我身體出了問題，於是我們還是去華盛頓拍片。我痛得要死，他們找來一位女醫生，很美的女醫生，她幫我檢查後說：「你有疝氣。」我說：「我必須拍這部電影，」她說：「沒關係，但你拍完後必須動手術。」後來我拍片時候，大部分都是坐著的。

無論如何。人們已經厭倦《雙峰》了。《與火同行》在坎城鎩羽而歸。當時真想乾脆去坐牢算了。真的，那真的是一段可怕、恐怖又鬱悶的日子，而我真的病了。當你失意的時候，大家只想再踹你一腳。但這並不是最糟糕的。就像我說過的，《沙丘魔堡》讓我死了兩次，因為我不相信我所做的東西，而且作品也失敗了。《與火同行》只讓我死了一次，所以並沒有那麼糟糕。你不喜歡這部電影嗎？很好。可是我喜歡，你根本傷不到我。好吧，你可能讓我受一點點傷，但我依然非常喜愛這部電影。雷、葛蕾斯和雪洛——帕瑪一家人棒透了，我愛他們的世界。

我從《與火同行》的挫敗中迅速恢復，馬上跳回去繼續工作。這並不是說我有多堅強，我只是喜歡我的想法，我在家裡工作。我不喜歡外出，而現在的我更加不喜歡。

去夢多達湖是件新鮮事，我很喜歡去那裡。瑪莉有六個兄弟姊妹，她的家人很棒，有那種中西部人的善良和率直。他們不裝模作樣，非常友善和氣。我後來在湖邊買了一棟兩層樓的房子，價錢很不錯，我設計了一個頂樓，也把它做了出來。後來強尼（溫特沃思）用拖車把「小印地安人」從長島搬來。強尼並不是我真正的員工，但是他幾乎包辦所有的事。他為我買了船。我有一個更大的發動機，那裡還有一個船塢，很適合夏天。我可以在地下室畫畫，我也在麥迪遜市的坦登藝術工坊[31]工作，與寶拉．潘森科[32]一起製作單刷版畫，她是那裡的經營者。那裡有一臺擠壓機和一張厚度零點六公分的紙。這名版畫大師在夏天用手工製造出來的紙張，非常漂亮。一九九三年夏天我在麥迪遜市，X Japan樂團的樂手YOSHIKI邀請我幫他拍一支音樂錄影帶。我說：「好啊，讓我先聽聽你們的音樂，再看看我有什麼想法。」於是他們把音樂寄給我聽，基本上那只是在某個背景音樂中說話，好像唸一首詩。我說：「我沒有想法，」然後拒絕了他，後來他們非常緊張地聯絡到我說：「我們已經對外公布消息了！」他們願意付更高的酬勞，於是我拍了〈*Longing*〉這首歌，拍出來的結果非常有趣。我要求要有煙霧、火光、下雨，還有各種彩色燈光，我們把造雨機，還有十公尺高的火柱全部帶去乾枯的湖床。

在乾枯的湖床上，我們帶來的割草機製造出巨大翻騰的白色煙霧雲，但是強風把所有的煙霧都吹進了沙漠。於是我們決定弄其他的東西，像是下雨，或其他東西，突然間——簡直不敢相信——所有被吹走的煙霧，像一面牆那樣捲了回來。我們拍的某些畫面非常漂亮，令人難以置信。我們拍了很多很酷的影像，但都支離破碎，我不知道YOSHIKI有沒有用到。他希望這支音樂錄影帶的最後一個畫面，是他坐在維多利亞式的書桌，手裡拿著鵝毛筆，用書桌上一瓶墨水寫字，但是我想，這樣的處理方式與沙漠情境的設定完全不搭，所以我沒有拍出來。他雇用我，希望我提出想法，但畢竟這是他的音樂錄影帶，我把所有拍好的畫面給他，這件事就這樣結束了。

還有一次，我在洛杉磯家裡的客廳，電話鈴響了，是麥可．傑克森來電，他說他希望我幫他的新專輯《危險》拍個預告之類的東西。我說：「我不知道我是否做得出來，我毫無想法。」但是掛掉電話之後，我走向門廊，想法出現了。我打電話跟他說：「我有些想法。」我和約翰．戴司卓[33]合作，在他的工作室建造了一個微型世界，裡面有紅房間，和一扇小小的門，房間內是詭異的現代造型樹木，以及一個冒出銀色液體的小山，從山頂洞口竄出的火焰中，漸漸浮現麥可．傑克森的臉。那是用定格攝影製作的，需要花很多工夫。我並沒有要求絕對精確，但是工作人員簡直是精雕細琢在製作。他們把樹木漆成紅色或黑色，工作人員戴著白手套，沿著精確標記的路線移動樹木。這是第一部分。另一部分是拍攝麥可的臉，我們有一個配備環形燈光的攝影機，能創造驚人的全聚焦影像，沒有影子。

所有麥可需要做的，就是在某個定點站幾分鐘，但是他光化妝就花了八到十個小時。怎麼會有人化妝化十個小時呢？他必定是個對外表極端挑剔的人。最後他準備好，終於出來了，但是他只想談論「象人」。他想從博物館購買象人的骨骼、斗篷以及他所有的東西，他問了我一些問題，是個非常好的人。然後他站著給我們拍，一分鐘之後他的部分就拍完了。他顯然有權利決定最後定剪的內容，如果他不喜歡，他就不用，但是這支預告在戲院放映時，看起來超酷，我很高興做了這件事。

《飯店客房》的概念來自蒙帝．蒙哥馬利的想法。第一集《伎倆》由貝瑞．吉佛編劇，主角包括葛蘭．海德麗和我最喜歡的兩個人：佛雷迪．瓊斯和偉大的哈利．狄恩．史坦頓。我相信對於演員，哈利．狄恩是完全的啟蒙者，我不希望哈利．狄恩離開這個世界。《飯店客房》的背景是一家鐵路飯店，每個客房牆上都掛著火車圖片，從窗外望出去會看到下方的鐵軌。這齣劇的概念是，這家飯店多年來入住了幾百個客人，我們會看到在這個房間的某一天發生了什麼事。我們製作了三集，貝瑞寫了我導的兩集，我很喜歡。我不知道傑伊．麥金納尼是怎麼參與《飯店客房》的——我猜是蒙帝找他來的。總之，電視臺討厭《飯店客房》。

他們也討厭《空中相見》。這齣劇的概念是電視臺的現場實況播出，以及所有可能出的錯。一個胸大無腦的女演員和外國導演，你盡了一切的努力，覺得沒有什麼可能出錯，是吧？然後你再看看會發生什麼吧。這就是幽默所在。但是沒人吃這一套。你知道，人生有起必有落，如果他們失敗後再站起來，他們就能屹立不搖。吉米．史都華、亨利．方達和克拉克．蓋博都曾風光一時，然後發生了一些事情，他們一時失寵，最後他們又捲土重來。人們又再度喜歡他們，想要抓住他們，他們從此再也沒有消失過了。

世事多變化，世事總不斷在變化。一九九三年十月，我在羅馬拍百味來（Barilla）義大利麵廣告。我們在一個美麗的廣場上，演出的大明星是傑哈．德巴狄厄[34]，跟他合作非常棒，而且這是個有趣的廣告。攝影指導是東尼諾・戴笠・寇利[35]，他也是《訪談錄》的攝影指導，所以之前當我遇見費里尼時，我就遇到他了，他現在是我的攝影指導。這支廣告的製作經理也與費里尼合作過，有一天他們兩人在談話，他們說：「大衛，費里尼先前在義大利北部的一家醫院治療，現在他搬到這裡的醫院。就在羅馬。」我問他們是否有機會跟他問好，而他的侄女打算在星期五晚上去看他。我們的廣告星期五殺青，星期五晚上，那裡會有最美麗的日落。我上了車，瑪莉・史溫尼和其他一些人也在車裡——車子滿了——我們到了這家醫院，院外的臺階擠滿了看上去無家可歸，但其實也是病人的人，醫院裡面更是人滿為患。侄女走出醫院，靠在車旁說：「只有大衛和東尼諾可以進來，」我們下了車，開始越來越深入地走進醫院，最後我們到了沒有人的地方，只看得到走廊，我們沿著長長的走廊走下去，最後走到費里尼的病房門口。

我們進入這間只有兩張單人床的房間，費里尼在兩張床的中間，臉朝外坐在輪椅上。他正在和一位名叫文森佐的記者談話，而東尼諾認識文森佐，於是他們兩人聊起來。他們給了我一張椅子，我坐在費里尼的輪椅前，還有一張小桌子，他握著我的手。這是最美麗的時刻。我們手握著手坐了半個小時，他告訴我過去的日子，以及世事如何變化，變化得令人沮喪。他說，「大衛，在過去，我來喝個咖啡，電影系學生都會靠過來，我們會聊天，他們知道關於電影的一切。他們不看電視，而是去看電影。我們一面喝咖啡，一面交心深談。現在我過來，沒有人在那裡。他們都在看電視，他們也不再像過去那樣談論電影。」病房會客結束的時間到了之後，我起身告訴他，世界正在等著他的下一部電影，然後我離開了。很久以後我遇到了文森佐，他告訴我，那天晚上我離開後，費里尼說：「那是個好孩子。」兩天之後他陷入昏迷，然後就去世了。

我想世事總是以應該發生的方式發生。當你年老的時候，你會記得你做事的方式，你會把它與現在發生的事做比較，你甚至無法向年輕人解釋過去的樣貌，因為他們毫不關心。生命生生不息。直到某一天，他們的記憶，也無法解釋給別人聽。世事就是如此，我想費里尼就處在那個位置。義大利和法國都有過電影的黃金時代，他是當時那個世代的國王，非常非常重要，他對電影如此重要，甚至超越了重要。糟透了。

1 Jack Nicholson 2 Francis Bouygues 3 Ciby 2000 4 Tom Hansen 5 Dede Allen
6 Asymmetrical 7 Lara Flynn Boyle 8 Lynch / Frost Productions 9 Ken Scherer
10 Kiefer Sutherland 11 Gaye Pope 12 Ron Garcia 13 David Slusser 14 *A Real Indication*
15 Georgia Coffee 16 Sala Parpalló 17 Jean-Claude Fleury 18 Vincent Canby
19 Riley Lynch 20 Alfredo Ponce 21 *On the Air* 22 Ian Buchanan 23 David Foster Wallace
24 Jay McInerney 25 Sabrina Sutherland 26 Neal Edelstein 27 George Burns
28 David Lynch Signature Cup 29 Sthapatya Veda 30 Grady Tate, 1932-2017
31 Tandem Press 32 Paula Panczenko 33 John Dykstra 34 Gérard Depardieu
35 Tonino Delli Colli

黑暗就在隔壁

林區的腦子裡面，有個巨大的點子資料庫，通常他有了想法，就會先存起來，直到出現了另一個想法，再與原來的想法互相融合，兩個想法激盪出無限潛能。在一九九一年《雙峰》拍攝的最後一天晚上，一個想法出現了：一捲令人不安的錄影帶出現在一對不快樂的已婚夫婦家門口。只是當時這想法還不夠成熟，於是在他做其他事情時，這想法就一直在他腦海中滲透醞釀。他做了很多其他事。一九九三年到一九九四年之間，林區導演了六支廣告，他製作家具，也想改編卡夫卡的《變形記》，把背景設定在一九五〇年代的東歐，但是沒有成功籌到經費。然後是《牛的夢想》，他和羅伯特·恩格斯合作編寫的荒謬喜劇，但是也一直沒有開始進行。

一九九五年，林區受邀參與《盧米埃和他的夥伴們》[1]的拍攝，這部片是為了慶祝電影誕生一百年，總共邀請了四十位導演參與，每個導演使用盧米埃當年所用的原型攝影機，各自拍攝一部五十五秒的電影。為了模擬二十世紀初剛剛發明攝影機時的狀況，每個導演只能拍三次，不能打光，也不能剪接，純粹就是拍一個五十五秒的影片。「盧米埃計畫是個迷你版的大衛·林區，但是和他任何一部長片一樣令人滿意，」尼爾·埃德爾斯坦提到林區的短片《現實的邊界》：「格里·達米科[2]是一位務實講效率的特效師，一個很棒的人，他住在拉圖納峽谷的一大片土地上，我們在他家前院搭景。這是我做過最有趣的事情之一。大衛安排了四、五組片段，一段接一段都得完美換場，這是個高風險的電影製作。我們笑得像小孩，很努力地完成了這超酷的影片。」

林區拍的這部片，普遍被認為是四十部短片中最有野心也最成功的一部。「他們以為我們作弊，」達米科回憶起這部片的視覺複雜性說道。達米科在聖費南多谷出生長大，十九歲的時候他在迪士尼找到了一份工作，一直做到道具部，八〇年代末，他已經是個技藝高超的特效專家。一九九三年，德巴克．納婭爾請達米科來到《空中相見》片場，要求他製造一臺會吐出管線零件的機器。「我拼湊完成，大衛來我的拖車上察看，」達米科回憶道：「但是他對我做的東西比較感興趣，因為他是個螺絲釘控。大衛很會做東西，也很喜歡做東西，我們相遇的那一天，他的好奇、低調、極度禮貌，以及像印度教的牛那般的平靜，都深深打動我。」

「當他們在策劃盧米埃計畫時，我接到他辦公室的電話，他們說：『大衛希望你做這件事。』他們給了我一個時間，我說：『我已經約好要拍一個廣告，我走不開。』我聽到他的助手大喊：『格里那週要拍廣告，他無法，』然後大衛說：『我們不能沒有格里，』於是他延遲拍攝，一直等到我回來！每個導演都應該去『大衛林區學校』，學習如何在片場待人處事。他是一個完全專業又超級好的人，這個行業裡沒有人能超越他。」[①]

在此期間，林區也在發展一個新劇本。一九九二年，他選擇了貝瑞．吉佛另一部名為《夜人》[3]的小說，書中的一些對話在他腦海中揮之不去。特別是有兩句話，讓他聯想起他一九九一年被一支神祕錄影帶挑起的想法。「這就是大衛的魔法，」史溫尼說。「他能隨機取材、整合，創造一個世界。」

一九九五年初，林區聯繫了吉佛。「大衛有一天打電話過來說：『貝瑞，我想和你一起合作一部原創電影，如果我必須自籌經費，我們一起幹吧，』然後他就來到了我在柏克萊的工作室，」吉佛回憶道。「他說他被《夜人》的兩段對話所吸引：一個女人說，『我們只是在迷失的高速公路上，瘋狂騎行的幾個阿帕契人。』艾迪先生說：『你和我，老大，我們真可以搞爛這些王八蛋，不是嗎？』這就是一切的起點。

「大衛住在附近的旅館，」吉佛繼續說：「每天早上八點五十三分，他會打電話過來說：『貝瑞，我會在八分半之內準時到你那裡，』八分半鐘之後，他就帶著一大杯咖啡走進來。我們花了好幾個星期寫劇本，把想寫的東西寫在黃色橫條紙上，然後請黛比．特魯尼克用打字機打出來。」

《驚狂》的第二稿於三月完成，三個月後的六月二十一日，拍攝腳本完成。和《飯店客房》一樣，《驚狂》的劇本非常極簡，你不可能透過人物說的話來了解故事，而且角色的身體動作是刻意而緩慢的。故事中的男人，可能有也可能沒有謀殺他不忠的妻子，《驚狂》探索人的偏執與變換身分的主題，是林區最經典的黑色電影。也是他作品中最艱澀與最黑暗的一部。

《驚狂》由西霸兩千和林區的非對稱公司共同製作，但是在一開始的時候，喬尼．史瓦森原本也有興趣加入。一九九四年，史瓦森與湯姆．羅森堡[4]和泰德．坦內巴姆[5]成立了湖岸娛樂[6]製片公司，他回憶道：「我想在湖岸娛樂製作《驚狂》，並提供六百萬美元經費給大衛。他已經拿到支票了，但是在開拍之前，我問他：『大衛，沒有人會了解為什麼一個女演員扮演兩個不同角色，和兩個演員扮演同一個角色。』他說：『你這是什麼意思？故事很清楚啊！』他堅持這不是問題，所以湖岸娛樂沒有拍成這部片。」

儘管這是個非傳統劇本，西霸兩千卻完全賭了下去。《驚狂》是一部存在主義式的恐怖電影，挑戰線性時間的真實性，《紐約時報》的珍娜．瑪斯林[7]概括這部電影為「精雕細琢的幻覺，永遠不會被誤認成其他導演的作品。」一個前衛的爵士薩克斯風手變身成為一個青少年車庫技工，一個郊區妻子變身成色情片女星，這是一部原創性驚人的電影，回應了英格瑪．柏格曼的《假面》，以及勞勃．阿特曼的《三女性》。

比爾．普曼扮演一位名叫弗雷德．麥迪遜的爵士音樂家，他正處於一種解離性遊走[8]的情緒中，這種心理狀態致使他放棄自己原有的身分，而接受新的身分。解離性遊走是某種形式的健忘症，當現實變得無法忍受時，它讓心靈得以自我保護。林區說這部電影的部分靈感來自妮可．布朗．辛普森和朗．高德曼凶殺案，以及O．J．辛普森的電視審判，他發現這些事件很吸引人。辛普森就像電影主角弗雷德．麥迪遜一樣，他似乎已經說服自己沒有同謀犯罪。

這是個險惡的故事，但林區的設定看起來非常棒。「當我跟大衛見面的時候，我覺得我好像跟家人在一起，」普曼回憶道。「我們就像兩支達到共鳴的音叉，一旦我們進了片場，我就發現其他人對他的感受也是一樣——大衛非常會講戲，所以每個人都覺得自己是同一個創作活動的一部分。我喜歡他的幽默感，他表達自己的方式讓我覺得非常親切，或許因為也有鄉下背景。大衛有一種對土地的親切感，我們分享蒙大拿州的家鄉情懷。他小時候和祖父母在那裡度過一段時間，他的兒子雷利在我家的牧場工作。」

「我們為我的角色取了一個小名，」普曼繼續說道：「我不知道我們之中是誰取的，這個小名是『演歌舞伎』（Kabuki），意思是說，這場戲所發生的，會演變成某種儀式狀態，其中並包含了面具中不可知的神祕。歌舞伎的意義包含了這一切。」②

飾演皮特．戴頓的是巴達薩．蓋提[9]，在一九九〇年他十四歲那年，就在哈利．虎克[10]改編的《蒼蠅王》電影中初試啼聲。他是尚．保羅．蓋提[11]的曾孫，林區在一本雜誌上看到他的照片，就把他找來見面。「大衛是個非常注重直覺的人，基本上他就只說我適合這角色，」蓋提提起他們的會面經過。

「唯一能看見林區的電影的全貌的人，只有林區自己。派翠西亞．艾奎特[12]和我甚至不知道我們到底拍了什麼樣的電影，」蓋提繼續說：「我終於看到這部電影時，我並不知道它會如此可怕。派翠西亞和比爾進出黑暗的走廊，沉重的聲響——在讀劇本時都沒有發現到，其中有許多開放解讀的空間。大衛的部分技巧，是讓演員不斷猜測，因為它在片場營造了某種氛圍。

「大衛非常注重設計和服裝的細節，我記得在準備拍攝的時候，他在布置片廠，」蓋提補充道：「他到房間的角落，放了一些東西——我想是一些咖啡豆——觀眾和攝影機其實都看不到，但是大衛有他的流程，他需要有這些東西放在那裡。」③

蓋提演《驚狂》的時候才剛滿二十一歲，拍這部片對他來說很有挑戰性。「我們之前拍了一場戲，皮特和他的父母坐在家裡，而我應該只是看著他們，」蓋提回憶道：「這個鏡頭我們拍了又拍，最後拍到第十七次時，大衛說：『我們休息用餐吧，午餐回來再拍。』我回到我的拖車，覺得身心俱疲。大衛是個會讓你跟他一起開心的人，但是我卻哭了出來，我覺得我演不出來。然後在午餐時，他送來一張紙條，上面寫著：『想像一下你和爸爸說話時，看到一隻蜂鳥在他的頭上嗡嗡作響。這個孩子會有什麼表情？第一次看到火是什麼感覺？你會感覺到怎樣的奇蹟和驚異？』這作法很不尋常，但是非常有用，午餐飯後，我們拍一次就成功，然後一路拍下去。

「還有一場戲，派翠西亞和我在一家旅館見面，她策劃了一次搶劫，」蓋提繼續談起林區的導演策略：「演這場戲讓我反覆掙扎，最後大衛要我坐在我的手上，演同樣的一場戲。演員往往會用手勢來傳達，所以當我坐在自己的手上時，我被迫完全用臉來深入演這場戲，那正是大衛要的。」

普曼也得面對挑戰，包括一場一發不可收拾的狂亂薩克斯風獨奏，「安傑洛寫了一段音樂，並且請了一位叫做包柏．薛伯[13]的樂手來演奏，」普曼回憶道：「大衛說：『這對你來說很簡單。你只要跟著這個演奏的人，他會教你怎麼演奏。』我找到了包柏，對他說：『我想拍你獨奏，』他說：『我無法像之前那樣再來一次了。』顯然大衛之前和他在錄音室裡錄過一遍。只見他每演奏一次，大衛會說：『更瘋一點！我要它更瘋一點！』於是他卯足全勁，也達到了大衛的要求，他卻突然說：『我沒辦法再來一次，我也不想再來一次，你得靠自己了。』這是我做過的最困難的事之一，然而演奏結束之後，我從工作人員那裡得到的掌聲，也是我演藝業生涯中最寶貴的回憶。」

《驚狂》裡不只一個法蘭克·布斯，而是有兩個，其中一個是羅伯特·勞吉亞[14]飾演的艾迪先生，一位討人厭的色情作家。普曼與勞吉亞合拍一九九六年的科幻大片《ID4星際終結者》時，把《驚狂》的劇本交給他，勞吉亞立刻愛上了艾迪先生這個角色。勞吉亞也在片中發展出一個爆笑的片段。一名汽車駕駛搞不清楚狀況緊貼在他後面，艾迪先生就用自己的汽車當作攻城錘，把那位沒禮貌的駕駛逼到路邊，然後在那裡一面給他上一門關於逼車危險的交通安全課程，一面把他打到血肉模糊。這就是林區最邪惡的幽默感。

羅伯特·布萊克[15]扮演的神祕人也同樣可怕。布萊克以童星起家，長大成人之後，他在一九六七年由理查·布魯克[16]導演改編自楚門·卡波提同名原著《冷血》一片中的演出受到注意。在《驚狂》裡，布萊克呈現了一段毛骨悚然的表演，表現出邪惡如何巧妙地侵入日常生活。從布萊克的角色身上可以看出，邪惡永遠不會不請自來。「你邀請了我，」神祕人對弗雷德·麥迪遜說：「我不習慣去沒人需要我的地方。」《驚狂》問世五年之後，布萊克因為二〇〇一年妻子邦妮·李·巴克利的死亡案件遭逮捕起訴，然後於二〇〇五年被判無罪。《驚狂》成為他的從影告別作，該片也是李查·普瑞爾[17]和傑克·南斯最後一次在電影中亮相。

一九九四年林區家隔壁的屋主去世後，他買下了第三棟房子，計劃將其改造成一個有攝影棚的錄音室。《驚狂》開始勘景的時候，這棟房子正要動工，但是他們一直找不到片中主要的場景，主角麥迪遜家的合適地點，於是決定把林區的新家改造成一個臨時片場。片中一些關鍵性的情節，都圍繞在麥迪遜家，這棟屋子的建築非常獨特，包括房屋正面的窗戶，彷彿垂直和水平格柵狀的網，以及一條通向黑暗的長廊。

「大衛非常清楚他要什麼，」場景助理傑若米・阿特說，他在佛羅里達州勞德代爾堡長大，一九八九年來到加州大學洛杉磯分校學電影，他說：「整個拍攝期間，我幾乎都在尋找巴達薩・蓋提的角色要住的房子。大衛說：『我要一個房子，可以看到隔壁的院子，左邊有個車庫，屋裏有大客廳，廚房裡的傭人區，一個沒有游泳池的後院，一個主空間外的走廊，一間大得可以容納一輛摩托車的臥室。我肯定看過了一百五十棟房子。』」④

林區與普曼、蓋提、艾奎特，和勞吉亞進行了兩週排演——「羅伯特・布萊克不需要排演，」林區說，十一月二十九日，就在林區的家裡正式開拍，由彼得・戴明[18]掌鏡。戴明一九九二年完成美國電影學會的攝影學位，就進入了林區的工作圈，他拍了六集《空中相見》和三集《飯店客房》。《驚狂》是他們合作的第一部劇情片，從此以後，戴明一直與林區長期合作。

「我讀過了劇本，我們第一天拍的是麥迪遜家裡的日戲，」戴明回憶道：「我架好了燈光，但是當我看了第一次排演，我轉身對工作人員說：『我們得重頭來過。』你無法光從劇本中的文字看到那場戲真正發生的事。雖然那場戲的對話平凡無奇，卻潛藏莫大的張力。對大衛來說，少就是更少，他可以從很少的對話，以及人物的停頓當中，發揮強大的力量；我們拍了一場簡單的對話，當中並沒有說什麼對白，但兩個角色之間的情緒非常強烈。」⑤

戴明向林區學習的歷程中，有個重要部分就是打光，這也是林區視覺風格的關鍵元素。「大衛希望夜景非常暗——甚至在室內——這變成了我們之間的笑話，我們發展了一套關於黑暗的量尺，」戴明說。「他會說，『這是黑暗的隔壁。』有一場戲，巴達薩演的角色晚上要出去，他在客廳經過他的父母，他們說：『坐下，我們得跟你談談。』客廳裡有兩盞燈，大衛來到片場時說：『為什麼這些燈都亮著？』我說：『他們在客廳。你不會希望他們坐在黑暗中吧？』問大衛林區這種問題，是很愚蠢的。他說：『不，但這裡不該有燈。應該是利用外面門廊的光線把房間打亮。』於是我們把所有東西都撤掉，用戶外的一盞燈照進來。」

這部電影由史溫尼、湯姆·史坦伯格[19]和德巴克·納婭爾共同製作，納婭爾對南加州唐尼市的夜拍有生動的記憶。「我們占領了一條大街，我們有車，還有一個特技小組，所有東西都撤出來了，」他回憶道：「拍攝當天晚上六點鐘的時候，我接到彼得·戴明來電，說外面正在下雨。我們前一夜拍了上一場戲，下一場戲就是當晚要拍，前一場戲裡沒有下雨。於是我打電話給大衛說：『這是我們的大日子，這場戲成本很大，我們今晚必須繼續拍。我們可以在室內拍嗎？』他馬上說：『不，我們要去室外拍。給我兩根水管，兩個漂亮的男孩，和兩個漂亮的女孩，我到片場的時候把這些事全搞定。』大衛想出了一個絕妙的點子，讓這四個孩子玩水管，把對方弄得濕透。所以這場戲中的水看起來像是從水管出來的，而不是天空降下的。」

很顯然，每個和林區工作過的人，都驚訝於他的思考能力，包括戴明，他回憶道：「我們最後一晚拍的是一場沙漠戲，有個破舊的小屋，我們其實已經殺青了，大衛卻問派蒂·諾里斯：『這間小屋怎麼辦？』她說：『美術組明天會把它拆掉，』大衛說：『我們可以把它炸掉嗎？』她大笑，大衛又說：『說真的。我們可以把它炸掉嗎？』他把格里·達米科找來，說：『你有汽油吧？格里？』格里說：『老天爺，大衛，我希望你早點告訴我——我不確定我有沒有足夠的東西來做這場爆炸。』然後格里開始尋找他要的東西，過沒多久，他就在小屋上撒汽油。」達米科同意道：「大衛靈機一動就有了妙計，炸掉這間小屋時，我期待會有一場大爆炸，但是一陣強風吹過，所以很難向外爆炸，反而讓這建築看起來像遇難燃燒的興登堡飛船。這並不在我計畫中，但是當我按下按鈕，大衛說：『這是我見過最美的東西。』」

這部片的拍攝一直持續到隔年的二月二十二日，拍攝時間相對較長。「一般情況下不會拍這麼久，因為非常累人，」戴明說：「但是殺青時，大家都很傷心，因為與大衛合作就像一場有趣的冒險。每天都有一個驚訝的時刻，他會挑戰你隨機應變。」

史溫尼說：「拍片是大衛最開心的時刻，因為那就像他用一臺大機器，實現他腦中所見到的一切。」林區也花了很多時間在《驚狂》上，主要拍攝結束之後，這部片花了好幾個月進行後製。「在那段輝煌日子裡，這部作品孕育而生。」史溫尼說：「《驚狂》的後製持續了六個月，這在今天是前所未聞的。我們的第二棟房子變成了一個忙碌的蜂巢，長椅占滿了頂樓，助手們跑來跑去。」

「在後製的四、五個月間，我們每逢星期五晚上都會開派對，」她繼續說：「瑪麗蓮・曼森有來，蒙帝・蒙哥馬利、西霸兩千的業務代表——派對消息一傳十，十傳百，經常來的人又帶其他人來。入夜之後，大家狂喝紅酒，猛抽香菸，大衛說故事來娛樂嘉賓。」

一九九五年，他唯一的孫女席德妮・林區誕生，擴大了林區的家族版圖。「爸爸在很多方面對我非常寬容，我當初會有女兒都是因為他，」珍妮佛・林區說：「我懷孕了，但是我不知道該怎麼辦，我也沒有足夠的理由不生下這孩子，而大衛說他願意幫忙。他也做到了。」林區是個缺席的父親——你不太可能在高中戲劇公演看到他以家長身分出現——但是當子女真正需要他的時候，他一定會在場。

一九九六年十二月三十日，林區失去了一個家人。傑克・南斯五十三歲那年神祕離世。南斯會酗酒，但是他在八〇、九〇年代初，戒了酒。一九九一年，他結婚六個月的妻子凱莉・珍・馮戴克・南斯自殺死亡，讓他的生活陷入黑暗。之後就在洛杉磯一家甜甜圈店外與兩名男子發生爭執後，南斯頭部受創宣告不治，雖然他的死亡被判定為凶殺案進行調查，卻沒有任何人被逮捕。從《橡皮擦頭》到《驚狂》，南斯一直是林區作品中的辛辣調味——他出現在林區所有電影中，除了《象人》——他的早逝，對林區而言是一大損失。

《驚狂》由「十月影業」[20]發行，一九九七年二月二十一日在美國上映，票房並不理想。一如林區之前的作品，影評對這部片也意見分歧。「林區已經忘記了聽別人說夢有多麼無聊。」《新聞週刊》的傑克・克羅爾[21]如此批評；而《電影預兆》雜誌[22]則稱讚《驚狂》：「全然迷人地透視人類的精神病。」《滾石雜誌》概括這部電影是「大衛・林區拍過最好的電影。」沒有人對林區持中立態度。

然而你不得不佩服他。林區製作《驚狂》的時候，評論界都在觀望，但是他卯起來往前衝，創造出他導演生涯中，最深奧、最令人難以理解的一部電影。這部電影片長兩小時十五分鐘，並不是個討好觀眾的作品。無情的黑暗，無法輕易解讀的破碎非線性情節，讓他背負厭女罪名的性愛場面，《驚狂》是一份獨立宣言。影評不喜歡《雙峰：與火同行》，但是林區透過《驚狂》提醒電影界，他不是為他們拍電影，而是在回應他自我想像力的更高層次。作家大衛・福斯特・華萊士寫了一篇為《驚狂》定位的文章。他質疑大衛林區「是否真的在乎自己的名譽有沒有被平反……這樣的態度——就像林區自己，就像他的作品——對我而言既讓人敬佩，也是一種瘋子的行為。」⑥

林區一如以往，不會只做電影這件事；一九九六年，他在日本四個場館舉辦了藝術展覽，隔年在巴黎普利澤藝廊[23]辦了一個展覽，這個城市也將成為他的第二個故鄉。他這段時期的畫作，彷彿在一股力量中潛藏著不安。一九九六年的《與七隻眼睛搖擺》中，一個黑色的橢圓形，隨機放置七隻眼睛，在芥末色的背景場上盤旋；這幅畫可以被解讀成意識、不明飛行物，或者黑洞。一九九四年至一九九六年的《我的頭是斷的》

作品中，一個男性的形體對著觀看者揮手，從他身上飄離出去的頭，被包裹在一個立方體裡面。在林區電影中偶而會出現的幸福藍鳥，卻很少出現在他的視覺藝術中。

一九九七年四月，義大利的米蘭家具展展出了一系林區設計，由瑞士卡薩諾斯特拉（Casanostra）公司少量生產的家具。售價在一千五百到兩千美元之間，這組作品吸收了各個設計名家的靈感，包括包浩斯、皮耶·夏洛[24]、理察·紐特拉，和查爾斯·伊姆斯。林區作品的雕塑感大於實用性。他認為大部分的餐桌都太大、太高，導致「不愉快的心理活動」，他的咖啡桌（一九九二年設計）以及鋼塊桌（Steel Block Table），桌面都偏小，最適合放置咖啡杯或煙灰缸。

當林區的家具放在義大利的展示場時，他與西霸兩千的合約全盤破局。「這是大衛做的一個頗不尋常的協定，因為它有點苛刻，」史溫尼回憶道：「他們保證給我們完全的創作掌控權，但是我們在每次提案上都會卡關，都會遇到問題，我們非常謹慎地與律師合作，確保問題不會發生。」但是當法蘭西斯·波伊格在《與火同行》與《驚狂》製作期間去世後，情況越來越糟。

「大衛有一個『即付即用』（pay-or-play）共計三部電影的合約，但是在法蘭西斯·波伊格去世時，他只製作了一部電影，到了一九九七年，他們說我們違反合約——而我們一直很小心履行合約內容，」史溫尼繼續道。「他們聲稱他們不需要支付數百萬美元給大衛尚未開拍的第二部片和第三部片，但我們有一份文件記錄了所有交易內容。這起訴訟起始於洛杉磯，然後他們設法將其納入法國的司法管轄，大衛的傑出律師喬治·亨奇斯讓法國法院凍結這家公司的資產，直到這件事解決，他們被迫處理這起官司。」

電影這方面的衝突提醒了林區他真正喜歡的工作方式：如果讓他選擇，他寧可一個人在工作室，製作他的藝術——一部電影，或是一幅畫——每一個部分都由他親自去做。這個時候，他決定在待家一陣子，將工作重心轉移到製作唱片。

林區的家庭錄音室於一九九七年底啟用，音樂家兼工程師約翰・奈夫[25]加入陣容。一九九八年八月二十五日，林區發行了他與英國音樂家喬絲琳・威斯特[26]合作的專輯唱片《生動的光》[27]。兩年前林區剛認識威斯特的時候，她是蒙帝・蒙哥馬利的妻子，名字還叫做喬絲琳・蒙哥馬利，當時林區在紐約錄音室與貝德拉曼堤工作，她來錄音室碰到大衛，在接下來的七小時中，她錄製了一首大衛和錄音室主人亞提・波赫姆斯[28]的妻子愛絲特雷・雷維[29]合寫的一首歌：〈依然〉[30]，等到他自己的錄音室完成了，他邀請喬絲琳與他合作。《生動的光》裡面的歌曲是根據赫德嘉・馮・賓根[31]的詩詞，她是十二世紀一位德國藝術家，音樂家，以及本篤會修道院院長，她的音樂作品主要由單一旋律所組成。

在與蒙哥馬利的關係結束之後不久，林區遇到另一位給他靈感的歌手。克莉絲塔・貝爾[32]一九七八年出生於德州，十幾歲時擔任吉普賽搖擺樂團「八又二分之一個紀念品」[33]的主唱。當她十九歲時，由比德・普拉格[34]經紀她的獨唱表演，比德・普拉格是音樂界的巨匠，他把「外國人樂團」[35]帶給全世界。普拉格與布萊安・洛克斯會面，他聽了克莉絲塔・貝爾的試聽帶之後，表示她和林區有可能合作得很好。

「幾個星期後，我與大衛在他的工作室見面，」克莉絲塔・貝爾說：「我們敲門，大衛打開門，他嘴裡叼著著一根菸，髮際也掛了一根菸，白襯衫半塞進褲頭，卡其褲子上沾著顏料，他給了我一個擁抱，說道：『克莉絲塔・貝爾！』我沒有預料會接受如此的溫暖——他真的幫助了我。」

「我們的第一次會面持續了幾個小時。我給大衛聽了一首叫做〈我非常需要某個人〉的試聽曲，他說：『我喜歡妳的聲音。』然後他放了幾首他已經完成的曲子，跑下樓拿了他寫的歌詞上來。大衛有曲子和歌詞，我的工作則是用旋律把這一切結合起來。我們錄了一首叫做〈就在你身上〉的歌，當天結束時大衛說：

『我正在考慮組一個唱片公司，我想跟妳合作音樂。』我告訴他我已經和ＲＣＡ簽約了，這件事就這樣結束了。」⑦

事實證明，對於克莉絲塔·貝爾和林區，這件事情並沒有結束，只是需要一些時間讓他們的合作關係步上正軌。而林區即將去忙其他的事情。

CHANGE & FILTER
$19.99

當我沒片子可拍的時候，我從來不會焦慮，噢，我得趕快拍出片子啊。不是這樣。當你被刺激，或者是有慾望的時候，你會想做些事，但是如果什麼都沒出現，或者你根本沒想法，或者你只想畫畫的時候，那就是你在做的事情。在我找到另外一部電影的想法之前，都會有一段空檔。我曾經有很多年，都沒有拍攝任何電影的念頭，在那段時間，我看到電影世界在我眼前變化。數位時代來臨了，人們對電影院不再感興趣，藝術電影院好像瘟疫般死去。最後，戲院將會消失，人們會用電腦或手機看電影。

當時發生了很多事，我經常成為話題。人們來要求我做一些事時，我會說好，即使那並不是我想要，他們只是希望我參與其中。我不認為自己已經懂得怎麼婉拒，但是我應該要懂了。我不是一家公司，所以我對很多事情說不。

一九九五年盧米埃公司打電話來說，他們要找四十位來自世界各地的導演。使用由木頭、玻璃和黃銅製成的原始盧米埃攝影機拍短片。那是一個手動曲柄攝影機，有一個木製的片盒，用它來拍五十五秒的電影，我覺得這聽起來很酷，但我沒有什麼想法。然後我在木工店，想到了一個點子，讓一個人被殺死——當我想到這點子時，我還留著當時的草圖——然後我們馬上加速進行。我們在格里·達米科的院子裡搭了一條三十公尺的軌道，（特效工程師）大菲爾[36]負責操作，和格里一起工作的另一位菲爾，製作了這個大箱子攝影機。你拉動一條線，箱子的門就會彈開，然後就可以拍攝。再拉一次，箱子門就會瞬間關閉一下，趁機讓軌道車上的攝影機從上一個場景換到下一個場景。這部短片的場景包括一個戶外空地上的屍體、一個沙發上的女人、兩個白色女子和一隻鹿，一個格里做的巨大水箱，裡面有一個裸女，還有一些男人帶著棒狀的東西走來走去。然後畫面從煙霧中移動到一張紙上，這張紙爆炸起火，接著帶入結局。過程中任何一個環節都不能出錯，而且只有五十五秒來完成所有畫面的變化，真是有夠驚心動魄。他們安排了一個法國人拿著攝影機——他到哪裡都帶著機器——我們有六、七個人負責軌道，拍片地點好像有一百個人，每個人都有任務。水箱裡的女人叫做唐恩．莎賽多，她的表現非常好。她只能憋氣憋一段時間，但一切都必須在精準的時間點發生，當我們拍到水箱，她就必須在水箱裡憋氣。全片一開始，有一個女人坐在沙發上，臉上表情彷彿看見惡兆，這個鏡頭一拍完，工作人員得進去把那張沙發移到最後一個場景。真的很好玩。

《與火同行》結束後的這段時間裡，我試著籌拍一部叫做《徒勞的愛》[37]的電影，故事是根據很久以前我讀到的布魯克林作家艾倫．格林伯格寫的劇本。後來在二〇一二年，一本叫做《徒勞的愛：羅伯．強森的前程》[38]的書出版了，儘管他先前已經將這故事寫成劇本了。這位來自紐約的猶太人寫出了最黑暗的故事，我寫信告訴他我非常喜歡他的劇本。多年來他和製片人一起來談過幾次，但是都沒有結果。這是羅伯．強森「十字路口」的故事，可以被拍成美國南方背景的抽象風格的歷史電影。劇本感覺起來是個黑人故事，以及他們的世界，一個白人根本無法了解的世界。音樂從這種感覺氛圍中出現，還有性愛、酒精燃料罐頭、兔子腳、松林、南方黑人音樂節慶、無事閒蕩，以及人們的呼喚。花一天時間採棉花並不重要，重要的是採棉之後，非常美麗，那些小棚子，女人們無須交談的交流方式，以及音樂的魔力。這神話的主角羅伯．強森無法彈吉他，直到他在十字路口遇到了魔鬼，他就可以瘋狂地大彈特彈。他被請去參加一個男子家的派對，派對正在進行，羅伯彈著吉他，男子的妻子為羅伯調酒。她把酒拿給羅伯，自己卻往他身上磨蹭，羅伯喝醉了。

丈夫看到妻子的行徑後，在羅伯的酒裡下毒，羅伯・強森在痛苦掙扎中死在草地。

大約在那個時候，我也嘗試繼續《牛的夢想》的拍攝計畫。《牛的夢想》與《唾液泡泡》都是屬於同一類，兩者都是關於誤解和愚蠢，但是《唾液泡泡》比較正常，它會是一部感覺舒服的電影。《牛的夢想》卻是一齣荒謬喜劇。劇本還需要再加工，但是裡面有些東西我真的很喜歡。哈利・狄恩和我一起去找馬龍・白蘭度談，希望他們倆可以合作演出，但是白蘭度討厭這個劇本。他直視著我的眼睛說道：「這根本是自以為是的垃圾。」然後他開始談他們用鹽水種植的草製成的餅乾，他想要推廣。然後他又談到，他想做一輛車，車底有一個容器，用來煮這種草產生燃料，就像汽車把草消化掉。你永遠無法判斷馬龍是在唬爛你，或者他是認真的。

馬龍的問題是，他什麼都不在乎。在電影這一行，每件交易都藏著不好的事，這一行有些東西：自負自大、謊言，和背後捅人，這些東西會讓你想玩些別的，而非同流合汙。如果有人也有這種感覺，那絕對就是白蘭度了。他配合這圈子一陣子，然後他不再這樣做了，因為這些事讓他覺得噁心，他已經到了他只想要玩個開心的地步。從一種另類的角度來看，我覺得他確實很開心，與他交談很有趣。差不多就在這個時候，他上了《賴瑞・金現場》，並且親吻了主持人賴瑞・金。

他來過我家幾次。有一次他一個人來，我想他自己開車過來的。而且他來頭不小，你知道，馬龍・白蘭度在我家裡，就是一件大事啊。我有點緊張，因為我不知道他為什麼要來，或我們該做什麼。我應該泡杯咖啡給他，但是他一來就問：「有什麼吃的嗎？」我想，我的上帝啊，我說，「馬龍，我不知道，我去看看。」廚房裡有一顆番茄和一根香蕉，他說：「好啊，就吃這些。」於是我幫他擺好餐具，坐下來開始聊天。接著他問：「你有鹽嗎？」他一面幫番茄調味，一面切番茄吃，一面跟我說話。然後瑪莉跟雷利走過來，白蘭度說：「瑪莉，把妳的手給我，我想送妳一個禮物，」於是她把手伸出來。他用番茄上的臺爾蒙水果公司商標貼紙做了一個小戒指，然後把它滑進她的手指。

那時候的馬龍動不動就扮女裝，當時馬龍最想做的事就是扮女人，他讓哈利．狄恩也裝扮成女人，兩個人一起喝茶，一面喝茶一面享受日常生活。想像一下這畫面！真他媽的不可思議！這時我只想打開相機，但馬龍怯場了。他這樣做真的會把我逼瘋。而他確實逼瘋了！

《驚狂》的最初發想，是來自一捲丟棄在一對已婚夫婦家門口的錄影帶。另一個原始的概念，是來自我的個人經歷。我家的門鈴掛在電話上，有一天門鈴響了，我聽到有人說，「迪克．勞倫特死了。」我跑到窗前看看到底是誰，但是並沒有看到人。我想不管是誰，他一定是敲錯了門，但是我一直沒問鄰居他們是否認識迪克．勞倫特，反正我也想不想知道。我有了這些概念，再結合了我從貝瑞．吉佛的《夜人》中得到的一些想法，我打電話給貝瑞，然後飛到柏克萊跟他見面。我告訴他我的想法，他不喜歡，他告訴我他的想法，我也不喜歡，我們坐在那裡乾瞪眼了一下子。然後我跟他說了另外一個想法：你在派對上遇到一個人，他告訴你有人在你家，同時他們也正在跟你說話，貝瑞說：「我喜歡這個點子。」沿著這條線，我們開始一路發展，誕生了《驚狂》。

這不是一部有趣的電影，因為這不是一條很好開下去的公路。我不相信在高速公路上會迷路，但是有很多地方會迷路，迷路是一種愉悅——就像查特．貝克[39]唱的：「讓我們迷路吧。」但是你看看他的下場，他從窗戶摔下。每個人都在尋覓某個人，當一切變得瘋狂時，你會想要迷失什麼，並做些什麼，但是很多事會讓你陷入困境。用藥是迷失的一種方式。藥物有很多好處，你很難說服人們不要去用，但你因此付出的代價，卻比它們給你的快感更慘。

那時候我在聖塔莫尼卡大道上有一間辦公室，我想跟警探談談。於是這位懷特指揮官來到辦公室。漂亮的西裝，灰白的頭髮，電影明星的顏值——懷特指揮官來到我們聚集的會議室，和我們交談。後來他邀請我去參觀洛杉磯警察局的搶劫暨兇殺組，所以我去了他的辦公室，他和威廉斯警探，還有約翰．聖約翰警探坐在一起。我問了他們一堆問題，問他們有沒有碰過讓他們害怕的罪犯。他們說從來沒有。從來沒有！彷彿他們被冒犯了，因為我認為他們可能會害怕這些混蛋——就是他們所謂的「惡棍」。你覺得警察工作一定有某種方式。但是這些人才不管——他們都直接上場撂人。

會議結束後，約翰．聖約翰負責接待我，他把我帶到一間堆滿照片的房間，留我一人看照片。我看到一個接一個的謀殺受害者，非常棒。我和他見了兩三次面，他跟我說一些故事，這些故事非常有趣，但是並沒有帶給我任何靈感。大多是悲劇。他告訴我這些無家可歸的人，有了錢就去買一瓶四十盎司——四十盎司——的啤酒。那天是他們其中某個人的生日，所以他們帶著啤酒闖入一間廢棄的屋子，開始狂飲，然後就開始打架。一個啤酒瓶被打破，其中一個人抓住瓶子的頸部，上面是非常銳利的鋸齒邊緣，他將這瓶子刺進另一個人的胸口。這個傢伙在他的生日當天，就在這座廢棄屋的前院血流滿地。

約翰．聖約翰是負責「黑色大理花」謀殺案的巡佐，這是個傳遍全世界的故事，他知道我對這故事很感興趣。於是有一天他打電話給我——這就像是接到克拉克．蓋博的電話——他說：「我帶你去慕索與法蘭克餐廳吃飯。」這真是榮譽，沒在開玩笑。於是我和約翰．聖約翰一起坐在慕索與法蘭克餐廳的包廂，共進晚餐，晚餐後他看著我，臉上露出微笑。然後他轉過身拿出他的公事包，彈開它，取出一張美麗、有光澤的黑白照片，放在我面前。那是黑色大理花躺在草地上的照片，一張完好無缺的舊照片。焦點和細節都拍得完美無瑕。他說：「你看到了什麼？」我看著這東西，只覺得驚嘆，我研究每個細節，思考又思考。他讓我看了很長一段時間，我知道他希望我看到某些東西，但是一段時間過去之後，我終於對他說：「我看不到，」他微笑拿走照片。如果我可以看到他想要給我看的東西，他會為我感到驕傲，那會非常值得，但是我他媽的失敗了。我一直在想這件事，好像腦袋裡有個燃燒的鐵砧，然後突然間，我知道那是什麼了。那張照片是在夜間用閃光燈拍的，這個發現讓此案件開啟了一整片的可能性。

我一直很想要一間錄音室，當我和法蘭西斯·波伊格簽約時，我覺得事業有進展，彷彿我正處於一輩子最富有的時刻。於是我有了第三棟房子，我可以打造一間工作室，用來製作《驚狂》。主角麥迪遜的家是在粉紅屋的基礎上建立的，但是為了影片需要，這房子得以某種方式重新規劃；房子裡需要有窗戶，讓人無法看到誰在前門，它需要有一條通往黑暗的長廊。我們在這棟房子裡拍片拍了十天，然後阿爾弗雷多（彭斯）和工作小組把它拆除。之後花了兩年的時間，把一切重新組合，建造了這間錄音室。聲學建築師彼得·葛魯奈森[40]，「鮑頓錄音室」[41]的創始人之一，為我設計錄音室。錄音室很大，配置非常漂亮。有兩組三十公分厚的牆壁，中間是氯丁橡膠，內部有三層樓和三層天花板，混凝土和鋼材花了很多錢，超不真實的。我很高興我建造了這間錄音室，但是今天你根本不需要這些東西，他們在車庫混音，就可以混出很棒的東西。迪恩·賀利[42]管理這間錄音室，迪恩非常實在又可靠。

我們錄音室製作的第一張唱片叫做《生動的光：赫德嘉·馮·賓根的音樂》[43]，這是一九九八年我和喬絲琳・蒙哥馬利合作完成的音樂。赫德嘉・馮・賓根精心創作的音樂，主要建構在單個音符，而喬絲琳可以從單一音符中脫穎而出，營造出所有的美。我希望音樂聽起來是在大自然中做出來的，所以加入其他東西，例如雨聲音效、喬絲琳飄渺的嗓音，以及嗡嗡的鳴聲。這張唱片的成形，是因為蒙帝・蒙哥馬利的關係。我不知道蒙帝是怎麼遇見喬絲琳的，當我在紐約「神劍錄音室」[44]和安傑洛創作一首歌的時候，蒙帝打來電話說：「大衛，我認識一個女孩，你要不要找她過來為你唱首歌？」亞提・波赫姆斯經營這間錄音室，他的妻子愛絲特雷在六〇年代是一位作詞者，詞寫得非常好。她並不經常來錄音室，但每當她來的時候，亞提就會讓她坐在沙發上，她就待在那裡。當時她就在那裡，和我合作寫了〈依然〉這首歌。我先寫一行歌詞，然後交給愛絲特雷，她再寫下一行，然後再丟還給我，我們就這樣來來回回把歌完成。總之蒙帝打電話，然後喬絲琳就過來了，我們問她想不想唱這首歌，她回：「好啊。」她還帶了她的小提琴，她也是名小提琴手，她唱這首歌，一面拉著小提琴，她的歌聲非常美。

法蘭西斯・波伊格一九九三年去世，但是我和西霸公司的合約一直持續到《驚狂》。然後某個人——可能我提到過，在會議上坐在法蘭西斯旁邊的那個人——攬下大權，他們不再拍電影了。我後來控告他們，不過那是多年後才發生的事。

《驚狂》選角的時候，我想到讓比爾・普曼飾演弗雷德・麥迪遜，我看過很多他的電影，他總是擔任第二男主角，但是他眼睛裡有些東西讓我覺得這個傢伙可以演怪異、強悍等不一樣的角色。弗雷德・麥迪遜是一名薩克斯風手，但他可能有點瘋狂，他用自己的方法詮釋，特別是在他真正入戲的時候。於是，我們在

級的。

「我幾乎聽不到你的聲音啊，聽起來像是教堂音樂。」所以他再吹得更用力一點，我說：「這是蚊子叫吧。根本沒有感覺啊。你根本不夠瘋狂。」我得一直逼他，最後他終於吹到位了，一旦他的音樂到位，就是殺手級的。

羅伯特．勞吉亞在跟車那場戲也發生同樣的狀況。我跟他說：「你是在輕聲細語喔，羅伯特。你是在幹嘛？根本沒有力量啊。」他說：「大衛，我在大吼大叫啊！」我說：「不，你沒有！拜託！這是個喪心病狂的人！」最後他演出來了，演得棒極了。

至於羅伯特．布萊克飾演神祕人的過程是這樣的，我曾經在「今夜秀」看過羅伯特．布萊克接受強尼．卡森的訪問，我記得我在想，這是個完全不甩所謂電影工業的人。他以他的方式說他喜歡說的話，我非常喜歡。所以我把他存進我的腦海，當我在為《驚狂》選角時，他來到粉紅屋與我見面，我們談得很愉快。我不知道他們是不是在交往，但是他與娜妲麗．華[46]關係密切，他告訴我，她絕對不肯上船，因為她非常怕水。羅伯特．布萊克曾經是童星，演過我喜歡的電視喜劇《我們這一幫》[47]的第二代。他的父母在他三歲時就把他推上舞臺，他很痛恨他的父母，尤其是他的母親。我記得他說：「我痛恨在她的子宮裡。」我不知道他父母對他做了什麼，但這個可憐的傢伙就是對父母充滿仇恨。不過，羅伯特對我很好。他叫我亞哈船長[48]，說他根本看不懂劇本，但是他仍然樂意參與演出——而且他真的演得很好。他的角色造型是我的想法，但是把眉毛削掉則是他的想法。李查．普瑞爾是另一個我在談話節目中看到的演員，我也很喜歡他。他一生經歷了很多事，但他有一種美麗的智慧，他的身上有一股流動的大器。因此，當《驚狂》有他適合的角色時，我很希望他可以參與，有他在這部電影裡是很棒的事。

《驚狂》音樂的製作，則是大異其趣。我連絡上特倫特・雷澤諾[49]，於是動身到紐奧良找他，他的錄音室在殯儀館裡面。在那次的拜訪中，他介紹瑪麗蓮・曼森給我認識，他正在那兒與特倫特共同製作他的第一張專輯。特倫特是個超屌的音樂家，超屌的鼓手，他為《驚狂》表演了很棒的打擊樂器演奏，也給了我很多的音調和聲音。他的錄音室牆面有七公尺高，九公尺長，合成器排成一列，各有不同的功能。路・李德[50]版本的〈這個魔幻時刻〉[51]也出現在電影中，而且那是史上最佳版本。我喜歡那首歌中的鼓樂演奏，我也喜歡路的演唱方式，非常適合那場戲。鮑伊的歌曲〈我是瘋狂的〉（*I'm Deranged*）也非常適合開場，歌詞恰到好處。我在拍《雙峰》時遇見大衛・鮑伊，後來又見過他兩次。我在高地大道的共濟會小屋遇到他，當時我們都是去參加波提斯黑[52]的音樂會。我們在後面抽菸。我喜歡波提斯黑，但是那空間回音太大，音樂整個糊成一團。

那段時間我也做了很多家具。我看著家具，感覺一切都是主觀的，但是沒有看到太多家具可以撼動我的靈魂，提供我思考空間，我喜歡什麼樣的家具？我喜歡三〇年代和四〇年代的家具，我也喜歡原子家具（atomic furniture），因為有漂浮感，這種家具的桌腳很細，你可以從它下面看去——大部分的家具都擋住了視線。我喜歡弗拉基米爾・卡根[53]和查爾斯・伊姆斯。查爾斯・伊姆斯非常棒，我喜歡他的東西。他曾經來過美國電影學會，我當時是學生，和他共進過午餐，他是我見過的最好的人之一。他渾身熱情，就像一個明亮的星，你可以感覺到他喜歡他所做的事。

家具和雕塑都遵循著許多相同的規則，但是我喜歡家具，畢竟你不能舒適地坐在雕塑上。家具必須具有某些實用性，但是我喜歡有雕塑感的家具，你也需要一個純淨的家具空間。如果你把很多東西放在房間裡面，就會因為此混亂而迷失，所以房間越純淨，人和家具的互動就會越順暢。

《驚狂》的後製花了將近一年，就像瑪莉所說的，現在永遠不可能再這樣做。這部電影碰到了一個真正的髒污問題，就是負片很骯髒。我們去了ＣＦＩ，但他們無法清理，我們又去了其他地方，他們也無法清理，最後我們去了一個專業的地方，他們還是無法清理。然後ＣＦＩ的丹．慕斯卡拉瑞拉說：「我有親戚在FotoKem。把片子帶去那裡，我想他們可以幫你清洗。」他們把片子用熱水浸泡，過程非常緩慢，再用手搓揉，感光乳液膨脹，釋放出小塵埃，他們處理得超級乾淨，但是花了很長的時間。

一九九六年二月，拍攝完工，但這部電影一直到十二月仍然在進行後製，也就在當時，傑克．南斯去世了。有些人認為傑克是被謀殺，但傑克並非被謀殺。讓我來告訴你傑克發生了什麼事。當我們在拍《驚狂》的時候，傑克又開始喝酒，但是他工作時都保持清醒，我們合作這部片的過程十分愉快。在此之前，他戒酒戒了九年，有一天他對我說：「林區，有一天早上我醒來，我說了一聲『幹！』」然後他又開始喝酒了。傑克喝烈酒時，會變得乖戾惡毒，雖然他從來沒有那樣對待我，但是我看得出他暴戾的那一面。他和凱薩琳可以說是完美的一對。她照顧傑克，她就是另一個桃樂絲．瓦倫斯。

所以，我知道傑克發生了什麼，即使我當時並不在場。他大約早上五點鐘進入這家甜甜圈店，他並沒有真正喝醉，但是他在喝酒，而且他可能瘋狂大吃過。他內心仍然有很多黑暗面。他可能在那邊喝咖啡，店裡還有兩個拉丁裔的人，傑克可能看著他們戲謔地說：「你他媽的看個屁啊，吃豆佬。」或者其他類似的話。這幾個人離開餐廳，但在外面等，當傑克離開甜甜圈店，他們就衝出來狠狠地揍傑克，我不知道出手有多重。然後他就回家了。傑克有兩個鄰居在照顧他——幫忙他洗衣服之類的事——當天稍晚的時候，他們看到傑克，傑克告訴他們說，他正經歷這輩子最嚴重的頭痛。當你的頭受到重擊，如果及時趕去醫院，他們可以做一些治療來舒緩腫脹的壓力，但是鄰居並不知道傑克的腦袋出了什麼問題，當他們第二天去他家，前門是開著的，他們發現傑克已經死在浴室裡。

傑克就像哈利．狄恩。你可以和傑克坐在一起幾個小時，不說一句話，只是坐在那裡，他或許會講一個故事。很少有人聽過傑克．南斯說到故事結局，因為他說話的時候，會有巨大冗長的停頓，聽故事的人以為故事已經結束，就不再去理會他。這就像淡出畫面，過了一段時間你看到一片黑，你以為故事結束了，但如果願意等久一點的話，他會從那一片黑，重新回到故事的另一部分。我記得有一天，他用緩慢溫柔的語氣對我說：「你看過沖積扇嗎？」當土石從山上流下來時，如果量夠多，它們會流出來形成一個扇形。所以傑克曾經在某個地方看到某個東西，於是提起了這個沖積扇，他接著說：「但是有人豎起了一座混凝土牆。」然後，他停頓了一段最久的時間，我的意思是非常久，他才接著說：「而且它阻絕了沖積扇。」這堵混凝土牆阻礙了大自然，讓他感到挫敗。我可以想像他花好幾個小時研究這座山，以及這座山發生了什麼。其他人隨機經過，不會注意到任何事；但是傑克，他會研究，然後他會了解到，這是一個沖積扇。傑克從不橫衝直撞。傑克活在慢動作中，他會關注事物，對事物進行詳盡的描述。如果他告訴你一隻狗試圖從紗門後面出來，他會詳細描述紗門、狗頭的形狀——每一個小細節。他是個聰明的傢伙，非常聰明，他讀了很多書，而且深藏不露。傑克是我的好哥兒們，非常可惜他離開了。《驚狂》是我們的最後一次合作，但是他再也看不到了。

《驚狂》拍成之後，正式上映前，我把片子拿給馬龍．白蘭度看。我們租了一家戲院，告訴老闆白蘭度要來看這部片，戲院老闆非常興奮。於是我們把所有東西都準備就緒，白蘭度一個人來到戲院，他們招待了他許多東西。他已經準備好了漢堡和薯條，但是他的口袋還是塞滿糖果，然後他進戲院，吃漢堡配糖果。後來他打電話給我說：「這是一部超棒的好電影，但不會賺到一毛錢。」這樣很好。他喜歡。很多人認為《驚狂》不是商業片，這是事實，不過也沒關係。西斯克爾和伊伯特*給了這部片兩個向下的大拇指，於是我找來十月電影公司的負責人賓漢．雷[54]，製作了一個大廣告，上面有兩個向下的大拇指，並附上文字：「還有兩個必看《驚狂》的理由。」

*《芝加哥論壇報》兩位重量級影評人。

1 *Lumière and Company* 2 Gary D'Amico 3 *Night People* 4 Tom Rosenberg 5 Ted Tannebaum
6 Lakeshore Entertainment 7 Janet Maslin 8 Psychogenic fugue 9 Balthazar Getty
10 Harry Hook 11 J. Paul Getty 12 Patricia Arquette 13 Bob Sheppard 14 Robert Loggia
15 Robert Blake 16 Richard Brook 17 Richard Pryor 18 Peter Deming 19 Tom Sternberg
20 October Films 21 Jack Kroll 22 *Film Threat* 23 Galerie Piltzer 24 Pierre Chareau, 1883-1950
25 John Neff 26 Jocelyn West 27 *Lux Vivens* 28 Artie Polhemus 29 Estelle Levitt 30 *And Still*
31 Hildegard von Bingen, 1098-1179 32 Chrysta Bell 33 8½ Souvenirs 34 Bud Prager
35 Foreigner 36 Philip Sloan 37 *Love in Vain*
38 Alan Greenberg, *Love in Vain: A Vision of Robert Johnson* 39 Chet Baker 40 Peter Grueneisen
41 Studio Bau:ton 42 Dean Hurley 43 *Lux Vivens: The Music of Hildegard von Bingen*
44 Excalibur Studios 45 Capitol Records 46 Natalie Wood, 1938-1981 47 *Our Gang*
48 Captain Ahab 49 Trent Reznor 50 Lou Reed 51 *This Magic Moment* 52 Portishead
53 Vladimir Kagan 54 Bingham Ray

白色閃電和
一個辣妹

在《雙峰》第一季的製作時期，林區與托尼．克蘭茨共進晚餐時，提到了一個叫做《穆荷蘭大道》的電視影集的想法。「他的計畫是，如果《雙峰》可以成功，第二季將以奧黛麗．霍恩——雪琳．芬作為結尾，她來到洛杉磯，在好萊塢開啟演藝生涯，」克蘭茨說：「這個故事會以暑假檔期電影《穆荷蘭大道》先行在戲院上映，作為這齣秋季新劇的前傳電影，描述奧黛麗．霍恩進軍演藝圈的故事。這會是電影和電視之間的一種跳躍，至今還沒有人這樣做過，但大衛做得到。」為了紀念這個時刻，克蘭茨把當時在繆思餐廳簽約的餐墊，貼在冰箱的門板上。

在此期間，尼爾．埃德爾斯坦開始在林區的事業生涯中扮演更重要的角色。「一九九八年，我每天都來大衛的辦公室工作，張羅他的網站，處理小型製作，我發現經常有劇本和書籍寄來，卻都沒人處理，」埃德爾斯坦說：「我開始讀這些東西，並且聯絡寄件人。然後我對大衛說：『我們何不成立一家製作公司呢？這裡有很多讓你執行和製作的機會，我會讀遍這些材料，聯絡每一個人。我知道有人想與大衛合作拍片，但是他當時沒有代理人，於是我們成立『電影工廠』[1]。這計劃的工作是監督網站、新媒體，和技術方面的東西。我會開發大衛可以執行的製作，而瑪莉和我會負責製作大衛的電影，這一切都在一個屋簷下進行。」

林區家門外擺著很多拍片機會，但是大部分都被略過。他受邀執導《美國心玫瑰情》，這部片後來在一九九九年由山姆．曼德斯[2]接下導演棒子，而強納森．列瑟[3]的小說《布魯克林孤兒》也是導演邀約之一，但是他說沒有。今天的林區對這些提案完全沒有印象。他還受邀導演日本恐怖電影的美國版《七夜怪談西洋篇》[4]，林區也不記得有這回事，埃德爾斯坦後來製作了這部片子，由娜歐蜜．華茲[5]主演。

林區經歷過《空中相見》和《飯店客房》之後，他幾乎與電視絕緣了，但是在九〇年代末，克蘭茨和埃德爾斯坦鼓勵他再考慮一下。「有一天晚上，我們在奧索餐廳的露臺上開會，大衛同意繼續製作《穆荷蘭大道》。」埃德爾斯坦回憶道：「他多年前就已經有了這個想法，卻暫時被擱置。」

正如同林區的日常慣例，當晚在奧索用餐的時候，他已經在忙別的事了，他正準備籌拍一部劇情片：《史崔特先生的故事》。這是七十三歲的二戰老兵艾文．史崔特的真實故事，他駕駛一輛一九六六年約翰迪爾割草機，長途開往三百八十公里外，去探望他中風的哥哥，這部電影由瑪莉．史溫尼策劃並協同編劇。

「一九九四年夏天，艾文．史崔特進行那趟旅程的時候，我讀到他的故事，」史溫尼回憶道：「這件事被媒體大幅報導，因為我也來自中西部，我對這故事很有感覺。當我更進一步想取得故事版權時，我發現它已經被雷．史塔克買走了，但是因為他並沒有任何動作，所以我一直在追蹤這件事。四年過去了，史塔克的版權終於失效；因為在這段期間，艾文一九九六年去世，版權歸還給他的繼承人。所以我前往狄蒙拜訪他們拿到版權，在一九九八年四月，我開始和威斯康辛州一位名叫約翰．羅區[6]的朋友合作編寫劇本。」

「我們寫這劇本並不是為了大衛——他的態度非常清楚——而且我也從來沒想過說服他來導這部片，因為那不是我的作風，那樣做對我也不好，」史溫尼繼續說道：「他說：『這點子滿有趣的，不過並不是我的菜。』一九九八年六月間，我把寫好的劇本給他看，只是想知道他的感覺，卻喚起他的情感共鳴。他對這劇本的反應，我並不感到驚訝，因為劇本中有《雙峰》的小鎮風情，以及一份溫柔。他的每一部電影裡都有柔情，但這故事更加溫馨，當他說：『我想我應該來導』時，我非常驚訝。」

影片各部門迅速到位，一九九八年八月開始前置作業，當時克蘭茨離開了ＣＡＡ，成為「想像電視公司」[7]的負責人，我和他把《穆荷蘭大道》計畫提案給美國廣播公司娛樂部總裁潔咪．塔爾斯[8]，以及高級執行長史蒂夫．陶[9]。（當時，想像電視公司正在與迪士尼合作製作節目，而美國廣播公司隸屬於迪士尼旗下。）林區的兩頁提案企畫書中，描述一位美麗的女演員在穆荷蘭大道上發生車禍後失去記憶的故事。美國廣播公司喜歡這個故事，承諾出資四百五十萬美元拍攝試播集，而迪士尼的「正金石」電視公司[10]又額外投入二百五十萬美元，條件是林區必須拍攝封閉式結局。迪士尼的發行公司「博偉」[11]計劃在歐洲發行《穆荷蘭大道》電影，以回收他們的投資。

一切都按部就班處置妥當之後，林區跑到西部去拍《史崔特先生的故事》，十月底殺青。回到洛杉磯之後，他埋頭寫《穆荷蘭大道》。「大衛打算自己寫劇本，但是托尼希望找一位協同編劇來幫忙，於是他聘請了喬伊斯．艾利森[12]，」埃德爾斯坦說：「大衛和她見了幾次面，然後就分道揚鑣了，因為他想自己寫。喬伊斯對這劇本幾乎沒有任何貢獻——最初劇本寫得非常棒。大衛知道故事的起承轉合，在第一季中完全被描繪了出來。這故事不僅是對好萊塢的致敬，顯然也反應了大衛對於電影《日落大道》的熱愛，日落大道就是一條碎夢大道。」

一九九九年一月四日，林區將一份長達九十二頁的劇本提交給美國廣播公司，第二天塔爾斯和史都．彭博[13]（他當時是美國廣播公司娛樂電視集團的聯合主席）打電話給克蘭茨，告訴他這計畫可行，他們希望《穆荷蘭大道》可以在美國廣播公司秋季節目中開播。電視公司收到七個試播集提案，但是只能接受三到四個，林區的劇集的競爭力似乎頗為強大。

兩週後，塔爾斯和彭博在美國廣播公司會議室召開了一場備忘錄會議，有來自電視臺、想像電視，和林區製作公司的代表，總共大約有二十個人在會議桌上，林區也在場，但是對於他計畫如何製作這部劇集，他拒絕提供太多資訊。他本來就不喜歡備忘錄會議，他只想把他腦子裡的視覺拍出來變成電影。

《穆荷蘭大道》的情節很複雜，但是對於「生命無法以清晰的直線展開」的概念而言是有道理的。我們在記憶、幻想、慾望以及未來的夢境中閃進閃出，在每一天周遭發生的事物中前進。心靈的空間互相流淌，而《穆荷蘭大道》有著流體力學般連續性邏輯來反映意識的多層次特性，同時也探索各種主題。包括才華洋溢的年輕人的希望，和他們破碎的夢想；電影這一行業對人們的影響，擁有惡魔般權力的經紀人如何控制圈內藝人；對情慾的執迷，墮落成凶殺的仇恨。洛杉磯也是片中的一個主題，電影在整個南加州各處實地拍攝。

製作《象人》期間，林區為梅爾．布魯克斯畫了一幅畫，畫面中柔和的灰色粉彩，描繪出「夢之城」的字樣，這就是他眼中看到的城市。洛杉磯充滿一種被腐敗污染過的沉淪淫靡，極度痛苦的悲慘，以及爭名逐利的錯亂，兩種極端共存於此，這是個築夢者的地方。林區喜歡比利．懷德的《日落大道》，部分原因在於它體現了這座城市，而《穆荷蘭大道》則包含了他對懷德電影的認同；片中有個鏡頭是派拉蒙影城的入口，也正是《日落大道》中，諾瑪．戴斯蒙經過的地方；還有一輛車停在一處空地的鏡頭，和五十年前懷德電影中的場景一模一樣。

《穆荷蘭大道》設定在一個不確定的時空，優雅的舊公寓、茂密的庭院、柔和流線的內牆，與陰沉的咖啡廳和骯髒的電話亭共存。有幾個場景是在日落大道和高瓦街交叉口的一家咖啡店裡拍攝，這個地點以前是「二分咖啡廳」的所在地，在二〇年代，每天早晨會看到臨時演員在那兒排隊，希望獲得機會參演當時眾多製作中的西部片。好萊塢大道充滿夢想，但同時也是個令人毛骨悚然的地方。

「大衛總是想嘗試新事物，進行各種實驗，」攝影師戴明談起《穆荷蘭大道》的氛圍是如何營造出來的。「每當我們發現一個奇怪的新器材，我們就會拿給他看，他就會存進大腦資料庫，然後思考如何應用。與大衛合作時，我們帶了一些其他地方不會用到的照明設備，其中一個是閃電機。其實我們現在有不同尺寸的機器，有一個大的，用來拍夜間外景戲，還有一個小的，用於室內景，這種機器可以在一秒之內，把整個片場打亮。」

「我從來無法透過讀劇本揣測他想要的東西，」戴明繼續說：「有一場戲，麗泰第一次說到『穆荷蘭大道』，大衛卻說，儘管她在室內，但當她說出這幾個字時，應該要有雲層飄過遮住太陽的感覺。這樣的燈光指示，你只可能從大衛那裡得到。」

考慮龐大的預算，《穆荷蘭大道》是一部大製作，需要打造幾個關鍵場景。製作設計傑克．菲斯科說：「與美國廣播公司和迪士尼打交道非常麻煩，他們不會爽快給我們錢讓我們順利開拍。我與迪士尼的美術組人員見面，告訴他們我需要搭造的主要場景，就是貝蒂的公寓，他們說，『我們的施工人員無法以那麼低廉的價格做出來。』我說：『但是我可以。』他們拖了六個月，沒有給我一個答覆讓我繼續做下去，而我們只剩下四個星期可以搭建場景，於是他們說：『你可以依這個價格來做，但是不可以加班或超時工作。』他們讓這件事幾乎不可能達成。

「大衛在一個紙袋上畫出他腦海中貝蒂的公寓，他畫了一張她公寓的草圖，但當我看著這張圖，卻無法理解他到底畫了什麼。」菲斯科笑著說：「當然，裡面有一個藍色小盒子，這是故事的一部分。」

林區對於在某個特定時期大紅大紫的人不感興趣，瓊安．雷知道他比較喜歡用相對知名度不高的演員。考慮到這一點，她開始為故事中的兩個關鍵角色尋找女演員：一個純潔的金髮女郎貝蒂，和一個性感撩人的黑髮女郎麗泰。

「為女性選角時，女演員必須先擁有一份神祕的氣質，」雷說：「從《藍絲絨》到《驚狂》，他經常根據一張照片就選定演員，但是在《穆荷蘭大道》，我們開始以不同的方式工作。我們看遍所有照片，等他選定演員之後，他要求我把他們與我交談的畫面錄下來。他說，『我想感覺一下，彷彿他們和我在同一個房間，讓我去了解他們。』他有時候會挑上某個演員演某個角色，我說：『大衛，我不覺得這個人可以演，』但是如果他對這些人有好感，那就無法阻止他了。」

蘿拉．艾蓮娜．賀林[14]只來試鏡過一次，就被選定飾演麗泰。這位墨西哥裔的美國女演員一九八五年被加冕為美國小姐，從此展開了電影生涯，賀林在一九八九年的恐怖電影《平安夜，殺人夜第三集》[15]中首次亮相。與林區會面之前，她參與了另外六部電影，演員艾瑞克．迪．雷也在其中一部片中演出。

「我認識艾瑞克的母親，瓊安．雷，她帶我去參加《雙峰：與火同行》的首映，」賀林回憶道：「她介紹大衛給我認識，我很訝異他非常害羞——他不喜歡出風頭——我記得當時我心想，哇，他很帥！幾年之後——準確來說是一九九九年一月三日星期一，瓊安．雷打電話來說：『大衛．林區想跟妳見面。妳現在可以過來嗎？』我滿心雀躍地前往他家，途中發生了輕微事故，當我到他家後，我告訴蓋伊．波普這件事。她說：『妳讀過劇本了嗎？妳的角色在故事一開始就發生車禍了。』我想這有點魔幻吧。我走進去，大衛看著我，他只是說：『好，很好。』然後我開始傻笑。

「所有女人都會愛上大衛，」賀林繼續說道：「他真是迷死人的瀟灑，當他對你微笑時，那就像陽光灑在你身上。他是個有愛心、有魅力又有趣的天才，我們之間有一分特殊的連結——每個人都以為我們之間一定有什麼，但是我們是柏拉圖式的精神聯結。大衛的和藹可親讓我印象深刻。幫我打理服裝的女士給了我一封信，要我減肥，我把這件事告訴大衛，他說：『妳半公斤都不要減，蘿拉！』他讓我感覺自己是美好的，也讓我更有自信去扮演麗泰。有一天，我們在片廠，（女演員）安·米勒[16]要過來拿她的東西。等待她的時候，大衛暫停拍攝，她離開之後，他說：『她真可愛啊！』他對她非常尊重，把她的感覺放在第一位。」①

林區在最好的時間點找到了娜歐蜜·華茲，讓她扮演貝蒂。「我已經試鏡試了十年，從來沒有真正停下來過，這麼多年來，我總是不斷被拒絕，像個永遠伴隨著我的傷口，」華茲說道：「我帶著絕望和緊張走進每個試鏡的房間，我總是不斷想重新塑造自己，難怪沒有人要用我。你想要什麼？我應該是誰？告訴我你需要什麼，我就變成那樣。我的事業並不順利。我見過幾次瓊安·雷，但是她從來沒有給過我角色，直到她打電話給我的經紀人，說大衛有興趣見我。」②

華茲當時住在紐約，第二天她就飛到洛杉磯。「我走進房間，大衛給人光芒四射的感覺，我從來沒有在試鏡間遇到過這樣的人，」她回想著：「我感覺到他眼睛裡的真誠，以及他對我的興趣。我對他要我扮演的角色一無所知，然而這個角色對我有利，因為我不覺得我必須變成別人——我覺得我可以當自己。他問了我一些問題，在對其中一個問題做了很長的答覆之後，我暫停下來說道：『你真的想談這件事嗎？』他說：『是的，告訴我這故事吧！』我感覺我們兩人是平等的，他對我很感興趣，我非常震驚，因為這樣的事從沒發生過。當時的我對自己的能力沒有自信，我的自尊心降到人生最低點，所以我沒有勇氣突破自己，但我確實從困境中走了出來，我感覺到有好事降臨，我非常感激這次的經驗。」

「我剛下飛機就去了第一次的試鏡，當時看起來一定很糟。第二天我接到電話，他們要我再去他家，」華茲繼續說道：「他們要我化妝，讓自己看上去更有魅力，我心想，哦！完了，我永遠得不到這角色，他要的是超級名模。不過我還是努力打扮，把頭髮吹乾，穿上一件緊身洋裝，他顯然在我身上看到他在尋找的東西。當我終於讀到劇本時，我簡直不敢相信貝蒂的故事與我自己的故事竟然如此契合，我想著，天哪，我知道該怎麼演這角色。我不知道瓊安是否告訴過大衛我漫長的掙扎，但是他肯定觸碰到了我的這部分。」

「我不知道他有沒有看過我演過的任何作品，」華茲補充道：「大衛做事非常大膽，那是一種直覺，他可以從任何人身上得到他想要的表演。有時他會轉向工作人員，然後說：『這裡，穿上這件衣服。』接下來他們發現自己正在唸劇本裡的臺詞。」

飾演片中男主角亞當・凱雪的是賈斯汀・瑟魯斯[17]，他回憶道：「我接到瓊安・雷的電話，她說：『如果可能的話，大衛今天想見到你。』我住在紐約，所以第二天就飛過去，我到了洛杉磯，正在前往飯店的路上，製片組打電話過來說：『你何不直接去他家裡？』我是大衛・林區的鐵粉，但我不知道他的長相或者他的作風。然後，他穿著整齊全扣的白襯衫前來應門，一頭高聳的髮型，非常隨和自然。他讓我印象深刻的第一件事，就是他溫暖的微笑和獨特的說話方式。他非常可愛。我和大衛在一起時，從來沒有不愉快。」③

安・米勒在她最後一次的電影演出中，飾演一位古怪、直爽，名字叫做可可的女房東。在製作這部電影之前，蓋伊・波普在一次影藝學院的活動上，碰巧坐在米勒後面，後來她就向林區大力推薦米勒的銀幕魅力。林區記得這些事。蒙帝・蒙哥馬利也在片中亮相，客串演出一個難忘的角色，但是他之前從沒演過戲。

「當大衛與西霸兩千打交道的時候，我根本沒有跟他合作的空間，即使我們經常談些彼此在做的事，但是我們並沒有再合作過，」蒙哥馬利說：「雖然我們不再合作，我們仍是朋友，大衛經常來我家。」

「一九九八年末，我和妻子搬到緬因州的一個小島，幾個月後，大衛開始打電話來說：『我希望你演這個我為你寫的角色。』我說：『算了吧，我不會演戲。』但他還是不停打電話給我，然後他開始說：『我們很快就要開始拍這部片了，』我說：『我不可能演的！我不是演員，這不是我會做的事。』然後製片組也開始打電話來問：『你哪一天可以過來啊？』他們不斷更改時程表以配合我的角色，他們為還為我安排了一整個晚上，到了這個地步，我已經無法說不。上飛機之前，我甚至連劇本都沒瞄過，瓊安．雷和賈斯汀．瑟魯斯坐在我旁邊，我們三人擠在一起。賈斯汀為了這場和我的對手戲真的下了一番功夫，他很棒，我對他和瓊安致敬。」

瑟魯斯栩栩如生地回憶起拍片的實況：「我記得拍那場戲的晚上，我跑去蒙帝的拖車跟他見面，我跟他握了握手，問他要不要順一下臺詞。他說：『不用，沒問題，我很好，』我心想，他看過臺詞了嗎？他有研究臺詞嗎？到了片廠，大衛說：『Action，』蒙帝唸出了第一行臺詞的前幾個字，然後就停住不動了——於是我們把他的臺詞貼在我的胸前和額頭上，讓大衛從我的肩膀後面去拍蒙帝。這場戲拍了一會兒，大衛說：『卡，我們繼續下一場，』我過去對他說：『大衛，我想我們可能得重拍，因為蒙帝演得跟木頭一樣，太扁平了。』大衛說：『不，我們拍到了，他演得非常棒。』後來，我看了電影，蒙帝的角色無庸置疑是整部片中最擾人不安的。」

她一定很驚訝。劇本監製可麗．格雷也出現在電影中。「劇本寫出來了，裡面沒有藍色女士（Blue Lady），」她回憶起她在片中扮演的神祕女人：「我們到了洛杉磯市中心這個漂亮的老劇院，大衛注意到舞臺上方有個劇院包廂。那天我們一整天都在架設燈光，在某個時刻有人說：『可麗，大衛在找妳。』於是我跑過去問：『大衛，什麼事？』他只是盯著我看，這感覺很不尋常，然後他說，『沒事。』我回去工作，十分鐘後他又叫我過去，他撥開我臉上的頭髮，盯著我看。然後他喊著：『把化妝師和和服裝組都找來！』化妝師跑過來，他說：『你多快可以把某人的頭髮染成藍色？像個藍色大蓬蓬頭那樣——你多快可以做出來？』接著服裝組出現了，他問：『妳多快可以弄出一套藍色的維多利亞式連身衣裙？』服裝組的女孩說：『我得知道這件衣服是要給誰穿的。』他說：『是給可麗穿的，但是我還沒告訴她。』我說：『大衛！我不會演戲！我會怯場！』他把手按在我肩膀上說：『妳的好哥兒們大衛在旁邊罩妳。妳會搞定的。』」她確實搞定了。至於藍色女士是怎麼跑進這個故事裡的，格雷說：「大衛最喜歡說的就是：『我不管，注定就是這樣！』」

這部電影在一九九九年二月下旬開拍，埃德爾斯坦記得那是一場「幸福、輝煌的經歷。有一場戲是在飯店，一顆子彈穿過牆壁射到一個女人，拍這類東西，你真會笑到死，」他補充道：「每個人都在笑，就像有三十個人圍在監視器咯咯笑，一面欣賞大衛的神奇工作。」

林區可以用有限的材料做出許多東西，但有時他也需要很多材料；一個典型的例子就是引爆《穆荷蘭大道》故事的車禍。「那場車禍戲可能是大衛和我做過的最棘手的事，」格里．達米科說道：「我們花了三天時間設定那個鏡頭。我們在格里斐斯公園弄了一臺有三十公尺高的建築用起重機，用纜線吊著一輛重達三公噸的汽車，讓車子從起重機上自由落下——我們就是這樣把車子弄過去。這是個瘋狂的裝置，而且只能拍一次。」

賀林回憶道：「當他們為那場戲做最後的準備時，我正在拖車上睡覺，大衛跑過來叫醒我，他說：『蘿拉，我們得把妳弄髒。我覺得最簡單的辦法就是趴在地上滾，』然後他就趴在地上滾給我看，示範他要我做的事。我們在一月的凌晨四點拍攝那場戲，氣溫大概是九度。我穿著一件細肩帶洋裝，但是大衛穿著滑雪服在導戲，他穿著連身衣！」

一九九九年三月，拍攝殺青，美國廣播公司主管看了毛片一開始非常興奮，不久後他們開始焦躁。他們覺得節奏太緩慢，而華茲和賀林「有點老」。林區開始不斷收到來自「標準和實務部門」的挑剔筆記，涉及語言、槍傷、狗屎，和香菸的視覺，都被挑剔。林區很擅長不理不睬，於是他繼續工作，整個四個月都在家裡的錄音室做混音。到了月底，他送了一個兩小時五分鐘的版本給塔爾斯和彭博；他們一收到，馬上回覆說必須剪成八十八分鐘。第二天晚上，托尼．克蘭茨帶了兩瓶林奇巴居堡紅酒到林區家，還帶了一份史蒂夫．陶列出大約三十條筆記的清單。

「我猜想電視臺看到毛片的那一刻，就知道他們不會用，」史溫尼猜測道：「首先，這片子應該一個小時，大衛並沒有符合片長要求，但托尼仍然帶來好幾頁的筆記。我想大衛以為托尼在說，是的，他們是對的，因為他很激動地向我們解釋，我們應該依照他們的要求做改變。大衛拒絕了每一條筆記，但是托尼離開之後，我們整夜討論那份筆記，我們把試播集縮減成八十八分鐘，然後交給他們。」

回想起來，克蘭茨覺得他做了必要的事。「當我看了《穆荷蘭大道》，我對大衛講了真話，」克蘭茨說：『我說，這版本不是那麼好，而且節奏太慢，我同意美國廣播公司的筆記。』在許多方面，我們關係就像被戳破的泡沫，因為大衛的態度就像是，你現在跟他們同一國了，你不站在我這邊了。在當時的狀況下，我並非如此。」

「或許試圖要求妥協版的《穆荷蘭大道》是我的錯誤，」克蘭茨繼續說道：「但是大衛不願妥協，就像當時與馬克．佛洛斯特合作，但是最後卻造成《雙峰》的毀滅。大衛有藝術性的一面，但他無法保證他的作品可以成功打進娛樂圈，這是個非常需要團隊合作的生態。你贏不過，也鬥不過影藝圈，這座城市裡到處都是嘗試過的人。」

不用說，林區陣營裡沒有人認為美國廣播公司對試播集的反應是合理的。埃德爾斯坦說：「這些筆記非常荒謬，非常政治正確，他們完全抹煞這部作品的原創性。」你怎麼可能通過一個由大衛．林區創作卻沒有大衛．林區視野的試播集？就好像在說：你是玩真的嗎？在原始劇本中，賈斯汀．瑟魯斯有一位亞洲園丁，他有一份禪意的智慧。美國廣播公司認為亞洲園丁是種族主義的刻板印象，所以這角色必須刪除。

「整個拍片過程歡樂又有趣，好像在過夏令營，」瑟魯斯回憶道：「當這部片沒有被通過，我們都覺得被打敗了。」

林區得知這齣劇無法在五月中正式發行時，他正帶著《史崔特先生的故事》前往機場飛去坎城，他承認當他聽到這個消息時，他覺得很興奮。他覺得這齣劇已經被屠殺掉了，何妨讓它靜悄悄地死去，他感到寬心。美國廣播公司將《穆荷蘭大道》的時段轉給了《荒地》[18]，故事描寫六個二十多歲的大學朋友，搬到紐約追尋自我。這齣劇在一九九九年十月七日首播，一週後，即十月十五日，《史崔特先生的故事》在全國限量戲院上映。《荒地》在第三集之後停播。

林區說過《穆荷蘭大道》已經完成了使命，也得到最終勝利。然而他的老朋友皮耶．埃德爾曼卻讓這部片浴火重生。

「當《穆荷蘭大道》試播集被拒絕時，西霸已經離開了，皮耶在Canal+，」史溫尼說：「皮耶處理了這筆交易，把所有的艱難困苦揉合成了一部電影。這是個不可能的任務，然而沒有人可以達成這筆交易嗎？這就像皮耶的癮頭，皮耶就是一個不到手絕不鬆口的小獵犬，他讓亞蘭．沙德[19]用他的Canal+買下《穆荷蘭大道》。美國廣播公司把這部片子束之高閣，他們根本不想要，所以他們很樂意把負片拋售出去。」

埃德爾曼用「複雜」來形容《穆荷蘭大道》的過程：他說：「美國廣播公司事件過了好幾個月，大衛才終於告訴我這支試播集的事。」埃德爾曼說服沙德以七百萬美元價格，為Canal+買下試播集，Canal+是法國一家訂閱頻道旗下的電影公司，曾經資助了幾部美國獨立電影。「但是當他告訴我這件事時，他說：『我不想再知道任何關於這件事的消息了。』我要求他讓我看試播集，他說可以，但是又說他不想再拿它做什麼了。看完了試播集，我告訴他，我相信這會是一部精彩的劇情片。」

「當時我還沒有預料到接踵而來的麻煩，」埃德爾曼繼續說：「我籌到四百萬美元，其中大部分用於回購版權。然後我得將每秒二十五格的電視試播集轉成每秒二十四格的電影片。我還得跟整個演員劇組簽署協議，同意這部片變成戲院版。瑪莉．史溫尼花了一些時間處理談判，某些部分非常複雜。演職員在拍試播集得到的酬勞，遠少於他們拍電影的所得，有些人堅持要額外酬勞。當然，我們還需要錢拍攝額外的鏡頭，才能讓它變成一部完整的劇情片。」

沙德同意增列兩百萬美元預算，支付額外的拍攝費用；然而，林區對於回頭拍這部電影，卻持相反的態度。拍攝場景已被胡亂拆毀，迪士尼已經遺失所有的道具和服裝，他對這齣劇未通過的反感還沒消失。而且他不願意繼續他與克蘭茨的最後一次合作。

「《穆荷蘭大道》是迪士尼公司的七百萬美元的投資，當皮耶．埃德爾曼上門對我說：『我可以要求Canal+從迪士尼手中買走它，』我覺得這很棒，」克蘭茨說：「然後就在交易即將完成之前，大衛說：『我不想這樣做。』我問他為何不行，他說：『我們銷毀了片場。』我說：『你說銷毀了片場是什麼意思？你拍攝的內容甚至連個腳本都沒有，所以你在說什麼片場？』那時候簡直就是一場僵局，因為我覺得那根本是狗屁，胡扯的藉口，我很不爽。我知道那裡有布萊恩[20]（格雷澤）、朗[21]（霍華）和我的錢，而且我認為大衛還是個長不大的小孩。我費了很大的工夫請迪士尼買下試播集，導致我和他們的關係瀕臨危機，所以我要求迪士尼說：『我們要起訴你，強迫你這樣做。』大衛和我的關係到此結束。我不後悔我做過的事。」

「但到頭來，我還是會希望有大衛．林區在我的生命中嗎？是的，這是絕對的，」克蘭茨補充道：『大衛是真實的自己，他永遠是這樣，他謙恭、有趣、甜蜜、精明又聰明，而且他有著同樣開闊的樂觀和正直，從我認識他的那一天起，始終如一。成功絲毫沒有改變他。我想念他，我寫了一張紙條，為我所做的事道歉，告訴他我希望他能原諒我，期待有一天我們可以再次合作。他說他原諒了我，但他沒並沒有開啟再度合作的大門，這一點我可以理解。」

林區可能原諒了克蘭茨，但林區大部分的工作夥伴都沒有忘記這件事。「托尼竟然威脅要告大衛，真是太噁心了，」埃德爾斯坦說：「大衛有一套老派的原則——其實這不是老派，更像是定律。如果你看著一個人的眼睛，跟他們握手，告訴他們，這就是我要做的，那麼你就這樣去做。你不需要律師，也不需要透過訴訟來威脅他們。當事情不順利才去這樣做的人，根本就像是耍脾氣的嬰兒。」

除了耍脾氣，在林區終於想到如何把試播集變成電影之前，這計畫的談判正在順利進行。有一天晚上六點半，他有想法了，到了七點鐘，他知道如何結束這個故事了。他開始覺得興奮，馬上聯絡了賀林和華茲。

「當美國廣播公司沒有播出這齣劇時，我想，太好了，我演了大衛·林區唯一一部永遠不會見光的作品，我又得回去掙扎我的事業了，」華茲說：「然後他接到了Canal+的電話，說：『我們想把這片子買回來，做成一部電影，』大衛寫了十八頁的腳本，介紹了黛安這角色。我記得我去他家讀完了這十八頁，我想著，天啊，太不可思議了。你不可能再找到這麼讓人興奮的角色了，貝蒂和黛安竟然如此截然不同——你的職業生涯不可能碰到兩個這樣的角色，更不用說是同時出現在一部電影當中。」

「大衛說：『《穆荷蘭大道》被水淹死了，沒有人會看到它。』說了一年之後，他請娜歐蜜和我去他家，」賀林回憶道：「於是我們排排坐，娜歐蜜在他右邊，我在他左邊，他說：『《穆荷蘭大道》將要拍成一部國際電影——但是會有裸戲！』」

林區花了十七天的時間，拍攝大部分新增的內容，從九月下旬開始拍，十月初殺青，這部片子從沒有在電視上播出過。在原始試播集中，貝蒂和麗泰是一對朋友以及同謀者，但是在電影中，她們是一對情侶，有露骨的性愛場面。「大衛增加愛情戲是正確的——這是整個故事的關鍵之一——但是很困難，」賀林說：「當我來到片廠，我很緊張，我感覺很脆弱，然後大衛說：『蘿拉，妳在擔心什麼？這場戲光線會很暗。』它確實很暗，於是我放心了，但是在拍最後一個鏡頭時，他說：『皮特，調高，』這表示他要把燈光調亮，於是光線更亮了。他告訴我不會拍到細部，而且他違背了每個人的意願，把我的陰毛模糊處理，因為他已經承諾過我這件事。」

比華茲和賀林的性愛戲更艱難的，是華茲涕淚縱橫，椎心刺骨的自慰戲。「大衛通常一個鏡頭就完成任務，最多可能拍三次，然而娜歐蜜這場戲，他拍了至少十次。」格雷回憶道：「拍到第十次的時候她被惹得很火大，我想他故意讓她演這麼多次，就是希望她可以在這場戲中整個大爆發，他需要讓她經歷這一切，才能讓她達到那樣的水準。」

華茲對拍這場戲有著生動的回憶。「我那天胃痛得很厲害，因為我嚇壞了，」她回憶道：「你要怎麼在整個劇組前手淫？我請大衛改天再拍攝，他說：『不，娜歐蜜，妳能做到，妳很棒，去洗手間冷靜一下吧。』他要憤怒、絕望和激烈的感覺，每次攝影機靠近我，我都會說：『我做不到，大衛，我做不到！』他說，『沒事的，娜歐蜜。』而攝影機仍然繼續在轉，這讓我很火大。他絕對是在逼我，但他的方式是溫柔的。」

很明顯，《穆荷蘭大道》大部分的榮耀，都歸功於林區將演員帶到他們前所未至的境界。「有兩場戲，娜歐蜜演出完全一模一樣的對話，但是場景完全不同，」戴明觀察道：「這就像是導演大師班。」

林區拍到了他想要的東西，但是埃德爾曼覺得他還沒有走出迷宮。「當大衛剪輯這部電影時，他請我來他的工作室看粗剪，離開之後，我走在街上哭，」他說：「我想，這是個大災難，沒有人想看到這部電影。我覺得我應該徵求第二個人的意見，於是我打電話給這部片的出品人亞蘭．沙德，請他來洛杉磯看粗剪。他來到大衛的工作室看了影片，然後對我說：『我不懂你為何找我來這裡。這是一部傑作啊。』」

林區正在進行《穆荷蘭大道》的後製時，他的生活中又多了一層：那就是波蘭。「大衛對波蘭的興趣起始於坎莫里馬吉國際電影攝影展[22]的一群人，這是個致力於電影攝影藝術的影展，成立於二〇〇〇年二月，」史溫尼說：「他們一大批人跑來——大約有六、七個人——這些人看起來很瘋很野，激起了大衛的興趣。他們希望大衛參加他們的影展，他們一直苦苦哀求，還送他東西，直到他同意過去。」

攝影藝術國際電影展[23]於一九九三年由馬瑞克．日多維奇[24]創立於托倫。林區參與的時候，影展基地遷到了洛茲。「坎莫里馬吉幫」——這是大衛想出來的名詞——是由一群音樂家、藝術家和電影創作者所組成，成員包括卡齊．蘇瓦拉、艾尼斯卡．史翁斯卡、亞當．史敦奈、麥可．昆托、鮑維．齊朵維、卡密．霍洛戴基、達瑞斯．維斯佐考斯基、馬提斯．格拉吉和艾瓦．布佐斯加[25]。「我曾經說過：『大衛．林區總有一天會來找我們。』大家都以為我在發神經。」日多維奇回憶道，他當時仍在經營這個影展：「當我和大衛第一次會面時，我正處在一個十字路口，一開始坎莫里馬吉國際電影攝影展的運作並不順利，但我和大衛的見面，改變了一切。」

「他就像那些創造巨幅壁畫的文藝復興巨匠，」日多維奇補充道：「他喜歡洛茲，那是個充滿著黑暗的祕密、毀壞的工廠、煙霧、陰影、破碎的街燈，以及怪異噪音的城市。這城市有一份神祕的氣氛，喚起了一種暴力的夢境，在如此的夢幻當中，一切事物都有著奇怪而誘人的邏輯。」④

當林區十一月來參加影展時，他遇到了一位波蘭作曲家馬瑞．薩伯斯基[26]，他自二〇〇〇年以來一直以各種身分參與影展工作。「大衛愛上了洛茲，並且開始有了各種想法，」薩伯斯基說：「冬季的氛圍，廢棄的工廠，十九世紀末期的華麗豪宅——所有這些東西融合在一起，創造出《內陸帝國》的美麗神祕，這部電影的製作，正是在他與波蘭開啟互動關係的最初幾年。在他開始參與電影節幾年之後，他與法蘭克・蓋瑞[27]的合作計畫，也開始發芽。」⑤

與蓋瑞合作發芽的計畫，就是重建洛茲市中心的總體規劃，其中包括節慶設施，火車站整建、商店、旅館和博物館。從二〇〇五年開始，林區與蓋瑞和坎莫里馬吉幫密切合作，資金則來自歐盟、城市和私人贊助。「法蘭克・蓋瑞的祖父母都出生在洛茲，所以對他而言，這是個私人計畫，」薩伯斯基說。二〇〇〇年影展結束時，坎莫里馬吉幫的幾名成員陪同林區前往布拉格拍了一部紀錄片，記錄了他與安傑洛・貝德拉曼堤合作《穆荷蘭大道》配樂的工作實況。

一月從布拉格回來之後，林區有了一位新助手傑伊・阿森[28]，在接下來的八年間，他與大衛密切合作。「艾瑞克・克雷里[29]是我的朋友，他當時和大衛工作了四個月，我接到他電話，他說：『我們這裡有一個職位，』阿森回憶道：「我是麥迪遜的一名電影學生，剛滿二十一歲，就在聖誕節前，瑪莉・史溫尼和雷利（他的兒子）在麥迪遜市，我們約在一家星巴克見面。我和她保持電話聯繫，瑪莉說：『我們試試看吧，試用六個月。你多久可以過來？』我說：『我明天就開車過去。』我想我得到了這份工作了，因為雷利很喜歡我。」

「在那段日子裡，大衛早上會進灰屋，吃奶昔當早餐，然後坐下來和我們處理事情，」阿森繼續說道：「我第一天上班的時候，他非常直接走過來對我說：「嘿，傑伊！很高興見到你，小子！我們開始工作吧！」⑥

那年春天，林區最終於剪出了兩小時二十七分鐘版本的《穆荷蘭大道》，最後由亞蘭・沙德電影公司、

Canal+和電影工廠三方聯合製作。克蘭茨在片中掛名製作人，但是他說：「我參與程度很低。大衛和我並沒有不講話，我去看過拍片現場，但我們之間還是有些嫌隙。」

到最後，林區與克蘭茨之間的衝突已經無關緊要了，《穆荷蘭大道》的漫長等待是值得的。「我們以為這部片會永遠不見天日，大衛卻在一年之後打電話過來說：『這會變成一部電影。』我們又拍了幾天，」瑟魯斯說：「幾個月後，他邀請我和娜歐蜜去看放映，我們都被它的精彩震撼了。那感覺就像你第一次聽到披頭四的『花椒軍曹』。這部電影有太多需要消化的東西，也提出了很多問題，我很想馬上再看一次。」

「我知道劇本，但是在拍片的時候，我卻不知道這部電影是在幹嘛，而拍完的成品，與拍攝的過程，卻又大大不同——這說明了在電影創作方面，大衛真是天才。他對聲音和音樂的運用，雙重並置的情節——他做了一個厲害的工作，魔術般地創造出我們拍片時無法想像的情緒。我很驚訝這部片竟然如此地黑暗、感動，撼動人心。看《穆荷蘭大道》時，有時你甚至無法辨識自己所感受到的情緒，無論是不舒服、喜悅或者悲傷——大衛非常擅於創造具有多重情感的角色。片中我最喜歡的一場戲是派屈克．費雪勒[30]在溫奇餐廳中的獨白，他訴說了一場他曾經遇歷過的噩夢。他對某人講述他的夢，然後鏡頭向外移動，他走到餐廳的後面，即使是在洛杉磯白花花的豔陽天，卻是絕對的陰森可怕。」

二〇〇一年五月，《穆荷蘭大道》在坎城影展首映，得到最佳導演獎，林區與《缺席的男人》[31]的喬．柯恩共享這份榮耀。「當我們在坎城拍照時，攝影師開始叫我的名字，我經過大衛走上舞臺時，他喊我：『二姊。』」賀林回憶道：「他那樣說，對我意義非常重大。」

坎城之行也是華茲的重要轉捩點。「多年來我不斷在試鏡，卻一直沒有任何人回我電話，或者正面看著我，而我竟然在可以走在坎城影展星光大道的紅毯上，」華茲回憶道：「這部電影得到了五分鐘的起立鼓掌，而影評人陶德．麥卡錫[32]在《好萊塢報導》寫了一篇令人難以置信的影評，單獨談論我，就是這樣——我的生命一夕之間改變了。突然間，每個經紀人都打電話給我，送花給我，而我再也不用試鏡了，這全都是大衛帶給我的。他真的改變我的生命。我曾遇到過很多人，也跟一些優秀的導演合作過，但沒有人比得過他。大衛是獨一無二的。他喜歡演員，你信任他，你會想要給他任何東西，想要取悅他。他散發正面能量，當我和他在一起時，我總是感覺被照顧得很好。」

那年秋天，林區把《穆荷蘭大道》帶去多倫多電影節，當九一一事件發生，雙子星大樓在曼哈頓倒塌時，他正在加拿大。林區和史溫尼暫時留在那裡，阿森推測道：「那個事件讓他覺得，他必須與這世界分享超覺靜坐。我想他認為，如果每個人都有過冥想的經驗，那樣的事就不會發生了，當時他為辦公室裡的每個人付費，讓他們去接受超覺靜坐的訓練。」

「大衛林區意識教育與世界和平基金會」[33]（DLF）也開始埋下種子，於二〇〇五年創立。同時，《穆荷蘭大道》終於進入最後階段，環球公司在二〇〇一年十月十二日於全美發行這部電影，林區也因為這部片，入圍奧斯卡最佳導演。從那時起，這部電影的地位急速攀升。在二〇一六年BBC文化版進行的票選中，《穆荷蘭大道》被選為二十一世紀最偉大的電影。

很多人開公司賺錢，但我就是做不到。「電影工廠」是瑪莉和尼爾・埃德爾斯坦為我出的主意，我喜歡「電影工廠」這名字，所以我們成立了這間公司，但是我幾乎馬上就沒興趣管它了。搞這東西要花時間，而且一點不有趣，我想我應該一頁提案都沒讀過。我從來不知道《美國心玫瑰情》邀請過我，也從來沒聽過《布魯克林孤兒》，而且完全不記得看過《七夜怪譚西洋篇》的劇本。尼爾最後與娜歐蜜・華茲合作這部片，很棒啊。

每個人都有他們自己經歷《穆荷蘭大道》的版本，我並不記得與托尼在奧索餐廳的晚餐，或者電影和電視之間跳躍的事。我記得托尼希望我做些什麼，我可能只跟馬克・佛洛斯特談了十分鐘關於一個《穆荷蘭大道》的想法，那是《雙峰》的某個故事支線。但是從沒有成型過。我只記得把這故事稱做《穆荷蘭大道》，關於一個年輕女孩來到好萊塢發展。托尼總希望我和別人一起寫劇本——我不知道為什麼——但我還是自己寫《穆荷蘭大道》，我把提案交給美國廣播公司，讓他們讀前面幾頁。提案是一場秀，我一點也不喜歡。

《穆荷蘭大道》是一條神奇的街道，很多人晚上開車經過的時候，都會有這種感覺。這條路峰迴路轉，一邊是好萊塢，另一邊是山谷，很容易迷路。這也是一條古老的道路，有一種氣氛，你可以感覺到活在好萊塢黃金時期的人都開過這條路。真的很有歷史，如果你在洛杉磯夠久，你就會開始聽到這條路上發生過的故事，讓你浮想聯翩。

如果說我到拍片現場前不知道我要拍什麼就直接開拍，那不是真的，如果是真的，誰還會信任我呢？有時候，明明有了劇本，和一個明確的想法，但當你到了片廠，你會看到更多可能性，故事會繼續生長。也有可能你會發現現場狀況跟你腦袋裡想的不一樣，你就會去調整，甚至想出更好的內容。每場戲都有其精髓，你必須掌握到它，但是不一樣的東西會激發出新的想法，這就是為什麼實地拍攝非常棒。如果你單純根據自己的想法弄出一場戲，那場戲就是那樣；但是當你實地拍攝時，各式各樣的新東西都有可能發生。

我喜歡與相對不知名的演員合作，這是真的，但是他們的知名度高低並非重點——他們適合角色才是。關鍵在於我信任瓊安，她會告訴我誰適合演，但有時候如果演員不適合，那也不是問題，因為你和他們一起工作，他們身上一定有某些對的東西。

選角的時候，我喜歡先看照片。我看著照片，看到這個女孩，我說：「哇！她很漂亮，我想見見她。」她就是娜歐蜜・華茲。我們通知她來試鏡，於是她從紐約飛過來，當她來到試鏡間，看起來卻跟照片不一樣，一點也不像照片裡的人！她看起來並不差，只是不像她的照片，我要照片中的那個女孩。我想，這太瘋狂了！我在想像一個不存在的人！她下飛機就直接過來，所以我問她是否可以化點妝再回來，後來她回來了。蓋伊・波普的兒子名叫史考特・考菲[34]，史考特曾和娜歐蜜一起工作過，娜歐蜜再度回來時，他就在廚房裡。他們兩人為了某件事聊天談笑，因為有史考特在，我看到了娜歐蜜的另一面。於是我說：「好，她非常完美，她可以演。」事情經過就是這樣。她確實非常完美，其餘的部分你們都知道了。

我記得賈斯汀・瑟魯斯，我們聊得很愉快，他是個很棒的演員。查德・埃弗雷特[35]完美詮釋他的角色，安・米勒也很完美。我喜歡安・米勒！噢，真的喜歡，跟她工作非常有趣。她就是可可，這個角色太適合她了。比利・雷・希拉[36]原本是來談另一個角色，不過他就是游泳池清潔工吉恩——他演得再好不過了。很多人本來是為了某件事，但是我看出來他們更適合另外一件事，這是常有的事。可麗．格雷並沒有炫耀她的美貌，她有一張漂亮的臉蛋。你得把這部分拆開來看，我記得我盯著她看了很長一段時間，然後我知道她就是藍色女士，她說出整部電影的最後一個字。

牛仔這角色搖搖擺擺地進入電影。我坐在椅子上，蓋伊在玩鍵盤，蓋伊有她特別的地方。蓋伊很棒。她當祕書並不特別優秀，而且她有點瘋瘋癲癲，但是她精力充沛，這點非常重要。一旦狀況危急時，她能夠發號施令並且不屈服，她有那個本領，卻總是待人和善。她甜美和氣，令人想呵護她，跟她在一起時，我可以想到什麼就大聲說出來。她從不評判別人，和她在一起，我覺得我什麼都可以說。這樣的人非常適合一起寫作，我想試試看，她也很願意。她營造出的自在氣氛，非常有助於激發靈感，所以我和蓋伊坐在一起，討論牛仔的角色，我的腦海浮現出蒙帝的身影。

蒙帝可以演戲，因為《牛仔與法國佬》事件。蒙帝和帕帕干達，他們製作了這部片，我們當時正在創造一個叫做「豪弟」的角色，他是個試圖征服一頭公牛的鬥牛士。哈利．狄恩對他吼著，跟他要零食吃，豪弟聽見了，但是哈利．狄恩以為他沒聽見，於是繼續大吼大叫。豪弟被惹毛了，盛怒之下，他終於摺倒了這隻牛；然後他翻過柵欄離開，因為他受夠了哈利．狄恩。這場戲中充滿著噪音，你根本聽不懂豪弟在說什麼，所以我說：「我們要重拍這場戲，可以找誰來演豪弟？」我聽到蒙帝說：「讓我來吧，大衛。」我本來想，哦，這會有點尷尬，但是我說：「好吧，蒙帝，你來試試。」他拍第一次就完美達陣。我想，我得記住這件事。蒙帝記不住臺詞，拍這場戲很困難。蒙帝聰明絕頂，但我不覺得他在學校功課會好，他就是記不住某些事情。我們一直拍，直到拍出來，而且拍得很成功。蒙帝的表現永遠完美，不過賈斯汀得把蒙帝的臺詞貼在胸前。

我還碰到了開心的事。布萊安．洛克斯在《穆荷蘭大道》拍攝期間打電話來告訴我說：「大衛，我想讓你見一個人，利百加．戴爾．里奧[37]。」於是利百加來到工作室，我們喝咖啡聊天，她唱些東西給我聽。她來了工作室不到五分鐘，咖啡都還來不及喝，她就走進演唱間，唱了那首電影中一模一樣的歌。一點也沒變，就是那首歌，那段我們錄的歌。她那天來到工作室之前，《穆荷蘭大道》劇本中並沒有利百加的角色，然而她選了這首歌，唱給我聽。於是我開始思考我為「沉默俱樂部」（Club Silencio）寫的那場戲：「No Hay Banda」，西班牙語的意思是「沒有樂隊」，這剛好符合利百加，因為她唱這首歌時也沒有樂隊伴奏。於是她被帶上舞臺，唱得很美，然後她跌倒了，但是她繼續唱。

《穆荷蘭大道》有個很棒的劇組，我和一些我最喜歡的人一起工作。我喜歡和彼得．戴明一起工作。他喜歡變化球，懂得運用手邊出現的東西，而且他不怕嘗試作怪，所以我們一起發展了一些奇怪的技術。這些技術有時候成功，有時候不成功，但我們合作得很好，每樣東西都在工具箱中，都有用途。工具箱中絕對有一臺閃電機器，我們有過最好的一臺，是拍《驚狂》時，莎賓娜（蘇瑟蘭）在河濱市找到的。她找到的這兩臺機器，和火車箱一樣大，得用兩個平板拖車運送。發動閃電時，那機器的威力簡直難以想像。它照亮了一公里範圍內的一切，就像真正的閃電一樣。

拍《穆荷蘭大道》開始時的那場車禍戲，也非常厲害。我們拉緊纜線將接近三公噸的重物懸吊在三十公尺高的空中，另一端就是車子，準備施放重物。如果纜線提前斷了，它便會像鞭子一樣，不知道會甩向何方，如果打到你的話就會像熱刀劃開奶油。這真的很危險。現場至少有三臺攝影機在拍這個鏡頭，彼得和我在現場，但其他人都得離開。格里在起重機上，地上還有一個金屬銷，支撐著那三公噸的重物，那根纜線即將斷裂，還有一個特殊裝備，就像纜線剪的功用一樣。當他們切斷纜線，重物自由落下，看起來就像飆車少年的汽車狠狠地撞上豪華禮車！太棒了！格里做得太棒，而且非常好玩。

傑克．菲斯科是我最好的朋友，我們在《穆荷蘭大道》也一起合作。傑克一定會完成任務。只給他十塊錢也沒關係，他還是會把場景搭建出來，而且會很美。有一場戲，貝蒂對麗泰說：「看看妳的錢包；妳的名字一定在那裡面。」於是麗泰打開錢包，裡面有錢，還有一把特別的藍色鑰匙，但是不知道能打開什麼。這把鑰匙必定可以開啟某個東西，我不知道為什麼最後它打開的是一個藍色盒子，而不是一扇門或一輛車。

約翰．丘吉爾[38]是《穆荷蘭大道》的第二副導，他是個很棒的副導。他是《驚狂》和《史崔特先生的故事》的製作助理，但他天生就是一個副導，這份工作他做得如魚得水。當一個副導演需要很多技能。這個人必須與導演和劇組相處愉快，讓工作順利進行。他們還得注意背景，例如維持片場安靜、控制攝影機和聲音啟動，準備下一個鏡頭的拍攝，保持一切運作正常。

他們是執法者、外交官和調度員的綜合。我們先拍什麼，第二拍什麼，類似這樣的事務，都需要他們來調度。如此一來，導演才有空間思考，腦袋裡不用被太多雜事干擾——導演必須思考下一場戲所需要傳達的，再無其他。在某方面，我討厭用這種趕進度式的工作度過他媽的一整天，但你還是得這樣做，副導演得幫你完成你想要的東西。這是個艱鉅的工作，丘吉爾卻很擅長，他是我的朋友，幽默感佳。他會要我講故事，要是我們在街上看到某個人，他會說：「好，他們會有什麼樣的故事呢？」我會告訴他這個人的事。他還記得所有的事情。真是個很棒的傢伙。

我喜歡《日落大道》，我見過比利．懷德幾次。有一次我在斯帕格餐廳，他和他的妻子奧黛麗．楊也在場，他走到我後方，手按在我的肩膀上說：「大衛，我喜歡《藍絲絨》。」然後我們在某個餐廳一起吃早餐，我問了他上千個關於《日落大道》的問題。我也很喜歡《公寓春光》[39]——這是兩部棒到不行的電影——我很幸運能夠認識他。

洛杉磯在這部片中確實舉足輕重。地域空間的感覺非常重要。我愛洛杉磯的地方在於這個城市的光線，那種放射出來的感覺。這不是個會讓人幽閉恐懼的地方。有些人喜歡紐約，但我在那裡會犯幽閉恐懼症。我受不了。

我曾經以為我喜歡南加州的沙漠，但事實上我很討厭沙漠。我在沙漠裡吃了一大塊牛肉當晚餐。我從不吃紅肉，但這就是他們在這特殊的夜晚所提供的，那天晚上我睡在別人的床上，做了一個恐怖惡魔般的夢，隔天我整日心思都在和夢中的事情對抗。我不記得夢中發生了什麼，但我記得那種感覺，我無法向任何人訴說，而且必須孤軍奮戰。只有當我回到洛杉磯後那種感覺才消散。我對沙漠的好感也結束了。有些地方氣場不佳，有些地方氛圍很好，我卻在不好的地方吃睡。

洛杉磯當然也有奇怪的事。我記得某個星期天，我和女兒珍妮佛一起去「一分咖啡廳」吃大滿貫早餐。珍妮佛和我坐在沙發區，我聽到我後面的人在說話，他們聽起來是很棒的一群人。那是星期天，他們正在討論上帝和《聖經》中的許多段落。他們似乎聰明而善良。我想，人們在陽光普照的週日早晨這樣說話真是很棒。然後我們起身離去，珍妮佛說：「你知道坐在我們後面的是誰嗎？」原來他們是撒旦教會的負責人。

我很喜歡《穆荷蘭大道》的試播集，但是美國廣播公司卻非常討厭它，即使如此，我們還是剪了一些東西交給他們，我有不好的預感。我記得我在想，我在跟錯的人合作。有一種人的思考方式，只會想到錢，他們所有的決定，都唯恐賺不到錢。這也沒什麼大不了。他們的工作有風險，他們必須賺錢，他們認為人們不會喜歡這部片，我們不會有一部賣座片，我們不會賺錢，我會失去工作。這是錯誤的思考方式，但這就是會發生的事。

我提交給美國廣播公司的第一個剪輯版本節奏太慢，但因為我們有截止日期，所以沒有時間細修每個部分，第二個剪輯版則喪失了很多質感、大場戲，以及故事情節。現在回想起來，我想那是命運的安排，而《穆荷蘭大道》的整個過程，就是最美好的事。這部電影經歷一場奇怪的旅程，最後走到這一步，顯然必須如此。我不知道這是怎麼回事，但它就是變成了那樣，擋也擋不住。

皮耶．埃德爾曼在洛杉磯，他來到我的畫室，我告訴他《穆荷蘭大道》的事。我告訴他這部片已經死了，但在我腦海裡……並不是說我知道它還沒有死，但我知道它還沒完成，總是還有可能性。皮耶看了片子，非常喜歡，於是我們討論把它變成一部劇情長片，他會處理這一切。正如瑪莉．史溫尼說過的：「皮耶像攪拌著飲料的吸管，他安排所有事。」他聯繫所有相關的人，但他沒有自己的製片公司，所以能做的很有限，皮耶在我的工作室花了一整年時間進行談判，把這件事完成。整整一年。我告訴你這是怎麼回事——都是因為中間人。如果你是那個願意給我錢的人，你和我坐下來聊聊很合理吧！只要幾個小時我們就能把這件事敲定了。那怎麼花了一年？因為某某人正在法國他很忙，於是他們打電話找這裡的人，這個人說，我會回覆你，然後一天一天過去，他們終於回電說，那個人正在度假，他們又致電過來說，我們約時間用電話會議討論這個問題吧，然後一週之後，某某某病了，所以我們得再等一下，等等等。你看，這些人對你的事並非那麼感興趣，因為他們有很多其他事情要做，一件事情牽連到另一件事，然後幾個月又過去了。這整件事，根本就可以在六分鐘內完成。

一年後我接到電話，拍片計畫通過，我們可以拍了，然後我趕快打電話給場景組、道具組和服裝組。

有人告訴我服裝已經「付諸流水」。我問那個傢伙：「這什麼意思？」他說：「表示這些東西不會為你保存下來。」誰知道東西在哪兒？有個他媽的莎莉可能正穿著我們正在尋找的衣服上臺表演，而你永遠都找不回來。然後我發現所有的道具也付諸流水了，拍片場景保存不完善，也修復得很差。這不是傑克的錯。更重要的是，當計畫通過的時候，我不知道怎麼完成這部電影。

這時候，我告訴托尼：「我覺得不可能回去原本的世界，因為所有東西都消失了。」他說：「如果你不做，我會告你。」他說話的態度終結了我對他所有的友情或好感。我簡直不敢相信他說的話，我看到了他的另一面，也讓我思考，這些東西實在不適合我。我從來沒有接到過迪士尼起訴我的電話——都是托尼在電話中對我說的。人各有志，托尼促成了我拍攝《雙峰》和《穆荷蘭大道》，這是好事。但是另一方面，後來發生的事情破壞了我們之間的友誼，雖然我原諒了托尼，但我不想再跟他合作。托尼認為娛樂產業是一個「團隊合作的生態」，但我無法忍受這種思考方式。電影創作根本就不是合作。是的，有人幫助你工作，你可以向上百人詢問意見，但最終所有的決定權都必須在導演身上。

托尼跟我對話的當天晚上，我坐下來冥想，然後想法就像一串珍珠，一個接一個地出現了，冥想結束後，我完全了解該如何完成這部電影。然後我和蓋伊一起工作，把我的想法加進骨肉，我還需要十八頁的戲。這十八頁中有一些性愛，蘿拉和娜歐蜜都願意配合拍床戲。我確實承諾蘿拉，那場裸戲我會在她的身體部位做模糊處理，戲裡有地方她是站著，所以必須處理。有心人會把畫面停格，做成截圖，然後這張照片會出現在每份雜誌中，所以一定要處理過。

娜歐蜜的自慰戲，我並沒有拍很多次，傳言是我要她在那場戲中處在特定的心情狀態。我不會那樣做。我們一直在拍這個鏡頭，因為她沒進入狀況，所以得繼續拍到好為止。這個女孩會那樣做，是因為她受到傷害，憤怒又絕望，一堆情緒在她心中盤旋遊走，所以她必須以一種特定的方式來紓解。這場戲必須具備這樣的條件，而娜歐蜜完全演了出來。

拍攝《穆荷蘭大道》裡最後晚宴的那天晚上，我們因為某些緣故必須停機。然而當天晚上安傑洛得飛回紐澤西，所以那是我們拍他的唯一機會。周遭其他人要我們停工時，我先跟安傑洛講些話，接著我去跟攝影師彼得說：「你要當心一點，鏡頭對著安傑洛，但同時注意那隻小狗——對就這樣，這樣很好，彼得」，我示意安傑洛，他照我的話做了。當其他人催趕我們的時候，我們就這樣從中悄悄地拍好了他的戲分。

於是，我們完成了這部電影，這部片本來就應該是這個樣子，後來我們進軍坎城。這部片在全世界都反應良好，但從來沒有賺大錢，不過我也沒有真的為了賺錢而做過什麼事。我們做這些就是為了人類。於是我們拍了白色閃電和一個辣妹，大概就這樣吧。

1 Picture Factory　2 Sam Mendes　3 Jonathan Lethem　4 *The Ring*　5 Naomi Watts
6 John Roach　7 Imagine Television　8 Jamie Tarses　9 Steve Tao　10 Touchstone
11 Buena Vista International　12 Joyce Eliason　13 Stu Bloomberg　14 Laura Elena Harring
15 *Silent Night, Deadly Night 3*　16 Ann Miller　17 Justin Theroux　18 *Wasteland*　19 Alain Sarde
20 Brian Grazer　21 Ron Howard　22 Camerimage Film Festival
23 International Film Festival of the Art of Cinematography　24 Marek Żydowicz
25 Kazik Suwała, Agnieszka Swoińska, Adam Zdunek, Michał Kwinto, Paweł Żydowicz, Kamil Horodecki, Dariusz Wyczółkowski, Mateusz Graj, Ewa Brzoska
26 Marek Zebrowski　27 Frank Gehry　28 Jay Aaseng　29 Erik Crary　30 Patrick Fischler
31 *The Man Who Wasn't There*　32 Todd McCarthy
33 David Lynch Foundation for Consciousness-Based Education and World Peace　34 Scott Coffey
35 Chad Everett　36 Billy Ray Cyrus　37 Rebekah Del Rio　38 John Churchill　39 *The Apartment*

事物的切片

林區不喜歡在好萊塢拘束下工作，而《史崔特先生的故事》最接近他理想的家庭工作環境。這部電影由史溫尼共同製作、剪輯、協同編劇；傑克．菲斯科負責製作設計；哈利．狄恩．史坦頓和西西．史派克都參與演出；安傑洛．貝德拉曼堤配樂；佛雷迪．法蘭西斯擔任攝影指導。這部片預算很低，林區有最終定剪的決定權，他創造了一部沉靜的傑作。

「一九九八年初夏，大衛告訴我，瑪莉．史溫尼寫了一個名為《史崔特先生的故事》的劇本，他想拍這部片，」這部電影的製片皮耶．埃德爾曼回憶道：「當時我在Canal＋擔任顧問，又遇上法國人在度假，所以我單槍匹馬在辦公室開始跟大衛談預算。最後終究談定了這部大約七百萬美元預算的片子，他在九月底開始拍攝。」

史溫尼對埃德爾曼讚譽有加，因為有他這部片得以順利進行。「當我們在拍《史崔特先生的故事》時，托尼．克蘭茨、瑞克．尼西塔和CAA都走了，而皮耶適時出現了。」她談起了這部由電影工廠和Canal＋聯合製作的電影：「當時是六月底，整個法國都在度假，皮耶正在尋找法國南部的相關人員。我們進行了一場競標大戰。這部片預算很低，因此他們不會太過擔憂大衛的作品難以被接受。即使無法接受他作品的人，也喜歡大衛本人，他們很興奮也很期待，能與大衛一起工作讓他們激動不已。」

這部片由史溫尼和和尼爾．埃德爾斯坦製作，埃德爾曼和麥可．波萊爾[1]監製，德巴克．納婭爾一開始也在《史崔特先生的故事》的製作團隊，但是因為一場預算糾紛，他很不情願地退出了這個計畫。「大衛改變了我的生命和事業，」納婭爾反省道：「他給了我需要的靈感，更重要的是，他給了我愛和感情。我來自印度，在洛杉磯完全沒有朋友，對他來說，就算我只是個司機也不要緊。他以尊嚴和尊重對待我，給我機會做更多事。我現在有了自己的公司，也有很多計畫正在進行，但是在我整個職業生涯中，最美好的回憶都是與大衛合作。他一手造就了我今天的樣子，我非常感謝他讓我休息一下。」

電影的主角，已故的李察．法恩沃斯[2]幾乎出現在每一場戲中。他在一九三七年接到一通選角電話，於是在《馬可波羅歷險記》中擔任五百名蒙古騎士之一，他也曾在西席．地密爾[3]的《十誡》中駕駛多輪戰車，他於一九七六年在《小迷糊與大老千》[4]中首次接到有臺詞的角色，一九七八年以艾倫．帕庫拉導的西部片《躍馬山莊》[5]中的演出，入圍奧斯卡最佳男配角。

很難想像有其他人可以飾演艾文．史崔特。法恩沃斯充滿智慧、喜悅的面容，就是一部電影。「當我讀了劇本，我認同這個老人角色，我也愛上了這個故事，」這位演員演這部影片時已經七十八歲了，他繼續說道：「艾文是堅毅和膽識的典範。」[①] 法恩沃斯在一九九七年退休，但是他讀了《史崔特先生的故事》的劇本後，決定重出江湖。

西西．史派克扮演蘿絲，一個以史崔特的女兒為藍本發展出來的角色，她回憶道：「大衛、傑克和我，我們多年來一直在討論可以合作的各種計畫，而《史崔特先生的故事》完全適合我們每個人。我想大衛覺得與傑克一起會很棒，你知道的，『如果有需要的話，我們可以像以前那樣用個大榔頭把牆砸掉。』五十年來，他們一直用大榔頭的方式讓人改觀。」

「我演的角色講話異常地結巴，所以我得戴上一副特製的假牙，我不知道我是否能夠勝任，」史派克繼續說道：「不過，大衛相信我，所以我想也許我做得到。這是一次很棒的經驗。他在片廠和在現實生活中一樣可愛。與他工作非常愉快。他有趣、善良，知道自己要什麼——與大衛合作非常隨和自然。有一天，有個活躍已久的演員在一場戲中得做很多事，而他一直在錯誤的時間點做動作，搞砸了整場戲，於是他開始自責並感到非常沮喪。大衛非常非常窩心，非常有耐性。他說：『我要把一條繩子繫在你的腰帶上，每次你應該動作的時候，我就拉一下繩子，你就會知道該怎麼做了。』

「大家都說：『喔，《史崔特先生的故事》是大衛非常不一樣的作品，它並不真正屬於他的世界。』」史派克補充道：「但如果你認識大衛，你就知道這也是他的一部分。」

飾演萊爾．史崔特的哈利．狄恩．史坦頓已經出現在《史崔特先生的故事》之前的四部林區電影中，他永遠樂於與林區合作。「大衛拍戲的片場感覺非常放鬆，他從不對人大吼大叫——他不是個會吼叫的人——只要我不破壞劇情，他都讓我自由發揮。」史坦頓說：「和他們一起工作總是非常快樂。」

「在《史崔特先生的故事》中我只有一場戲，而且我必須哭，」史坦頓繼續說道：「前一陣子西恩．潘給了我一份『西雅圖酋長』*的演講稿，他是第一個被放進保留區的印地安人，我讀著的時候總是會哭出來，於是大衛拍這場戲之前，讓我讀了一些詩裡的句子。這樣做真的奏效了。」

與林區在《象人》中共事的攝影師佛雷迪．法蘭西斯，用鏡頭捕捉了一分幾乎已經消失的美國中西部風情。沿著史崔特先生一九九四年行經三百八十五公里的旅途，從愛荷華州的勞倫斯，一路拍攝到威斯康辛州的錫安山。小鎮酒吧風化的紅色外牆，空寂大街上奔跑的流浪狗，昏睡密西西比河的高空鏡頭，參雜貫穿在

＊ Chief Seattle，美國華盛頓州境內的印地安人部落的領袖。

其中。這部電影憂傷而壯麗，調性優美，當中精心設計的片刻沉默，加上貝德拉曼堤惆悵的美國草根音樂，帶出了一份苦中帶甜的氛圍。

傑克．菲斯科特別擅長片中有遼闊景點的電影——他做過泰倫斯．馬力克大部分電影，保羅．湯馬斯．安德森的《黑金企業》，並以阿利安卓．崗札雷．伊納利圖[6]二〇一五年的電影《神鬼獵人》並入圍奧斯卡獎——《史崔特先生的故事》自然是非常適合他的電影。

「從過去我們共用工作室的時期開始，大衛和我一直有點在互相競爭，所以我們那時候覺得還是不要一起工作比較好，」菲斯科說：「但到了九〇年代末，我了解到，當我和其他導演合作，努力實現他們的願景時，我想念大衛，想和他共事。後來我們合作了《史崔特先生的故事》，過程相當愉快。」

史派克回顧林區和菲斯科之間長久的牽絆，她說：「大衛和傑克都把對方擺在第一位。他們曾經是維吉尼亞州的兩個年輕人，都想成為藝術家，過藝術家生活，從他們相識的那一刻起，他們就互相扶持。他們因而讓一切成真，去念藝術學校，在歐洲旅行，然後一起走向世界，實現他們共同的夢想。他們的友誼走得長遠，我想是因為他們都把彼此放在第一位。」

同樣也在愛荷華州拍片的格里．達米科回想起《史崔特先生的故事》：「這是我與大衛合作過最有趣的計畫。我因此得到了一張演員工會的會員卡！我在拍片地點有一輛漂亮的登山單車，大衛說：『我喜歡那輛單車，想讓它出現電影裡，我希望你來騎。』然後他說：『嘿，我們給格里加一句臺詞！這句怎麼樣：「在你的左邊，謝謝你。」』」

至於他對這部電影的影響，達米科說：「有一場戲，艾文在公路上行走時，一輛拖車駛過，把他的帽子吹走了。相機從他後面拍攝，大衛說：『我希望那頂帽子直接落在鏡頭內，』我說：『大衛，路過的卡車會把他的帽子向前吹，而不是向後。』他說：『是的，不過這是我的電影，我希望它向後吹，』於是我說：『那就聽你的，讓他向後吹吧。』帽子必須往前移動大約十五公尺，於是我操縱了一個帶八個滑輪軌道的系統，每個滑輪大約把帽子拉兩公尺。副導演說：『大衛，我們沒時間弄這個，這根本無足輕重，』大衛說：『你在說什麼屁話？格里花了這麼多時間操縱這個，我們要拍它。』結果這頂帽子還真的舉足輕重。」

當林區完成了《史崔特先生的故事》的後製，同時《穆荷蘭大道》的試播集在電視臺內試播，接著這劇集就宣布流產，隨後他在一九九九年春天帶著《史崔特先生的故事》參加坎城影展。這部電影在坎城大受好評，並且得到觀眾的喜愛，但是並沒有贏得獎項。「金棕櫚頒獎典禮結束後，我在卡爾頓飯店辦了一場沒得獎的派對，」埃德爾曼說：「大衛和佩德羅．阿莫多瓦[7]以及其他人混在一起。這是場精彩的派對，大衛很開心，有沒有得獎他完全拋在腦後。」

「坎城影展的觀眾很喜歡這部電影，」史溫尼說，「整個放映過程就是一場感人的經驗。這也是整個劇組第一次看到這部片，李察、西西和傑克都在場，整場放映有趣極了。我們走出大皇宮，戶外喇叭播放出安傑洛的音樂，音樂中充斥著安傑洛的義大利的靈魂，以及淡淡的殷切渴望。這是他與佛雷迪．法蘭西斯最後一次合作，也是李察．法恩沃斯的最後一次，卻是一場美妙的大合奏。」

ACE

瑪莉和約翰・羅區花了很長的時間撰寫《史崔特先生的故事》的劇本，雖然我一直時有耳聞，但是我絲毫不感興趣，直到後來他們要我讀劇本。閱讀就像捕捉想法——你在腦海和心靈中把這些想法描繪出來，我感受到這劇本中的角色散發出來的情感。我心想，我要拍這部電影。在這部電影發展出來的好多年前，我在威斯康辛州度過一段時間，對於生活在那地區的人有一份感情，或許這也激發出我對這劇本的喜愛。

我不記得李察・法恩沃斯的名字何時出現的，但是他一出現，馬上就變成了那個人。李察天生就是要扮演艾文・史崔特，他說的每一句話都栩栩如生。李察天真無邪，這也是我喜歡他的部分原因。艾文・史崔特就像詹姆士・狄恩，只是他老了——除此之外，他是一個特立獨行的叛逆者，李察就是這樣。年齡對人們而言真的只是數字，因為我們所謂的自我並沒有衰老——自我是超越年齡的。儘管身體會變老，但也就只是這點變化而已。李察參與過許多電影。每次我見到他，我就覺得我喜歡這個人。我不知道他為什麼沒有成為超級巨星，不過我也不知道他是否想要成為超級巨星。在某種程度上，他並不認為自己是演員，因為他的電影經歷是從牛仔表演和特技演員開始。但是，李察是完美的艾文・史崔特，當他說他願意演的時候，我們都非常興奮。李察不喜歡談判，他說：「這是我的價碼。」雖然那是很合理的價碼，但他根本不想談。於是我們說：沒問題！很好。然後，出人意料，他說他不能演了。他沒有說明是為什麼，可能是他的健康問題，因為李察當時得了癌症。我們說，哦不，這太可怕了——這對李察來說是如此，對我們來說也是如此。就在此時，我想起我親愛的朋友，偉大的演員約翰．赫特。他如此優秀，讓我覺得他可以勝任這個角色，我和約翰談了，他說他可以演。

李察每年都會從他牧場所在的新墨西哥州前來洛杉磯，與他的經紀人見面並共進午餐。這是他們的固定傳統。他拒絕這角色之後，又來到了洛杉磯，在他們共進午餐時，她說，「李察，你看起來非常好啊，」他回答：「我感覺非常好啊。」她便提到：「你知道嗎！李察，或許你應該演《史崔特先生的故事》，」他回答：「妳知道嗎！我覺得我應該演，也可以演，也願意演。」於是他打電話給我，然後我得打電話給約翰．赫特，約翰完全理解，接著便有了李察加入我們。我們非常感恩，他每件事都做得很好，永遠開朗，永遠是李察。

拍這部片時，李察已經七十八歲了，佛雷迪．法蘭西斯大約八十一歲，但是他們不僅僅是跟上大家的進度而已——更甚於此，佛雷迪和李察決定了拍片步調。佛雷迪的健康狀況也不好，雖然他後來又活了八年，但《史崔特先生的故事》是他拍的最後一部電影。李察駕駛那玩意兒也很危險。那不是最安全的裝備，但是身為一個特技演員，他的很多骨頭都受過傷，李察很勇敢，他盡了所有努力跟著我們的拍攝，他越變越年輕。李察令人欽佩。沒有人意識到他在整個拍片過程中身體的疼痛——他一直自己默默承受。他是個牛仔。

我喜歡西西，我認識她很久了。當我在拍《橡皮擦頭》時，傑克開始和她在一起，總是把她帶在身邊，有一段時間，她是我的嫂子。她的經紀人瑞克．尼西塔，也成了我的經紀人，他們一直都在我身邊，張羅大大小小的事。傑克和西西提供資金給《橡皮擦頭》，他們就像我的家人。我一直想和西西合作，她是飾演蘿絲的最佳人選。除了西西、李察和哈利．狄恩之外，片中的演員都來自全國各地，所以他們對於那裡的人生活和說話的方式，都很有感覺。

這部電影很快就籌備完畢。我們在夏末開拍，我們必須趕拍，因為那個地區到了初秋就會變得非常冷，而大部分的戲都在戶外拍攝。我們拍戲途中所經過的，是艾文·史崔特實際經過的路線，所以按順序拍攝是有意義的，而我們就是這樣做。

整部片中我最喜歡結局那場戲。李察和哈利·狄恩一起演戲，簡直太不可思議。傑克做出萊爾的房子，一棟漂亮的房子，挺立在群山環繞中，座落在山的下坡處。李察把車開下斜坡，朝房子的方向駛去，後面是臺沉重的拖車，然後他轉向駛到萊爾的房子前，停下拖車。李察下車後，走向房子途中，他一路喊著萊爾的名字。那天的光線非常美，陽光正好灑在他身上，他呼喚萊爾，僅僅下一秒，太陽已經落到山後。如果我們晚了幾秒鐘，就整個錯過了。我們很幸運拍到這些畫面。接著，李察帶著點哽咽與萊爾說話，那內心的糾結更是不可言喻。哈利·狄恩和李察·法恩沃斯，「自然」這個詞就是他們的形容詞。哈利如此單純，李察也是，你可以在這場戲中感受到一切。

我也很喜歡李察與威利·哈克[8]扮演的維爾林，在酒吧談論二次世界大戰的那場戲。這場戲完全是關於李察和威利的內心，我唯一能做的就是保持絕對安靜，讓他們倆坐好，架設好兩臺攝影機，都是特寫鏡位。這場戲沒有排演，拍了一次就完成。

凡事都是相對的。《史崔特先生的故事》是一個安詳和平的故事，卻也有暴力成分。當艾文的割草機失去控制時，那對艾文來說是一種暴力，卻具有平衡的力量——電影必須保持平衡。一旦你開啟了一條路，你就有了規則，你必須遵守這條路上的規則，你無法同時走兩條路。或許這故事中的人物看起來很神聖，但我們只是在某個特定的環境中，看到他們的一部分，這並不表示《史崔特先生的故事》是美國中西部的真實面相，也不代表桃樂絲·瓦倫斯是所有女性的真實面。這是事物的切片。切片可以成真，但並不是全面的真實。

我總是說《史崔特先生的故事》是我作品中最具實驗性的電影，它與我過去的電影很不一樣，但事實上，一切都是實驗。你收集了你認為正確的片段，但是在實際整合它們之前，你永遠不知道這樣做是不是正確。你得把影像、聲音、音樂和對話，以一種非常微妙的平衡建立情感。音樂如何進入，音量需要多大，音樂又如何消失——這些環節都必須完美，而安傑洛為這部電影所作的音樂，對整部片非常重要。

《史崔特先生的故事》入選坎城影展正式競賽，我們整個劇組和演員都去了，反應非常好。戲院放映的感覺很棒；非常漂亮。蜜拉．索維諾[9]坐在我前一排，電影結束時，她轉過身看著我，把手按在胸前，抽泣著。她感受到了這部電影中發生的事情。這是一場情感豐沛的放映，也是哈利．狄恩說故事之夜。

電影放映後，我們去了卡爾頓飯店的酒吧。安傑洛、皮耶、哈利．狄恩和我，還有其他幾個人坐在酒吧的尾端。那個地方很安靜，我們點了飲料，坐在那兒，然後哈利．狄恩說了一句話。沒有人記得他究竟說了什麼——可能是關於巧克力兔子和哈利．狄恩做的夢——但是他說了這句話之後，我們全場爆笑，接著他說了第二句話，我們笑得更厲害。我們想這場大笑應該到此結束了吧，沒料到他又說了第三句、第四句，每一句話的好笑程度都超過前一句，我們笑到人仰馬翻，他又繼續說了十八個句子！你可以想像，在嘴裡射入壓縮空氣，讓你的臉頰膨脹會是什麼感覺嗎？這就是他說出第九句話時，我頭部的感覺。我大笑特笑，笑到眼淚流出來，笑到淚腺快要乾涸了。他只是一次比一次誇張，沒有人辦得到！其他人沒辦法接得那麼順！他的說話的方式、時間點、語句、語句的順序，真是他媽的完美無瑕，難以置信——我從來沒看過有任何單口相聲可以達到哈利．狄恩的境界。我們實在受不了了，我們笑得太厲害，笑到最後到我們都癱瘓了。直到今天我們還會說起這件事。只要安傑洛和我相處超過十五或二十分鐘，我們總會回想起那個晚上，但我們都不記得哈利．狄恩到底說了什麼。哈利．狄恩是如此單純，單純的自我，單純的哈利．狄恩。

李察・法恩沃斯也和我們一起去了坎城。《史崔特先生的故事》的所有活動結束後，他就回去了他的牧場。大約一年之後，他走了。他想著：「當下一個明天來臨的時候，我就無法移動手臂了，我必須這樣做，」而這就是他所做的。他舉槍自盡。這是一個牛仔故事，真的是。

大衛・柯能堡[10]是當年坎城影展的評審團主席，《史崔特先生的故事》絕對不是他的菜。或許他覺得這部片根本就是狗屁。評審團主席決定了影展的調性，誰當評審團主席，就像抽獎的手氣。我們覺得這部電影可以廣為觀眾所接受，因為它溫柔又真誠，片中的人物如此美好，兄弟情感與寬恕的主題，都是如此美麗。當這部片被評為普遍級時，我對那個人說：「我完全同意！」但這是個奇怪的時刻。基督教基本教義派無法接受這部片，因為裡面有「地獄」這個詞，雖然迪士尼公司發行了這部電影，但是我不知道他們對這部片的看法。無論他們做了多少宣傳，這部片就是沒有炒起來。我想這是我的命運，它就是沒炒起來。我曾經參加過一個派對，史匹柏也在那裡，我對他說：「你很幸運，因為你喜歡的東西，好幾百萬人也喜歡，我喜歡的東西，只有幾千人喜歡。」他回，「大衛，我們已經走到現在這個地步了，看過《橡皮擦頭》的人跟看過《大白鯊》的人一樣多了啊。」這個我不知道。我只知道有很多電影，卻不知道是否有人注意到它們。

拍這部電影的時候，正值九〇年代末。你知道，當你經過玉米田，你會看到玉米，或許也會看到田邊的柵欄。當我在拍《史崔特先生的故事》時，我在不同的玉米田看到這些牌子，我想，這是什麼東西？他們正在試驗的基因改造是什麼？我確定當時所有我看到的農場，都是現在的基因改造農場，大地之母的天然玉米已經不復存在。在過去，有許多小家庭農場。然後，大農場——有錢人——開始購買小農場，如今只有少數幾個大農場，農夫也變少了，所有的小社區都完全消失了。你知道，你遇到一個人，農夫比爾的女兒，你跟她戀愛，你會留在那塊土地上，建一個農場，做你的工作。這一切都已過去。所有的小農舍都不見了，只有一排排基因改造的大豆和玉米田。

曾經有個農夫保存了一部分種子，留到下個季節來種植，他會把種子交給收藏者，把它們存放在筒倉裡。這些種子收藏者現在都在哭泣，所有與他們有關連的農夫，都面臨轉基因改造的壓力，你明年你必須向孟山都購買種子。然而這些種子只能用一年，而且裡面都是殺蟲劑和除草劑。如果隔壁的農民不想要這些種子，這些種子仍然可能被風吹到他的田裡，如果他不就範，孟山都公司就會起訴這名農夫，說：「你偷了種子，我們是有專利的。」他們造成農夫之間的衝突，這位農夫在哭泣，他的孩子們也在哭泣，敦親睦鄰的世界，也消失了。那些人或許會說，這些食物很好啊，我們必須餵養廣大的人口，你還有別的辦法餵他們嗎？你需要利用科學來養活這麼多人。或許他們說得對。但大自然被粉碎了，所有發生的這一切，都是為了錢。

1 Michael Polaire　2 Richard Farnsworth　3 Cecil B. (DeMille) DeMille, *The Ten Commandments*
4 *The Duchess and the Dirtwater Fox*　5 Alan J. Pakula, *Comes a Horseman*　6 Alejandro Iñárritu
7 Pedro Almodóvar　8 Wiley Harker　9 Mira Sorvino　10 David Cronenberg

最幸福快樂的結局

經過《史崔特先生的故事》和《穆荷蘭大道》的狂亂，林區回歸初衷。他開始簡化工作、重組人事，讓那些渴望投注時間和精力在《橡皮擦頭》這類電影的熱血青年加入工作團隊。他不喜歡把事情搞得龐大而笨拙，他希望心平氣和做他決定做的事；他從來都不是為了名聲或金錢，進入二十一世紀之後，這種情況越來越明顯。

「當大衛的經紀人，最具挑戰性的一件事，就是試圖把他的作品推向主流市場，即使是主流的邊緣也好，但我一直做不到，」瑞克．尼西塔說道：「雖然《雙峰》把他帶入了電視和流行文化的中心，但他的電影始終被邊緣化。他也不想置身主流，對此我剛開始感到沮喪，但過了一段時間之後，我也開始理解。我不認為大衛還打算要拍很多部電影。他大可以加入戰局並且更卯足勁，但我覺得他志不在此，因為他感興趣的事情不僅於此。而且他在自己打造的天地裡總是怡然自得。」

二〇〇一年底，電影已經成為林區最不緊要的考量，林區已經進入了他的下一個創作冒險。「大衛是我認識最早參與網路的人之一，他開始做程式，就像在成立電視臺一樣，」尼爾．埃德爾斯坦說道：「一陣子之後他感到無聊了，因為技術趕不上他，但開始的時候，他真的滿懷壯志。」

他最重要的得力助手，包括艾瑞克．克雷里。克雷里在威斯康辛州的洛迪市長大，二〇〇〇年一月搬到洛杉磯，同年九月開始為林區工作。「我從一家管理公司的行政人員，一下子成了與大衛．林區同桌工作的人，感覺好超現實，」克雷里回憶道：「能有這個機會，真的是太不可思議了。」

「即使沒有在拍電影，大衛的日常生活也非常繁忙，」克雷里繼續說道：「他拍照、繪畫、寫作、做東西——他做了很多事——當我剛任職的時候，公司的重心是架設官網。我們早上和大衛見面，討論當天該做的事。不知怎地，這樣的會面後來變成了我們所謂的『動力漫步』（power talk）。我們固定見面開會，我們繞著一個大街區，走上一個陡峭的山坡。這行程得花半個小時，有大衛、傑伊．阿森和我，有時候奧斯汀也會參與。」①

官網要上線，一定得要有些東西，林區在這個時期花了很多時間為他的網站創造內容。「我主要協助大衛做他所謂的實驗，在他家後院或洛杉磯一帶拍東西。網路讓他感到興奮的一件事，是利用科技事半功倍，所以如果他有一個想法，他可以說：『我們在後院搭個場景，打個光，弄些道具過來，就可以拍了。』」克雷里回想起林區可以毫不費力地跟上比他年輕幾十歲的助手。「有些日子很瘋狂，因為我們白天做正常的助理工作，徹夜拍片。大衛一樣投入時間精力，我不知道他是如何保持精力充沛。」

「我最初以為大衛認為網路可以帶來收入，」克雷里思考網站的運作，每個月向會員收取十美元會費。「這個想法是，訂閱者會產出金源，大衛就可以為網站拍更多東西，有點像迷你片廠。當時每個人都在發展網站，沒有人知道這模式能做到什麼。」

埃德爾斯坦從一開始就參與網站的上線工作，網站發布之前，他離開了工作崗位。「和大衛在一起，我登上了事業的巔峰，但是我離開後依然與他保持聯繫，」埃德爾斯坦說：「我仍然非常愛他。他是一個偉大的人，我從沒見過他對別人做過任何不好的事。他給了我事業，他是忠誠的，他相信人，而且他實踐他所宣揚的冥想。」

網站大張旗鼓地推出，以一封電子郵件引爆話題：

•••

這是來自DAVIDLYNCH.COM的通知!!!二〇〇一年十二月十日星期一，太平洋標準時間上午九點四十五分，DAVIDLYNCH.COM的官網即將啟動……「新系列」很快便會於網路上獨家推出，接著，實體商店便會開幕……感謝您對DAVIDLYNCH.COM的興趣……

我期待與你在線上相見!!!!

大衛・林區

「這是個非常重要的早晨，」克雷里說：「阿爾弗雷多做了一個大燈箱放在工作室，網站上線的那一刻，這個燈箱也啟動了。我們還舉行了『與林區在鮑勃的Big Boy Raffle共進午餐』活動，所有訂閱者都有資格參加。獲勝者是一位來自英格蘭的女孩，她和朋友一起來參加活動。」

二〇〇二年一整年林區不斷擴展網站的內容，幾乎全由他一手包辦。他提供每日天氣預報——他只不過是從工作室窗口看出去，然後分享了他預期的結果——並製作一系列的短片。還有三集《怪音父子的午後》[1]，林區和他的兒子奧斯汀在影片中用一種奇怪的方言交談，談話中結合了愚蠢的嘮叨和靈光一閃的智慧。《蠢地》[2]是八集一系列的殘酷動畫短片，都在同一年內完成，短片記錄一個好鬥又愚蠢的名叫藍迪的男人、他的兒子史帕基，和他長期受苦妻子的不幸旅程。《蠢地》與《世界上最氣憤的狗》如出一轍，都是一種爆炸性的暴力交響曲，充滿了噁心、幼稚幽默，以及很多放屁和打嗝。官網還有線上購物商城，販賣《橡皮擦頭》的海報、帽子、劇照、別針、咖啡杯和T恤，《蠢地》的咖啡杯，《世界上最氣憤的狗》的T恤，以及各種短片。

《兔子》[3]是林區在此時期的製作中最為廣為人知的短片，二〇〇二年六月七日首度上線，之後也被嵌進他的第十部電影《內陸帝國》當中。《兔子》共有九集內容，背景舞臺是一個中產階級的客廳，裡面有燙衣板及一些其他東西。主角是三隻兔子，用裝模作樣的俳句說話，偶爾穿插情境喜劇的罐頭笑聲，或者遠方火車通過的汽笛聲。這是林區製做過最不可思議的作品之一。飾演兔子的三個主角——隱藏在真人大小的兔子套裝中——分別是史考特．考菲、蘿拉．賀林和娜歐蜜．華茲。

「我覺得大衛給了我太多太多，他要求我做任何事，我都會全力以赴，」華茲說道：「我欠他很多，能夠與他共度的時光，永遠太過奇妙。穿上一件令人無法呼吸的兔子裝，裡面溫度高達五百度？沒問題，我會為大衛做到。但是，這兔子裝真的很重，一旦把頭套進去，就什麼也看不到了。我聽到他說：『好，娜歐蜜，熨完衣服之後，走出房間。』我開始往外走，一頭撞上牆壁，他用擴音器說：『不是那邊，娜歐蜜，妳要向右轉，走到妳的右邊，娜歐蜜。』我說：『大衛，我可以事後配音，你可以找個助理穿這套衣服上場嗎？』他說：『不行，妳一定要在裡面。』」患有幽閉恐懼症的賀林說道：「我得閉上眼睛，只能呼吸。演這場戲時非常緊繃，大衛從不解釋我們在演什麼。只能聽命行事。」

林區還利用網站作為他參與各種音樂合作的平臺。二〇〇一年底，他發行了《藍色巴布》音樂專輯[4]，林區形容這是他與約翰．內夫合作的「工業藍調」，由林區自己的的品牌「雅布澤達」[5]發行。這張專輯從一九九八年錄製到二〇〇〇年，並於三月完工，最初發行的CD只在林區的網站上獨家販售。林區和內夫二〇〇二年十一月十一日在巴黎奧林匹亞音樂廳辦了一場演唱會，宣傳這張唱片，林區印象中只記得這是一場「折磨」。

二〇〇二年，有一位法國記者來到洛杉磯，寫了一篇關於《藍色巴布》的報導，克雷里記得林區說：『如果我們要做，就讓它有趣些。』他請阿爾弗雷多在後院做了一個洞穴，洞穴的入口掛著一個小雕塑，我們在那裡放了一臺煙霧製造機和一個閃光燈，讓一個性感的女孩在四周遊走，大衛脫掉襯衫從洞穴裡走出來，身上抹了泥土，然後接受採訪。」這可能是林區粉絲唯一看到他沒穿衣服的機會。

二〇〇二年五月，林區擔任坎城影展評審團主席，羅曼·波蘭斯基的《戰地琴人》[6]拿到金棕櫚獎，然後他回到洛杉磯，克莉絲塔·貝爾再次出現了。「一九九八年與大衛會面之後，我們沒有再聯繫，但我一直與布萊安·洛克斯保持良好的關係。二〇〇二年，布萊安在一個派對上遇到大衛，大衛從不參加派對，他說：『嘿，克莉絲塔·貝爾最近怎麼樣了？』大衛和我回到工作室，完成了我們合作的第一首歌，之後只要大衛有時間，我就過去找他。」

「我為我的第一張專輯錄了幾首我寫的試聽曲，」她繼續說道：「我播給大衛聽，他說：『我為妳感到驕傲，克莉絲塔·貝爾，但我想妳應該等到我們的唱片公司成立，發行妳的首張專輯。』我說：『好的，大衛，但我們需要催緊油門趕工了。』他告訴我《橡皮擦頭》的製作花了多長的時間，而且花時間做那些事是值得的。然後他開始花更多時間在我們的合作上。」

二〇〇三年初，林區的生活改變了，他遇到了埃米莉·斯托弗，兩人後來共結連理。斯托弗於一九七八年在加州海沃德市出生，在費利蒙長大，二〇〇〇年她和姊姊搬到洛杉磯，一起追尋演藝事業。她們在比奇伍德峽谷找到一間公寓，斯托弗跟表演老師戴安娜．卡索[7]學表演，同時也打些零工——在一家夜店當經理的助手，服務樂手們。她和姊姊認識了她們的鄰居，伊萊．羅斯[8]，羅斯曾經與林區一起做尼古拉．特斯拉[9]的研究計畫，導演過二〇〇二年的恐怖電影《血肉森林》[10]，林區是這部片的監製。「有一天晚上，我去伊萊的公寓找他，」斯托弗回憶道：「我注意到他牆壁上有一張《與火同行》的道具照片。我問他從哪裡弄來的，並且告訴他，我是大衛的忠實粉絲。他說他曾與大衛一起工作，大衛正在為他的網站生產內容，也許他可以和我一起做些什麼。

「伊萊與大衛談過，然後打電話給我說：『大衛在他家的餵鳥器上裝攝影機，每個人可以進他的網站，觀看餵鳥器。他有一個想法，他想讓一個金色的球掉下來，此時妳穿著一件外套出現，然後脫掉它。妳將赤身裸體，旋轉，站在那裡五分鐘，最後離開螢幕畫面，』」她繼續說道：「我想，哦，我不知道耶。在網路上？裸體？我不知道這是不是我所期待的、與我仰慕的導演的第一次見面。幾天之後，伊萊又打電話過來，說大衛正在尋找模特兒來擺姿勢拍照，他會給模特兒三張簽名照片。於是在二月二十日那天，我和姊姊去與他會面。我們在會議室的桌子旁邊聊天，後來他告訴我，那天我離開的時候，我轉身揮手向他告別，在那個瞬間，他就愛上我了。」

「他拍下我的照片，我很緊張，就是這樣而已，」斯托弗補充道：「他非常專業，而我完全不知道他對我有興趣。我沒有愛上他——我只是為他著迷，而且很興奮可以和他一起工作。一、兩個月之後，他打電話給我，要拍另一個計畫，到了六月，我和媽媽一起搬到費利蒙，進入舊金山州立大學就讀。」②

和斯托弗見面之後不久，林區在他家附近的街上遇到了蘿拉．鄧恩。她剛搬到附近，兩人都同意他們該再度合作了，於是他為她寫了一場戲。他腦子裡還沒有具體內容，當時他想出來的這場戲，只是他的另一個電影實驗。「我們在畫室拍了這場戲，」阿森說：「蘿拉記得這場不可思議的戲。我這輩子從來沒有見過這樣的事——她只是喃喃自語，然後從公園直直走了出去。我們唯一中斷的時候，是為了換底片，而她就一直演下去。」

在這場漫長的戲中，坐在蘿拉．鄧恩對面的是艾瑞克．克雷里。「我不是演員，我不知道大衛為什麼選我去演那場戲，」克雷里說。「他告訴我，弄件西裝外套，」於是我帶著我所有舊眼鏡，讓他挑選他想要我戴的那副。我想我的口袋裡有一個油漆刮刀。蘿拉在那場戲中非常緊繃，她必須做很多事情，所以我問她能做些什麼來幫助她，她說，「只要跟我一起撐住，看著我。」

蘿拉．鄧恩記得那個夜晚「非常神奇，有點迷幻。一陣溫暖的風吹過畫室，夜晚變得非常安靜，連土狼都平靜了下來，夜空在我們的頭頂上，一切都感覺神祕莫測。我當時是一個需要哺乳的媽媽，我想，天啊，我怎麼可能記得住這麼多，但不知怎地，我做到了。你能清楚看到，大衛為這場戲定調時，以及他透過攝影機說故事時，其中所蘊含的敬意和尊重。他希望安靜，你就知道你會一直走到這場戲完成為止。」③

拍這場戲只花了四小時，阿森說：「拍完之後，蘿拉回到家，大衛在畫室抽菸，他非常興奮。他的眼睛亮了起來。他看著我們說，『如果這是一部電影呢？』我想那就是《內陸帝國》誕生的時刻。」

那年的春天，四月二十日，蓋伊．波普去世了，這對林區來說是個巨大的損失；他們倆有著深厚而獨特的友誼。他花了整個六個月在荷蘭與瑪哈禮希密集研習，回到洛杉磯後，他開始著手準備《內陸帝國》，並打電話給傑若米．阿特。「大衛說，『我正在做一個東西，我不知道那是什麼，但我希望你來當製作人，』然後我們就開始拍了，」阿特說：「大衛把劇本寫出來，傑伊打字，劇本就這樣生出來。剛開始只是零零星星地拍攝，等到傑瑞米．艾朗[11]加入陣容，就變得比較像正式拍片。」

如同凱薩琳．康森之於《橡皮擦頭》，阿森和克雷里在《內陸帝國》中也是同樣的角色：他們做了所有的事，什麼事都做。「我覺得他非常喜歡那種方式工作，因為那非常重要。」阿森提起林區，他包辦了編劇、製作、剪輯，還用索尼DSR-PD150拍攝：阿森說道：「彼得．戴明幫忙拍了一兩場戲，但大衛基本上才是攝影指導，艾瑞克和我負責操作攝影機。我們做的事包括製作拍攝日程表，找道具，付錢給人，有一段時間我是助理剪輯和臨時劇本監製——我們都學到了很多東西，而大衛對我們非常有耐性。」

「我也擔任整個《內陸帝國》中，大衛的編劇助理，但我不是跟他合寫劇本，」阿森繼續說道：「我只是寫下他所說的話。他會說：『我們來寫吧。』然後他口述，我再用電腦打出來。有時候在片場，我們拍完了一場戲，他突然靈感泉湧，他就會說，『傑伊，過來這裡。』我就帶著筆記本過去，記下全部。大衛要叛逆，他不愛受限，不喜歡有人告訴他不能做這或不能做那，傑若米．阿特在保持這方面的平衡上，至關重要。不管大衛想到什麼，傑若米就會說：『酷，我們就這樣做。』他總有辦法完成大衛想要的，因為他人脈很廣。」

「我有一部分工作，是確保大衛可以在任何拍片地點吸菸，」阿特說：「當然，我也得尋找一些奇怪的東西。有一天他說，『傑若米，拿紙筆過來把這記下來。我要六名黑人舞者，其中一名得能唱歌；一位金髮的歐亞女子，肩膀上有一隻猴子；鋸木頭的伐木工人；娜塔莎．金斯基[12]；一個有刺青的人；（冥想老師）潘尼．貝爾[13]；前法國外籍傭兵多明尼克[14]；穿著《穆荷蘭大道》戲服的蘿拉．賀林；以及一個美麗的獨腿女孩。』」阿特全部都搞定了。

「這是一場瘋狂的經歷，」阿森談起這部片的製作過程說道：「有一天晚上我們在拍一場戲，賈斯汀．瑟魯斯倒在巷子裡死去的場景，我們叫了一份披薩。披薩送來之後，大衛吃了一片，然後他看著披薩，把所有的餡料刮掉，抹在賈斯汀的胸口上，看起來就像傷口。」

蘿拉．鄧恩幾乎貫穿全片，整個下半場她幾乎都在銀幕上。她就像個迷失在危險森林中的小女孩，在各式各樣的現實中跌進跌出，她的身分也在這段旅程中間歇變化。林區從《雙峰》開始就喜愛雙面分身的概念，而《內陸帝國》只是讓它撕裂。蘿拉．鄧恩的旅程，也帶著她縱橫四海，從波蘭妓女的旅館房間、洛杉磯破爛郊區後院的烤肉，到棚內搭景、豪宅、心理治療師的辦公室，到歐洲馬戲團。隨著電影的展開，她也跟著變化出恐懼、神祕、安詳等情緒。片中也有許多出色的吉光片羽。當蘿拉．鄧恩在好萊塢大道骯髒的人行道上被刺傷而死時，她身邊有三個遊民，分別由亞洲女演員裕木奈江[15]、泰瑞．克魯斯[16]和海倫娜．采絲[17]扮演，他們看著蘿拉．鄧恩，對她說：「小姐，妳死定了。」采絲住在片場的一棟房子裡，雖然她不是專業演員，但是她和林區之間有默契，於是她登上銀幕了。

賈斯汀．瑟魯斯也參與了《內陸帝國》的演出，他說：「我完全不知道我們在《內陸帝國》到底演了什麼。這部電影的拍攝相當另類，非常直覺，好像把大家找來齊聚一堂，看來隨性；但大衛非常有遠見，早在十五年前他就運用當時的最新科技拍片。

「當我終於看到這部片時，我著實被感動了。《內陸帝國》就像一份你終將得到的靈性樂章，」瑟魯斯補充道：「這部電影威力強大，充滿難以理解又令人難忘的影像，像是站在樹後面拿著聖誕燈的人。太詭異了，但看過的人都會記得。」

《內陸帝國》的預算含糊不清。Canal+最終給了四百萬美元，但是這部電影在資金進來前便已順利進展。「我記得我問大衛他希望這部電影的預算是多少」，阿特回憶道：「他說：『傑若米，如果你告訴我某樣東西要花費一百四十美元，我會馬上給你一百四十美元。』」

二〇〇四年六月二十六日，林區的父母發生車禍，母親不幸去世。「對於死亡，大衛並不會像大多數人那樣受到影響，但我覺得母親的死改變了他，」史溫尼回想說道：「當然，她的死亡方式令人震驚，但他們之間的關係複雜。大衛很像他的父親，一個夢幻甜蜜的人，但是他的母親看出來他有才華，並且栽培他，他告訴我他的成長過程中，與母親非常親密。她是個敏銳、聰明、思路清晰的女人，他們兩人都是冷面笑匠，經常以一種其他家人間不會做的方式，互相開玩笑。」

那年秋天，林區開始與他在洛茲的朋友馬瑞．薩伯斯基合作，開始了新的音樂創作。「大衛喜歡極端而不協調的音樂，他是波蘭前衛作曲家的忠實粉絲，例如克里斯多夫．潘德瑞茨基[18]和亨里克．葛瑞茲基[19]，」薩伯斯基說：「他知道我是鋼琴家，就邀請我去他的工作室一起工作。在我二〇〇四年第一次拜訪他之前，我問他：『你希望我做什麼呢？我應該帶五線譜嗎？我們要一起作曲嗎？』他說：『不，不，你人來就好啦。』於是我到工作室，那裡有兩組鍵盤，他說：『好，我們來做些東西吧。』我說：『但是我們要做什麼呢？』他說：『喔，做什麼都好，只要是現代、前衛的聲音。』在我們開始之前，我請他給我一兩個想法，他說：『天黑了。有一條卵石街道。一輛車緩慢駛過那條街，另一輛車在後面跟著。』這就是大衛──全然即興的創造力。於是他開始彈奏，然後我也加入，我們進入一個全然不同的境界。彈了一段時間之後，我覺得這曲子差不多應該結束了，於是我看向大衛，他也回頭看了我一眼，臉上的表情表示他深有同感。我們都點點頭，結束了這首曲子。」

當年十月，《內陸帝國》還在拍攝當中。斯托弗回到洛杉磯，和一位朋友搬到蒙特利公園。「大衛開始雇用我──我為他拍的一部叫做《前往更深的夜》的電影做旁白──十二月看到這部片時，我們在他的辦公室，他吻了我，」斯托弗回憶道，林區後來選她飾演《內陸帝國》中七個山谷女孩之一，作用類似希臘戲劇中歌隊的角色。「我知道這很複雜，況且他有同居人，還有孩子，我覺得我對這整件事有點排斥。和他發展感情關係，似乎沒有任何可能性。但是漸漸地，我愛上了他，而那就是我想要的。」

林區當時花了很多時間做音樂實驗，二〇〇五年一月，迪恩．賀利接管了他的錄音室。賀利在維吉尼亞州的韋恩斯伯勒出生長大，二〇〇三年二月來到洛杉磯，從事音效指導的工作。賀利學的是視覺藝術，他完全靠自學成為一名聲音工程師。「當我去面試時，大衛帶我看他的工作室，並說：『我們會在這裡做聲音實驗，我需要有人協助我使用這些設備。』」賀利問：「『你知道如何操作這些東西吧？』我說：『是的，當然。』」

賀利要求兩個星期來熟悉環境，然後就一頭栽進戰鬥。「剛開始為大衛工作時，我感到很困惑，他說：『迪恩，你要放皇后合唱團的「媽媽，我剛剛殺了一個男人」*，或約翰．藍儂的「我只是相信愛情」*。』後來我恍然大悟，一般人記歌是靠歌名，但他卻是靠歌詞，當中是歌曲的情感高峰，」賀利說：「這有點像是揭露了他大腦的運作方式。」

「我們所做的第一個東西，是一首叫做〈愛的鬼魂〉[20]的歌，這首歌曲也出現在《內陸帝國》的配樂中，」賀利繼續說：「我們開始依照例行程序工作，就是大衛談某一首特定歌曲或藝術家，以及他想要抓住的感覺。至於那首歌，他提到珍妮絲．賈普林的〈鋼球與鐵鍊〉[21]，我們聽著這首歌，他考驗我說：『是什麼？是什麼東西讓這首歌變成這個樣子的？』我告訴他這首歌是小調和弦，一個三和弦的藍調，他說：『是

* 指〈波希米亞狂想曲〉（*Bohemian Rhapsody*）這首歌。
* 指〈上帝〉（*God*）這首歌。

喔！小調的三和弦藍調！給我那些和弦！』我彈了一組他喜歡的和弦，他說，『給我一個鼓聲！』然後他一次又一次地循環，然後拿出紙寫下歌詞。」

「大衛一直都在注意聲音和音樂的關係，」賀利繼續說：「他談到小時候聽到盤旋在頭頂上空的B－52轟炸機的聲音，他希望他的吉他聲聽起來就像那樣。他很喜歡蒙特利音樂節中的三首歌：吉米．罕醉克斯的〈野東西〉[22]，珍妮絲．賈普林的〈鋼球與鐵鍊〉，以及奧提斯．瑞汀的〈我愛你愛很久了〉[23]。當你聽到罕醉克斯的歌，歌裡有一段間奏聽起來很像大衛想要的東西，運用電吉他搖桿，製造出巨大顫音效果。」④

《內陸帝國》是一個需要全體總動員的案子，包括阿森、阿特、克雷里、賀利、奧斯汀和雷利．林區、阿爾弗雷多．彭斯和斯托弗，所有人都投入。還有安娜．斯卡貝克[24]，她是一名藝術家，二〇〇五年從馬里蘭州搬到洛杉磯從事電影工作，之後就成為林區的工作班底。

「我負責道具採購，包括置裝和油漆，我幫忙購買所需的材料。」斯卡貝克說：「這部電影的每個工作人員都非常年輕，感覺就像跟一個大學教授做暑期研究——真是太有趣了。大衛身上經常沾滿油漆，如果他沒在導戲，他一定在做東西。我們工作的酬勞一般，但是每個人都非常希望在這裡工作。」⑤

史溫尼和雷利．林區在威斯康辛州的夢多達湖度過二〇〇五年的夏天，而林區則留在洛杉磯拍攝《內陸帝國》。那年夏天的七月，他成立了「大衛林區意識教育與世界和平基金會」。這個非營利組織於愛荷華州的費爾菲爾德正式成立，如今在洛杉磯、舊金山、芝加哥、紐約和華盛頓特區設有辦事處，並在世界上三十五個國家為學童、退伍軍人、家暴受害者提供獎學金。這是個非常龐大的行動，在林區生活中所占據的地位也越來越重要。

鮑勃．羅斯[25]是創立林區基金會的關鍵人物。羅斯出生於一九五〇年，在加州馬林郡一個自由開放的家庭中長大，一九六八年他進入加州大學柏克萊分校就讀。曾經是巴比・甘迺迪競選總統時的活躍分子，當甘迺迪遇刺時，羅斯理想幻滅，就在同一年，他發現了超覺靜坐。「我們的人生旅途在二〇〇三年第一次交會，隔年我在華盛頓特區的美國大學任教，我聽說大衛正在前往巴黎的途中，」羅斯提起他與林區最初的相遇時說道。「我打電話給他，希望他可以在華盛頓停留一晚，發表一場關於冥想的演講，他說：『好啊。』演講是在星期五晚上，但是我們直到星期四晚間才得到他的回覆，那天天氣糟透了，但是演講現場仍然大滿座，場面熱絡到幾乎失控。我看到年輕人對他的迴響，對他的喜歡與信任，感覺到他的誠懇，我意識到他可以成為一個有影響力的發言人。」

「他去了歐洲，我們保持聯絡，於是基金會的想法出現了，」羅斯繼續說道：「大衛、約翰・哈格林博士*和我正在進行一項計畫，然後我問大衛是否可以掛他的名字。我覺得他當時心不在焉，他說：『是啊，好啊。』他對這件事的前因後果沒有想太多。然後我們發了一份新聞稿，一週之後，這則新聞出現在全球一千多家報紙的頭條，大衛正在成立基金會。」[6]

「基金會正式成立那天，我在《內陸帝國》拍片現場，大衛非常興奮，」斯卡貝克回憶道：「最早的幾年間，鮑勃・羅斯經常出現，也花很多時間致力推廣超覺靜坐。大衛不喜歡旅行，但是他公開露面許多次，雖然他也不喜歡，但是只要牽涉到超覺靜坐或者瑪哈禮希的任何事，原則就失效了。他的遊戲，他的原則，他說了算。」

那年秋年，史溫尼和雷利・林區從麥迪遜歸來時，林區搬出他們共有的房子，住進他的工作室，他與史

* Dr. John Hagelin，曾經是個物理學家，現在是愛荷華州費爾菲爾德「瑪哈禮希管理學院」的校長。

溫尼開始討論分居。然而，這件事暫時被擱置，直到他完成宣導超覺靜坐的「意識、創造力和大腦」全國慈善巡迴演講。

「我們不知道基金會會搞多大，或者將會怎麼發展，我知道大衛討厭旅行，但那年秋天我說：『我們就去十三個大學校園巡迴，談談超覺靜坐吧。』然後我們就去了，」羅斯說道：「他上臺前會緊張——他不喜歡公開演講——於是他一走上臺就說：『有人有任何問題嗎？』一切就這樣展開了。大衛並沒有做他不願意的事，當他為基金會巡迴演講時，我覺得他認為這是當時應該做的事。我現在不可能再要求他做這些事，但是在那段時間，這樣做是正確的。」

巡迴演講回來之後，林區和史溫尼仍然在解決他們的關係，他繼續拍攝《內陸帝國》。「一旦我們度過了緊鑼密鼓拍戲的階段，《內陸帝國》的臺柱就變成了莎賓娜．蘇瑟蘭，」阿森說道：「她是個令人難以置信的吹毛求疵的人，她對於製片所有前前後後的事務瞭若指掌，當其他人都離開，莎賓娜就是最後一個收尾的人。」

「《內陸帝國》是大衛的轉捩點，我想這部片喚起他的青春活力，」蘇瑟蘭說道：「他願意親力親為，從特效到道具場景，都精心調整到最後，運用小型攝影機進行拍攝，也讓他擁有更高的自由度。因為沒有龐大的劇組，他可以非常個人地與演員合作。」

《內陸帝國》的另一位臺柱候選人是剪接師宮川紀子[26]，她在一九九一年從日本來到洛杉磯，在加州州立大學北嶺分校研讀電影。她從操作後製設備以及助理剪輯開始做起，瑪莉．史溫尼在二〇〇五年聘請她剪輯林區的廣告。「我第一次見到他時，他走過來說：『嘿，我是大衛。』我真的很喜歡，」宮川回憶道：「很多導演幾乎從來沒有正眼看過為他工作的人，而大衛卻非常自然隨和。」⑦

與林區合作廣告結束後，宮川就離開了，一年之後她接到電話，詢問她是否有興趣協助拍攝《內陸帝國》。「我們剪輯的時候，沒有劇本，但大衛有一張地圖——真的地圖，他畫了一張地圖，」宮川回憶道：「大衛最不尋常的剪輯風格是不怕改變。沒錯，我們有劇本，有毛片，但是拍出來的影片是活的，是可以繼續探索發展。如果他看到一場戲有改變的可能性，他就會改變，即使可能需要把整個故事重新組合。」

「《內陸帝國》是大衛對不同世界與空間維度信念的表達，」宮川繼續說道：「一切都在其中，一切都是互相連結，這是他的電影中我最愛的部分。我應該說，剪接完成之後，我痛恨這部片，因為這部電影片長三個小時，而我看了五十多次，簡直就是酷刑折磨。但是我現在回頭再看這部片，我看到這部電影是多麼個人和私密，我享受這部片帶給觀眾的自由，正如同觀眾對這部片的詮釋，也是自由的。你在電影中所不了解的部分，也許正點出了你內在需要檢視的部分。」

當宮川加入工作時，林區仍在拍《內陸帝國》，二〇〇六年初，他在斯托弗的陪同下前往波蘭拍攝這部電影的最後幾場戲。「我想，在拍片現場，我們很明顯地在戀愛了，」斯托弗回憶道：「能夠親眼看到他工作，真是太酷，太神奇了。」

在波蘭拍片非常輕鬆，大部份得歸功於林區在「坎莫里馬吉幫」的朋友們。日多維奇回憶道：「大衛打電話來，說他想在洛茲拍《內陸帝國》的幾場戲。」我問他需要些什麼，他要一個綠色的、沒什麼裝潢的房間；一個看起來像剛從森林裡走出來的演員；一名細緻、空靈的美女演員，以及四、五個年長的演員。我接洽了一位名叫里昂·尼梅茲科[27]的波蘭演員，他因為演了波蘭斯基的《水中刀》[28]而成名，他聯繫了兩位偉大的演員——卡蘿琳娜·葛魯斯卡[29]和克茲佐夫·馬查克[30]——我邀請他們與大衛·林區合作，他們以為我在開玩笑。我們租了一間公寓，屋主讓我們把牆壁塗成綠色，也讓我們使用他們的家具，隔天晚上，所有東西都準備齊全了。當我們帶大衛到片場時，我永遠不會忘記他臉上的表情。一切都就定位了，在細部裝修片場的時候，我把他介紹給演員，第二天我們就開始拍攝。

「大衛想在一棟歷史豪宅中拍一場戲，戲中有閃電雷擊的效果，」日多維奇繼續說，他在電影中扮演一個叫做戈迪的角色。「當時波蘭沒有這種設備，所以我們想到一個辦法，使用焊接機來做。我們要在博物館使用閃電效果，於是我們設計了一個防火毯子的結構，並且說服博物館的館長，這是安全無虞的。大衛還想在馬戲團拍攝跳舞的馬。整個波蘭境內只有兩個馬戲團，我聯絡了其中一團，不可思議的是，經理告訴我他正巧在洛茲搭好帳篷。坎莫里馬吉幫的幾個團員就在這場戲中飾演馬戲團團員。」

回到美國之後，他與史溫尼正式分手。他在五月先跟她結婚，然後馬上辦理離婚，這個手續讓他們能清楚明確地分割財產。「他這樣做是因為他希望對她做正確的事——至少這是我的看法，」阿森推測道：「我知道他非常慷慨，然而這件事肯定會打擊他的財務。」林區和斯托弗在那一年其餘的時間裡繼續約會。

《內陸帝國》於二〇〇六年九月六日在威尼斯影展上首映，林區以他對電影藝術的貢獻，得到終身成就金獅獎。這部電影於十月八日在紐約影展首映，十二月九日在全美正式上映。最初全國只訂了兩家戲院，後來擴大到一百二十家戲院，全面發行。雖然《紐約客》批評這部片「馬上變成了自我諧仿」，但是《紐約時報》卻形容《內陸帝國》：「非常精彩」，《滾石雜誌》的彼得．崔維斯[31]說：「面對這種幻覺，我的建議是：請堅持看下去。」

這部電影的總票房只有四百零三萬七千五百七十七美元，這數字對林區來說毫無意義。「大衛是一種獨樹一格的人類，」斯托弗說：「他不是好萊塢那一掛的人，他不看票房數字。他覺得所有這些東西都很討厭，他一點也不關心。他喜歡做東西，一旦某件事情完成了，他會覺得哀傷，但是他從來不會去想工作完成之後的事情。」

林區對於做生意這件事毫無興趣，但是當某件事有好玩的元素時，他還是願意去做。《內陸帝國》發行時，剛好也推出了大衛林區精選咖啡。林區對這項特殊產品的信念不容質疑——幾十年來，他是咖啡成癮者，咖啡為他提供能量，在他忙碌的生活中注入動力，而他的公司已成功營運了十多年。

二〇〇六年十月二十二日，薩伯斯基和林區在紐約市迪拉瑪華廈內波蘭領事館的一個燭光房間裡，面對一百名觀眾，舉行了他們第一次的演出。「大衛一開始並不想表演，但他很享受這過程，」薩伯斯基回憶道：「在音樂會上，他很放鬆，也很開心。」從那時候起，他們在米蘭、巴黎和美國等地，舉辦了大約十多場的演出。

與薩伯斯基合作演出歸來兩週之後，林區決定向全世界表達他對蘿拉・鄧恩在《內陸帝國》中表現的驕傲之情。十一月七日，他把自己放在好萊塢大道和拉布雷亞交叉口轉角的教堂草坪上，身邊還帶著一頭活牛，以及一條橫幅旗幟，上面寫著「供您參考」（FOR YOUR CONSIDERATION），推薦蘿拉・鄧恩入圍奧斯卡，還有另一條橫幅，上面寫著：「沒有乳酪。就沒有《內陸帝國》。」「我在這裡是為了推薦蘿拉・鄧恩，」林區解釋道：「影藝學院的成員喜歡演藝界，這就是演藝界的作法。」至於那個乳酪旗幟，林區解釋道：「我在拍《內陸帝國》的期間，吃了很多乳酪。」

蘿拉・鄧恩回顧起這部電影，儘管它在商業方面失敗，但是她並不後悔。「我們為這部電影工作了三年，這是我身為演員最棒的一次經歷。大衛是我認識的人當中最勇敢的藝術家，他的目標與其他藝術家不同。他開始計劃拍這部片時，他說：『我想用最簡陋的攝影機，我想拍一種十七歲的鳳凰城孩子，和他們的祖父祖母都拍得出來的影片。為什麼我不能就拿臺攝影機，看看它能拍出些什麼？什麼是數位？我們怎樣才能更進一步？我們該如何結合新舊科技？』這就是電影製作。如果你只是為了結果而嘗試，那就不是在進行實驗，但如果你是為了重新定義藝術，那你什麼都可以做。大衛給予演員的禮物，就是將他們推向一個沒有規則，無限制的空間。」

「我記得我和大衛一起在巴黎時，他說：『我們來寫一場戲。』於是我們一大早喝著卡布奇諾，他寫出一場戲，說道：『好了，研究一下這個吧。現在，妳應該穿什麼呢？』於是我們穿上外套，沿著香榭麗舍大道走到不二價商店，我們挑了衣服和口紅，回飯店，我準備好了，然後就拍了這場戲，我戴著墨鏡講電話，說出痛苦的獨白。這種經驗前所未有，只有我們兩個人在拍，用大衛的數位攝影機錄下聲音。

「對於這部片反應最熱烈的人，是其他演員和導演，」蘿拉．鄧恩補充說道：「當我和強納森．德米[32]拍《瑞秋要出嫁》時，他很開心聽到關於製作《內陸帝國》的故事，甚至史匹柏也告訴我，他對這部電影深深地著了魔。我聽說菲利浦．西摩．霍夫曼[33]談起這部片如何讓他覺得恐怖、不舒服，以及他為了理解這部片所花下的功夫——聽他談《內陸帝國》感覺超棒的。」

林區與斯托弗在北加州與她的家人一起度過那一年的聖誕節，並繼續在多方面保持高調。二〇〇六年十二月二十八日，企鵝出版社[34]出版了《大衛．林區談創意》[35]，這是林區過去一年當中巡迴演講中的觀察和軼事的合集。羅斯解釋起這本書的起源說道：「大衛對生命議題的回應，不僅僅是關於超覺靜坐，都是如此真實又合乎事實，從愛沙尼亞到阿根廷，所有我們足跡遍及之處，人們提出的問題基本上都一樣。所以我想，何不錄下他的談話，編成一本書，讓更多人可以得到。」書評人對這本書禮遇且尊重，意外暢銷，林區非常殷勤地做行銷。所有收益都歸基金會所有。

林區那時蠟燭多頭燒——他忙於一本書、一個網站、一部電影、一個基金會、一段新的感情，以及幾個音樂計畫——在家庭方面，也同時經歷了一場重大的變革。多年來，史溫尼一直是林區每個電影計畫中不可或缺的一部分，他們長期合作的結束，也不是小事。在這段歷程當中，林區看似從未錯過任何一步。「大衛有辦法把事情放在心底，按照自己的方式去處理或不處理，」賀利說道：「他擁有個人心靈的絕對主權，以及全世界最厲害的撲克臉。」

艾瑞克、尼爾，以及約翰．丘吉爾在亞利桑那州一起讀書，他們帶領我進入電腦世界。有一天晚上，艾瑞克和尼爾在「鴉巢」（林區物產巔峰時期的一個小單位），他們等我坐定後對我說：「我們要教你一個叫做影像處理軟體（Photoshop）的東西。」他們給了我一個滑鼠，說道：「你需要的所有工具都在這裡。」我不知道該如何使用這個「克隆印章」工具，我問：「這是做什麼用途的？」他們說：「點擊看看。」於是我點了下去，然後做了一個標記，我看著它，然後做了一個更大的標記，螢幕上所發生的一切，對我來說簡直就是個奇蹟！

Photoshop能辦到的事情太多，我只會一小部分，不知道怎麼做更多，但無論是誰發想並不斷改進這個東西，實在應該上天堂獲頒一個保留席。我崇拜這些人。他們發明了如此激盪心智的東西。我用Photoshop做的第一件事，就是我的扭曲裸體系列，它的靈感來自《一千個裸體》[36]，一本關於一千個老派風格裸體相片的書，這些相片大多是匿名，由一個名叫巫伊．史德[37]的德國人收藏。他在兩千年離世，上天保佑他，但他的兒子尊重我與他父親的協議，讓我自由運用這些裸體作品，我很開心。

官網正式上線，它花了一輩子才達到我的要求。一個網站可以非常深入，可以四通八達，但是這一切都需要被架設——然後某個下午，某個人坐下，把所有內容全部看光光。然後呢？他們沒有必要再回來這裡！一切都結束了！你必須不斷更新網站，生產新的內容，這個工作因此變得非常費力。所有的東西都需要花時間，所以你該如何餵養這東西呢？一旦我想到你無法從一個沒有一直更新的網站收取費用，我就對網路失去了興趣。我了解到維持網站會是一份全職工作。不過，我喜歡每天做天氣預報，也喜歡上聊天室。我還學會用一根手指打字——而且終於記下字母在鍵盤上的位置！我簡直不敢相信！也是因為網站，我的拼字能力變更好了。

我在網站上做了很多東西，並且有各種各樣的東西可以陷進去。我做了一個叫做《頭與錘》[38]的東西，那是一個機械設備，讓錘子一直向後向後向後……然後猛向前撞出一個橡皮頭。人們會了解生活有時就像這樣，被錘子一遍又一遍地錘擊。我不知道《怪音父子的午後》是怎麼發想的，它出現在我腦海裡，於是我開始寫下來。故事的概念是，這一家人對量子物理學很感興趣，他們用抽象的方式談事情。他們對醫學和科學也感興趣，他們都是量子物理學家。《牛的夢想》中的人並不是量子物理學家，但也有點像了。他們都觀察入微，分析事物。

有一天《兔子》的兔子剛送來，製作《蠢地》的過程中，我學會Flash動畫。剛開始的時候我一無所知，第一次做的很生疏，但是後面越做越好。《蠢地》成形的過程是這樣的，某一天，有個男人開了一輛大轎車來，他是Shockwave的人。他告訴我，「我想僱用你、提姆．波頓和其他人為Shockwave製作動畫系列，我會給你公司的股票作回報，當我們上市時，應該有七百萬美元的價值。」我說好，於是開始工作了。他來過幾次，感覺很興奮，一切都進展順利。等一下，時間暫停。就在那個時刻，全世界各地坐在辦公室裡的男女，他們只需研發通過線上對話售出的東西，就獲得五千萬美元。他們笑著喝卡布奇諾，他們對這筆錢很捨得花，他們都有新的運動鞋、新T恤和蘋果電腦，他們吃著午餐，坐擁世界之巔。隨著dot.com泡沫化，包括Shockwave在內的所有網路競爭者都煙消雲散，這些股票根本毫無價值。我的財運差到谷底。

在另外一個實驗中，我們在山坡上搭建一個小房間。這房間只有三面牆，沒有屋頂，但是從攝影機鏡頭中，可以看到一個完整的房間。房間內有地毯，有家具，角落放了一張椅子，以及一塊牛肉，因為我希望土狼可以進來。我對這項實驗有全盤計畫，但是我發現土狼非常敏捷，也非常聰明，牠們不會輕易進來吃肉。牠們知道這牆不是天然的，得小心謹慎，牠們花了很長時間，才進去抓那塊肉。牠們習慣了阿爾弗雷多的氣味，最後牠們終於開始嘗試性地進來，我們拍到其中一隻狼。

我在聊天室中認識來自世界各地的人，也交了一些朋友，彼此都一直保持聯絡。我認識了一個日本女孩悅子，寄給她一份《香蕉在哪裡？》[39]的遊戲腳本。這遊戲以電話號碼為中心，你得想辦法找到這些電話號碼，找到電話號碼後，你得用一個漂亮的轉盤電話撥號，然後接到某個地方。悅子會說：「香蕉在哪裡？」接著她說：「這是我窗外的景色，」於是我們會看到她窗外的東京風景。然後她又會說：「這是我的廚房水槽，」當你看到她廚房水槽時，你會在水槽底部找到一組電話號碼。你寫下來，再去找電話撥號，於是又到另一個地方。我為《香蕉在哪裡？》製作了動畫。但我不知道它是否有做出來。

網站上唯一保持更新的是聊天室和天氣預報，大家都喜歡這兩個東西。聊天室裡發生了各式各樣的事。後來，我做了一個「有趣的提問」，我真的很想再玩一次。這真的很有趣，大家提出許多不同的問題，但是在我的網站 dl.com 結束前，我只問了兩個問題。第一個問題是：諾克斯堡還有黃金嗎？老天，大家為這話題寫了好多東西！政府不會讓任何人進去那地方，新世代的人可能根本都沒聽說過諾克斯堡，他們也不在乎那裡有沒有黃金。不過，我不覺得那裡有黃金，這表示我們的整個貨幣系統是個空殼。

我的第二個問題是：九一一事件中的七五七客機，是如何穿過五公尺的孔進入五角大廈？人們為此寫了一大堆一大堆一大堆東西，有一個自稱卡羅的人，可能是男性也可能是女性，我覺得他可能是中央情報局或政府的員工，他會攻擊那些不相信九一一恐怖事件的人。有個非常博學的人，可能也來自政府單位，這傢伙發表了非常詳盡的效果圖，說明一架飛機如何進入那孔洞裡。我說：「幹得不錯，大哥。」我只問問題，然後退出，並沒有參與他們激盪出來的對話，但是針對這兩個問題的討論，持續了好幾個月。

有一天我走在大街上，蘿拉．鄧恩就出現在我眼前。她說：「大衛！原來我是你的鄰居啊！」我很久沒見到她了。她與比利．鮑勃（松頓）在一起的那段時間，我都沒看過她。我們同時說出：「我們得再一起做點什麼！」我親愛的助手蓋伊當時得了癌症，住在埃斯孔迪多的丈夫家裡，我每天都在工作室吃午餐，然後我打電話給蓋伊。她總是興致高昂又可愛，似乎沒有任何恐懼。我一邊和她閒聊她午餐吃什麼東西之類，一邊在黃色筆記本上寫劇本。我花了大約兩個星期，寫了蘿拉的那場戲，結果就開啟了《內陸帝國》。當時我以為，這只是個實驗之作，沒什麼大不了，但是蘿拉依然得告知她的經紀人，CAA的佛雷．斯派克特[40]。佛雷說：「好，我想她要接這支片。你打算付她多少錢呢？」我說：「網路影片的行情是一百美元，」他說：「好吧，大衛，我會把那十美元支票釘在我的牆上。」

寫完腳本之後，我們馬上開拍蘿拉的那場戲。我們在我的畫室弄了一個小片場，在一個溫暖的冬夜拍攝，環境非常安靜。蘿拉開始說話，我們只停機兩次——一次是有飛機通過，另一次是為了攝影機要裝底片——但是這些干擾並沒有破壞氣氛。除此之外，就是一個四十五分鐘長的鏡頭。蘿拉非常聰明，我想她沒花多少時間就記住臺詞，她幾乎沒有漏掉任何一句。後來，我在工作室的大銀幕上看這場戲時，我在想：是的，這是個獨立的作品，但也表示它有潛力發展成更龐大的東西，這場戲掌握了一切的關鍵。

後來我又有了另一個想法，但我不知道它與蘿拉先前那場戲有何關聯。不過我很喜歡，所以我就拍下去了，過了不久之後，我又有了一個與我先前拍的兩場戲都沒關聯的想法。然後我有了第四個想法，這想法終於把所有東西都整合起來，於是《內陸帝國》這部片就成型了。我想出整合出來的概念之後，Canal+投入資金。我不知道他們投資多少。我可以用少少的錢做很多事——不是超級少，而是合理的少。那些上億美元的電影，簡直是他媽的發瘋了。

我用索尼PD150拍攝這部影。我一開始就用這臺攝影機，一旦開拍，我就不想改變整部片的視覺調性，於是我就用它拍完了整部片。我非常愛我的索尼PD150。這機器的畫質並不是很好，卻正是《內陸帝國》存在的品質。我想我再也不會用膠卷拍東西了。我並非不喜歡膠卷。賽璐璐片就像聲音中的類比訊號。數位有其優點，但與類比相較之下，似乎弱掉了，後者濃厚，純淨，又具有一份平滑的力量。這就像是油畫顏料與壓克力顏料之間的差別。油畫顏料很濃厚，雖然我總是想用濃厚的顏料，但是有些東西壓克力顏料做得出來，油畫則不能。

在《內陸帝國》拍攝的尾聲，我們一群人去波蘭拍了幾場戲。我愛死這個地方。這裡夏天的狀況可能不是很好，但是到了冬天，氣氛卻棒極了，有許多漂亮的工廠，讓你覺得可以為所欲為。蘿拉・鄧恩、埃米莉・斯托弗和克莉絲汀・可兒[41]都在這裡，為了拍這些戲，她們得穿著在聖費南多谷所穿的夏季服裝。當時的氣溫低於零下一度，我們在戶外拍片，所以她們穿短袖出去只能待在戶外大約一分鐘，因為如果再待久一點，她們就會被凍死。你會看到她們一到戶外，身體的肌肉緊繃，當我們一說：「卡。」就馬上把她們趕回拖車。我們把暖氣開到最熱，當他們一到戶外，可以保持車上的溫暖大約三秒鐘，接著就要忍著點了。我們喝了很美味的燉牛肉湯和伏特加，這些食物可以讓你在這樣的天候下活著。

《內陸帝國》在威尼斯影展的首映表現出色。放映結束後，我們在一艘船上度過夜晚，水面上泛起微微的泡沫，我記得感覺非常放鬆。蘿拉．鄧恩坐在凱薩琳．丹妮芙[42]旁邊，她說她喜歡這部片，這讓我覺得很棒。回美國之後，我們去了不同的城市，多少收取些票房收入。我先請一位音樂家演奏，然後讀一首詩，接著開始播電影。不過，這部片一點也不商業。一部三小時的電影幾乎沒人能看得懂嗎？絕對完蛋了。大部分的觀眾都一頭霧水，覺得無聊，絲毫不感興趣。我認為這部片與《雙峰：與火同行》一樣，它們都會被重新評價，只是需要時間。不過，我愛《內陸帝國》，我很高興我拍了這部片。經過了好長的一段時間，我最近第一次再度看了這部片，我覺得它很耐人尋味。這部片子以有趣的方式深入人心，不尋常的地方，具備不尋常的質感，交互融合。你從一個地方進入這部電影，卻從另外一個地方出來。對我來說，這部電影似乎很短。

這部片問世之後，我想到一個點子，我要弄一頭牛，以及一個寫著「乳酪來自牛乳」的牌子，我要坐在好萊塢大道和拉布雷亞交會路口的草地上。我這樣做是為了蘿拉，我弄了一張她的超級大頭照，以及一個寫著「投票給蘿拉」的牌子。我從接近中午的時候，一直坐到晚上五、六點。結果不如預期，新聞媒體都沒有報導這件事，但是有兩個人跑過來，拍攝他們與我的談話，到了晚上七點，他們的影片傳遍全世界。我在那裡玩得很開心。那是個美麗的一天，過來的人都很棒——他們停下來看著那頭牛說道：「你在做什麼啊？大衛？」如果他們不認識我，就會說：「你在做什麼啊？」

很多人不知道我是誰。你當我在開玩笑嗎？很多人呢！某一天我跑去羅威百貨公司買電器用品，卻沒有半個人認出我來。還有另外一次，我必須去和導演工會還是製片工會的主席開會，艾瑞克．克雷里開車載我，而我穿得像個混混。艾瑞克把我放下車，然後去停車，我抽完菸，進入大廳。櫃檯前有幾個大塊頭警察模樣的人盯著我看。很好！然後艾瑞克進來了，於是我大搖大擺走過去，拍桌子大發脾氣地說：「我現在要見主席！」他們看著我說：「噢！是嗎？」我說：「是的，他在六樓。」他們說：「真有趣，大哥，這棟房子只有五樓啊。」原來我們走錯地方，他們一定不知道我是誰，而且他們幾乎準備打電話了——可能是報警，或者通知穿白襯衫的高層。

建立錄音室是個巨大的工程，而且很複雜。完工之後，我走進錄音室，卻搞不清楚如何開燈。儘管它一如以往，我卻不認得我自己的錄音室。這裡有很多事情需要搞懂，我需要技術支援。有個叫做約翰．內夫的人，在鮑頓錄音室工作，他是錄音室的聲音建築師，有一天我說：「誰要來管理這個地方？」約翰舉手。

錄音室完工之後不久，我們組了一個叫做「藍色巴布」的樂團，製作了一張收錄九、十首歌的唱片。當中有幾首歌不錯，於是我們被邀請去巴黎奧林匹亞音樂廳表演，許多不朽的音樂大師都在這裡演奏過。我從來沒想過做這件事。現場表演？這太荒唐了。我可以即興實驗，但是我無法同一個東西表演兩次，不過我說：「好啊，我們會擔任開場演出，表演四首歌。」波提斯黑樂團的貝絲．吉本[43]被安排在閉幕演出，但是我們本來必須擔任開場表演，他們卻讓我們做閉幕演出，還把我的名字印在上面。貝絲．吉本很棒，完全沒生氣，但是觀眾很不爽，因為我們只表演了四首歌。其中一首是翻唱波．迪德利[44]的〈人不可貌相〉。這是個值得記住的夜晚，就像鐵達尼號沉船一樣。我不會再做這種事了。

迪恩．賀利現在管理錄音室。迪恩今天看起來像剛滿十四歲，當他第一次出現時，我想，他爸媽在哪裡？誰來幫他換尿布啊？他看起來真的很年輕。他是朗．恩格[45]推薦的，朗．恩格常在我的電影中做混音，朗是個非常棒的聲音大師。迪恩則是金礦。

感情關係就像電影，人們來來去去。很多事都有開始、中間和結束，在我初中的時候，每兩週就會換一個新女友。世事多變化，當我遇到埃米莉時，人們也變了。埃米莉和她的姊姊是伊萊．羅斯的鄰居，他帶著她們去當平面裸體模特兒。後來，埃米莉為《前往更深的夜》配旁白，她做得很好。事物總是環環相扣，現在我們生下了露拉。

有一天，我在辦公室看瑪哈禮希頻道，他們宣布瑪哈禮希要提供為期一個月的啟蒙課程。這課程學費很貴，但是走路回家的途中我想著，我辦得到。我可以辦到！而我要這樣做！我填好表格，把學費寄出去，他們打電話過來說：「大衛，我們不能收你的錢。你是規律的冥想者，而且您必須是悉達才能完成這個課程，所以我們得退錢給你。」我說：「不，把錢留著吧，為了世界和平。」他們說：「你確定要這樣做嗎？」我說是的。不久之後，我聽說瑪哈禮希會給我和一個名叫黛比的女孩提供一個給悉達的課程，她住在華盛頓特區，不是悉達，但也想參與課程。我非去不可。

大約一年後，我在愛荷華州的費爾菲爾德市，約翰．哈格林博士家的客廳，他說：「大衛，你想不想以自己的名字成立一個基金會？」我從沒想過這件事，也不知道他所設想的基金會宗旨是什麼，但是因為他問了我，我想他希望我說「是」，所以我說好，我投入第一筆資金。然後——我甚至不知道這是怎麼一回事——我突然得知我要到全世界巡迴演講冥想。我以為這件事結束了，但是才剛剛開始。整件事就這樣展開了，真是太神奇。我做了十六國的巡廻，和全國十三所大學演講——我做的不只這些，但這部分最重要。

鮑勃．羅斯要求我在一些小型聚會上講話，以順利推廣這件事。剛開始時，我試著記住我要說的話，那簡直是一場惡夢。如果這件事將在一星期後進行，我就會痛苦整整一星期。如果是兩週後，我就會日日夜夜折磨痛苦兩個星期。有一次，我得在洛杉磯的一個高爾夫球場還是鄉村俱樂部的地方演講，儘管我把講稿記得滾瓜爛熟，但卻講得上氣不接下氣，字句支離破碎。所以後來我決定用問答的方式，這作法好多了。但仍然是極度折磨。

一開始，我只在小房間演講。有一次我在底特律的後臺時，鮑勃很興奮地要給我看接下來即將看到的東西，他催促我上臺，然後拉開舞臺布幕，我看現場滿到像有一千萬人吧！一層一層的人頭！那是個碩大無比的地方，我害怕得快要昏倒了。我記得我走向麥克風，一隻腳前一隻腳後，那支麥克風彷彿在千里之遙。當我們在東海岸時，我們是從一所大學開車到另一所大學，而鮑勃則處理所有的電話和採訪，我一直在車子裡講電話。出版《大衛．林區談創意》也是鮑勃的主意。這整段時期充滿緊張和折磨，而且彷彿永無止盡。我為瑪哈禮希做了這件事，我學到了很多東西，現在的我很感激我做到了。

約翰．哈格林博士曾說過，《聖經》是用密碼編寫出來的，在白熾燈光下是一回事，而在靈性的光線下，則是另一種風景。有一天，我在客廳裡讀《聖經》，瞧瞧，頁面就在那裡亮了起來。書頁似乎變成了白色，頁面上的東西點亮了一個更大的東西，一切都是那麼清晰。我驚訝地體悟到，我們身為人的這段旅程是如此美好，而且我們擁有最幸福快樂的結局。一切安然無恙。無須掛心任何事。一切都是美好的。

1 *Out Yonder* 2 *DumbLand* 3 *Rabbits* 4 *BlueBOB* 5 Absurda 6 *The Pianist* 7 Diana Castle
8 Eli Roth 9 Nikola Tesla 10 *Cablin Fever* 11 Jeremy Irons 12 Nastassja Kinski 13 Penny Bell
14 Dominic 15 Nae Yuuki 16 Terry Crews 17 Helena Chase 18 Krzysztof Penderecki
19 Henryk Górecki 20 *Ghost of Love* 21 Janis Joplin, *Ball and Chain* 22 Jimi Hendrix, *Wild Thing*
23 Otis Redding, *I've Been Loving You Too Long* 24 Anna Skarbek 25 Bob Roth
26 Noriko Miyakawa 27 Leon Niemczyk 28 *Knife in the Water* 29 Karolina Gruszka
30 Krzysztof Majchrzak 31 Peter Travers 32 Jonathan Demme 33 Philip Seymour Hoffman
34 Jeremy P. Tarcher / Penguin 35 *Caching the Big Fish:Meditation, Consciousness, and Creativity*
36 *1,000 Nudes* 37 Uwe Scheid 38 *Head with Hammer* 39 *Where Are the Bananas?*
40 Fred Specktor 41 Kristen Kerr 42 Catherine Deneuve 43 Beth Gibbons
44 Bo Diddley, *You Can't Judge a Book by the Cover* 45 Ron Eng

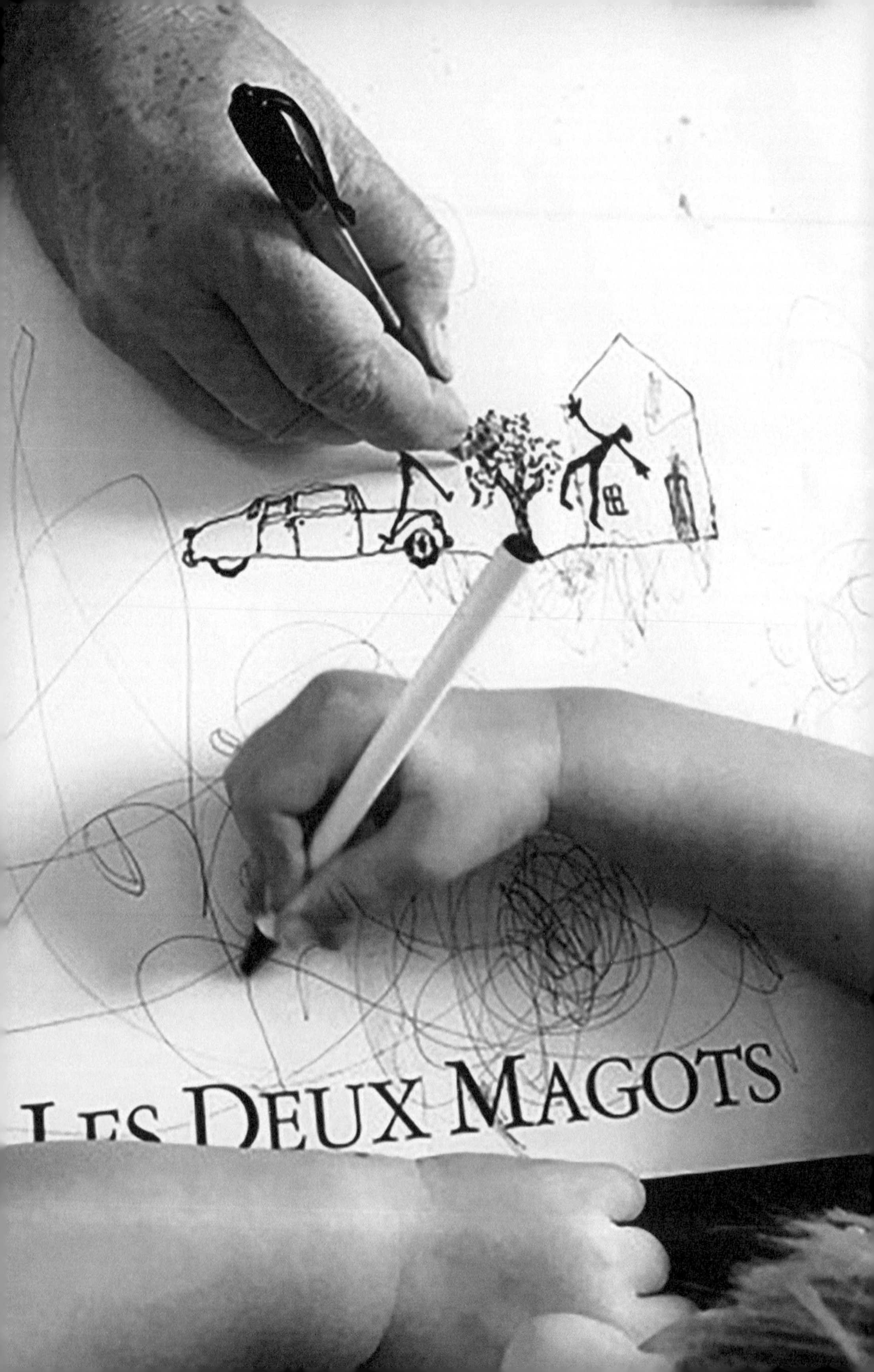
LES DEUX MAGOTS

工作室風雲

林區的錄音室一九九七年建好之後，他也完成了他所謂的「基地」。從此，他開始在一個新環境中生活，他不用離開家就可以開發他的各種想法。減少了許多具有緊迫時間性的電影交易。二〇〇七年初斯托弗搬進來時，他已經在這個複合環境裡工作了一段時間。她說：「我們談過這件事，然後有一天我就打包過來，他同意了。」

當年另一個轉捩點，是林區在巴黎卡地亞當代藝術基金會舉辦的一項「空中著火」[1]的藝術展覽。這場活動由埃爾維．尚戴斯[2]策劃，三月三日正式開幕。這場大規模的展出，在驚人緊迫的時間內策劃完成。影片在一個劇院放映，劇院內有奢華的天鵝絨布簾，以及依照《橡皮擦頭》的舞臺鋪設的格子地板，並陳列他童年時代的照片、繪畫和素描。在這場卡地亞當代藝術基金會舉辦的開幕式上，林區和薩伯斯基攜手演出，德國的史泰德出版社同步發行了《雪人》[3]一書，這本集結林區一九九二年在愛達荷州波伊西拍攝的黑白攝影集。

一連串的事迅雷不及掩耳地發生，因此需要更多人手。「大衛辦公室的人知道我曾為藝術家工作，他們在二〇〇六年間打電話給我，告訴我大衛即將舉辦一個大型個展，並請我幫忙。」斯卡貝克說道，從籌備這次展覽、整理目錄，以及聯繫史泰德出版社出版專書，她都是關鍵人物。「這是個艱鉅的工作。大衛是個垃圾收藏家，他保存了所有東西，而我大半工作就是整理他的視覺藝術作品。剛開始著手時，這些東西簡直是亂成一團。他從費城時期以來所有作品都放在那裡，各種東西隨機亂擺，堆積起來囤放在車庫裡。當時他的房子裡沒有專門存放藝術作品的地方，東西都零零落落散置各處。」「空中著火」是超大型展覽，另外還去了三個城市巡迴（米蘭、莫斯科和哥本哈根），因此讓斯卡貝克在接下來的三年忙得不可開交。

林區在法國監督展覽裝置的時候，認識了帕特西．佛洛斯特[4]，伊登石版畫印刷工作室[5]的負責人。「埃爾維．尚戴斯是我朋友，伊登離基金會只有幾個街口。」佛洛斯特說道：「在布展期間，大衛一有等待的空檔，埃爾維問他：『要不要我帶你去看一個你會愛死的地方？』大衛來了，他打開門，就愛上這裡。」①

佛洛斯特在里昂出生長大，他本來是個藝術廣播節目的記者，直到一九八七年，他在巴黎成立了一家石版印刷工作室。十年之後，市中心有一家創始於一八八一年，具歷史性的印刷廠要頂讓，他便將業務轉移到那裡。這裡是個面積三百九十坪帶天窗的空間，配備了精美的老式印刷機，這些印刷機曾經印過畢卡索、米羅，以及其他藝術家的作品，「伊登」變成了林區每年固定造訪的天堂。

「我問大衛是否創作過石版畫，他說：『從來沒有，但是我很好奇，』接著他馬上就去做了，」佛洛斯特回憶道：「他在鋅板上工作，製作了三幅版畫，這些作品都在展覽中展出，然後這三幅版畫發展成了一組十二幅畫的系列，叫做《巴黎套房》[6]。完成後，我問他有沒有興趣在石頭上工作，他說有，而且馬上就領悟了。從那時起，我們製作了兩百多幅石版畫，當他來到巴黎時，他可以隨時自由自在地在工作室工作。」

「電影很龐大，大衛拍電影時得和數百人一起工作，」佛洛斯特繼續說道：「他在伊登基本上是獨立作業，他花一天時間就可以構思出一件作品，並把它做出來。工作室很安靜，在那裡工作的一些人都不知道他是誰，我覺得他很喜歡這樣，因為可以保有隱私。他也很喜歡住飯店的日子，他總是住在離伊登步行可達距離內的同一家飯店裡的同一間房間。他大約在十一點鐘到工作室。他喜歡轉角處的咖啡，也在工作室裡抽菸。」林區在伊登生產的作品，只能透過佛洛斯特直接賣給收藏者。「市場上很少見到大衛的作品。我們把作品放在畫廊，沒有辦拍賣會，但這些作品賣得很好，很快就被市場接納。」

二〇〇七年七月，斯托弗陪同林區前往巴黎，參加林區和克里斯提．魯布托[7]的作品展開幕。這名法國設計師製作了一系列戀物癖趣味的鞋，林區負責拍攝。在巴黎期間，斯托弗認識了魯布托，魯布托提供她一份工作，請她在洛杉磯的專賣店負責營銷活動，斯托弗在接下來的五年為他工作。她工作時間有彈性，這對她是非常必要的。「大衛和我在二〇〇七年經常出外旅行，」她說：「大衛旅行時需要特別關照。他不喜歡自己打電話叫咖啡，客房服務生出現時，他不想被看到——諸如此類的一些大小事。他是個快樂的人，但他也充滿焦慮。」

回到洛杉磯之後，林區認識了新進員工明蒂．拉梅克[8]，她也成為固定的工作班底。拉梅克於二〇〇七年六月從麥迪遜移居至洛杉磯，她在那裡與傑伊．阿森的教授，J．J．墨菲[9]學編劇。當林區開放職缺時，阿森向墨菲尋求建議人選，拉梅克就在七月末開始上班。大約同一時間，林區在波蘭洛茲市外圍購置了一塊十公頃的土地，一個沒有開發的地方。「這真是一塊很好的土地，」林區說：「這塊地緊鄰著國有森林，永遠都不能開發，所以非常私密而美麗，肥沃的土壤緩緩地向東傾斜。」

年底，唐納．林區在河濱市一家醫院去世，林區和雷佛希都在他身旁，隔年，二〇〇八年二月五日，瑪哈禮希也去世了。「我唯一見到大衛哭泣的一次，就是瑪哈禮希離去的那一天。」斯卡貝克說：「他沒有提這件事，但是眼淚說明了一切，那是在他身上我從未見過的一面。他真的很難過。」

經過一番千辛萬苦拿到必要的簽證後，林區登上飛機，前往印度參加葬禮，他終於第一次看到了這個國家。「印度人開車開超快，他們直接朝你衝過來，然後在最後一秒鐘轉彎。」鮑勃．羅斯說道：「你覺得自己隨時都會掛掉，在行車途中，我看著大衛，發現他也完全被當地人的開車方式嚇到了。」

「我記得我看著大衛望向葬禮上的柴堆，他的臉上洋溢著一份柔和，」羅斯繼續說道：「大衛心胸寬大，他真的很感謝這個人帶給他的一切。除了瑪哈禮希，大衛是我見過最真誠的人，他無所畏懼。當我看電影的時候，有時候我會移開視線，但是大衛永遠全神貫注。他會欣賞整個創作的過程，會痴迷地看著一隻小倉鼠長大成熟，也同樣會痴迷地看著一具屍體漸漸腐朽。生命的每一個部分，他都感到欣喜，包括黑暗的部分，我在這方面非常欽佩他。」

從印度回來後，林區與跟他工作七年的阿森說再見了。「大衛幫助我發現了自己過去從來沒有意識到的部分。」阿森說道。他在《雙峰：回歸》中飾演被關在雙峰監獄裡鮮血淋漓的醉漢，讓人印象深刻。「我離開的那天，大家聚在一起吃午飯，我發表了一場演說。我繞著桌子，對著每個人講了一段話，大家都很激動。後來，大衛對我說：『傑伊，你得去演戲！我腦海裡看到你在演戲，演戲就是你該做的啊！』從我開始為大衛工作的時候起，演戲是我腦海中最遙遠的事，但是現在我開始演戲了。」

那年的初春，林區與薩伯斯基合作音樂創作四年之後，終於公開發行了專輯《波蘭夜音樂》[10]，專輯中的四首加長即興的錄音作品，主要靈感來自洛茲市。這張唱片也冠名了他自己的唱片公司「大衛林區音樂公司」[11]。在這時候，林區與斯托弗的感情已經進入了第五年，她已經準備好邁向新里程。「那年年初的時候，我告訴大衛我想結婚生子，如果他對這件事不感興趣，他必須讓我知道，當年五月，我們訂婚了。」她回憶道：「我們在巴黎的雙叟咖啡館，他在杯墊上畫戒指，然後說：『我要妳嫁給我。』我們回到飯店，他打電話給我的父母，請求他們的祝福。」

「大衛和我在一起的頭幾年過得很愉快。」她繼續說道：「當我搬過來時，我學會做料理，我覺得他也很喜歡。我做飯的時候沒有考慮到任何肥胖問題，只想做美味的料理，所以我們都變胖了。非常有趣。他也在做各種各樣的事，他請我為各種計畫規劃演員事務。無論是工作，或者只是聊聊點子，每個計畫都一樣重要——重要的是想得透澈並付諸實現。他曾經為一個影展製作一支向他致敬的影片，他計劃拍成《雙峰》中『紅房間』那樣的倒轉鏡頭。他請我幫忙找些些女孩來演這段影片，我詢問我的朋友阿里安娜·德拉瓦里和珍娜·格林，她們經常和我們一起工作。我們把這幾個拍片計畫稱為『高校之夜』，因為有一股家鄉味。我們都非常崇拜大衛，非常仰慕他。大衛請我為這部特別的電影尋找歌舞女郎的戲服，於是我去租了漂亮的緞面緊身衣，買了漆皮亮面高跟鞋和高筒網襪，大衛畫了鴿子道具，讓我們拿著倒退跳舞。」

宮川紀子[12]在「高校之夜」影片醞釀期起開始為林區全職工作，她參與了許多這類計畫。「說我和大衛合作剪輯是很微妙的，因為往往完全是他的觀點。」宮川指出：「我們合作得很好，因為我了解這一點。大衛不是在找合作的拍檔，因為他並不需要，而且如果他能夠不求任何人幫助自己完成所有的事，那麼他就不會求人。為他工作的人必須技術熟練，但基本上我們就像他的刷子。」

阿森離職後不久，麥可·巴利爾到職。他出生於一九八五年，在佛羅里達州長大，二〇〇八年四月開始在林區辦公室擔任無薪實習生，後來成為正式員工。「當我開始為大衛工作時，他完全專注於畫畫，每天早晨他都從家裡直接去他的畫室，」巴利爾回憶道：「在我正式見到他之前，我已經為他工作了一個月。」②

林區的視覺藝術家的生涯，確實在急速發展，他在二〇〇九年舉辦了七場展覽，他和斯托弗也在同年正式註冊結婚，二月二十六日在比佛利山莊飯店舉辦婚宴慶祝。「那不是一場盛大的婚禮——可能有一百人吧——有個在飯店駐唱的貓王模仿藝人看到大衛要結婚，就跳上舞臺開始唱歌，」斯卡貝克回憶道：「我記得他唱了『你只是條獵狗』這首歌，」參加婚禮的嘉賓克莉絲塔·貝爾說：「埃米莉和大衛是一對絕配，埃米莉就像大自然的力量，他愛她，而她也接收到他的愛。他們的感情就像放風箏，她很樂意握著風箏，讓她的伴侶翱翔天際。」

結婚兩個月之後，林區夫婦前往莫斯科，為「空中著火」開幕。「這並不是我想像中的蜜月，但是大衛一直都在工作，」埃米莉．斯托弗察覺到。俄羅斯之行後，林區在冰島停留，當時的冰島正遭受了系統性銀行倒閉風波，經濟迅速崩落。「大衛多年來一直想在冰島開設一家冥想中心。」喬尼．史瓦森回憶道：「二〇〇九年五月，我們在電話上交談，他說：『喬尼，我們得為冰島做點事。我五天後要去俄羅斯，回程就在冰島停留。』冰島很小，你可以在五天之內讓全國人民知道有誰造訪，於是，上千人參加了大衛在大學禮堂舉辦的演講。大衛的基金會捐了二十萬美元，我捐了十萬，我們在雷克雅維克開了一家冥想中心，至今仍在營運。」

那年年尾，林區開始製作一部關於瑪哈禮希的紀錄片，但是尚未完成。在（助理製片）羅伯．威爾遜和演員理察．俾馬的陪同下，他前去印度，沿著瑪哈禮希走過的路途，從喜馬拉雅山到印度南端的同一條路線旅行，仿效瑪哈禮希追悼他於一九五三年逝世的師尊古魯．德夫[13]；林區在旅途中拍攝的畫面，是這部紀錄片的基礎之一。瑪哈禮希從一九五五年到一九五七年完成這段旅途，林區和他的夥伴在短短一週內就完成了這場朝聖之旅，而這段旅行紀錄，都收錄在由俾馬執導，二〇一四年發行的紀錄片《美麗的世界》[14]中。

俾馬在一九六七年聽完瑪哈禮希於洛杉磯聖塔莫尼卡市政廳的演講後，便開始冥想，接著在瑞士與他一起工作了兩年。瑪哈禮希去世之後，俾馬參加了葬禮並且拍攝了整個過程，卻沒有注意到林區也在那裡。「大衛聽說了我的電影，希望可以看到，他真的很喜歡這部片，」俾馬說：「幾個月之後，他決定去印度拍攝他的瑪哈禮希電影時，他邀請我同行。」

林區從上海飛抵印度，他才在那裡拍了一部短片，當飛機降落到印度時，他已精疲力盡，得了重感冒。這次旅行對他來說有點艱辛，但是林區不是半途而廢的人，他能應付各種場合。「我們在那裡停留了十天，到處走走，」俾馬說：「我們開車、乘坐直升機和飛機，整天都在戶外，玩得很非常開心。我通常在汽車的前座拍攝大衛，他和不同的人坐在後座。如果大衛僅僅是看向窗外，他也拉你一起看——即使他什麼也沒做，依舊很迷人。印度一丁點奇怪小事都會讓他興趣盎然。有一天，我們在某處開車，他看著窗外，發現遠處有一隻猴子，突然間他變成了個八歲的孩子。『你看！看那隻猴子！』他非常興奮！簡直不敢相信世界上有一隻猴子就在那裡跑上跑下。」

二〇〇九年十二月，建築師法蘭克．蓋瑞為波蘭烏茲國際電影展在洛茲市打造的文化中心隆重揭幕，這計畫自二〇〇五年起就開始運作。蓋瑞和林區參加了開幕典禮，大家情緒高昂。「兩個月之後，洛茲市長潔西．科羅皮維尼被召回，大衛稱他是一個偉大的、有遠見的『老男孩』，但是新政府進駐，毀了這計畫。」馬瑞．薩伯斯基回憶道：「在同一時期，大衛和馬瑞克（日多維奇）發展出了EC1，這是他們在二〇〇五年向該市買來的一座廢棄發電廠，改造成後製工作室。這座建築贏得了各類建築獎項，然而在二〇一二年夏天，同一位新市長造訪身在洛杉磯的大衛，說道：『林區先生，您可以隨時來到洛茲，我們很歡迎您，但是這財產歸我們所有。您可以當我們的客人。』而大衛——身為一個曾經投入金錢在這地方的人——看著她說：『您竟敢如此？如果這不歸我所有，我就不會去。』馬瑞克在波蘭提起多項訴訟，但終究敵不過市政廳。大衛和馬瑞克聯手建造了這個地方，政府卻一口氣沒收，活生生地從他們手中搶走。」二〇一〇年，烏茲國際電影展遷到離洛茲三百二十公里外的小鎮比得哥什。EC1繼續被稱為「大衛林區工作室」[15]。

文化中心開幕不久之後，林區與約翰．查爾芬特[16]合作，在邁阿密國際巴塞爾藝術博覽會[17]上，為卡地亞基金會做了一個標題為「鑽石，黃金與夢」的裝置。一支七分鐘的數位影片，投影在圓頂帳篷的天花板上，作品中呈現了閃爍的鑽石在夜空中漂浮。

林區顯然不缺事情做，不過那時候，拍電影在他的生活中似乎處於一個遙遠地帶。「當我剛開始為大衛工作時，他似乎對拍電影意興闌珊，」巴利爾說：「他很久沒拍東西了，他的最後一個作品是《內陸帝國》，評價毀譽參半。然後在二〇一〇年，他寫了一個驚人的劇本，叫做《羚羊不再跑了》[18]，他四處籌錢，卻沒人提供他足夠的資金。不過，當他籌不到資金時，我並不覺得他特別沮喪。大衛認為這件事若是必然，便會發生。」《羚羊不再跑了》背景在洛杉磯，把《穆荷蘭大道》到《內陸帝國》從中串起，演變成一個以太空外星人、會説話的動物，和一個飽受折磨的音樂家平克所構成的敘事幻想世界；讀過劇本的人都印象深刻，認為這是林區寫過的最好的劇本之一。

二〇一〇年七月十二日，國會唱片公司發行了《靈魂暗夜》[19]，這是危險老鼠（布萊恩．伯頓[20]）與天馬樂團[21]合作的專輯，隨專輯附贈一本限量版冊子，內有林區以音樂為主題所拍攝的一百張照片。這是天馬樂團最後一張唱片，主唱兼詞曲作者馬克．林庫斯[22]在當年三月六日自殺身亡，這張唱片中囊括眾多客串樂手，包含伊吉．帕普和蘇珊．薇格。林區處理了包括同名曲在內兩首歌的人聲。同一年，維也納美術館展出了名為「瑪麗蓮．曼森和大衛．林區：痛苦的家譜」[23]的雙人展覽。他也在二〇一〇年重返電視，在《克利夫蘭秀》中為調酒師古斯配音，這是一部情境喜劇動畫，二〇〇九年秋季在福斯頻道首播，連續播了四季。

二〇一〇年的新年，林區戒菸了——這對他來説是件大事——之後他開始剪輯《上海淑女藍》[24]，這是一部片長十六分鐘的迪奧手提包網路廣告，同年六月發行，由法國女星瑪莉詠．柯蒂亞[25]擔任主角。林區熱愛法國，二〇一一年八月，他和他的員工前往巴黎參加「沉默」（Silencio）的開幕，這家夜店的靈感來自

《穆荷蘭大道》中的同名夜店。這家店由設計師拉菲爾・納佛特[26]、恩尼亞建築事務所[27]，以及燈光設計師帝埃里・德雷福斯[28]共同創建，斯卡貝克形容它「幾乎像個掩體。它位於地下六層，非常狹小、黑暗又美麗。就像一個藏在內部的小珠寶盒。」

那年秋天，《這輛火車》[29]終於完成了，這是林區早在一九九八年就開始與克莉絲塔・貝爾合作的音樂作品。她說：「製作這張專輯耗掉我們很多年的時光，感覺似乎永遠不會完成。」接著說：「即使是想像這張唱片有可能做出來，我都覺得很不可思議，但是每次與大衛在一起，我都學了很多，所以我不會要求更多。」

「我們的工作方式是，大衛說話，然後我開始感覺旋律和唱歌，他解釋他從歌曲中看到的，以指引我繼續發展下去。」她繼續說：「比方說，我們唱了一首歌，〈真實的愛〉，我記得大衛說：『好，妳現在是貓王，時間已經很晚了，妳開著快車，妳的情人做了不好的事，車上的抽屜有一把槍。妳不知道該怎麼辦，但妳知道出事了。』我永遠無法立即體會到大衛想要的東西——當然，那是需要精雕細琢的。如果他覺得我抓到了，他會把整首歌錄好多次，然後他可能會回到某個特定部分說：『克莉絲塔，妳聽聽。感覺到了嗎？妳很細緻，但是妳也很堅強——多感覺一些。』然後我就會進入狀況。當我無法抓到時，我看得出來他很沮喪，但他知道如何在不傷害我的情況下把我拉回來。大衛完全知道他在尋找什麼，但他不會濫下指令。他創造了一個空間，在這空間內，他想發生的事都會發生。」

唱片完成後，克莉絲塔・貝爾跑了幾家唱片公司，但是都無法提起他們的興趣。因此，她成立了自己的黑玫瑰唱片公司，自掏腰包壓片，在九月二十九日發行了這張專輯，然後組織樂團，定日期策劃巡迴演出。當時她包辦了所有繁重的工作，因為她覺得林區已經為這張唱片付出了許多。「大衛就像個好點子的管理者，他以一種可以接收並發展好點子的方式來建立自己的生活。」她說：「如果他早上四點鐘有了一個想法，他就會起床把它寫下來，他不會把任何想法視作理所當然。就像是，嘿，你找對了人！」

這一年是林區重要的音樂年，他與迪恩．賀利合作的首張個人專輯《瘋狂小丑時光》[30]，在十一月八日正式發行。發行的同時，他們在格里．達米科家拍了一支與專輯同名的音樂錄影帶，達米科說：「我的後院堆滿布景道具，當我們大吼出『殺青』二字之後，大衛是第一個出來收拾垃圾的人。」

賀利回憶起這張專輯的製作，說道：「我們從二〇〇九年就開始策劃，但並沒有發專輯的計畫。大衛從來沒有把馬車放在馬的前面，他總是享受工作，然後再看看結果是否可能有組織地結合成作品。與大衛長期合作之後，我的腦子與他的腦子達成了某種聯結，我們共同完成一份作品，但那是大衛的願景，中心思想都是他的。我很樂於擔任幕後，幫助他實現他的願景，而且我也準備好隨時與他一起工作。我有很多永遠都準備好的東西，所以如果他在房間裡徘徊打量著，我便可以打開正確通道並開始運轉。當他有某個想法要發展時，他也不容許被拒絕，如果你告訴他不行，他會堅持找到方法訴諸他想表達的為止。例如，他並沒有真的彈吉他，但是他說：『一定有一種東西，可以讓你不用實際知道怎麼彈，但還是能夠彈吉他。』我們想到使用『樂蘭』合成器的踏板，用程式把和弦輸入他的吉他，他就可以隨著歌曲的氛圍運動。」

這張專輯中包括了「耶耶耶樂團」[31]主唱凱倫．歐[32]客串演唱歌曲〈粉紅之夢〉，承蒙布萊安．洛克斯的支持。「大衛與迪恩聯手創作了一段很棒的演奏曲目，我告訴他，他應該加入人聲演唱，並且推薦凱倫．歐，」洛克斯說道：「大衛說：『你是說那個你帶來的那個瘦瘦的，喝啤酒的女孩？』於是大衛寫了一段驚人的歌詞，由凱倫來演唱，她真是讓人驚訝。」

「大衛在與人合作的過程中經歷了許多，他也從這些人身上學到了些東西，在我認識他的這段過程中，他已經自我成長為一個音樂家。」洛克斯繼續說道：「他會用音樂性來思考，並具有重新構想和轉換事物順序的能力。一個名為『泥木蘭』的雙人樂團[33]，做了一個很棒的〈美國女人〉的版本，當迪恩把這首歌播放給大衛聽的時候，他說：『用半速播放這首歌，』然後就把它用在《雙峰：回歸》裡面。他還可以帶領藝術家到達前所未至之境。戴夫．艾文[34]曾經和一支樂隊在他的工作室，大衛向他們說明，希望他們如何演奏，並說了諸如『喬治亞州酷熱的夜晚，瀝青正在融化……』之類的話。後來，戴夫讚賞大衛完美傳達了他想要的東西。

自從和林區結婚以來，埃米莉．斯托弗便一直渴望建立家庭，在十一月她終於懷孕了。「在我們有女兒之前，大衛說：『有我還不夠嗎？為什麼妳想要一個孩子？』」她回憶道：「我說：『對不起，我真的很想要一個孩子，』他說：『那麼妳必須知道，我得先做我的工作，而且我不希望對自己感到內疚。女人有了孩子之後，很多事都會改變，孩子會變成最優先的考量，但我必須做我的工作。』有了露拉之後，他就消失在工作中，他就是這個樣子。大衛善良正直，他完全相信自己所做的事——他永遠不會只為了錢而做什麼事，不過，他並不擅長親密關係，也不會跟一群朋友在一起廝混。他工作，那就是他快樂的泉源。」

林區從來都不是個喜歡廝混和派對的人——他寧願去做東西——但他有一份獨特的親密天賦。他為他的許多好友取外號——蘿拉．鄧恩是「小點心」（tidbit），娜歐蜜．華茲是「毛毛」（buttercup），埃米莉．林區是「泡芙」（puff）——大家都會願意對他吐露心聲。「我和女友分手後，有天早上我跑去畫室，」巴利爾回憶道：「大衛說：『麥可，你有點不對勁。』我說：『是的，我今天糟透了，』他說：『把椅子拉過來，』我們開始聊天，他給了我真正可靠的建議。大衛過著與世隔絕的藝術生活，但他對於生命的理解非常深刻。」「大衛活在他創造的藝術泡泡中，他的創造力無比豐富，」薩伯斯基同意道：「但是他仍然是我永遠可以信賴的忠實朋友。我知道如果我拿起電話說，我需要你的支持，大衛馬上就會出現。大部分的人在一生中可以吐露心聲的對象並不多，有了大衛，我知道支柱永遠在那裡。我把他當作一個仁慈的叔叔看待。」

為林區工作過的人，都會和他保持聯絡，艾瑞克．克雷里在二〇〇八年辭職了，當他在剪輯他的第一部電影《約翰叔叔》[35]時，他聯繫上林區，這部片於二〇一五年發行。「我們在星期五完成了影片的混音，然後我打電話給大衛說：『有什麼辦法可以請你來看電影嗎？我別無所求，只是覺得能讓你來看這部電影會很不可思議。』於是在星期一早上，我們把片子放給他看，他很喜歡，後來我們相談甚歡。幾個星期後，我打電話問他，我們是否可以引用他的推薦。我們是電影界的新手，他的好評推薦力量是很強大的，他說：『何不讓我用寫的呢？』他真的寫了。」

耶誕節那天，林區宣布他耶誕節只想抽菸，於是他又恢復了吸菸的習慣。不知道是不是巧合，他那時也逐漸開展下一項大規模企畫。「耶誕節剛過，大衛在慕索與法蘭克餐廳和馬克．佛洛斯特共進午餐，就在這時刻，他們開始討論再度拍攝《雙峰》。」埃米莉．斯托弗說道：「這是個祕密，他並不想多談，但自二〇一二年起，馬克開始常來和他一起吃午餐，他們倆就在大衛的畫室裡寫東西。這工作持續了很多年。」

當《雙峰：回歸》從薄霧中開始浮現時，林區仍然專注於繪畫。二〇一二年，他分別在美國、歐洲和日本舉辦了展覽。同年五月，路易．Ｃ．Ｋ[36]聯繫上林區，邀請他在自己的同名電視連續劇中客串傑克．達爾一角，一個憤世嫉俗、看遍演藝圈百態的資深藝人。路易．Ｃ．Ｋ感到很驚訝，林區竟然一口就答應了。

「大衛可能只做了他份內事情的百分之一。」明蒂．拉梅克說：「他不喜歡外出，除了長期合作的朋友外，他不跟業界的人來往，他最喜歡在家工作。他甚至不喜歡出去吃飯。瑞克．尼西塔離開ＣＡＡ時，大衛說：『如果沒有瑞克，我就不要經紀人了，這樣會很好玩，因為反正我不希望有人找到我。』他喜歡自給自足，對於圍繞在身邊的經理、經紀人、公關，他一點興趣也沒有。」

「我不知道路易．C．K怎麼弄到我的電子信箱，他寫了一封很漂亮的信，解釋為什麼他希望大衛參與他的節目，」拉梅克繼續說：「大衛說：『我做不來啊。你為什麼不去找像馬丁．史柯西斯那樣的人呢？』路易．C．K說：『不行，非你不可。』於是大衛說：『好吧，給我劇本。』交易成功，因為劇本寫得很有趣。然後大衛說：『好吧，現在我們該談什麼呢？我可以穿自己的衣服嗎？你可以找個讓我吸菸的飯店嗎？』他們找到了一家飯店，抽菸要罰款五百美元，他們付了罰款，大衛親自飛往紐約進行拍攝。」③

路易．C．K寄送的電子郵件確實很有說服力。「我可以告訴您我們的節目最近兩季是多麼受歡迎，評論多棒，得到多少獎項入圍等等一堆東西，不過我寧可希望您花些時間閱讀我的這篇文章，我有預感，您會喜歡這份工作，而且會為結果感到自豪。」這位喜劇演員寫道。「如果這是我唯一一次與您溝通的機會，我要感謝您的作品，您的心靈那麼慷慨大方，您向世界傳達您對創作和生活的看法。觀看您的電影（以及《雙峰》）讓我深深認同自己作為電影製片人和作家的身分，讓我更能投入故事、每個瞬間、感官、角色、心情、開放性問題和色彩，若非如此，我本可能任由自身和他人的恐懼，擺布我、從而停滯不前。」

當林區同意參加節目演出時，路易答道：「不可思議！太帥了。」紐約拍攝結束幾週後，拉梅克收到他寄來的另一封電子郵件。「我現在正在與大衛一起剪輯這幾集節目，真是令人振奮。他是亨利．方達的化身。太難以置信了。如此傑出的表現。我這季節目最佳男主角就是他，大衛．林區。實在是太棒啦！」林區參與的這幾集：〈深夜秀第二部〉[37]和〈深夜秀第三部〉[38]，在九月播出，剛好在八月二十八日他的第四個孩子露拉．波吉尼亞．林區[39]誕生後不久。（「波吉尼亞」是波蘭語中的女神。）

就在這時，拉梅克打算辭職了。「我想，好吧，我已經學到了所有的東西，現在該繼續下個階段了，」

拉梅克回憶道：「當我把這件事告訴大衛，他說：『是因為我做了什麼嗎？』當我向他保證不是，他說：『我能幫什麼忙嗎？我需要打電話給誰推薦你嗎？』他真的非常慷慨。這證實了為他工作的人都願意做很久。他大部分的助理都至少做了七年，而我至今仍然還沒有離開大衛的世界。」

整個二〇一二年，林區和佛洛斯特逐漸淡出《雙峰：回歸》的劇本編寫，在此期間，他繼續在錄音室下了許多功夫。二〇一三年，他發行了《春秋大夢》[40]專輯，這是他與賀利的第二度合作，也與瑞典歌手莉琦．李[41]、九吋釘，以及「笨號碼樂團」[42]的合作。

林區也是社會運動的推動者，他在二〇一四年八月二十七日參加冰桶挑戰。這項活動的宗旨在提高大眾對於漸凍人（ＡＬＳ）的關注，這是一種運動神經元失調退化的疾病，也稱為路—蓋里格氏病，並且籌募研究資金，此挑戰要求參與者將一桶放滿冰塊的冰水倒在自己頭上。蘿拉．鄧恩和賈斯汀．瑟魯斯都點名林區參加挑戰，於是，他被雷利．林區潑了兩次冰水。林區在第一個冰桶裡加了咖啡，所以是個冰咖啡浴，整個過程中，他都在用小號吹奏〈彩虹的彼端〉。然後他點名俄羅斯總統普丁接受挑戰。

二〇一四年九月十三日，一項對林區早期作品的回顧展「同一領域」[43]在他的母校賓州美術學院開幕。「賓州美術學院的展覽對他別具深意，因為他對在這裡度過的日子，有一份美好的回憶。」這項展覽由羅伯特．科佐利諾[44]所策劃，陪同林區參加展覽的斯卡貝克說道：「費城讓他深入探索自己的藝術，年輕時代的他與他最好的朋友傑克一起在這個地方不間斷地創作。」

「當我們去看展覽時，他已經有很長一段時間沒見到費城了，他覺得這城市變太乾淨了，」斯卡貝克繼續說道：「他鍾情於這座城市的粗糙和危險，但是現在一切都仕紳化了，更糟糕的是，還有塗鴉。大衛痛恨塗鴉，痛恨塗鴉占領了他所鍾愛的地方，因為這些地方有著歷史記憶。當他住在費城時，他可以走在一條空曠的街道上，感覺就像回到一九四〇年代，但塗鴉完全抹除了這種可能性。」

從以前到現在，林區基金會的籌資一直是個問題，在二〇一五年九月，拉梅克的工作重點轉移到這方面。「艾力克．馬丁提供了我一份『DLF實況』的工作，這是二〇一二年成立的基金會，由艾力克和潔西卡．哈里斯共同開發，我負責組織現場籌款活動。我在馬可維奇合作計畫中認識了艾力克。」拉梅克談起《玩林區》[45]，一部由攝影師桑德羅．米勒和導演埃里克．亞歷山大合力創作的二十分鐘短片，由約翰．馬可維奇[46]主演，這位演員用表演呈現林區作品中八個不同角色。這部影片由網站建立平臺「平方空間」[47]提供資金，二〇一六年十月在基金會位於洛杉磯的「破壞節」募款活動中首映。

二〇一四年十月六日，林區透過推特，確認他與佛洛斯特正在籌拍新一季的《雙峰》，即將捲土重來。林區沒料到，與電視公司達成協議是一場多麼痛苦的過程，然而這節目已經開始緊鑼密鼓進行。林區越來越專注於工作，斯托弗則專職當一名母親，她共同創立了「媽媽聯盟」[48]，這是個提供懷孕少女媽媽寄養服務的組織。

林區在美國本土還沒有舉辦過大型回顧展，但他已經是全球許多國家的展覽主題。二〇一四年十二月，英國米德爾斯堡現代藝術學院[49]舉辦了「命名」[50]這項展覽，回顧他從一九六八年至今的作品，包括素描、繪畫、攝影和電影。英國廣播公司針對這次展覽發表了一篇讚賞的評論，描述林區是「戰後美國從事多元藝術領域的藝術家，作品長期涉獵：都會環境，語言的不尋常性，和超現實主義的傳承。」

四個月後，「兩個世界之間」[51]在澳洲布里斯本的昆士蘭美術館暨當代藝術畫廊開幕。這個展覽由澳洲電影館的高級策展人侯塞．達席爾瓦[52]策劃，他從二〇一三年就開始構思這個計畫。「大衛的視覺藝術作品被嚴重低估了。」達席爾瓦說道：「除了卡地亞基金會，沒有人真正關注過他工作室的成就，人們根本不了解他的工作領域。當我研究關注他的藝術書寫時，我驚訝地發現針對他藝術創作的評論性分析竟然如此少，然而他的作品質量都非常豐富。『兩個世界之間』是一個非常紮實的展覽，內容材料非常多，但是我仍然覺得那只是冰山一角。」

「大衛是個多面相的藝術家，他只是碰巧運用在電影創作，在今天，跨媒材的藝術已經非常普遍了。」達席爾瓦繼續說道：「大衛遠遠在此之前就開始做這件事，然而他在這方面的藝術創作，卻很少被嚴肅看待。我們這場展覽毀譽參半。習慣於跨界作品的評論家喜歡它，而保守派的藝術史學者則不喜歡，他們以一種很古典的批判標準來回應——你知道的：『畫工拙劣，理念幼稚。』你會感覺到他們帶著先入為主的偏見來觀賞這場展覽。拋開評論，這是個非常受歡迎的展覽，年輕人尤其欣賞，他們不但喜歡，同時也發現到作品的扣人心弦以及騷動不安。」④

二〇一五年初，林區就《雙峰：回歸》的合約條款與Showtime電視網周旋，其中又牽涉到其他企畫的複雜喧囂，真會把人搞瘋掉。他可以把生活處理得井然有序，同時進行多項計畫，然而在很大的程度上，他的生活是一種純粹創造力的實踐。「大衛活得像個隱士，而我的工作就是擋下繁雜分心的事務，讓他心無旁騖地創作。」巴利爾說：「他已經三十年沒有加過油了，他無須考慮下頓飯怎麼來，午餐就自動出現了。我們讓他把所有的時間精力都用來構思他的下一個創作計畫。他治理生活的方式實在是太神奇了。他保持身心健康，我覺得那是因為他不像其他人被生存壓力搞壞自己。我想他會活得比我久。」

這是一種特權階級的生活，而林區享有這份居高臨下的特權。但是在其他方面，他的生活和往常一樣低調，他就是喜歡那樣，沒別的原因。「大衛經歷了很多事，但是他一點也沒變。」傑克．菲斯科說：「不久前我去洛杉磯開會時，我就住在他家，我記得早晨從窗外看出去，看到他穿著白襯衫和骯髒的卡其褲在車道上——他一直很喜歡穿卡其褲——從水泥裂縫中拔雜草，然後放進袋子裡。他仍然很喜歡做這些事。」

「空中著火」這場展覽讓我第一次看到很多我的作品同時展出，真是一件很棒的事。有一種狀況一直存在：如果你做一件事情，就不應該做其他事情，比方說，如果你以電影導演為人所知，但同時你也畫畫，那麼你畫畫的部分就被視為一種嗜好，像打高爾夫球那般的嗜好。你是一位「名人」畫家，僅此而已。但是就在我辦那場展覽的時候，世界開始變化了，現在的人可以做任何事。那真是非常非常棒。「空中著火」那場表演讓我一夜成名。我非常感謝埃爾維・尚戴斯先生，感謝卡地亞基金會負責人梅莉塔・托斯坎・杜・普蘭提[53]、阿蘭・多明尼克・貝漢[54]和阿蘭當時的妻子美蒂。

我在丹尼斯・霍柏家的聚會上認識了美蒂，後來我們坐在沙發上聊天。幾天之後，丹尼斯的妻子維多利亞帶美蒂來我家，她看到一大幅畫，我稱它為《你真的想知道我怎麼想嗎？》。美蒂有時會為波爾多的一個地方策展，後來她跟我聯絡，說道：「我知道你是個攝影家，我想展出一些你的照片。下次你來巴黎的時候，可以帶些作品過來嗎？」有次我到巴黎，她和一個朋友來蘭開斯特酒店找我，我們在客廳裡看照片。他們很喜歡，於是她便安排在波爾多展出。

丹尼爾・多斯康・杜・伯朗提耶[55]是伊莎貝拉的朋友，一位優雅、博學的電影製作人。每當我的電影在坎城影展放映時，丹尼爾都是第一個在外頭等我的人，他會稍微摘要並告訴我他喜愛這部電影的地方——他是個非常好的人。在巴黎的某天晚上，我受邀參加一個晚餐聚會，丹尼爾也在場，設計卡地亞基金會建築的建築師尚．努維爾[56]也在那裡。那一晚，我認識了丹尼爾的妻子梅莉塔，她也參與了基金會的事務——雖然沒有直接為他們工作，但是跟他們有些交涉。晚餐後，他們邀我去看基金會的展覽，於是我們一道前往，我在那裡看到了演出和空間場地，僅此而已。這件事過後不久，丹尼爾參加柏林影展，當他與友人共進午餐之後，他站起來，就倒下來過世了。之後，梅莉塔成了帶著兩個孩子的寡婦。

又過了不久，梅莉塔來訪，她說：「你知道，你真的應該在基金會辦展覽。」她有點是在代表基金會發言，我說或許吧，然後許多事環環相扣。因此，是梅莉塔促成了整件事，當然還有美蒂——她們兩個人傳話給阿蘭與埃爾維，接下來我知道的事情是，埃爾維來這裡看我的作品。我們找出來的作品越來越多。作品從四面八方而來。這有點奇怪，因為我有一段時間沒有做藝術創作了。

我前往巴黎做裝置，第二天我在現場，埃爾維說：「我想給你看個地方。」然後我遇到了帕特西（佛洛斯特），看到了「伊登」。我走進去，聞到印刷機的墨水味，我注意到那個地方的氛圍和感覺，我立刻就愛上它。帕特西問：「你想做石版畫嗎？」我說：「鳥兒會飛嗎？」這年頭盜版猖獗，數位影像越來越廉價，很容易被竊取和共享。石版印刷是你可以擁有的東西，當你擁有它時，你會看到紙張的美，聞到墨水的氣味。那和數位影像截然不同。一切都從此開始。「伊登」成了我家鄉外的家鄉。在那裡工作棒極了。隔壁的咖啡很棒，一百五十餘年歷史的巴黎印刷廠的氣氛，機器、石頭以及在那裡工作的人，都很棒。我也在那裡做木刻，而且我又開始在後面房間畫畫了。我愛這環境，我愛法國。

我喜歡畫一些老式室內景觀的圖，有時候裡面有人，有時候只有家具、地毯和牆壁，當我們在巴黎做裝置展覽時，我畫了一張這樣的圖。埃爾維看到了這張圖，他說：「我們得把它做出來。」後來建造出來的成品，也變成了展覽的一部分。「空中著火」展出之後，我收到許多邀約，這場展覽也啟發了我。

「空中著火」開幕後，瑪哈禮希安排我去十六個國家巡迴。好不真實。我們到處趴趴走，我很喜歡為瑪哈禮希做這件事。每次演講之前，我總是感到低落，但是每次演講完，我都情緒高漲，所以即使折磨也是值得的，而且每天我都可以和瑪哈禮希說話，告訴他前一天晚上演講的狀況。

二〇〇七年九月，我結束巡迴演講，回家之後不久，父親去世了。我不知道即將死去的人是否都準備好了——或許當一個人受夠痛苦，他就已經準備好了。我父親於一九一五年十二月四日出生，二〇〇七年十二月四日去世，享年九十二歲。他臨走前已氣若游絲，我和奧斯汀、雷利和珍妮佛都在他旁邊。我弟弟無法趕過來，但是妹妹瑪莎在場，我們一個個輪流進去和父親道別。然後每個人都離開了，我姊姊和我進去。他們拔掉插頭，讓他離去，我覺得冥想一下比較好，我冥想了一個半小時，然後我一出去抽菸，他就走了。

在二〇〇七年十月，瑪哈禮希知道他要走了，他不再見任何人。然後，在我二〇〇八年生日的那天，和他在一起的人透過Skype跟我通話，後來有人告訴我，瑪哈禮希要求照顧他的尊者小聲，告訴他們要安靜，因為他想抓住這一切。我們掛斷電話後，他說：「這個世界是和諧的。」兩個半星期後，他的靈魂離開了軀體。

當瑪哈禮希去世時，鮑勃．羅斯從木作工作室打電話給我說：「我想他希望你在他身邊。」然後我說：「好吧，這樣的話，我決定參加葬禮。」洛杉磯沒有印度領事館，我得去舊金山辦理簽證。在我過去之前，他們說：「沒問題，您只需要準備護照，填寫表格。」於是，埃米莉和我第二天就飛到舊金山。到了領事館，我走到櫃檯前，把我的護照和表格交給他們，他們說：「護照上所有的簽證頁都用完了。你得去美國大使館加簽證頁，我們等一下就要關門了。我想你今晚無法飛去印度了。」我說：「我今晚一定要去。」

我們拚死拚活奔到美國大使館，裡面排了兩、三百人，還有一個很粗魯的傢伙坐在桌子前面。他說：「抽一張號碼牌，排隊等候。」過了一會兒，我走到櫃檯前說：「我現在需要簽證頁。」他說：「冷靜一點，大哥！取個號碼，我們會叫你。」我說：「不，我現在就需要拿到。」他說：「你現在拿不到。取號碼牌排等候。弄好簽證頁，我們會叫你，這可能需要花幾個小時。」我說：「不行，不行！印度領事館快要關門了！」他說：「我也無能為力。」於是他們給了我一個號碼，我等著等著，最後終於得到簽證頁，然後直奔印度領事館，他們關門了。

然後，安娜．斯卡貝克告訴我說：「我有個朋友說，你可以去這個地方，把這件事搞定。」於是我按照住址，來到一棟前方掛著印度國旗的小房子。我們上樓進入一間起居室，看起來像個放置了書桌和椅子的大廳。這地方只有一個女人坐在那兒，於是我給了她我的護照和文件，她說：「稍待一下。」然後這女孩出來了，她說：「好了，弄好了。」這件事在城市的另一邊根本不可能完成，在這裡卻馬上就弄好了！我對埃米莉說了聲再見，馬上直接前往機場。

我從舊金山飛到慕尼黑轉機，再飛到新德里，飛機降落在一個很大的機場。我在這裡應該會見到某個人，但是這個人並沒有出現，於是我到樓上的餐廳喝咖啡、抽菸。過了一會兒，我開始驚慌，因為我不知道何去何從，過一會兒我等的人終於出現了，他們把我從大機場載到幾百公尺外的一個小機場，那是個我前所未見的機場。在這個地方，你可能從此迷路一輩子，但是他們帶我到正確的地方，我最終搭上一架小飛機，飛到了瓦拉納西。我們在瓦拉納西著陸，那裡有兩輛很棒的大型運動休旅車，白色的，互相搭配，我跟他們表示我在車上得抽菸，所以有些人就坐另一輛車，這樣安排很好。他們仍然很照顧我，只是他們不想吸二手菸，我們開了四個小時的車程到達阿拉哈巴德。在印度的旅途中，每一秒鐘能不被弄死，都是一場奇蹟。那裡沒有停車號誌或紅綠燈，當你開車經過一輛卡車，卡車和你的距離不到一張紙片。馬路上有動物，小狗、猴子、水牛、乳牛——什麼都有。單車、行人和載了三十個人的小貨卡——每個人都在按喇叭和踩煞車。開車開個三十公尺，就會是一場高潮迭起的戲劇。司機上路之前得先祈禱，把一切交給神。他們就這樣出發了。

我們直接開車到阿拉哈巴德，這裡是瑪哈禮希道場的所在地，他的大體放在大帳篷內，四周圍繞鮮花。人們進去向瑪哈禮希致敬，然後坐下，度過一些時光。我停留了一會兒，見到我的朋友法蒂瑪，我們一起坐了一下，接著我得離開去找我的旅館。我搭約翰．哈格林博士的車，他毫不擔心司機，因為他適應得非常快，可是他的司機真是我見過最恐怖的。所以我說：「請告訴他，如果他不放慢速度，我會心臟病發作！」但是他們只是哈哈大笑，我緊張的要死，他們卻若無其事。到了他們的旅館，我得再搭另一輛車去我的旅館，在一條街以外。我和其他幾個人在一起，那時候天色已黑，我們開車找旅館，但是旅館沒有出現。我們繞了這塊又大又詭譎的街區繞了四次，開始繞第五次時，旅館出現了。我們是怎麼錯過那地方的？你得跑上四趟，它才會出現。

這家飯店的地面非常美麗，草坪修剪得整齊清爽，還種植著漂亮的植物，當我們走進去的時候，正在舉行一場盛大的婚禮——在印度，人們對婚禮非常瘋狂，而當時正值婚禮季節。我進到房間，裡面到處是蚊子。印度有些現代化的酒店，可能沒有蚊子，不過這家飯店很古老，但我也可以接受。房間裡沒有酒——你不會在這樣的地方買到波爾多葡萄酒，於是我點了翠鳥啤酒（Kingfisher），送來之後發現它超過四十盎司。當他們送啤酒過來時，還順便帶來一個小配件，插進牆壁內，會散發出驅離蚊子的氣味，所以當啤酒勁道上來時，蚊子也沒有了，我很開心。這是一個很不錯的房間。

第二天早上，鮑勃打電話說：「帶某某先生一起過來，他也住那家飯店。」我跑去前面的櫃檯對那個人說，「麻煩你通知某某先生，告訴他我們在這裡等他，我們得走了。」他翻閱一堆堆凌亂的小卡片，然後說：「他不在這裡。」我說：「他在。」他說：「不，他不在。」於是我回房打電話給鮑勃，他堅持那個人住在這裡。我回到櫃檯，請他再確認，他查了之後說：「他不在這裡。」然後，有另一個也要去參加葬禮的人過來了，我說：「我們正在找某某先生，但是他不在這裡，」他說：「他就在你隔壁房間。」我愛印度。這真是太神奇了。

葬禮的第二天，瑪哈禮希的遺體在道場的另一處被火化，有火葬柴堆，還有上千人聚集。他們用一種特殊的木料搭建了這座巨大的火葬柴堆，真是很不可思議——它的建造過程必須非常精準。一架直升機從空中飛過，撒下百萬朵玫瑰花瓣，但是直升機的葉片卻攪動著煙塵，於是玫瑰花瓣和煙塵在空中纏繞旋轉。真的很壯觀。當我回到旅館時，火葬柴堆還在燃燒著。

第三天，我們回到道場，火焰熄滅了，特殊的尊者（pandits）收集骨灰，把它們分成幾部分，放在甕子裡，送往不同的地方。然後我們所有人前往恒河、亞穆納河和薩拉斯瓦蒂河的交會處。這三條河流在這地方匯合，而浸洗的地方稱為三岩（sangam）。浸洗可能是你一生中所做過最神聖的事。在那地方浸洗，你就得到昇華。

所有的船隻都在那裡等待，鮑勃試著把我帶到瑪哈禮希骨灰所在的那艘白色大船上，但是被拒絕了。然後，一個名叫康拉德的德國人突然出現，他帶我上了一艘船，我和其他人進入船艙後，船出航，四周圍繞著幾百艘船。我們駛進恆河，放著瑪哈禮希骨灰的白色大船也一起駛來，然後我脫掉衣服，康拉德給我一條披肩，我便下了船。因為受到污染，浸洗時必須塞住耳朵、鼻子，而且眼睛要閉上。你唸出你的祈禱文，然後向後浸洗三次。我一直以為，我，大衛，永遠不會去印度，而且我這輩子絕不會浸泡在恒河中。但是現在我不僅在印度，還在恆河匯流處三岩；不僅在三岩，而且還在浸洗；不僅在浸洗，還在一個剎那永恆的時刻浸洗，這個時刻，瑪哈禮希．瑪赫西．優濟的骨灰在我周圍的河水中。這實在太值得了。

那一年稍晚，我在巴黎，坐在卡地亞精品店對街的一家餐廳，我向埃米莉求婚。隔年，二〇〇九年二月，我們在比佛利山飯店的草坪上結婚，婚禮中的某個時刻我出去抽菸，碰到在飯店駐唱的貓王模仿者。我說：「你得過來我們這裡。」於是他過來表演，大家一起跳舞。

同一年，我決定拍一部瑪哈禮希的電影，於是我回到印度，開始著手進行。鮑勃．羅斯和我一起旅行，理察．俾馬也在那裡拍片。理察是一個非常特別的人。他有個性，也是一位長年的冥想者，一個超進化的人，他是《雙峰》中的班傑明．霍恩。他是個很好的旅伴，拍了很多精彩的東西，把我們的旅途拍成了一部叫做《美麗的世界》的電影。這不是一堆人成群結夥會去看的電影——看看這世界變成了什麼樣子——或許有一天會，不過不是現在。

我從上海飛去印度，離開上海的時候，我發現我發燒了，而且我覺得可能染上了禽流感。入境印度的時候，你必須排隊通過護照查驗，那裡有一個量體溫的東西。如果你體溫太高，他們就會把你拉出隊伍，送進隔離區，直到你恢復健康，他們才會讓你離開。當我在排隊，突然間我看到正在讀取體溫的電視螢幕，接著我通過了，就這樣入境印度。不過，整個旅程我都在生病，我真希望自己沒有生病。我們追隨著瑪哈禮希的腳步，努力保持最佳狀態，但是我身不由己。

一九五三年，瑪哈禮希的老師古魯．德夫師尊離世之後，瑪哈禮希在聖谷烏塔卡希（Utarkashi）的恒河旁建了一間小屋子，他在那裡冥想，沉靜地過了兩年。在此之後，他開始旅行，教授「超覺靜坐」這套技藝，他旅行所到之處，都遇到需要幫助的人。他走過的任何地方，都會在離去前建設一些東西，他與這些冥想中心保持聯絡，建立一個世界性的運動，傳授這套技藝。瑪哈禮希的兩個任務，就是對於人的啟蒙，以及世界和平，他離世前說一切都已就緒，任務已經完成。就像火車已經離開車站，正在前往目的地的途中。世界和平終將來到。問題只是火車需要多久才能到達。一切都應該如此，現在正進行，只是需要時間。

我實驗做音樂有很長一段時間了，但是面對偉大的音樂家，自稱音樂家是相當不敬的。我玩音樂，但我不是音樂家。我在坎莫里馬吉幫認識了馬瑞·薩伯斯基，他是個作曲家，也是個絕頂聰明的人，他精通八種語言。他音調完美，所以我演奏任何東西，他可以跟著我一起演奏，聽起來彷彿他知道我在做什麼。然而整個過程都是即興發揮，這件事可以做起來的唯一原因，都是他完美的音感。我們創作的方法是，我先讀一首詩，然後通常我會在鍵盤上敲一個音符，馬瑞再加進來。他傾聽我的更改，找到東西，然後從這些東西為原點開始發展——這是個非常自由揮灑的工作，是一種根據詩的文字的感覺發展出來的產物。我會為了與馬瑞創作而寫新的詩，簡化事物只為了營造一種心情，然後音樂就出來了。我們在米蘭、巴黎、洛茲，以及紐約的波蘭大使館表演，我喜歡這些表演，因為我不需要記任何東西。但是在表演《藍色巴布》這張專輯時，我得記住所有的變化，才能在觀眾前面表演，完全是折磨。相較之下在觀眾面前即興演奏，感覺就好很多。

那段時期的另一個音樂計畫是二〇〇九年問世的《*Fox Bat Strategy*》，這張專輯是向戴夫·朱瑞奎[57]致敬，二〇〇六年他在紐奧良去世。我和他的認識始於九〇年代初，當時我在粉紅屋的走廊上，哼一首貝斯曲。我看得懂樂譜，因為我會吹小喇叭，不過再次聲明，我不是音樂家，於是我譜了幾個音，讓自己不會忘記，儘管我不是很清楚自己想做什麼，我還是向國會唱片公司預定了一個時段。我想請唐．法宋擔任貝斯手，所以我跟唐說：「唐，這真是難為情，我為貝斯譜了一小段曲子。」然後我哼給他聽。他說：「很棒啊，大衛！我可以稍做變化嗎？」我說當然可以，於是他做了，而且做得相當漂亮。之後唐為史蒂芬．霍奇斯演奏，史蒂芬開始打鼓，兩個人從此上了軌道，表現得相當好，接著安迪．阿默[58]開始在鍵盤上彈了一些東西。我認識幾個吉他手，但沒有一個人適合，後來某個人說：「有一個叫做戴夫．朱瑞奎的人。」於是他被錄取了，但戴夫還沒有出現。

我們把音軌錄好，戴夫．朱瑞奎終於「從群島上回來了」，他們是這樣告訴我的。我不知道是哪個島，不過感覺滿酷的，他穿著島嶼風格的襯衫，戴著墨鏡，拿著吉他坐下。我把我經常說的，我要五〇年代的感覺告訴他，他開始彈奏，棒極了，棒到我簡直要發瘋。實在太不可思議了。我們錄了〈粉紅屋〉和〈藍色法蘭克〉，這兩首歌都放進了《雙峰：與火同行》中，他們也出現在電影中，在名為「權利與榮耀」的加拿大夜店拍的那場戲中，可見他們的身影。

過了一段時間，我寫好所有的歌詞，我想再度和這群夥伴進錄音室工作。我們訂了切諾基錄音室[59]。直到後來，我主要都是和戴夫．朱瑞奎合作。我給他歌詞，他演奏並演唱，努力把曲子作出來。我們一起作了大概六首歌，然後與布魯斯．羅伯[60]進切諾基錄音室錄製並混音。這次合作相當愉快，但是後來沒有進展，那些歌便閒置一旁。錄音室的工作完成後，我想把戴夫帶來一起工作。戴夫的女友愷，在紐奧良有間叫做the John的酒吧。突然間，我從愷那裡聽說，戴夫從酒吧凳子上倒下來，內出血死去了。愷和我保持聯絡，我製作了這張向他致敬的專輯，裡面包括我們在切諾基錄音室一起寫的那些歌，但那時音樂界狀況很慘，沒有人賺到一毛錢。不過，與這群人一起工作真的很棒。他們是偉大的音樂家，也都是很好的人。

音樂對「大衛．林區基金會」的幫助很大。蘿拉．鄧恩和我是「從內開始改變」音樂會[61]的主持人，這場音樂會是二〇〇九年四月在無線電城音樂城舉辦的募款活動，我介紹了所有的嘉賓，我的天，那真是非常非常緊張，全場大爆滿。保羅．麥卡尼和林哥．史達也來了嗎？你在跟我開玩笑嗎？這是他們解散之後第二次重聚，他們唱了〈朋友的一點幫助〉[62]。保羅準備了全套裝備。他帶來兩輛裝滿器材的超長半掛車。真的超級長。鋼琴和每件東西，都跟著他帶過來了。

人們都不了解披頭四合唱團對我們這一代生命的重要性。經歷過的人知道，但是年輕人不知道。我經歷過這一切，所以可以親眼見到保羅和林哥，那簡直是遠遠超過地球上的一切。一九六四年他們第一次來到美國巡迴，他們飛到到紐約，前往華盛頓特區，開始了他們在美國的第一場演唱會，而我當時也在場。他們在拳擊臺上（他們於一九六四年二月十一日在華盛頓體育館為八千名歌迷表演），那是一個巨大的空間，幾乎聽不到他們的聲音——就像是牆到牆中間的小吱吱聲一樣。當時我還在念高中，本來沒有打算去，但在最後一刻我突然很想去，於是我說服了親愛的弟弟，讓他把票交出來，然後我就代替他去了。我必須告訴林哥和保羅，我參加了他們在美國的第一場演唱會，當然，這對他們而言沒什麼意義，但對於我，實在是太無法置信了。

林哥就像哈利．狄恩。他是那種你可以和他輕鬆坐在一起的，無須交談，就會感到自在舒適的人——他是個真正的人，林哥這個人，太特別了。我每年都會去國會唱片大樓參加林哥的生日聚會。他們會為眾人演奏音樂，到了中午，林哥宣布和平與愛，丟出和平與愛的袖環。每年的七月七日他都會這樣做。保羅也是個很好的人。我看到他為無線電城表演的彩排，當他排練的時候，時間的控制是以毫秒來計算的。他是完美主義者，他要求每個人都在現場待命，讓節目進行保持緊湊，不容許有瞎混的機會。很多人都會隨著時間歲月而漂流變遷，但是當他演唱他的老歌，聽起來就和原始錄音一模一樣。保羅和林哥自從一九六八年在瑞詩凱詩（Rishikesh）加入瑪哈禮希以來，就持續冥想，所以他們是冥想者，也熱愛冥想，而且兩人都是超覺靜坐的擁護者。

在那段日子裡，明蒂有一天告訴我：「危險老鼠想認識你。」我說：「危險老鼠是誰？」她說明了他們是誰，我說：「他一定是希望我為他們拍攝音樂錄影帶或者其他什麼東西。」於是危險老鼠來了，他是滿酷的傢伙，也是個很不錯的製作人，但他並不是來找我拍音樂錄影帶，他希望我從他和天馬合作錄音的唱片音樂發想，拍攝一些靜態照片，而我們用像拍電影的方式拍攝這個作品。我們在不同的地方拍攝，唯一的區別就是，我們拍的不是電影，而是靜態影像。

大家都喜歡天馬，他們已經有一段時間沒有作品問世，因此危險老鼠哄騙馬克．林庫斯出來做東西，然後他們就做出了這些曲子。但是當他們完成曲子的錄音時，馬克卻因為太害羞而無法唱歌，因此他們邀請了不同的歌手來填詞，依他們喜愛的方式完成這些曲子。有一次我開玩笑地對危險老鼠說：「我以為你會要我唱歌。」他問：「你會唱歌嗎？」我說：「會啊，我才剛錄了幾首歌。」他聽過之後打電話給我說：「我要你唱歌。」最後我唱了兩首歌，並且想到「靈魂暗夜」這個標題，這並不新鮮。每個人都經歷過靈魂的漆黑夜晚。他們決定用來命名這張專輯。

我非常喜歡危險老鼠，我也喜歡馬克。他來拜訪過幾次，跟他在一起非常自在。他喜愛音樂，我和他、迪恩會一起坐在工作室閒聊，他抽著一支沒有濾嘴的菸，一直抽到整根菸剩不到三釐米，所以他的手指都呈橘色和棕色。他是個南方男孩。他有很多東西，真的很多。有些音樂家就是很有內涵，當有這樣的人出現，

看著紀錄片《蒙特利音樂節》[63]中的珍妮絲．賈普林，天哪！我哭了出來。當時沒有人知道她是誰——現在很難想像，但是當時沒人認識她——她步上舞臺，一些樂手彈出吉他前奏，真是太酷了，接著音樂穩定了下來，她開始演唱，那實在是太完美了。她所做的一切都是完美，最好的，那是一首超屌超棒的歌，她簡直就是女神。在片中的某處，切進媽媽卡絲[64]的鏡頭，珍妮絲表演的時候，她在最前排，她說了一聲「哇」，彷彿她不敢相信眼前的一切。那實在是珍貴如金。然後是吉米．罕醉克斯，他和他的吉他是一體的。無論吉他在哪裡，他的手指都在彈奏——兩者已經融入彼此。太超現實了。這真是他媽最酷最屌的東西。他唱的〈野東西〉征服了整個公園，接著，奧提斯．瑞汀登上舞臺。那天晚上他唱了什麼歌？是〈我愛你愛很久了〉。那歌聲中蘊含了太多東西，很難相信有人可以用單純的一首歌，表達所有的一切。

你會馬上發現。

1 *The Air is on Fire*　2 Hervé Chandès　3 *Snowmen*　4 Patrice Forest　5 Idem Paris
6 *The Paris Suite*　7 Christian Louboutin　8 Mindy Ramaker　9 J. J. Murphy　10 *Polish Night Music*
11 The David Lynch Music Company　12 Noriko Miyakawa　13 Guru Dev　14 *It's a Beautiful World*
15 David Lynch Studio　16 John Chalfant　17 International fair Art Basel Miami
18 *Antelope Don't Run No More*　19 *Dark Night of the Soul*　20 Brian Burton　21 Sparklehorse
22 Mark Linkous　23 *Marilyn Manson and David Lynch: Genealogies of Pain*
24 *Lady Blue Shanghai*　25 Marion Cotillard　26 Raphael Navot　27 Enia　28 Thierry Dreyfus
29 *This Train*　30 *Crazy Clown Time*　31 Yeah Yeah Yeahs　32 Karen O, *Pinky's Dream*
33 Muddy Magnolias, *American Woman*　34 Dave Alvin　35 *Uncle John*　36 Louis C.K.
37 *Late Show Part 2*　38 *Late Show Part 3*　39 Lula Boginia Lynch　40 *The Big Dream*
41 Lykke Li　42 Dumb Numbers　43 *The Unified Field*　44 Robert Cozzolino　45 *Playing Lynch*
46 John Malkovich　47 Squarespace　48 Alliance of Moms
49 Middlesbrough Institute of Modern Art　50 *Naming*　51 *Between Two Worlds*　52 José Da Silva
53 Melita Toscan du Plantier　54 Alain Dominique Perrin　55 Daniel Toscan du Plantier, 1941-2003
56 Jean Nouvel　57 Dave Jaurequi　58 Don Falzone, Stephen Hodges, Andy Armer
59 Cherokee Studios　60 Bruce Robb　61 Change Begins Within Concert
62 *With a Little Help from My Friends*　63 *Monterey Pop*　64 Mama Cass

我的木頭

變成了黃金

二〇一四年林區在賓州美術學院的展覽開幕時，他終於開始獲得藝術世界的認可，但就在這個時間點，他又再度掉進入電視圈。二〇一一年，林區與馬克．佛洛斯特在慕索與法蘭克餐廳共進午餐，自此，他重回《雙峰》，這工作占據了他接下來長達四年的人生。

當《雙峰：回歸》漸漸成形之際，林區還在努力為《羚羊不要再跑了》籌募資金，但是這部電影注定無法完成。法國製片人亞蘭．沙德對林區承諾，他可以製作任何他有興趣的影片，但是預算必須估計在兩千萬美元上下——時下的製片主流是要不砸錢拍大片，要不就製作小成本電影，偏偏這筆預算介於兩者之間，變得不上不下——《羚羊不要再跑了》的製作因而變得進退兩難。隨著他與佛洛斯特的合作日益頻繁，這樣的狀況也越來越明顯。他們大多時間都是在Skype上一起寫作——佛洛斯特住在奧海鎮，離好萊塢有兩小時車程——兩人一起成立了「蘭丘羅莎合作公司」[1]。然後林區向莎賓娜．蘇瑟蘭求援，製作他們開發展出來的項目；蘇瑟蘭在二〇〇八年十一月開始專職為林區工作，處理各種業務的法務會計工作，其中某些部分是一團混亂，當《雙峰》開始動工時，她已經是林區業務中不可缺少的人才。林區很信任她，而她也為林區兼任多項職務，包括：製作人、會計師、經紀人、律師，以及業務經理。

到了二〇一四年初，林區和佛洛斯特已經完成足夠分量的腳本，可以出去找資金了。他們的第一站是哥倫比亞集團的子公司，Showtime有線電視網。「我聽到傳言說大衛和馬克在考慮重啟《雙峰》，我透過他的代表請他與我們見面。」Showtime首席執行長大衛．內文斯[2]說：「二〇一四年二月，他和馬克前來拜會我與蓋瑞．萊文[3]，大衛坐在我的沙發上安靜地傾聽，我則試圖說服他，這裡會是個培養他心血結晶的好地方。他斯文謙恭，彬彬有禮，身上穿著得體的黑西裝和白襯衫，然後盤算著我是否可以成為一個可靠的合作夥伴。」①

這場談判進行了六個月，然後在十月，Showtime宣布重啟《雙峰》系列，預計製播九集。在二〇一五年的一月，林區和佛洛斯特提出一份三百三十四頁的劇本給電視公司，佛洛斯特當時把心力專注在一本關於此劇的書《雙峰祕史》[4]，而大衛則繼續寫劇本。談判擱淺，大衛越來越沒耐性，到了四月六日，經過十四個月的持續談判，Showtime提出了一筆資金，但是他覺得根本少得可憐，於是他在推特上宣布計畫停擺。

「Showtime的腦子裡認定這就是一部電視劇，他們無法了解大衛的想法。」蘇瑟蘭談起合約上的衝突：「對於大衛來說，這從來就不是電視；它一直是一部劇情片，電視公司無法理解他在想什麼。例如，大衛希望每天都有一組完整的電影劇組，加上閃電機、道具畫師和特效人員現場待命，但是這並非電視的工作方式。他們無法隨時提供龐大的劇組，所以Showtime拒絕了，因為在他們腦中，這只是電視。當大衛說：『好，我退出。』時，他並不是因為想要更多錢而離開；而是因為電視公司所能提供的，與他實際需要的差距太大，因此他選擇離開。大衛其實根本賺不了多少錢。」②

退出這個計畫對於林區並不是件愉快的事。「看到他這樣做，讓我想起他在工作時多麼正直，」埃米莉．斯托弗說道：「在會計告訴他經營這個地方需要花多少錢時，他便知道自己在員工身上的支出太多了。他才為酒商唐．佩里格農[5]拍了一支廣告，可以支撐他再維持一年，但是從二〇〇六年起他就沒有再拍過電影，也沒有固定可靠的收入來源。然而，他對《雙峰》所懷抱的視野，就是無法妥協。」

下決定之後，林區通知幾位承諾參與演出的演員，告訴他們他退出了，但是這齣劇即使沒有他，還是可能繼續進行。「當初要是沒有大衛的參與，我想我們所有人都不會去碰它的。」在第二季中飾演巴比．布里格斯的達納．阿許布魯克[6]說道③。那時候，麥德辰．亞米克號召大家拍了一支宣傳影片，十一位演員（麥德辰、阿許布魯克、雪洛．李，雪琳．芬、金咪．羅伯森、佩吉．利普頓、詹姆斯．馬歇爾[7]、蓋瑞．哈許伯格[8]、溫蒂．羅比、凱薩琳．康森，和艾爾．史綽博）拍下他們對林區的感謝之情，他的女兒珍妮佛也參與了。

「談判破局時，我正在日本。」內文斯說道：「對於電視劇，我們都是一集一集在商談預算，而我們的律師一直以電視協商的方式處理《雙峰》，但這並不是典型的拍片計畫。大衛從一開始就表明自己把它當成電影在拍，也不想透露會有多少集——他說『可能有十三集，也可能更多。』我們的律師在這一點上陷入僵局，他們不希望拍一集就得付一次錢，而且得付十三次錢，但是那並不是大衛的意思。

「當我搭飛機回家時，他在推特上說他要退出這個計畫。飛機抵達後，蓋瑞和我去了大衛家。他說：『我一直說會超過九集，但是根本沒有人聽我講話。』我告訴他：『我不能平白給你一張空白支票啊，我需要知道我會花多少錢，』大衛說：『你想清楚你可以花多少錢，我也會想清楚這筆預算是否足夠做出我想要做的。』因此，我們對整個計畫提出預算規畫，給了他我們覺得恰當的一筆錢，並且告訴他：『你需要拍幾集，就拍幾集吧。』他有效率地運用這筆經費，結果，每集的預算都相當合理。

「我們從來沒有考慮過沒有大衛參與的情況。」內文斯補充說道：「《雙峰》交給別人拍會變成什麼樣子？這並非賣座系列電影需要新導演來重啟續集的情況，而且我們已經可以預料，沒有大衛參與的《雙峰》會變成什麼樣子，它會變得虛而不實。」

二〇一五年五月十五日，林區宣布他重返製作，前製作業正式啟動。雖然劇本早在幾個月前就提交給

Showtime，但是計畫通過之後，他仍然繼續寫劇本寫了好幾個月。「大衛是第一個說沒有馬克就不會有《雙峰》的人，然而當馬克不寫劇本跑去寫書時，故事的整體輪廓已經出來了，大衛在他離開之後，將這故事繼續延伸擴展，」蘇瑟蘭說道：「多年來一直在他腦海中的東西，都被編進劇本，那完全是大衛的導演視角。他完全知道自己想要什麼——每個角色的外表、穿著、衣服、場景、家具上的螺釘和螺栓，以及裙子上的拉鍊——舉目所見都是百分百的大衛。」

「他非常努力在寫劇本，」斯托弗回憶道：「他與馬克一起寫劇本的那段日子裡，每天晚上都會回家，但是因為我不喜歡他在屋子裡抽菸，所以他會坐在外面，一邊抽菸一邊在筆記本上寫作。他會坐上好幾個小時。他大部分時間都在那把老式躺椅上度過，因此我們得為他換一個新的靠墊。在寒冷的晚上，他會把自己包在毯子裡。我們的房子上有個東西懸垂在那裡，下雨的時候他就把椅子轉到側邊，這樣他就不會被水滴到。」

林區本來希望傑克．菲斯科擔任這齣劇的製作設計，但菲斯科剛剛做完阿利安卓．崗札雷．伊納利圖的《神鬼獵人》，於是推薦了他的藝術指導露絲．德．瓊[9]擔任這份工作。杜威尼．鄧漢重返剪輯崗位，安傑洛．貝德拉曼堤負責音樂，瓊安．雷和克里斯塔．赫薩[10]則做選角工作。《雙峰：回歸》擁有兩百多個需要講臺詞的角色，是有史以來最龐大的拍片計畫。

主要拍攝從二〇一五年九月開始啟動，對於所有演職員，包括林區在內的每一個人，這一百零四天的拍攝，都是一場光榮的經歷。「一切似乎都他媽的好自然，」麥可．巴利爾說：「從第一天開始，他拿著擴音器坐在導演椅上，好像這件事他已經做過一百萬次。那個位置，才是他的歸屬。」

當然，第一個，也是最關鍵的演員，還是凱爾．麥克拉蘭。「他們一直在寫劇本，但是還沒有完成，他們需要確認我願意參與演出，我說我百分百願意。」這位演員說道。林區和佛洛斯特在二〇一二年首次與他接觸。[4]

「這不僅是偉大的角色——這是三個偉大的角色，作為一個演員，我從沒有接受過這樣的挑戰。變身成為壞庫柏的過程是一場漫長的旅途，而大衛和我尋找這個角色的過程是非常緩慢而穩定的。對我而言，最困難的戲是壞庫柏與蘿拉．鄧恩的對手戲。大衛和我都憨傻，我很難在他的戲中扮演主動攻擊的角色。況且我與大衛和蘿拉的情感聯結非常緊密，要把這種情緒切割開來。對我也很困難。」

蘿拉．鄧恩飾演麥克拉蘭的愛情對象黛安，雖然她承認拍攝過程充滿挑戰，但對她來說，卻幾乎是純粹的樂趣。「與大衛和凱爾一起拍戲，就像是家庭野餐。」她說：「大衛為我和凱爾辦了一場重逢派對，好像他包了一份聖誕禮物送給我們。」在劇中，庫柏和黛安所展開的故事，也是個關於愛情的故事，也讓整部劇更具深意。

「凱爾和我之間的感情戲相當困難，並不是因為親密，而是因為黛安接收到的感情太強烈。」她補充說道。「關於這場戲，大衛並沒有預設立場。他一面拍，一面與我討論，但我不覺得他知道這過程會如此折磨人。黛安是庫柏的真愛，因為她了解他正在和他分裂的人格戰鬥，她也因此受害最深——或許比庫柏本人受到的傷害還要大。對我而言，這場戲的迷人超越了它的痛苦，而且令人著迷，因為她知道他們再也無法回歸純真。這是一份混合了心碎、肉慾、毀滅，和困惑的情緒。我不知道大衛的意圖是什麼，但這就是我在這場戲中所體驗到的。」

在全部三季中扮演霍克探員的麥可．霍斯[11]說：「大衛打電話來說：『我們要把那幫老傢伙聚在一起。』拍戲拍了一兩天之後，我想著：『天啊！我忘記大衛是怎麼樣的人，忘了他有多特別了。他有許多與眾不同之處，實在讓我樂在其中。』」[5]

林區用一個神祕的斗篷把這齣劇整個蓋起來，除了麥克拉蘭以外，演員們來到片廠時只知道他們要講的臺詞，其餘一概不知。但是似乎也沒有人介意。「劇本擁有如此神祕的特質，為演員之間的互動增添了一分美麗的層次。」詹姆斯．馬歇爾如是說，他在戲中扮演一個喜怒無常的獨行俠詹姆斯．赫利。「當你在鏡頭前表演時，有一份極度私密的特質，我想將它呈現在螢光幕上。」[6]

二十七位原始劇集的演員重返第三季，包括飾演菲利普．傑若的艾爾．史綽博，他在第一季中首度出現，飾演夥同鮑伯進行邪惡犯罪勾當的獨臂人。到了第三季，傑若這角色已經演化成為一位先知。「我當時住在波特蘭，我的經紀人把我的照片和履歷寄給瓊安．雷。」史綽博談起他與林區的相識經過：「大衛在我身上看到某些可以運用在他藝術作品中的東西，我馬上就喜歡上這個人。彷彿就像被邀請到一個奇妙的沙盒裡，和一個比你想像中還要有趣的人一起玩耍——那時候的大衛非常好玩。他在這次的工作中，看起來似乎比較嚴肅，不過第三季確實是比較嚴肅的作品。過去我們都很適應傳統電視的慣例，但是大衛的藝術觸角更深層了，他今天似乎已經不在乎這齣劇是否會受歡迎。他只想表達他自己的藝術。」[7]

葛蕾斯．薩布麗斯基指出，時間和經驗在林區身上烙印。「隨著你身為藝術家的成長——也做為一種資產——在生涯的初期，你會承受無法想像的壓力。而如今，你面對著新的期待，但是你仍然得做出東西，而且得做得更好。多年來，這些壓力讓大衛的作品產出有些減少，但是我了解其中的緣由，而且他重要的特質，從來沒有改變過。」

「我記得在《雙峰：回歸》片場等待布景裝置的時候，我們會坐著聊天。」薩布麗斯基補充說道：「我們分享對木料以及手工製作的喜愛，我們討論的話題通常都是工具，我們那時候聊的可能就是這些。但是一直有人跑過來要求導演批准某些事，因而打斷了我們的談話，但是這些人走了之後，他都會把話題帶回原來被打斷的點。大衛與人交談時，他的注意力是完全集中的。」

飾演神祕消防員的演員卡雷爾．史崔肯[12]也觀察到林區的變化。「他沒有告訴過我關於我演的角色的任何訊息，」在第二季第一集中初次露面飾演「巨人」的史崔肯回憶道：「他只是走過來跟我握手，然後說：『凡事都會順利的。』聽起來非常五〇年代。」

「大衛從來不著急，」史崔肯繼續說道：「他總是告訴演員，做什麼都再慢一點。漢克．沃登[13]在我演的第一場戲中扮演一位服務生，他八十九歲了，走起路來已經步伐蹣跚，但是大衛告訴他步伐還要再慢一點。這次他要求更緩慢。我當時並不知道他到底想做什麼，但是現在看到播出，這一切都有意義了。這場戲的節奏速度真的非常前衛。」⑧

佩吉．利普頓也參與了第三季的演出，飾演RR餐廳裡的女王諾瑪．詹寧斯。一九八八年我與大衛見面的時候，他坐在一張他自製的大書桌旁，整張桌子上唯一的東西就是我的照片。」她回憶道：「從來沒有人這麼尊重我。當時我還沒有看過大衛的電影，但他的個性深深吸引我。大衛看著你的時候，你是這世界上唯一存在的人。他從不分心，他的眼神從不亂飄，他把所有一切都集中在你身上，而你也得到他全部的注意。我想他就在那天給了我這個角色。」

「時間向前快轉二十年，我的電話答錄機有一則留言──『嗨，我是大衛．林區。』於是我打電話給他，我們聊了一會兒，」利普頓繼續說：「他喜歡瞭解他人，他問了我一些生活方面的事，希望我參與這齣劇，我說當然好。然後我想，天啊，我該如何重新塑造這個角色，但是我不需要做任何準備，因為一切都寫出來了。我很喜歡大衛把餐廳整合進幻象之中。好，一切都從此開始，這些都是我們的基礎，一切都美妙地結合在一起了。這麼多年之後，大衛再度重返我的生命，實在是非常特別。」⑨

艾佛瑞特．麥克吉爾[14]在戲中飾演諾瑪的戀愛對象老艾迪．赫利，他一九九九年退伍之後搬到亞利桑那州。「我沒有跟洛杉磯的任何人保持聯絡，大衛找我找了一陣子。然後馬克對他說：『何不試試看你的推特社群中是否有人跟他聯絡。』」麥克吉爾說道：「於是某人回覆，把我多年前過世岳父的小屋的電話號碼給了他。我每隔幾週就會去那裡看看，我在那裡接到電話的機會微乎其微，但是電話鈴響了，我接起電話，那是大衛。我們開始交談，彷彿在繼續昨天未完成的話題。我們談到了過去的美好時光，以及他的帕卡德，那是他鍾愛的怪車子，隨著談話進行，他說：『如果我需要跟您聯絡，可以打這支電話嗎？』我說：『打這支電話不好。』我給了他另外一個電話號碼，然後我收到一封保密協定，以及瓊安．雷打來的電話。很久以前，我曾對大衛說過：『無論何時何地，只要有需要，你打電話給我，我都會在。』他知道他根本不用詢問我的演出意願。」

「扮演老艾迪永遠是一件快樂的事，當諾瑪把手放在我背上，我們兩個人接吻時，那真是一個讓人感動的時刻，」麥克吉爾針對第三季的戲補充說道，這場戲描寫兩個被命運捉弄的戀人終於結合。「那真是一份美好的感覺，而大衛一個鏡頭就拍出來了，完全沒有拍第二次。」⑩

「拍這場戲的時候，大衛在片廠播放奧提斯．瑞汀的歌〈我愛你愛很久了〉，當我看向他的時候，他哭得像個小嬰兒。」

老艾迪與諾瑪愛情的結局，是雙峰鎮發生的眾多變化之一。「當年我以一個年輕小伙子扮演年輕的巴比．布里格斯時，我可以自由自在地演一個豬頭，那很有趣，」阿許布魯克說道：「我知道第三季會有所不同，當我發現巴比成了警察時，我並沒有感到震驚，因為在第二季中一場我父親和我的戲中，就好像把它設定好了。大衛過去給我的指導，感覺比較怪異，不過這次，他對我的態度不再那麼飄渺，與我耳聞中他對其他人的態度不大一樣。我的戲是特別寫出來的，我只希望進入這角色，而不是去搞亂它。」

「我得到過的每一份工作都和《雙峰》有關，因為大衛，我可以繼續當一個演員，」阿許布魯克接著說道：「他就像你遇過最棒的老師，也是我見過的最忠誠的藝術家。當我們在拍試播集時，蘿拉．佛林．鮑兒和我在紅獅飯店的大廳碰到他，我們都住那裡，他邀請我們去他的房間，看他正在製作的海報。我們拍片拍了十二個小時，他回到自己的房間，仍然繼續創作更多藝術作品——我很欣賞他這一點。」

阿許布魯克的角色，從第二季結束後的二十五年裡逐漸成熟。詹姆斯．馬歇爾的角色卻更加情緒化。「我想大衛把每個角色都視為自己的某個面相。他喜歡某種純真的角色，詹姆斯．赫利也許代表這一面。」馬歇爾說道：「詹姆斯是一個飽受煎熬的角色，我覺得大衛很喜歡靈魂因悲傷或喜樂而浮出表面的時刻。他也是一位移動能量的大師。」

「在第一季有一場戲，蘿拉．佛林．鮑兒和我坐在沙發上，我們應該要接吻。但是大衛並沒有得到他想要的氛圍，所以他過來和蘿拉說話，然後看著我不發一語，再回到他的座位上。他這樣子做了幾次，依然沒有什麼作用，於是這一次他走到我身旁，蹲下來，舉起雙手，開始用雙手開開合合，並且伸出手指。他不想說問題出在哪裡，但我們還是沒有達到他的要求，於是他雙手開合做了兩、三分鐘，一句話也不說，然後起身說了一聲：『加油！』接著就走開了。基本上，他是讓我們與他同在幾分鐘，然後把能量完全移轉過來。他只是打開瓦斯，讓我們來點燃火焰。」⑪

這齣劇的原始演員，無法避免地面臨生命的折損。幾位演員——法蘭克．西爾法、大衛．鮑伊和唐．戴維斯[15]——在開拍之前就去世了。其他人，如華倫．佛羅斯特[16]、米蓋爾．法拉[17]和哈利．狄恩．史坦頓都在片子殺青後去世。這些演員在劇中的存在，突顯了林區心中的生死界限，是如此互通。圓木女士凱薩琳．康森是一位特別淒美的人物，她差一點就無法在螢幕上露面。她去世於二〇一五年九月二十八日星期一。前一週的星期二，一位朋友前去奧瑞岡州阿什蘭的家中拜訪她，知道她計劃在週日飛到華盛頓，週一和週二進行拍攝。康森當時正在加護關照中，這位朋友建議她避免旅行，但她心意已決，一定要參與演出，並且對林區隱瞞了她的病情。這位朋友聯絡到導演，提出建議，如果他希望讓她參與演出，他應該馬上飛到阿什蘭，在她的家裡拍攝。第二天，宮川紀子前往阿什蘭，召集當地的拍攝劇組，當天晚上，林區透過Skype指導，拍完她的鏡頭。五天之後，她去世了。一個星期前，扮演RR餐廳員工陶德的馬佛．羅山[18]也去世了。二〇一七年十月十八日，扮演偵探戴夫．麥克萊的布倫特．布里斯科[19]也在跌倒後意外去世，得年五十六歲。

這齣劇也網羅了其他林區電影中的演員——巴達薩．蓋提、娜歐蜜．華茲、蘿拉．鄧恩，和勞勃．福斯特[20]——以及幾個首次演出就擔任關鍵角色的演員。「有一天在錄音室，大衛看著我說，『我覺得我的新戲有一個角色很適合妳。』」飾演聯邦調查局探員黛咪．普雷斯頓的克莉絲塔．貝爾說道：「直到他給我看劇本，我才知道到黛咪是個重要的角色。我很懷疑自己是否演得出來，但是當我持保留態度時，大衛說：『沒問題的，相信我吧。』我問他我是否應該上些表演課，他說：『不可以！妳敢就試試看！』

「大衛對這角色有一份想像，而我也會做些調整，尋找正確的服裝。」她補充說道：「他看著服裝設計南希．施泰納[21]寄過來的每張照片，說道：『不，不是那樣子，』或者『這部分妳做對了，但是妳得在另一部分上加強。』他一直在實驗，直到他找到了FBI探員『兔子潔西卡』[22]的造型。」*

林區早在到達片廠之前，腦海裡已經形塑好角色的樣貌，但是他會和他選的演員一起賦予骨肉。「對白完整塑造出黛安的性格，她的其他部分也已就位，」蘿拉．鄧恩談起她的角色說道：「大衛想給黛安一種不存在的唇彩。我們從化妝品中嘗試了所有可能找到的的一切，最後他創造了自己的口紅組合，直到找到他所要的。我每天在片廠都會花十五分鐘混合口紅的顏色，直到他得到了一種幾乎是白色的粉紅色，其中還得包括許多金色和黃色在裡面。」

「他的要求非常具體而明確。但是同時，大衛也樂於看到演員從自己身上發展出東西，」蘿拉・鄧恩繼續說道：「無論是在《藍絲絨》的片場，他用大喇叭播放蕭士塔高維奇的音樂給凱爾和我聽；或者是把尼可拉斯・凱吉和我送去一場公路旅行，告訴我們當我們變成了《我心狂野》的塞勒和露拉時，他希望我們聽什麼音樂——他深切地關心著如何幫助你發掘自己的心境和奧祕。」

首次在這齣劇露臉的人當中，有一位年輕的英國演員傑克・沃德[23]，他二〇一〇年的YouTube影片「英語的二十四種口音」[24]吸引了林區的注意。「二〇一二年，莎賓娜・蘇瑟蘭寄了一封電子郵件給我，她說：『嗨，我正為一個導演工作，他有興趣邀請你演他的電影，他想與你在Skype上交流，』於是大衛和我有了我們的第一個Skype帳號。」當時剛滿二十歲的沃德說道：「他非常隨和，他告訴我他對我的影片印象深刻，而且他喜歡我的真誠，我們每隔幾個月都會繼續用Skype交談。我們只是隨口聊聊，為了互相了解，例如他會問我午餐吃什麼，或養什麼樣的狗。然後在二〇一四年，他說：『你看過《雙峰》嗎？我們正在製作新的一季，你要扮演一個叫佛雷迪的傢伙，他戴著神奇的綠色手套，這手套會帶給他超強的力量。』他用考克尼式的押韻寫我的角色，他對這很感興趣。他其實知道得比我多。」

「二〇一六年三月一日，我終於遇到大衛，我當時是去定裝。我受邀參觀片廠，大衛正在與消防員和塞

＊兔子潔西卡來自電影《威探闖通關》（*Who Framed Roger Rabbit*）中曲線玲瓏的動畫美女。

諾里塔·迪多[25]拍攝第八集的一場戲，他給了我一個大大的擁抱，讓我坐在他旁邊，我看他導戲導了好幾個小時。如果大衛沒有找我，我不知道我是否有信心演戲，但是現在，我知道這是我的命運。大衛改變了我的生命，因為他的幫助，我走上了正確的路。我就像佛雷迪：佛雷迪被消防員選中，而我被大衛選中。消防員給了佛雷迪手套，而大衛給了我這個角色。」⑫

在這資歷光譜的另一端，則是影壇老將唐·莫瑞[26]，他在一九五六年的電影《巴士站》中與瑪麗蓮·夢露演對手戲而入圍了奧斯卡獎。「我從來沒有見過大衛，所以當我接到他的電話，他說希望我參與演出時，我非常驚訝，」莫瑞說道：「劇本中的角色原本是個四十五歲的男人，而我八十七歲，但是他說：『我真心喜歡唐·莫瑞，所以我不在乎。』我不知道大衛在我身上看到了什麼，但是他對自己想要的東西有著很精準的眼光，當他在選角時，他已經在那人身上看到他想在銀幕上看到的東西。你從他那裡得到的表演指導並不多，對於他選角出來的演員，你無須多費工夫揣摩。」

「大衛的片廠有我所見過最歡樂的劇組，」莫瑞補充說道。「有一件事，我從沒有在其他導演身上看過：即使是某個很小的角色，當他們的部分拍完時，他會暫停拍攝，讓演員和工作人員聚集過來，然後說：『這是某某小姐的最後一場戲，我要感謝她，大家給她掌聲。』片場充滿著一股歡愉氣氛，實在太特別了。」⑬

在演員陣容當中，還包括了幾個年輕演員，他們在這一行苦撐很久，他們或許會把《雙峰：回歸》當作他們事業上的重大突破。「我並不知道試鏡是怎麼一回事，我開車深入聖費南多山谷的工業區，走進一個等候室，裡面充滿著你在大衛·林區選角辦公室可能遇到的各種人，」扮演傻笑警探傅斯科的艾瑞克·艾德斯坦[27]說道：「我沒有得到我要的角色，但後來有人告訴我大衛正在尋找我可以演的角色，幾個月之後，我接到了電話，第二天我就進了試鏡間。當我來到片場時，大衛走過來說：『好，你們是傅斯科三兄弟，艾瑞克，你是最小的，你的哥哥們都很愛你。』然後他用我的笑聲當成一種樂器，並在我們拍攝的時候編排舞步——我想我試鏡的時候一定在咯咯笑，這就是為何我得到了這個角色。」

「《雙峰》之前，我一直演壞人，我想，難道我從此就要深陷在如此的黑暗能量當中無法自拔了嗎？在《雙峰》裡，我不僅沒有演壞人，我還演我自己，現在我因為這個大個子又愛傻笑的人而得到了演出機會。我的演藝之路完全改變了，全因為大衛在我身上看到了這一點。」⑭

演員們經過不同的途徑到達大衛的世界；飾演刺客雷．孟羅的喬治．格里菲斯[28]則是透過家族聯繫而到達了這裡。「《大衛．林區談創意》這本書對我影響深遠，二〇〇九年，我建議他來上《奧茲博士秀》關於冥想的一集擔任嘉賓，」格里菲斯說道，他的妻子是奧茲的女兒。「大衛同意來上節目，我訪問他，後來他們邀請我共進午餐。我坐在他旁邊，我簡直不敢相信我和他坐在一起。大衛是很多人的守護神，那頓午餐標示了我人生的巨大轉變。我告訴他我正在製作的一部電影，影片完成後，我寄了一份給他，但是我沒有想到他會看。兩個星期之後，他寄來了一封熱情的電子郵件，告訴我他喜歡這部電影。讀完了那封郵件，我的眼淚潸潸而下。」

「當我聽說《雙峰》要回歸，我想，或許我可以幫忙泡咖啡或者做些什麼，於是我寫信告訴他，我可以做任何事，」格里菲斯繼續說道：「然後，瓊安．雷請我過去，我想那是大衛的另一分好意。我見到瓊安，她對我一無所知，或許她納悶我是怎麼被找來的，後來我想，經過這場會面，我不可能有機會參與這齣劇了。然後，我竟然收到他們寄來的電子郵件，他們說：『歡迎加入我們。』我簡直不敢相信！」

「直到拍攝我第一場戲的那天，我才見到大衛，那場戲是在比尤拉的家與C先生見面。當我走到片廠時，大衛說：『喬治．格里菲斯，我喜歡你的電影。』他會這樣講實在太酷了，因為沒人知道我是誰，他的話讓初到片廠，籍籍無名的我有了一點分量。我所有的戲都是和凱爾一起，他和大衛的合作歷史悠久，我當然會很緊張。但是在第一天，凱爾就說：『老大永遠會得到他想要的東西。』這正是我需要聽到的。」⑮

另一位林區世界的新人，是著名喜劇演員麥可．塞拉[29]，他客串演出一個瘋癲的摩托車小子瓦利．白蘭度，也是此劇中最有趣的部分之一。「二〇一二年，我和艾瑞克．艾德斯坦和另一個朋友一起去洛杉磯中心參加超覺靜坐入門培訓。」塞拉回憶道：「到了第四天，一位女性工作人員走向我們問：『你們想和大衛一起冥想嗎？』我們都被嚇到了，說那太好了啊，但我們還是對這份邀請半信半疑。一個多月之後，她打電話過來說：『星期四在大衛家，怎麼樣？』只有他和我們，他是如此開放，願意讓陌生人進入他家。他是如此友善，讓我不再覺得自己是個外人，我們一起冥想，這是我經歷過最特別的事情之一。然後，還有機會和他一起工作？就像處在他的雷達範圍中，極細微的一處，這對我來說真是不可思議。我最大的希望就是，我不會浪費他的時間，而他也不會後悔用我。」

「我們沒有真正討論過角色，」飾演瓦利．白蘭度的塞拉補充道。「我一直在看迪克．卡維特[30]對馬龍．白蘭度的訪談，並且盡我所能地在自己身上模擬，大衛四兩撥千斤地告訴我，要謹守劇本中的語法，這對我很有幫助。我們在凌晨兩點鐘拍這場戲，大約花了四十分鐘，整個拍攝就完成了。」⑯

拍攝過程進展很快。「大衛一直很有效率，但是這一次，他到達了一個新的高度。」麥克拉蘭說：「我在想，大哥，你只想一個鏡頭就完成嗎？我們都知道，如果沒有達到他的要求，他不會繼續拍下一場，而且他絕對知道自己想要什麼。我記得那天我們在杜吉辦公室裡拍康茄舞的一場戲，而吉姆．貝魯奇[31]漏詞。大衛喊卡之後，總有某個片刻的停頓，等著聽接下來的指令，大衛在這個片刻拿起擴音器說：『貝魯奇先生？我需要提醒你來校長室報到嗎？』吉姆說：『不用啦，我明白了。』大衛用一種迷人的方式處理這樣的事，他不會讓任何人尷尬，同時也表達了自己的意思。」

從「路邊之屋」現場音樂表演的處理*，可以看到這齣劇製作上的精簡：總共要拍大約二十四場樂團表演，他們先用雷利·林區和迪恩·賀利共組的「麻煩樂團」進行初步測試，然後花一整天在帕薩迪納的某處拍攝完成。另一天拍攝臺下的觀眾，讓觀眾輪流出現在畫面中，以製造多樣性。一切都進展得很快。

然而這並不表示一切對於林區都輕而易舉。「他很開心，但這對他也相當艱難，」巴利爾說道：「他在拍攝過程中度過七十歲生日，我們每天至少工作十二小時——很多時候都是一天十七小時。他病了幾次，有幾天他的肺出問題，有發燒現象，當我們把他放下車時，他幾乎不能走上樓梯。但是六個小時後，他又開始工作了。有一天，我們在拍『紅房間』的戲，他跌倒了，兩邊膝蓋都摔到，但他只是站起來走掉了。拍這齣戲之前，我都不知道他有多堅強。」

想像這整個工作過程之艱辛，林區的婚姻果不其然也因此付出代價。「這很有挑戰性，因為基本上他就是不見了，」斯托弗回憶道：「他精疲力竭。要拍出十八個小時的影片？這就像是要製作出至少九部劇情長片，任務非常艱鉅。他的行程很累人，有時白天拍，有時晚上拍，時間來回切換，星期天是他唯一的休假日。但是他總會在星期天晚上開製作會議，所以他從來沒有好好睡過覺。他曾告訴我，『泡芙，我在拖車裡冥想，我睡著了，醒來的時候我不知道我在哪裡。片場裡每個人都比我年輕，我好累。』他病得很重，卻從來沒有停止工作。」

「片子開拍後不久，他說，『我早上六點收工回家時，妳和露拉正開始新的一天，到處跑來跑去，我需

*《雙峰：回歸》的每一集，都以一場樂團表演做結尾。

要安靜，以及遮光的窗簾，」斯托弗繼續說：「我們本來想在馬爾蒙城堡酒店幫他弄一個房間，但是太貴了，於是我把灰色房子裡的一間客房打理成他的房間，窗戶上釘上遮光窗簾，他很喜歡。從華盛頓拍片回來之後，他就搬去那裡住，有一天晚上我去找他，他在抽菸看電視，我想，他會一直住在這裡了。因為他可以吸菸。兩年多來，他一直抱怨他只能在戶外吸菸，現在他可以在屋子裡吸菸。吸菸是他的生命拼圖中很大的一塊。」

《雙峰：回歸》拍攝場景的幅員地點比前幾季都廣。這是個由多重情節發展出來的故事，場景位於紐約市、拉斯維加斯和鄰近的郊區、虛構的城鎮雙鋒鎮與巴克霍恩、北達科他州、費城、五角大樓、德州、奧德薩，當然還有「紅房間」。然而這整個故事的敘述中，都嵌入導演的個人引述。記得裝設在幸運七保險公司外面廣場上的青銅牛仔雕像嗎？那是根據林區父親十九歲那年在森林監視站工作時所拍攝的照片。劇中沒有臨時起意的東西，所有東西都有多重意義，但是這些東西都流暢地融為一體。「我看大衛坐在角落裡寫東西，」史崔肯回憶道：「然後有人走過來，遞給我一張從筆記本上撕下來的紙條，上面寫著我下一場戲的臺詞。」

「我在劇中最喜歡的一場戲完全是即興發揮，」克莉絲塔．貝爾說道：「有一天，蘿拉和大衛和我坐在片場等待著什麼，看著蘿拉和大衛在一起感覺非常好——他們之間存在一份甜美。大衛努力讓我參與對話——他總是那麼體貼——然後他看著我們說：『我們要拍一場劇本裡沒有的戲。我們要到外面，站在臺階上，就站在那裡，然後到了某個點，我會抽一口蘿拉的菸。』整個過程都很笨拙，基本上，我只是置身如此冗長之一場戲的空間中，但是大衛正在利用我們三個人之間的動能，達到另一個層次。他一直在進行創作。

我們只是在閒聊，然後他想，等一下，這很酷啊，我們把它放在《雙峰》裡面吧。然後他告訴彼得．戴明：『我們要到外面去拍。』於是他們不得不移動裝備。」

「我喜歡那場戲，」佩吉．利普頓說道：「他們只是站在那兒看著空氣，我笑到不行。在那場戲中有呼吸的氣息，在大衛所有作品裡，都有這份美好的質感。當他要求觀眾花幾分鐘看一個傢伙清掃酒吧，並且要完全專注於那根掃帚時，它讓你有片刻時間沉浸在自己的思考當中，彷彿一種冥想的持續。」

回顧這場戲，蘿拉．鄧恩觀察到：「當大衛的角色還沒有做出可以推動劇情前進的某件大事之前，他不會放棄他的角色。他會和他們一起，凝視空間，作出抉擇。」

呼吸的空間是林區作品神祕的關鍵，正如同史崔肯所指出的，他處理節奏步調的方式是激進的。這齣劇交雜漫長的特寫鏡頭，冗長寂靜的風景橫搖鏡頭，以及從車內拍出去的道路，一個孤獨的人物緩慢喝著一碗湯，一列火車穿過夜晚的鐵道。這些場景並沒有帶動什麼劇情，只是為了敘事的節奏而存在。

此劇的敘事風格悠遊自在，在拍攝過程中，林區傾向於讓演員發揮潛能。「在片場的第一天，我們拍攝威廉．黑斯廷斯與我的角色的審訊戲，當大衛告訴我，那正是我們在拍的東西，我面色慘白，陷入恐懼，因為那是一場高度張力的戲，」克莉絲塔．貝爾說：「除了『妳要站在這裡，然後妳要坐在那裡』之外，他沒有給我任何指示，但是劇本寫得很好，我知道我一個字也不能改。於是他坐在導演椅上，我站在他的對面，他只是看著我，把信心注入我體內。他的目光告訴我：這會是妳一生當中的美好經驗，所以勇敢地接受，幹下去吧——我知道妳有能力。」

馬修．利拉德[32]在這場戲中與她對戲，他直到進片場的第一天才與林區見到面。「我走向他說，『嗨，我是馬修．利拉德，』他說：『你好，比爾！』我想他以為我是打雜的，於是我說：『不，我是馬修，』然後他又說：『你好，比爾．黑斯廷斯！』，在這場戲中，他並沒有給我任何指示。當我在首映會上見到他時，他仍然叫我比爾．黑斯廷斯*。」[17]

正如同唐．莫瑞所言，林區相信他的演員有能力傳達他想在演員身上得到的東西，他從不會在片場製造情緒壓力，無論手頭上正在拍的戲多激烈。「第一天收工時，大衛很隨興地說：『我們明天要讓你頭破血流，你將對著鮑伯的臉和眼球打一架，』」傑克．沃德回憶起他在劇中最盛大的一場動作戲。「這場打鬥是大衛拿著擴音器，在現場編排出來的，他說：『他在你上面！你打他！他現在在你下面，他把你打倒，你站起來，再打他！』」沃德繼續說，他當時並不知道自己要演一場打鬥戲：「他要我對著攝影機打，他們在上面放了軟墊，告訴我不要打得太用力，但是拍了第一次之後，大衛說：『更用力一點！』於是我照做了，攝影機發出了怪聲，每個人都喘不過氣來，但是他沒有罷休。他不可能放棄。大衛要他們在攝影機上放一個鏡頭保護蓋，讓我再繼續打，他一直說：『再用力打！』最後，鏡頭保護蓋被打壞了。我覺得他們可能已經習以為常了。」

二〇一六年四月片子殺青之後，林區苦守寒窯進行為期一年的後製，在這段期間內，他幾乎沒有離開屋子。他在十月休息了一陣子，策劃了第一屆年度破壞節，這是一場為期兩天的基金會募款活動，參與者包括羅勃．普蘭特*、法蘭克．蓋瑞、凱爾．麥克拉蘭和蘿拉．鄧恩等人。不過大部分的時間，他一直在工作，直到二〇一七年五月二十一日播出第一集。

這齣劇播出之前，沒有人看過，因此曾經協助製作這齣影集的人和所有其他人一樣，都對這場首播興奮莫名。「這齣劇調性之廣非常驚人，讓我感到驚訝無比。」大衛．內文斯說道：「有趣的部分真的非常有趣，還有惡夢中令人不安的東西，不可思議的的超現實元素，對我來說，這齣劇與原始的《雙峰》感覺非常不同。毫無疑問，這也是一場商業上的成功，而且會是人們在未來的歲月中津津樂道的話題。」

對於唐．莫瑞，這齣劇是另一種新發現。「天哪！大衛是個如此美妙的演員！這部戲中我最喜歡的部分就是他的演出。」莫瑞說道：「他所創造的戈登．柯爾探員是個奇妙的角色，棒極了。劇中更是充滿著幽默。《紐約每日新聞》描述它為『年度最歇斯底里的喜劇。』」

評論界對於這齣劇的反應令人雀躍，五月二十五日在坎城影展放映前兩集時，林區接受了相當長的起立鼓掌，這齣劇也被譽為天才之作。「直到看到影片，我才知道這部片子包含了所有大衛的動畫、雕塑、繪畫——都是多年來他一直在努力的東西。」克莉絲塔．貝爾說道：「然後我瞭解到，我們還有什麼可以期待呢？真正的藝術家就是這樣。他們利用自己的每個部分，用他們吸收學習到的一切，將它們融合在一起，毫無保留地創作出藝術品。」

「這絕對是現在的大衛．林區，」艾瑞克．艾德斯坦說道：「它融合了他畢生精煉出的的每一分電影內涵，並且是針對當代的宏觀評論。這是二〇一七年世代的《雙峰》。他幹得太好了。」

至於影片的意義呢？林區不會回答這種問題的，但是卻埋下了很多線索。這齣劇刺激了對於《雙峰：與火同行》的重新評估，許多觀眾都把這部電影視為新劇集的解碼器。《與火同行》中許多主題與動機，都在新劇集中重新出現，並且更進一步發展延伸，包括藍玫瑰錶殼，翡翠戒指，蘿拉．帕瑪的日記，以及藉電力來隱喻推進時間存在的無形力量。劇中也漂浮著大量的號碼：座標、電話號碼、地址、房門號碼、電壓、時鐘和手

＊威廉．黑斯廷斯的全名是：威廉．比爾．黑斯廷斯（William "Bill" Hastings），由馬修．利拉德飾演。

＊Robert Plant，齊柏林飛船樂團主唱。

錶，以及汽車里程等等，都以各種形式為故事服務。許多「點」可以連接起來，建構出不同的情節場景，但是對於真正喜愛並且為這齣劇傾倒的人，解構敘事一點也不有趣。這是一件藝術品，不是給人這樣玩的。

「有些事情我們都知道，但是我們不會經常去看，」飾演《雙峰》警長的法蘭克．楚門的勞勃．福斯特說道：「每個人都知道有些事物可以永恆，那不是名字或房屋，甚至也不是星辰。我們的骨子裡都知道，確實有永恆的東西存在，那些東西關乎於人類。無論大衛做的是什麼，都是高層次的，他可能是通往永恆的門戶，因為他要求我們在自己身上找尋與永恆的聯結。他的作品揭示了，我們不僅是一顆孤立的粒子，如果我們了解自己與永恆的聯結，我們就有能力做出更好的選擇。每個人類個體都會朝著一個方向前進，如果我們之中有足夠的人朝著同樣的積極方向前進，那麼就有可能把全人類都帶到那個方向。他帶領著他的觀眾，走向真善美。」⑱

「大衛試圖告訴人們，我們所存活的世界並不是最終的現實，還有許多次元需要被考量，」麥可．霍斯大膽地說：「在那裡有很多深層的事物，你看《雙峰》的時候，無法同時做別的事。」

「對於大多數人而言，這部影片太前衛，而且難以了解，」艾爾．史綽博說道：「我十七歲那年出了車禍，嚴格來說我已經死了，我有過很多人描述的那種經驗：我離開了自己的身體，去到另一個地方。它沒有紅房間那麼嚴苛——比較柔和溫暖——而我所面臨最困難的事，就是希望回到自己的身體裡。我知道在這個存在與下個存在之中，還有一個空間，因為我去過那裡。我想這就是紅房間所要表達的，這是大衛熟悉的領域。」

「大衛的精神生活一直是他作品中的一部分，這份精神深層地反映在他的作品中。」麥克拉蘭說道：「我不能指出什麼然後說：『喔，現在他在做這個，』因為其中的變化非常微妙，就如同他的作品越來越豐富。《雙峰》讓很多人困惑，但是大衛是個藝術家，他的作品不可能會是簡單的。我不覺得他會強迫自己講一個大家都想聽的故事，他對現在這樣的狀況似乎感到完全的自在。」

「這部影集完全就應該是這個樣子，」巴利爾說道：「首部曲當年把電視圈的常規整個顛覆掉，留下深刻的影響，而第三季——基本上是一部在電視上播出的十八個小時的電影——又顛覆了一次。」

「我喜歡大衛結束這部劇的方式，」蘿拉．鄧恩說：「試圖去了解這部影片是令人神魂顛倒的事。大衛以驚人的方式，輕輕敲入你的潛意識。我想我們都注意到了，他創作的作品會在接下來的十年間不斷地被咀嚼消化。」

本季最後一集，暗示著或許有可能發展出更多故事，大家猜測還會不會有新的一季。「如果一切流程都順利，他可能會說，『當然，我們來做吧。』但是他不會浪費時間在會議桌上，」巴利爾說道：「他寧可畫畫、抽菸、喝咖啡，做白日夢。大衛與自己以及周遭的一切和平共處。埃米莉很棒，他們是一對好夫妻。他喜歡慢慢地開車，早餐吃葡萄柚，午餐吃半個雞肉番茄三明治，我想他很喜歡這樣的簡樸。在他心底，他許多方面仍然是一貧如洗。他喜歡自己打掃。」

《雙峰：回歸》開播了，林區開始做其他事，但是這段過程永久改變了他的婚姻；他仍然住在隔壁有遮光窗簾的房子裡。「他說他需要有不間斷的時間來思考，而且抱怨自己永遠無法獨處，現在他完全獨自接管自己創造的世界，」斯托弗說道：「我一直取笑他終於開始過『藝術生活』了，這是他從進藝術學校以來就一直幻想的事。獨自一人，擁有最終的自由，去做自己想做的事，和進行創作——現在他就是如此。他甚至有一張小單人床……那是我一直聽他說他在幻想的東西。一張小床來睡覺，留出許多工作空間。」

九月十五日，在《雙峰》最後一集播出十天之後，哈利．狄恩．史坦頓去世了，享年九十一歲。兩週後，他的最後一部電影《幸運》在戲院限量上映，由演員約翰．卡羅爾．林區[33]執導，大衛．林區在片中飾演一個小鎮的怪人，因為寵物烏龜的走失而心煩意亂。「與哈利．狄恩一起工作，讓大衛覺得很緊張，因為他超愛他，」巴利爾說道：「想到他曾和哈利．狄恩一起演戲，他至今仍感到飄飄然。這在他的一生中是一件舉足輕重的大事，不亞於受封爵士。」

在重新接觸世界之前，林區幾乎都待在他的畫室裡。那是個小小的混凝土碉堡，座落在山坡上，裡面有很多窗戶，以及一個寬廣開放的水泥平臺，他經常在那裡工作。林區喜歡在戶外繪畫。工作室裡亂糟糟的，各種東西囤積好幾十年。一個漂亮的、異常巨大的燈泡，放在窗臺上，四處是亂七八糟的紙屑，上面寫著各種神祕的想法。一份耶羅尼米斯．波希的作品《塵世樂園》[34]的複製品，被貼在一張伸縮桌子旁邊的牆上；三聯畫中的兩聯因為曬了太多陽光而褪色，但是第三聯卻像個不討喜的珠寶，繼續閃閃發光。書桌上散置幾個製作粗糙的小陶土頭，還有一組鏽掉的金屬檔案抽屜。一個抽屜標示著牙科工具，打開抽屜，你看到的就是標示上寫的：數十種閃閃發光的牙科工具。林區把他的收藏品保持得乾淨整齊，隨時可以拿出來使用。幾把髒髒的折疊椅，是讓訪客坐的，還有一組老式的壁掛電話，他一直都在使用。菸屁股彈到地板上，他在水槽裡小便。唯一碩果僅存屬於二十一世紀的東西，是一臺筆記型電腦。

書桌上疊了一堆東西，最上面是布滿灰塵的紙箱，上頭用鉛筆寫了「蟲子」兩個字。林區很興奮地解釋，他曾經與一個「蟲男」當朋友，此人定期送標本給他。林區保留了每一個標本，因為你永遠不知道在何時何地，你最需要的東西，可能就是一隻死掉的蟲子。他並沒有像小時候在實驗林看到的檔案櫃那樣，把標本標示得井井有條，但是，他依然感覺得到那股興奮與激動。

RENTALS

在完成某件事之前就停止做這件事，會讓你更想做這件事，《雙峰》就是一件還沒有完成的事。在聽音樂的時候，你會聽到一個主題，然後這主題消失了，歌曲繼續播放了一會兒，又聽到主題，然後又消失。這種感覺好極了，雖然它消失了，你卻無法擺脫。因此，當後來出現完整主題時，威力就更加強大，因為你之前就已經聽過並且感覺過好多次了。這才是建立事物的力量與意義的基礎。

馬克和我跟Showtime見面，討論拍攝《雙峰》，然後莎賓娜提出了一個預算，每個人都被嚇到了。這是個很實際的數字，但是電視網這邊卻覺得預算過高。我從《內陸帝國》之後，就沒有再拍任何東西，他們也沒人看過這部電影，你可以說他們有點像：「是的，我們願意做，但我們不知道我們是否能提供你所要求的經費。而且，這電視劇要拍超過九集？這部分我們實在無法確定。」我看了他們提出的預算數目，我說：「這是在搞屁啊？」然後他們又提出了另一個選項，比原本的提議還要糟！我說：「我他媽的退出！如果他們執意要在我缺席的狀況下開拍，我或許會允許他們，反正我退出了。」當我做這個決定時，我感覺到無比的自由，同時混合著一股憂傷。那天是星期五。我收到執行長大衛·內文斯的訊息，星期天晚上，他和蓋瑞·萊文來訪。蓋瑞帶了餅乾過來，他們在這裡待了大約四十五分鐘。但是，到最後還是沒有達成任何協議，當他們起身準備離開時，大衛說：「我會設法給你預算。」我說：「好吧，也許我也會設法幫你。」莎賓娜和我擬了一份清單，分毫不差地詳細列出我們所需要的一切，然後我說：「好了，莎賓娜，妳過去跟他們說：『我們不是在談判。如果你們想做，這就是需要的花費。』如果他們還想討價還價，妳就說非常感謝，然後起身走人。」但是大衛·內文斯說：「我們可以辦成這件事。」就這樣——我又回來了。

演員們以各種不同的管道加入。我知道我可以相信凱爾有能力進入他的黑暗面，他扮演一個非常棒的壞蛋。有一種壞人，可以從好人轉化而來，但是每個人的心裡都住著一個壞人。比方說，凱爾無法扮演法蘭克·布斯——這根本行不通——但是他可以扮演一個壞人凱爾，而他找到了那個人。馬克和我都瘋狂喜歡麥可·塞拉，幾年前，麥可與艾瑞克·艾德斯坦來我家討論超覺靜坐。當我們在思考瓦利·白蘭度這角色時，麥可毫無疑問就是最適當的人選。我很喜歡艾瑞克·艾德斯坦，他成為第三個傅斯科兄弟，全因為他很會咯咯笑；這真是最大的笑點。我愛傅斯科兄弟，我們在一起非常愉快。

我的朋友史蒂夫寄給我一個網路連結，他說：「看看這個，」於是我看到了傑克·沃德，他在倫敦家後院的小房子裡，模仿來自世界各地的各種口音，非常自然而有趣。後來我們開始用Skype聊天。我很久以前就有了綠手套的想法，本來是計畫讓傑克·南斯戴這手套，那會完全不一樣。綠手套的威力，以及在五金行發現綠手套的經過，都非常適合佛雷迪·賽克斯，而傑克非常適合扮演佛雷迪。在網路上你會看到千百個人，但是我知道傑克可以做得到。他非常聰明，就像哈利·狄恩一樣——他天生就是一派自在。

梅梅特·奧茲博士[35]有一個女兒，她嫁給喬治·格里菲斯。我認識奧茲博士是因為鮑勃（羅斯）和我，對他和他的家人，以及為他工作的人談論超覺靜坐。奧茲博士是個非常好的人。喬治拍了一部電影叫做《從頭上來》[36]，描寫一個脫衣舞俱樂部的廁所服務員，看了這部片之後，我就知道他是雷·孟羅的最佳人選。

我在一九八五年曾經遇過珍妮佛·傑森·李[37]，她當時來談《藍絲絨》中的珊蒂一角。我一直想和她一起工作，你看，願望實現了。我在勞勃·阿特曼[38]《梵谷與我》一片中看到提姆·羅斯[39]，我覺得他可以完美詮釋哈奇這個角色。我不知道珍妮佛與提姆才剛在昆汀．塔倫提諾的電影中合作過，他們是好朋友。這實在很完美。不過他們兩人都是獨立選角選出來的。

要飾演比爾．黑斯廷斯的人，性格必須具有一定的素質，馬修．利拉德似乎可以成為一個令人信服的高中校長，擁有一張聰明、開明的面孔等等，但他也有可能做出瘋狂的事，認識他的人會說：「他是最好的人，我不敢相信他會那樣做。」於是，他把這些元素融合在自己身上，其他的你都知道了。的確，我總是用比爾．黑斯廷斯來稱呼麥特（即馬修）。我用角色的名字來稱呼大部分演員，因為我就是這樣認識他們的。我發誓他們當中有很多人的真實姓名，我都不知道。

勞勃．福斯特原本被選為飾演《雙峰》第一季的楚門警長，勞勃告訴我他真的很想演，但是他答應了一位朋友，要參加一部低成本電影的演出，他說：「我必須信守諾言。」勞勃就是那種人，他真是太棒了。瓊安．雷一定要找的人就是「唐．莫瑞」。有些人可能對他的年齡有些疑慮，但他就是不可思議的布什內爾．穆林斯。我最近看到他在漫畫大會的一個小組上演講，這個人是有史以來最善良的人之一，也是個聰明的人。我們很幸運能找到他，我喜歡和他一起工作。他從頭到尾都如此出色。克莉絲塔．貝爾也很棒。我知道她做得到，因為她是歌手，她很習慣在人前露臉。我愛她和所有參與演出的人，我們在一起非常快樂。

我每天晚上只睡四小時，這樣的時間表雖然不容易，但仍然很有趣。你很早起床，一邊喝咖啡，一邊靜坐，而你的心智正在思考今天要做的事。彷彿有一道鴻溝，你必須在另一側建一座橋，這座橋，就是你要拍攝的場景。你到達片廠，有人進來了，你想像幾分鐘過去，幾分鐘變成半小時，半個小時變成幾小時，事情進展得緩慢。如果你到一個的新地方，有人正在搬裝備進來，讓演員離開拖車去排練，在他們還沒有穿好衣服，也許他們手上還握著化妝棉的時候。你開始排練，演員穿好衣服，彼得開始打光。一直以來，你都在這座鴻溝上建立一座橋，但這座橋現在是玻璃製的，因為它可能會出錯。於是，你繼續鞏固工事，它仍然是玻璃，但是當你加到最後一塊，玻璃變成了鋼，大功告成。你知道你達成目的，感到欣喜若狂。每天收工時，你都會感到興致高昂，無法入睡。你不想睡覺，於是你喝紅酒，熬夜熬太晚，第二天起床，你又必須搭一座新的橋。而且，除非感覺對了，否則無法離開這裡一步。

拍電影真的很辛苦。其他人，都是他媽的肉腳，一下子就舉白旗投降，但即使我生病好多次，我也從不停下來。你會生病是因為你累了。當你找到了自己的步調，事情並沒有結束，因為拍完片還要後製。我們有六到七個剪接師同時工作，我也在剪輯，ＢＵＦ*還要做特效。但是有些工作我們必須在內部進行，然後再做音效、音樂、混音和色彩校正。我有數不清的夜晚在FotoKem做色彩校正，窩在暗室裡一做就是十八小時。鏡頭非常多。但是我無法委外處理。完全不可能。你必須親自動手做每件事，這是唯一的方法。這好像是個夢幻工作，但總是會忙得沒完沒了。

這齣劇與過去的《雙峰》有所不同，但仍然堅固建立在《雙峰》的基礎上。我們在同一個城鎮拍攝，而且運氣很好，因為我們拍過的地點，幾乎都還在原地。它們和我們離開時候的樣子不同，但是建築物都還在那裡，城鎮的質感也完全一樣。樹木和山脈的影響非常大，空氣中散發的某種乾冷和氣味，你能體會得到。《雙峰》也保持著各種感受。你會看到杜吉和超級壞的庫柏，兩個人的感覺非常不同。你會看到伐木人，所有這些不同的質感，以及你愛的角色，最後演變出一個如此美麗的世界，以直觀的方式欣賞這齣劇也是可以理解的。

而且，還有樹林。由於我的成長環境，和我父親的工作，大自然是《雙峰》的重要元素，而樹林非常重要。這是非常重要的一部分。樹林裡有消防員，還有南斯拉夫的蛀蛾。當我和傑克在歐洲時，我們搭東方快車，從雅典回到巴黎，我們要穿越南斯拉夫，那個地方真的非常黑。在某個時刻，火車停了下來，周圍並沒有車站，但我們看到乘客下車。他們走去那些燈光昏暗的帆布攤位，喝有顏色的飲料——紫色、綠色、黃色、藍色、紅色——但那只是糖水。當我下火車時，我踏進深達二十公分的柔泥塵，它正被風吹著，泥地中飛出的巨大的蛾和青蛙，牠們飛躍而起，翻轉後再次降落。這就是蛙蛾。《雙峰》的世界，就是會出現這些東西。

《與火同行》對新一季的《雙峰》非常重要，大家會把兩者聯想在一起並不奇怪。這是很明顯的。我在想，拍出這部片我覺得很幸運。每個人對這齣劇的解讀都有一套理論，這很棒，即使我提出我自己的解讀，那其實也無關緊要。世事自然和諧，如果願意盡可能忠於一個概念，和諧就會出現，即使是抽象的，也將是真實的。十年後你再回過頭，以一種迥然不同的觀點來看，你可能會從中看到更多——忠於最初的想法，可能性就會在那裡。這就電影最美麗的功用之一：只要你忠於基本概念，當你事後再回到那個世界，你會有更多收穫。

《雙峰：回歸》的進展非常順利，有誰真的知道為什麼嗎？它也有可能會不一樣呢。坎城影展有一個傳統，當電影拍得很好，大家都會起立鼓掌。我忘記了這件事，所以當《雙峰》前兩個小時在坎城放映結束之後，我站了起來，想出去走走，抽個菸，但是蒂埃里*跟我說：「不，不，你不能走。」接著我聽到掌聲不斷。這真是一件美麗的事。我以前也參加過坎城影展，但是這種事沒發生過。

我的童年非常快樂，我想它也建立了我的生命觀。我確實有個很棒的家庭，為我打下良好的基礎，這太

＊法國特效公司。

＊蒂埃里・弗雷莫（Thierry Frémaux），坎城影展藝術總監。

重要了。我或許不是我孩子最好的父親，因為我並不常在他們身邊，但是我父親一直以來也很少在我身邊。可是他在附近，你知道嗎？在過去的歲月裡，似乎存在著一個孩子的世界，和一個大人的世界，它們並沒有真正融合在一起。或許這並不取決於父親有沒有在身邊，而是你所感覺到的愛，那是非常重要的。不過，身為人父，我覺得我父親做得比我好。

我不知道自己會成名，但是大多數時候，我感覺一切都會好起來。我從來沒有想過，哇，看看我現在過的生活多麼精彩。這就像我體重增加的方式——它是全面性地、緩慢地——加諸在你身上。然而在我的生命中，我遇到幾回重大的轉捩點。第一次是在九年級的時候，我在琳達．史黛的前院碰到托比．基勒。從那時起，我就想成為一名畫家。然後我遇到我最好的朋友傑克．菲斯科。傑克和我是我們這所龐大的高中裡，唯二對繪畫認真的孩子。我們相互啟發，相互扶持，這對我們的未來至關重要。製作動畫《病的交叉效應》，獲得美國電影學會的補助；完成《我種出我外婆》，被美國電影學會接受入學，都是我生命的轉捩點。一九七三年我開始冥想，這或許是我重大變化中最大的一個。《橡皮擦頭》的劇組可能沒有注意到我缺乏自我肯定，但那確實存在。我清楚知道我想要的，但是我沒有信心，很多電影公司的人本來可以輕易毀掉我，而冥想確實起了幫助。完成了《橡皮擦頭》，我得到了梅爾．布魯克的信任，他聘請我去製作《象人》，並且得到了八項奧斯卡提名，這是我人生中很大的一步。《沙丘魔堡》的失敗是個啟示——讓人羞辱的大失敗，未必不是一件好事。然後，我可以自由地創作《藍絲絨》，也從此走上了正確的路，還有我認識了藝術經銷商詹姆斯．科爾科蘭——這些經歷都很重要。我的每段愛情都改變了我的生活，儘管彼此之間有相似之處，但我的愛情都是特殊而偉大的。

沒有他人的幫助，你就無法向上爬，我意識到自己一直很幸運。正如我之前所說，我的父母在我的生命裡扮演著舉足輕重的角色，托比和布許奈爾．基勒也是如此。當我第一次來到費城時，我置身在一個陌生的地方，努力試圖要走出自己的路。佩姬．蕾薇信任我、支持我，她真的很重要。東尼．瓦藍尼，小喬治．史蒂芬，迪諾．狄．羅倫提斯，和波伊格先生，也都很重要。任何相信你，並有能力出錢讓事情成真的人——我們真的很需要這些人。大衛．內文斯就是這樣的人，他讓《雙峰：回歸》得以實現，其他人或許不會這麼做。還有偉大的安傑洛．貝德拉曼堤，這是多可貴的禮物，可以找到安傑洛，和他的音樂。查理和海倫．魯特，他們經營冥想中心，讓我學習超覺靜坐，讓我在日後冥想的路上，有了強大而非凡的開端，而鮑勃．羅斯一直是我的兄弟。在瑪哈禮希的世界中，鮑勃一直與我同在——包括冥想巡迴演講，以及「大衛．林區基金會」的成立。鮑勃是基金會背後的智囊和力量。瑪哈禮希扮演了最大的角色。他宏大又深刻地改變了人間世事，其他事物相形之下蒼白無光。

曾經有過這麼一天，我住在畢生難忘的玫瑰木街平房。那是個美麗的早晨，大約十一點三十分，我去聖文森和聖塔莫尼卡大道的十字路口加油，陽光讓我的脖子後面一陣溫暖，我把油箱從空加到滿，蓋好油箱蓋，看著加油泵，上面寫著三美元。送《華爾街日報》可以讓我每週賺五十美元。我開車十分鐘去拿報紙。我的送報路線可以縮短成一小時，然後花十分鐘回到家。我每週工作六小時四十分鐘，一個月能賺兩百美元，我的生活還可以過得不錯。我的送報路線會經過兩個不同的郵遞區號，所以會有兩個不同的倒垃圾夜晚，人們會扔掉木頭，我就跳出去把這些東西裝起來帶回家，於是我有了許多撿來的木頭。我的房東艾德蒙也收集木材，他讓我用他的木材，我在後院建幫他搭了一個大棚子，都是用撿來的木材、撿來的窗戶，每樣東西都是撿來的。那是個美麗的世界。今天，這個世界充滿著負面的事物，太多變遷讓我們看不清世界的真相。對金錢的熱愛，超過了對人類和大自然的愛，這對我們和我們的世界，造成極大的傷害。

我很高興參加了瑪哈禮希的十六國巡迴演講。即使我不喜歡公開演講，我還是樂於告訴人們瑪哈禮希為復興世界發展出的知識和技術。瑪哈禮希有兩個目標：個人啟蒙和世界和平。他將一切都準備就緒。現在只是時間問題。如果我們人類，甚至我們當中的少數幾個人為此共同努力，我們可以加速轉變，我們的目標將成為活生生的現實。從個人的啟蒙，及至真正的世界和平。真正的和平不只是沒有戰爭，還包括沒有負面情緒存在。每個人都是贏家。

如果我看到這本書的任何一頁，我會想，老大，那只是冰山的一角。還有很多很多，很多的故事。你可以在一天之內讀完整本書，但仍然無法抓住每一樣東西。真正道出一個人的生命是不可能的，我們在此最希望傳達的，是一個非常抽象的「玫瑰花蕾」。最終，每個生命都是個謎團，直到我們各自解開自己的謎團，無論我們是否知曉，這就是我們終將前進的方向。

願每個人都快樂
願每個人免於疾病
願幸運四處洋溢
願痛苦永不降臨任何人
和平

1 Rancho Rosa Partnership, Inc. 2 David Nevins 3 Gary Levine 4 *The Secret History of Twin Peaks*
5 Dom Pérignon 6 Dana Ashbrook 7 James Marshall 8 Gary Hershberger 9 Ruth De Jong
10 Krista Husar 11 Michael Horse 12 Carel Struycken 13 Hank Worden 14 Everett McGill
15 Don S. Davis 16 Warren Frost 17 Miguel Ferrer 18 Marv Rosand 19 Brent Briscoe
20 Robert Forster 21 Nancy Steiner 22 Jessica-Rabbit-as-an-FBI-agent 23 Jake Warde
24 The English Language in 24 Accents 25 Señorita Dido 26 Don Murray 27 Eric Edelstein
28 George Griffith 29 Michael Cera 30 Dick Cavett 31 Jim Belushi 32 Matthew Lillard
33 John Carroll Lynch 34 Hieronymus Bosch, 1450-1516, *The Garden of Earthly Delights*, 1500
35 Dr. Mehmet Oz 36 *From the Head* 37 Jennifer Jason Leigh
38 Robert Altman, *Vincent & Theo* 39 Tim Roth

謝辭

我首先要感謝瑪莎・雷佛希、佩姬・蕾薇、瑪麗・菲斯科和麥可・巴利爾。他們在本書編寫過程中的耐心與支持，對我至關重要，我感到畢生虧欠。我要感謝安娜・斯卡貝克的鼓勵和知識，對我助益極大，還有莎賓娜・蘇瑟蘭和明蒂・拉梅克的慷慨和熱心。宮川紀子則是天上派下來的天使。歐蒂莎・莫許斐（Ottessa Moshfegh）為我們建立了關鍵性的連結，牽引出《在夢中》這部書的漫長旅程——感謝你，歐蒂莎——而克利斯・帕里斯－蘭普（Chris Parris-Lamb）和班・格林堡（Ben Greenberg）讓這本書得已實現，你們是最棒的合作夥伴。許多願意與討論這本書的人，提供了我敘述的靈魂和精神，他們給我了的時間，願意與我分享他們與大衛的經歷，我由衷感激。更非常感謝蘿倫・諾維克（Loren Noveck）完美的編輯功力，讓我看起來比真正的我更聰明。

還要感謝安娜・蘇瑪（Ann Summa）、傑夫・史博瑞爾（Jeff Spurrier）、史蒂夫・山謬夫（Steve Samiof）、凱特琳・格林伯（Kathleen Greenberg）、希拉蕊・白內（Hilary Beane）、阿索拉斯（Asolas）家族、連恩・哈爾馮（Lianne Halfon）、麥可・伯特曼（Michael Bortman）、勞瑞・絲提林克（Laurie Steelink）、尼克・切斯（Nick Chase）、傑克・奇斯波若（Jack Cheesborough）、莎曼莎・威廉森（Samantha Williamson）、瑪拉・達・路加（Mara De Luca）、麥可・鄧肯（Michael Duncan）、格倫・莫羅（Glenn Morrow）、艾森・塞文卡（Exene Cervenka）、丹與克萊爾・希克斯（Dan & Clare Hicks）、凱蒂・洛基

（Kati Rocky）、喬・弗蘭克（Joe Frank）、理察・俾馬、亞德里安・萊文（Adrienne Levin）、美林爾・馬科（Merrill Markoe）、馬克・西羅（Marc Siroe）、馬克・西林斯基（Marc Sirinsky）、坎農・哈德森（Cannon Hudson）和珍妮佛・博蘭德（Jennifer Bolande）。李歐納・柯恩（Leonard Cohen）和黛安・布羅德里克（Diane Broderick）是最可靠的北極星，沃爾特・霍普斯（Walter Hopps）永遠在我身邊，吉迪恩・布勞（Gideon Brower）是我在整本書工作中的重要人物——非常感謝他們。洛瑞安・懷爾德（Lorraine Wild）教我如何做一本書；謝謝你，洛瑞安。我最要感謝大衛・林區。我很榮幸他願意信任我，讓我能夠參與他的故事敘述。可以認識他，我感到非常幸運。在書寫關於大衛的這本書時，發生了一件令人驚訝的事情，那就是，當我越近距離觀察他，越體會到他的美好。大衛是一位非凡而慷慨的人，他曾幫助過許多人。而我，也是其中之一。

克莉絲汀娜・麥坎娜

影像作品

1967

病的交叉效應

Six Men Getting Sick (Six Times)

1 minute / color / animation projected onto sculpted screen

Director, producer, editor, and animation: David Lynch

Fictitious Anacin Commercial

1 minute 5 seconds / color / live action

Director, writer, producer, and editor: David Lynch

With: Jack Fisk

Absurd Encounter with Fear

2 minutes / color / live action and animation

Director, writer, producer, and editor: David Lynch

Music: Krzysztof Penderecki

1968

字母驚魂記

The Alphabet

4 minutes / color / live action and animation

Producer: H. Barton Wasserman

Director, writer, photographer, and editor: David Lynch

Sound: David Lynch

Title song: David Lynch, performed by Robert Chadwick

With: Peggy Reavey

1970

我種出我外婆

The Grandmother

34 minutes / color / live action and animation

Director, writer, photographer, editor, and animation: David Lynch

Producer: David Lynch, with the American Film Institute

Assistant script consultants: Peggy Reavey and C. K. Williams

Still photography: Doug Randall

Sound editing and mixing: Alan Splet

Music: Tractor

With: Richard White, Virginia Maitland, Robert Chadwick, and Dorothy McGinnis

1974

斷肢女孩的來信

The Amputee (two versions)

5 minutes / black and white / live action

Director, writer, producer, and editor: David Lynch
Photography: Frederick Elmes
With: Catherine Coulson and David Lynch

1977

橡皮擦頭

Eraserhead

1 hour, 29 minutes / black and white / live action and animation

Production company: American Film Institute, distributed by Libra Films
Director, writer, and editor: David Lynch
Producer: David Lynch
Photography: Herbert Cardwell and Frederick Elmes
Production design and special effects: David Lynch
Sound design and editing: David Lynch and Alan Splet
Assistant to the director: Catherine Coulson
With: Jack Nance, Charlotte Stewart, Allen Joseph, Jeanne Bates, Judith Roberts, Laurel Near, Jack Fisk, Thomas Coulson, Hal Landon, Jr., Neil Moran, and Jean Lange

1980

象人

The Elephant Man

2 hours, 4 minutes / black and white / live action

Production company: Brooksfilms
Director: David Lynch
Writers: David Lynch, Christopher De Vore, & Eric Bergren
Producer: Jonathan Sanger
Executive producer: Stuart Cornfeld (uncredited, Mel Brooks)
Photography: Freddie Francis
Editor: Anne V. Coates
Production manager: Terrence A. Clegg
Production design: Stuart Craig
Sound design: Alan Splet and David Lynch
Costume design: Patricia Norris
Music: John Morris
With: John Hurt, Anthony Hopkins, Anne Bancroft, Wendy Hiller, John Gielgud, Freddie Jones, Michael Elphick, and Hannah Gordon

1984
沙丘魔堡
Dune
2 hours, 17 minutes / color / live action
Production company: Dino De Laurentiis Company/Universal
Director: David Lynch
Writer: David Lynch
Based on the novel by Frank Herbert
Producer: Raffaella De Laurentiis
Executive producer: Dino De Laurentiis
Photography: Freddie Francis
Second unit photography: Frederick Elmes
Editor: Antony Gibbs
Production design: Anthony Masters
Sound design: Alan Splet
Costume design: Bob Ringwood
Music: Toto; "Prophecy Theme" by Brian Eno
With: Kyle MacLachlan, Sting, Francesca Annis, Leonard Cimino, Brad Dourif, José Ferrer, Linda Hunt, Dean Stockwell, Virginia Madsen, Silvana Mangano, Jack Nance, Jürgen Prochnow, Paul L. Smith, Patrick Stewart, Max von Sydow, Alicia Witt, Freddie Jones, and Kenneth McMillan

1986
藍絲絨
Blue Velvet
2 hours / color / live action
Production company: De Laurentiis Entertainment Group
Director: David Lynch
Writer: David Lynch
Producer: Fred Caruso
Executive producer: Richard Roth
Photography: Frederick Elmes
Editor: Duwayne Dunham
Casting: Johanna Ray and Pat Golden
Production design: Patricia Norris
Sound design: Alan Splet
Music composed and conducted: Angelo Badalamenti
With: Kyle MacLachlan, Laura Dern, Isabella Rossellini, Dennis Hopper, Dean Stockwell, Brad Dourif, Jack Nance, George Dickerson, Frances Bay, Hope Lange, and Ken Stovitz

1988
牛仔與法國佬
The Cowboy and the Frenchman
24 minutes / color / live action

Production company: Erato Films, Socpresse, Figaro Films
Director and writer: David Lynch
Producers: Daniel Toscan du Plantier and Propaganda Films
Executive producers: Paul Cameron and Pierre-Olivier Bardet
Associate producer: David Warfield
Co-producers: Marcia Tenney, Julia Matheson, Scott Flor
Photography: Frederick Elmes
Editor: Scott Chestnut
Production design: Patricia Norris and Nancy Martinelli
Sound: Jon Huck
Set decoration: Frank Silva
Camera assistant: Catherine Coulson
Script supervisor: Cori Glazer
Choreography: Sarah Elgart
Music: Radio Ranch Straight Shooters, Eddy Dixon, and Jean-Jacques Perrey
With: Harry Dean Stanton, Frederic Golchan, Jack Nance, Michael Horse, Rick Guillory, Tracey Walter, Marie Laurin, Patrick Houser, Talisa Soto, Debra Seitz, and Amanda Hull

1990
第一號工業交響曲：心碎的夢
Industrial Symphony No.1: The Dream of the Brokenhearted
50 minutes / color / video production of live theater piece
Production company: Propaganda Films
Director: David Lynch
Musical director: Angelo Badalamenti
Created by: David Lynch and Angelo Badalamenti
Producers: John Wentworth, David Lynch, and Angelo Badalamenti
Executive producers: Steve Golin, Sigurjón Sighvatsson, and Monty Montgomery
Assistant producers: Eric Gottlieb, Jennifer Hughes, and Marcel Sarmiento
Coordinating producer: Debby Trutnik
Production design: Franne Lee
Lighting design: Ann Militello
Choreography: Martha Clarke
With: Laura Dern, Nicolas Cage, Julee Cruise, Lisa Giobbi, Félix Blaska, Michael J. Anderson, André Badalamenti, and John Bell
Video production crew
Editor: Bob Jenkis

1990–1991
雙峰
Twin Peaks
2-hour pilot and 29-episode television series, approximately 60 minutes each, broadcast on ABC / color / live action
Production company: Lynch/Frost Productions, Propaganda Films, Spelling Entertainment

Created by: David Lynch & Mark Frost
Directors: David Lynch (episodes 1.1, 1.3, 2.1, 2.2, 2.7, 2.22); Duwayne Dunham (1.2, 2.11, 2.18); Tina Rathborne (1.4, 2.10); Tim Hunter (1.5, 2.9, 2.21); Lesli Linka Glatter (1.6, 2.3, 2.6, 2.16); Caleb Deschanel (1.7, 2.8, 2.12); Mark Frost (1.8); Todd Holland (2.4, 2.13); Graeme Clifford (2.5); Uli Edel (2.14); Diane Keaton (2.15); James Foley (2.17); Jonathan Sanger (2.19); Stephen Gyllenhaal (2.20)
Writers: David Lynch & Mark Frost (1.1, 1.2, 1.3); Harley Peyton (1.4, 1.7, 2.2, 2.13); Robert Engels (1.5, 1.6, 2.3); Mark Frost (1.6, 1.8, 2.1, 2.7); Jerry Stahl, Mark Frost, Harley Peyton, & Robert Engels (2.4); Barry Pullman (2.5, 2.11, 2.17, 2.21); Harley Peyton & Robert Engels (2.6, 2.12, 2.15, 2.18, 2.20); Scott Frost (2.8, 2.14); Mark Frost, Harley Peyton, & Robert Engels (2.9, 2.22); Tricia Brock (2.10, 2.16); Mark Frost & Harley Peyton (2.19)
Producers: Gregg Fienberg (1.1–1.8); Harley Peyton (2.1–2.22); David J. Latt (European version)
Supervising producer: Gregg Fienberg (2.1–2.22)
Associate producer: Philip Neel
Photography: Ron Garcia (1.1) and Frank Byers (1.2–2.22)
Editors: Duwayne Dunham (1.1, 2.1); Jonathan P. Shaw (1.2, 1.3, 1.6, 2.2, 2.5, 2.8, 2.11, 2.14, 2.17, 2.20); Toni Morgan (1.4, 1.7, 2.4, 2.10, 2.13, 2.16, 2.19, 2.22); Paul Trejo (1.5, 1.8, 2.3, 2.6, 2.9, 2.12, 2.15, 2.18, 2.21); Mary Sweeney (2.7)
Casting: Johanna Ray
Production design: Patricia Norris (1.1); Richard Hoover (1.2–2.22)
Sound: John Wentworth
Music composed and conducted: Angelo Badalamenti
With: Kyle MacLachlan, Sheryl Lee, Piper Laurie, Peggy Lipton, Jack Nance, Joan Chen, Richard Beymer, Ray Wise, Frank Silva, Russ Tamblyn, Sherilyn Fenn, Mädchen Amick, Dana Ashbrook, James Marshall, Michael Ontkean, Catherine Coulson, Everett McGill, Wendy Robie, Eric Da Re, Lara Flynn Boyle, Al Strobel, Michael Horse, Kimmy Robertson, Harry Goaz, Miguel Ferrer, Don Davis, Grace Zabriskie, Heather Graham, Warren Frost, Chris Mulkey, David Duchovny, Michael J. Anderson, Julee Cruise, Walter Olkewicz, and David Lynch

1990
我心狂野
Wild at Heart

2 hours, 5 minutes / color / live action

Production company: Propaganda Films for PolyGram Filmed Entertainment, distributed by the Samuel Goldwyn Company
Director: David Lynch
Writer: David Lynch
Based on the novel *Wild at Heart: The Story of Sailor and Lula*, by Barry Gifford
Producer: Monty Montgomery, Steve Golin, and Sigurjón Sighvatsson
Executive producer: Michael Kuhn
Photography: Frederick Elmes
Editor: Duwayne Dunham
Casting: Johanna Ray
Production design and costumes: Patricia Norris
Sound design: David Lynch and Randy Thom
Music composed and conducted: Angelo Badalamenti

With: Nicolas Cage, Laura Dern, Willem Dafoe, J. E. Freeman, Crispin Glover, Diane Ladd, Calvin Lockhart, Isabella Rossellini, Harry Dean Stanton, Grace Zabriskie, Sheryl Lee, W. Morgan Sheppard, David Patrick Kelly, Sherilyn Fenn, Freddie Jones, John Lurie, Jack Nance, and Pruitt Taylor Vince

邪惡遊戲
Wicked Game
3 minutes, 31 seconds / color / live action
Director, writer, and editor: David Lynch
Music: Chris Isaak
With: Chris Isaak, Laura Dern, Nicolas Cage, and Willem Dafoe

1992
雙峰：與火同行
Twin Peaks: Fire Walk with Me
2 hours, 14 minutes / color / live action
Production company: Twin Peaks Productions, Ciby 2000, New Line Cinema
Director: David Lynch
Writers: David Lynch & Robert Engels
Producer: Gregg Fienberg
Executive producers: David Lynch & Mark Frost
Photography: Ron Garcia
Editor: Mary Sweeney
Casting: Johanna Ray
Production design: Patricia Norris
Sound design: David Lynch
Music composed and conducted: Angelo Badalamenti
With: Sheryl Lee, Ray Wise, Mädchen Amick, Dana Ashbrook, Phoebe Augustine, David Bowie, Grace Zabriskie, Harry Dean Stanton, Kyle MacLachlan, Eric Da Re, Miguel Ferrer, Pamela Gidley, Heather Graham, Chris Isaak, Moira Kelly, Peggy Lipton, David Lynch, James Marshall, Jürgen Prochnow, Kiefer Sutherland, Lenny von Dohlen, Frances Bay, Catherine Coulson, Michael J. Anderson, Frank Silva, Al Strobel, Walter Olkewicz, Julee Cruise, and Gary Hershberger

空中相見
On the Air
7-episode television series, broadcast on ABC / color / live action
Production company: Lynch/Frost Productions
Created by: David Lynch and Mark Frost
Directors: David Lynch (1); Lesli Linka Glatter (2, 5); Jack Fisk (3, 7); Jonathan Sanger (4); Betty Thomas (6)
Writers: David Lynch and Mark Frost (1); Mark Frost (2, 5); Robert Engels (3, 6); Scott Frost (4); David Lynch and Robert Engels (7)
Producers: Gregg Fienberg (1); Deepak Nayar (2–7)
Co-executive producer: Robert Engels (2–7)
Photography: Ron Garcia (1–3); Peter Deming (2, 4–7)

Editors: Mary Sweeney (1); Paul Trejo (2, 5); Toni Morgan (3, 6); David Siegel (4, 7)
Casting: Johanna Ray
Production design: Michael Okowita
Music composed and conducted: Angelo Badalamenti
With: Ian Buchanan, Nancye Ferguson, Miguel Ferrer, Gary Grossman, Mel Johnson Jr., Marvin Kaplan, David L. Lander, Kim McGuire, Tracey Walter, Marla Rubinoff, Irwin Keyes, Raleigh and Raymond Friend, Everett Greenbaum, and Buddy Douglas

1993

飯店客房

Hotel Room

1 hour, 55 minutes / color / live action three-act teleplay broadcast on HBO
Created by: David Lynch and Monty Montgomery
Directors: David Lynch (*Tricks* and *Blackout*); James Signorelli (*Getting Rid of Robert*)
Writers: Barry Gifford (*Tricks* and *Blackout*); Jay McInerney (*Getting Rid of Robert*)
Producer: Deepak Nayar
Executive producers: David Lynch and Monty Montgomery
Photography: Peter Deming
Editors: Mary Sweeney (*Tricks*); David Siegel (*Getting Rid of Robert*); Toni Morgan (*Blackout*)
Casting: Johanna Ray
Production design: Patricia Norris
Sound design: David Lynch
Music composed and conducted: Angelo Badalamenti
With: Harry Dean Stanton, Freddie Jones, Glenne Headly, Crispin Glover, Alicia Witt, Griffin Dunne, Chelsea Field, Mariska Hargitay, Camilla Overbye Roos, John Solari, Deborah Kara Unger, Clark Heathcliff Brolly, and Carl Sundstrom

1995

現實的邊界

Premonition Following an Evil Deed

55 seconds / black and white / live action
Director and writer: David Lynch
Producer: Neal Edelstein
Photography: Peter Deming
Costume design: Patricia Norris
Special effects: Gary D'Amico
Music: David Lynch and Angelo Badalamenti
With: Jeff Alperi, Mark Wood, Stan Lothridge, Russ Pearlman, Pam Pierrocish, Clyde Small, Joan Rurdlestein, Michele Carlyle, Kathleen Raymond, Dawn Salcedo

Longing

5 minutes / color / live action
Music: Yoshiki

1997
驚狂
Lost Highway
2 hours, 14 minutes / color / live action
Production company: Ciby 2000, Asymmetrical Productions
Director: David Lynch
Writers: David Lynch & Barry Gifford
Producers: Deepak Nayar, Tom Sternberg, and Mary Sweeney
Photography: Peter Deming
Editor: Mary Sweeney
Casting: Johanna Ray and Elaine J. Huzzar
Costume and production design: Patricia Norris
Sound mix: Susumu Tokunow
Music composed and conducted: Angelo Badalamenti
With: Bill Pullman, Patricia Arquette, Balthazar Getty, Robert Blake, Robert Loggia, Richard Pryor, Jack Nance, Natasha Gregson Wagner, Gary Busey, Henry Rollins, and Lucy Butler

1999
史崔特先生的故事
The Straight Story
1 hour, 52 minutes / color / live action
Production company: Asymmetrical Productions, Canal Plus, Channel Four Films, and Picture Factory
Director: David Lynch
Writers: Mary Sweeney & John Roach
Producers: Mary Sweeney and Neal Edelstein
Executive producers: Pierre Edelman and Michael Polaire
Photography: Freddie Francis
Editor: Mary Sweeney
Casting: Jane Alderman and Lynn Blumenthal
Production design: Jack Fisk
Costume design: Patricia Norris
Location sound mix: Susumu Tokunow
Music composed and conducted: Angelo Badalamenti
With: Richard Farnsworth, Sissy Spacek, Harry Dean Stanton, Everett McGill, John Farley, Kevin Farley, Jane Galloway Heitz, Joseph A. Carpenter, Leroy Swadley, Wiley Harker, Donald Wiegert, Dan Flannery, Jennifer Edwards-Hughes, and Ed Grennan

2001
穆荷蘭大道
Mulholland Drive
2 hours, 26 minutes / color / live action
Production company: Les Films Alain Sarde, Asymmetrical Productions, Babbo Inc., Canal Plus, Picture Factory
Director and writer: David Lynch

Producers: Mary Sweeney, Alain Sarde, Neal Edelstein, Michael Polaire, and Tony Krantz
Executive producer: Pierre Edelman
Co-producer: John Wentworth
Photography: Peter Deming
Editor: Mary Sweeney
Casting: Johanna Ray
Production design: Jack Fisk
Costume design: Amy Stofsky
Sound design: David Lynch
Music, composed and conducted: Angelo Badalamenti; additional music composed by David Lynch and John Neff
With: Justin Theroux, Naomi Watts, Laura Elena Harring, Dan Hedaya, Robert Forster, Ann Miller, Michael J. Anderson, Angelo Badalamenti, Billy Ray Cyrus, Chad Everett, Lee Grant, Scott Coffey, Patrick Fischler, and Lori Heuring

頭與錘

Head with Hammer

14 seconds / color / live action
Director, writer, producer, and editor: David Lynch, for Davidlynch.com

怪音父子的午後

Out Yonder: Neighbor Boy

9 minutes, 38 seconds / black and white / live action
Director, writer, photographer, and editor: David Lynch, for Davidlynch.com
Sound design: David Lynch
With: David Lynch and Austin Lynch

Out Yonder: Teeth

13 minutes, 24 seconds / black and white / live action
Director, writer, photographer, and editor: David Lynch, for Davidlynch.com
Sound design: David Lynch
With: David Lynch, Austin Lynch, and Riley Lynch

Pierre and Sonny Jim

3 minutes, 31 seconds / color / animated puppets
Director, writer, producer, and editor: David Lynch, for Davidlynch.com
Sound design: David Lynch

Ball of Bees

Seven versions: 1–5 minutes, 5 seconds; 2—5 minutes, 6 seconds; 3—5 minutes, 25 seconds; 4—5 minutes, 21 seconds; 5—5 minutes, 42 seconds; 6—4 minutes, 46 seconds; 7—4 minutes 26 seconds / color / live action
Producer: David Lynch for Davidlynch.com
Written, filmed, and edited: David Lynch

2002

暗房是夢的入口

Darkened Room

8 minutes, 16 seconds / color / live action

Director, writer, producer, photographer, and editor: David Lynch, for Davidlynch.com
Sound design: David Lynch and John Neff
Music: Angelo Badalamenti
With: Jordan Ladd, Etsuko Shikata, and Cerina Vincent

The Disc of Sorrow Is Installed

4 minutes / color / live action

Director, writer, producer, and photographer: David Lynch for Davidlynch.com

兔子

Rabbits

9-episode sitcom / color / live action

Director, writer, producer, photographer, and editor: David Lynch, for Davidlynch.com
Costume design: Tony Candelaria
Location manager: Jeremy Alter
Music: David Lynch
With: Naomi Watts, Laura Elena Harring, Scott Coffey, Rebekah Del Rio

蠢地

DumbLand

8-episode sitcom / black and white / animated

Written, drawn, voiced, and edited: David Lynch, for Davidlynch.com
Sound design: David Lynch

The Coyote

3 minutes, 46 seconds / color / live action

Director, writer, producer, and editor: David Lynch
Sound design: David Lynch

2006

內陸帝國

INLAND EMPIRE

3 hours / color / live action

Production company: StudioCanal, Camerimage Festival, Fundacja Kultury, Asymmetrical Productions, Absurda, distributed by 518 Media
Director and writer: David Lynch
Producers: Mary Sweeney and David Lynch
Co-producers: Jeremy Alter and Laura Dern
Associate producers: Jay Aaseng and Erik Crary

Associate producer: Sabrina S. Sutherland
Casting: Johanna Ray
Art direction: Christina Ann Wilson
Set decoration: Melanie Rein
Sound design: David Lynch
Production sound mixer: Dean Hurley
Costume design: Karen Baird and Heidi Bivens
Music consultant: Marek Zebrowski
Music: Krzysztof Penderecki, Marek Zebrowski, David Lynch, Dave Brubeck, Etta James, Little Eva, Nina Simone, and others
With: Laura Dern, Jeremy Irons, Harry Dean Stanton, Justin Theroux, Karolina Gruszka, Grace Zabriskie, Jan Hencz, Diane Ladd, William H. Macy, Julia Ormond, Erik Crary, Emily Stofle, Jordan Ladd, Kristen Kerr, Terryn Westbrook, Kat Turner, Mary Steenburgen, Helena Chase, Nae, and Terry Crews

2007

Out Yonder: Chicken

17 minutes, 9 seconds / black and white / live action
Director, writer, producer, photographer, and editor: David Lynch, for Davidlynch.com
Sound design: David Lynch
With: David Lynch, Austin Lynch, and Emily Stofle

前往更深的夜
Boat

7 minutes, 15 seconds / color / live action
Writer, photographer, and editor: David Lynch
Narration: Emily Stofle
With: David Lynch

Ballerina

12 minutes, 19 seconds / color / live action
Director, writer, producer, and editor: David Lynch
Music: David Lynch

爬行恍惚
Bug Crawls

5 minutes / black and white / animation
Writer, producer, photographer, editor, and animation: David Lynch
Sound design: David Lynch

Absurda / Cannes: Scissors

2 minutes, 22 seconds / color / live action and animation
Director, writer, producer, and editor: David Lynch

HollyShorts Greeting
3 minutes, 57 seconds / black and white / live action
Director, writer, producer, and editor: David Lynch
Sound design: David Lynch
Costume design: Emily Stofle
With: David Lynch, Emily Stofle, Ariana Delawari, and Jenna Green

工業聲景
Industrial Soundscape
10 minutes, 28 seconds / black and white / animated
Director writer, producer, photographer, editor, music, and animation: David Lynch

Intervalometer Experiments: Three Experiments in Time-Lapse Photography, including Steps
3 minutes, 45 seconds / black and white

INLAND EMPIRE: More Things That Happened
1 hour, 16 minutes / color / live action
Production company: Absurda and StudioCanal
Director, writer, photographer, and editor: David Lynch
Co-producer: Jeremy Alter
Music: David Lynch
With: Karolina Gruszka, Peter J. Lucas, William Maier, Krzysztof Majchrzak, Laura Dern, and Nastassja Kinski

2008

Twin Peaks Festival Greeting
4 minutes, 15 seconds / black and white / live action
Director, writer, producer, and editor: David Lynch
With: David Lynch

2009

Shot in the Back of the Head
3 minutes, 15 seconds / black and white / animated
Director, writer, producer, editor, and animation: David Lynch
Music: Moby

42 One Dream Rush; Dream #7 (Mystery of the Seeing Hand and the Golden Sphere)
42 seconds / color / animation
Released as part of *One Dream Rush,* a compilation of 42 short films based on dreams by various directors
Director, writer, producer, and editor: David Lynch

2010

上海淑女藍
Lady Blue Shanghai
16 minutes / color / live action
Short film for handbags by Dior
Director, writer, and editor: David Lynch
Producer: Sabrina S. Sutherland
Photography: Justyn Field
Music: David Lynch, Dean Hurley, and Nathaniel Shilkret
With: Marion Cotillard, Gong Tao, Emily Stofle, Nie Fei, Cheng Hong, and Lu Yong

2011

The 3 Rs
1 minute / black and white / live action
Trailer for the Vienna International Film Festival
Director, writer, producer, and editor: David Lynch
With: Mindy Ramaker, Anna Skarbek, and Alfredo Ponce

I Touch a Red Button Man
5 minutes, 42 seconds / color / animated
Director, writer, editor, and animation: David Lynch
Music: Interpol

Duran Duran: Unstaged
2 hours, 1 minute
Director and writer: David Lynch
Producers: Sabrina S. Sutherland, Andrew Kelly, Michael Goldfine, Blake W. Morrison, and Nick Barrios
Executive producer: Joe Killian
Photography: Peter Deming
Editor: Noriko Miyakawa
Sound mixer: Dean Hurley
With: Duran Duran

Good Day Today
4 minutes, 41 seconds / color / live action
Director, writer, producer, and editor: David Lynch
Music: David Lynch and Dean Hurley

2012

Crazy Clown Time
7 minutes, 5 seconds / color / live action
Director and writer: David Lynch
Producer: Sabrina S. Sutherland
Music: David Lynch and Dean Hurley

Meditation, Creativity, Peace
71 minutes / black and white / live action
Documentary of 2007–2009 Transcendental Meditation tour
Producers: Bob Roth, Adam Pressman, and Sam Lieb
Editor: Noriko Miyakawa
Sound: Dean Hurley
With: David Lynch

Memory Film
4 minutes, 17 seconds / color / live action and animation
Director, producer, and photographer: David Lynch
Editor: Noriko Miyakawa
Sound mix: Dean Hurley
With: David Lynch

2013

Idem Paris
8 minutes, 5 seconds / black and white / live action
Director, producer, and photographer: David Lynch
Editor: Noriko Miyakawa
Sound mix: Dean Hurley
With: Christian Charpin, Khindelvert Em, Patrick Pramil, and Phaythoune Soukaloun

Came Back Haunted
4 minutes, 15 seconds / color / live action and animation
Director and writer: David Lynch
Music: Nine Inch Nails

2014

Twin Peaks: The Missing Pieces
One hour, 31 minutes / color / live action
Production company: Absurda and MK2 Diffusion
Director, writer, and editor: David Lynch
Producer: Sabrina S. Sutherland
Special effects: David Lynch and Noriko Miyakawa
Music: Angelo Badalamenti, David Lynch, Dean Hurley, and David Slusser
With: Chris Isaak, Kiefer Sutherland, C. H. Evans, Sandra Kinder, Rick Aiello, Elizabeth Ann McCarthy, Steven Beard, Gary Bullock, Kyle MacLachlan, David Bowie, Hirsh Diamant, Stefano Loverso, Jeannie Bonser, Alex Samorano, Michael J. Anderson, Carlton Lee Russell, Calvin Lockhart, Jürgen Prochnow, David Brisbin, Jonathan J. Leppell, Frances Bay, Frank Silva, Sheryl Lee, David Lynch, Miguel Ferrer, Dori Guterson, Gary Hershberger, Dana Ashbrook, Moira Kelly, Grace Zabriskie, Ray Wise, Brian T. Finney, Jack Nance, Joan Chen, Ed Wright, Mädchen Amick, Peggy Lipton, Andrea Hays, Wendy Robie, Everett McGill, Marvin Rosand, Warren Frost, Mary Jo Deschanel, Eric Da Re, Victor Rivers, Chris Pedersen, Dennis E. Roberts, Al Strobel, Pamela Gidley, Phoebe Augustine, Walter Olkewicz, Michael Horse, Harry

Goaz, Michael Ontkean, Russ Tamblyn, Don S. Davis, Charlotte Stewart, Kimmy Robertson, James Marshall, Catherine E. Coulson, Heather Graham, Therese Xavier Tinling, and Chuck McQuarry

2015

Pozar (Fire)

10 minutes, 44 seconds / black and white / animation
Written, drawn, and directed by: David Lynch
Animation: Noriko Miyakawa
Music: Marek Zebrowski

2017

雙峰：回歸

Twin Peaks: The Return

18 episodes, approximately 60 minutes each / color / live action
Production company: Rancho Rosa Partnership, Inc., for Showtime
Created and written by: David Lynch and Mark Frost
Director: David Lynch
Executive producers: David Lynch and Mark Frost
Producer: Sabrina S. Sutherland
Associate producer: Johanna Ray
Line producer: Christine Larson-Nitzsche
Photography: Peter Deming
Editor: Duwayne Dunham
Art direction: Cara Brower
Costume design: Nancy Steiner
Production design: Ruth De Jong
Casting: Johanna Ray and Krista Husar
Sound design: David Lynch
Music: Angelo Badalamenti
With: Kyle MacLachlan, Sheryl Lee, Michael Horse, Chrysta Bell, Miguel Ferrer, David Lynch, Robert Forster, Kimmy Robertson, Naomi Watts, Laura Dern, Pierce Gagnon, Harry Goaz, Al Strobel, John Pirruccello, Don Murray, Mädchen Amick, Dana Ashbrook, Brent Briscoe, David Patrick Kelly, Jane Adams, Jim Belushi, Richard Beymer, Giselle DaMier, Eamon Farren, Patrick Fischler, Jennifer Jason Leigh, Robert Knepper, Andréa Leal, Grace Zabriskie, Amy Shiels, Russ Tamblyn, Tom Sizemore, Catherine E. Coulson, George Griffith, James Marshall, Peggy Lipton, James Morrison, J. R. Starr, Tim Roth, Wendy Robie, Harry Dean Stanton, Larry Clarke, Sherilyn Fenn, Josh Fadem, Jay R. Ferguson, Eric Edelstein, Ashley Judd, Caleb Landry Jones, Matthew Lillard, David Koechner, Sarah Jean Long, Clark Middleton, Carel Struycken, Jake Wardle, Nae, Amanda Seyfried, Christophe Zajac-Denek, Jay Aaseng, Joe Adler, Owain Rhys Davies, Erica Eynon, David Dastmalchian, Balthazar Getty, Nathan Frizzell, Hailey Gates, James Grixoni, Andrea Hays, Linda Porter, Karl Makinen, Jessica Szohr, Jodi Thelen, Adele René, Nafessa Williams, Candy Clark, Charlotte Stewart, Max Perlich, Emily Stofle, Gary Hershberger, John Paulsen, Zoe McLane, Bérénice Marlohe, Warren Frost, Joy Nash, Kathleen Deming, David Duchovny, Don S. Davis, Lisa Coronado, Richard Chamberlain, Michael Cera, Monica Bellucci, Alicia Witt, Riley Lynch, Marvin Rosand, Madeline Zima, Everett McGill, Walter Olkewicz, Sabrina S. Sutherland, Jay Larson, Ray Wise, Nicole LaLiberte, and Cornelia Guest

What Did Jack Do?

20 minutes / color / live action

Director, writer, and editor: David Lynch
Producer: Sabrina S. Sutherland for Absurda / Fondation Cartier
Photography: Scott Ressler
Special effects and assistant editing: Noriko Miyakawa
Sound and set design: David Lynch
Sound mix: David Lynch and Dean Hurley
Music: David Lynch and Dean Hurley
With: Jack Cruz, David Lynch, Emily Stofle, and Toototaban

商業合作

1988

Opium, Yves St. Laurent fragrance
Obsession, Calvin Klein fragrance, four segments, each referencing an author: D. H. Lawrence, F. Scott Fitzgerald, Ernest Hemingway, Gustave Flaubert
Public-service announcement for the New York Department of Sanitation *We Care About New York* campaign

1991

Georgia Coffee, four segments, featuring Kyle MacLachlan, Catherine Coulson, Mädchen Amick, Michael Horse, Harry Goaz, and Kimmy Robertson

1992

Giò, Giorgio Armani fragrance

1993

Trésor, Lancôme fragrance
Alka-Seltzer Plus
Barilla pasta with Gerard Depardieu
Adidas "The Wall" campaign
Background by Jil Sander, *The Instinct of Life*
Public-service announcement for the American Cancer Society Breast Cancer Awareness campaign
Teaser for Michael Jackson's *Dangerous* video compilation

1994

Sun Moon Stars, Karl Lagerfeld fragrance

1997

Sci-Fi Channel, four promotional segments: *Aunt Droid, Nuclear Winter, Dead Leaves,* and *Kiddie Ride*
Clear Blue Easy, home pregnancy test
Mountain Man, Honda

1998

Parisienne cigarettes, "Parisienne People" campaign
Opium, Yves St. Laurent fragrance

2000

Welcome to the Third Place, Sony PlayStation 2
JCDecaux, street furniture and bicycle rental systems, by the Jean-Claude Decaux Group

2002

Do You Speak Micra? Nissan
Bucking Bronco, Citroën

2004

Fahrenheit, Christian Dior fragrance
Preference: Color Vive, L'Oréal

2007

Gucci, Gucci fragrance
Music: Blondie

2008

Revital Granas, Shiseido

2011

David Lynch Signature Cup Coffee

2012

David Lynch Signature Cup Coffee, with Emily Lynch

2014

Rouge, Christian Louboutin nail polish

展覽

1967
Vanderlip Gallery, Philadelphia, Pennsylvania

1968
The Samuel Paley Library at Temple University, Philadelphia, Pennsylvania

1983
Galería Uno, Puerto Vallarta, Mexico

1987
James Corcoran Gallery, Santa Monica, California
Rodger LaPelle Galleries, Philadelphia, Pennsylvania

1989
Leo Castelli Gallery, New York, New York
James Corcoran Gallery, Santa Monica, California

1990
N. No. N. Gallery, Dallas, Texas
Tavelli Gallery, Aspen, Colorado

1991
Touko Museum of Contemporary Art, Tokyo, Japan
Strange Magic: Early Works, Payne Gallery at Moravian College, Bethlehem, Pennsylvania

1992
Sala Parpalló, Valencia, Spain

1993
James Corcoran Gallery, Santa Monica, California

1995
Kohn/Turner Gallery, Los Angeles, California

1996
Painting Pavilion, Open Air Museum, Hakone, Japan
Park Tower Hall, Tokyo, Japan
Namba City Hall, Osaka, Japan
Artium, Fukuoka, Japan

1997
Dreams, Otsu Parco Gallery, Osaka, Japan
Galerie Piltzer, Paris, France
Salone del Mobile, Milan, Italy (furniture exhibition)

1998
Sinn und Form, Internationales Design Zentrum, Berlin, Germany (furniture exhibition)

2001
Centre de Cultura Contemporània de Barcelona, Barcelona, Spain
Printemps de Septembre, Toulouse, France

2004
Atlas Sztuki, Łódź, Poland

2007
The Air is on Fire: 40 Years of Paintings, Photographs, Drawings, Experimental Films, and Sound Creations, Fondation Cartier pour l'art contemporain, Paris, France; La Triennale di Milano, Milan, Italy
INLAND EMPIRE, Galerie du Jour agnès b., Paris, France
Prints in Paris, Item Gallery, Paris, France
Fetish, Galerie du Passage, Paris, France

2008
David Lynch: New Photographs, Epson Kunstbetrieb, Düsseldorf, Germany

2009
David Lynch and William Eggleston: Photographs, Galerie Karl Pfefferle, Munich, Germany
Fetish, Garage Center for Contemporary Culture, Moscow, Russia
Dark Night of the Soul, Michael Kohn Gallery, Los Angeles, California; OHWOW Gallery, Miami, Florida
New Paintings, William Griffin Gallery in conjunction with James Corcoran Gallery, Santa Monica, California
I See Myself, Galerie des Galeries, Paris, France
Hand of Dreams, Item Gallery, Paris, France
The Air is on Fire, Ekaterina Cultural Foundation, Moscow, Russia
Dark Splendor, Max Ernst Museum, Brühl, Germany
Ars Cameralis Culture Institution, Katowice, Poland

2010

Crime and Punishment, From Goya to Picasso, group exhibition, Musée d'Orsay, Paris, France
Marilyn Manson and David Lynch: Genealogies of Pain, Kunsthalle Wien, Vienna, Austria
David Lynch: Lithos 2007–2009, Musée du Dessin et de l'Estampe Originale, Gravelines, France
David Lynch: Darkened Room, Six Gallery, Osaka, Japan; Seoul, Korea
David Lynch: I Hold You Tight, Musée Jenisch, Vevey, Switzerland
The Air is on Fire, GL Strand, Copenhagen, Denmark
David Lynch, Mönchehaus Museum, Goslar, Germany
David Lynch: Photographs, Galerie Karl Pfefferle, Munich, Germany
New Prints and Drawings, Item Gallery, Paris, France

2011

New Paintings and Sculpture, Kayne Griffin Corcoran Gallery, Santa Monica, California
Works on Paper, Item Gallery, Paris, France
Mathematics: A Beautiful Elsewhere, group exhibition, Fondation Cartier pour l'art contemporain, Paris, France

2012

David Lynch: Man Waking From Dream, Fonds Régional d'Art Contemporain Auvergne, Clermont-Ferrand, France
Tilton Gallery, New York, New York
Dark Images: David Lynch on Sylt, Galerie Chelsea Sylt, Kampen, Germany
Tomio Koyama Gallery, Tokyo, Japan
Lost Paradise, group exhibition, Mönchehaus Museum, Goslar, Germany
It Happened at Night, Galerie Karl Pfefferle, Munich, Germany
Chaos Theory of Violence and Silence, Laforet Museum Harajuku, Tokyo, Japan
David Lynch: Lithographs, Galeria Miejska BWA, Bydgoszcz, Poland

2013

Circle of Dreams, Centre de la Gravure et de l'Image imprimée de la Fédération Wallonie-Bruxelles, La Louvière, Belgium
Hypnotherapy, group exhibition, Kent Fine Art, New York, New York
David Lynch: Naming, Kayne Griffin Corcoran, Los Angeles, California
New Works, Kayne Griffin Corcoran, Los Angeles, California

2014

Small Stories, Maison Européenne de la Photographie, Paris, France; Cinéma Galeries, Brussels, Belgium
The Factory Photographs, the Photographers' Gallery, London, U.K.; Fondazione MAST, Bologna, Italy
Women and Machines, Item Gallery, Paris, France
Frank Gehry: Solaris Chronicles, Part 2, group exhibition, Atelier de la Mécanique, LUMA Arles Campus, Arles, France
Dark Optimism. L'Inedito Sguardo di Lynch, Palazzo Panichi, Pietrasanta, Italy
The Unified Field, the Pennsylvania Academy of the Fine Arts, Philadelphia, Pennsylvania

David Lynch: Lost Visions, L'Indiscreto Fascino della Sguardo, Archivio di Stato, Lucca, Italy
David Lynch: Naming, Middlesbrough Institute of Modern Art, Middlesbrough, U.K.

2015

David Lynch: Between Two Worlds, Queensland Art Gallery / Gallery of Modern Art, Brisbane, Australia
Stories Tellers, group exhibition, Bandjoun Station, Bandjoun, Cameroon
Voices of 20 Contemporary Artists at Idem, group exhibition, Tokyo Station Gallery, Tokyo, Japan

2016

Plume of Desire, Item Gallery, Paris, France
It Was Like Dancing With a Ghost, KETELEER Gallery, Antwerp, Belgium
The Conversation Continues . . . Highlights from the James Cottrell + Joseph Lovett Collection, group exhibition, the Orlando Museum of Art, Orlando, Florida
Arte y Cine: 120 Años de Intercambios, CaixaForum, group exhibition, Barcelona, Spain

2017

Arte y Cine: 120 Años de Intercambios, CaixaForum, group exhibition, Madrid, Spain
Small Stories, Belgrade Cultural Center, Belgrade, Serbia
One Hour / One Night, Item Gallery, Paris, France
Highlights, group exhibition, Seoul Museum of Art, Seoul, Korea
Les Visitants, group exhibition, Centro Cultural Kirchner, Buenos Aires, Argentina
Smiling Jack, Galerie Karl Pfefferle, Munich, Germany
Silence and Dynamism, Centre of Contemporary Art, Toruń, Poland

2018

David Lynch: Someone is in My House, Bonnefantenmuseum, Maastricht, Netherlands

參考資料

Barney, Richard A., *David Lynch: Interviews.* Jackson: University Press of Mississippi, 2009

Chandes, Herve, *The Air is on Fire.* Gottingen, Germany: Steidl, 2007

Cozzolino, Robert, *David Lynch: The Unified Field.* Philadelphia: The Pennsylvania Academy of the Fine Arts in association with University of California Press, 2014

Da Silva, José, *David Lynch: Between Two Worlds.* Queensland: Queensland Art Gallery / Gallery of Modern Art, 2015

Davison, Annette and Erica Sheen, *The Cinema of David Lynch: American Dreams, Nightmare Visions.* London: Wallflower Press, 2004

Forest, Patrice, *David Lynch—Lithos 2007–2009.* Ostfildern, Germany: Hatje Cantz Verlag, 2010

Frydman, Julien, *Paris Photo.* Gottingen, Germany: Steidl, 2012

Gabel, J. C., and Jessica Hundley, *Beyond the Beyond: Music From the Films of David Lynch.* Los Angeles: Hat & Beard Press, 2016

Giloy-Hirtz, Petra, *David Lynch: The Factory Photographs.* Munich: Prestel Verlag, 2014

Godwin, Kenneth George, *Eraserhead: The David Lynch Files, Book 1.* Winnipeg, Manitoba: Cagey Films Books, 2016.

Henri, Robert, *The Art Spirit.* Philadelphia: J.B. Lippincott, 1923

Heras, Artur, *David Lynch.* Valencia, Spain: Sala Parpalló Diputacion Provincial De Valencia, 1992

Lynch, David, *Catching the Big Fish: Meditation, Consciousness, and Creativity.* New York: Jeremy P. Tarcher / Penguin, 2006

Nibuya, Takashi, et al., *David Lynch: Drawings and Paintings.* Tokyo, Japan: Touko Museum of Contemporary Art, 1991

Nieland, Justus, *David Lynch.* Chicago: University of Illinois Press, 2012

Nochimson, Martha P., *The Passion of David Lynch: Wild at Heart in Hollywood.* Austin: University of Texas Press, 1997

Nochimson, Martha P., *David Lynch Swerves: Uncertainty from Lost Highway to INLAND EMPIRE.* Austin: University of Texas Press, 2013

Panczenko, Paula, *The Prints of David Lynch.* Madison, Wisconsin: Tandem Press, 2000

Rossellini, Isabella, *Some of Me.* New York: Random House, 1997

Spies, Werner, *David Lynch—Dark Splendor, Space Images Sound.* Ostfildern, Germany: Hatje Cantz Verlag, 2009

Zebrowski, Marek, *David Lynch.* Bydgoszcz, Poland: Camerimage, the International Film Festival of the Art of Cinematography, 2012

原注

美國牧歌

① Tim Hewitt, from *David Lynch: Interviews*, edited by Richard A. Barney. Jackson, Mississippi: University Press of Mississippi, 2009.
② 瑪莎・雷佛希，二〇一五年八月三十日，加州河濱市訪談，全書後續的引述皆根據此次訪談。
③ 約翰・林區，二〇一五年八月三十日，加州河濱市訪談。
④ 馬克・史密斯，二〇一五年九月二日，電話訪談。
⑤ 愛蓮娜・齊嘉瑞里，二〇一五年十一月三日，電話訪談。
⑥ 佩姬・蕾薇，二〇一五年九月二日，加州聖佩德羅訪談。
⑦ 高登・坦波頓，二〇一五年十一月十九日，電話訪談。
⑧ 珍妮佛・林區，二〇一六年十二月二十二日，加州洛斯費利茲訪談。
⑨ 大衛・林區，自一九八〇年至二〇一八年之間與合著者的對話，全書後續的引述皆根據這幾年來兩人之間的對話。

藝術生命

① 托比・基勒，二〇一五年十一月十九日，電話訪談，全書後續的引述皆根據此次訪談。
② 大衛・基勒，二〇一五年十一月十一日，電話訪談。
③ 傑克・菲斯科，二〇一五年七月二十二日，加州布倫特伍德訪談。
④ 克拉克・福克斯，二〇一六年四月十二日，電話訪談。
⑤ 瑪麗・菲斯科，二〇一五年七月，電話訪談。
⑥ Toby Keeler, quoted in *Lynch on Lynch*, edited by Chris Rodley. London: Faber and Faber Inc., 2005, p. 31.

死亡的微笑袋

① 布魯斯・山謬森，二〇一五年十二月四日，電話訪談。

② 埃歐・歐姆瓦克，二〇一五年十一月二十四日，電話訪談。
③ 維吉妮雅・麥德蘭，二〇一五年十一月十九日，電話訪談。
④ 詹姆斯・哈佛，二〇一五年十一月十九日，電話訪談。
⑤ David Lynch letter, from the archives of the Pennsylvania Academy of the Fine Arts.
⑥ 羅傑・拉貝爾，二〇一五年十二月三日，電話訪談。

史派克

① 朵琳・斯莫，二〇一五年十二月三十一日，電話訪談。
② 夏綠蒂・史都華，二〇一五年十月十七日，電話訪談。
③ 凱薩琳・康森，二〇一五年七月六日，電話訪談。
④ 佛雷・艾爾姆斯，二〇一五年八月十日，電話訪談。
⑤ Jack Nance, from *Eraserhead: The David Lynch Files.* An invaluable resource on the making of Eraserhead, Godwin's book includes interviews with the cast and crew conducted during the seventies when memories were still fresh.
⑥ 西西・史派克，二〇一七年四月二十七日，電話訪談。
⑦ 瑪莎・雷佛希，本章全部對話根據二〇一五年十二月十八日的電話訪談。

年輕的美國人

① 史都華・康菲爾，二〇一五年九月五日，洛杉磯訪談。
② 強納森・山傑，二〇一六年二月五日和三月三日，比佛利山訪談。
③ 克里斯・狄佛，二〇一六年四月二十一日，電話訪談。
④ 梅爾・布魯克，二〇一五年九月二十九日，電話訪談。
⑤ John Hurt, interviewed by Geoff Andrew II for *The Guardian*, April 26, 2000.
⑥ John Hurt interviewed for *David Lynch: The Lime Green Set*, November 25, 2008.
⑦ David Lynch, from *Lynch on Lynch*, p. 110.

催眠

① 瑞克・尼西塔，二〇一五年六月二十三日，加州世紀城訪談。

②拉斐拉・狄・羅倫提斯，二〇一七年九月二十一日，加州貝沙灣訪談。

③凱爾・麥克拉蘭，本章對話根據二〇一五年六月二十五日的電話訪談。

④布萊德・杜瑞夫，二〇一五年七月一日，電話訪談。

⑤史汀，二〇一六年五月十七日，紐約市訪談。

⑥伊娃・布朗斯坦，二〇一七年二月十八日，比佛利山訪談。

另類郊區愛情故事

①佛雷德・卡羅索，二〇一五年六月三十日，洛杉磯訪談。

②伊莎貝拉・羅塞里尼，二〇一五年七月二十四日，電話訪談。

③約翰・溫特沃思，二〇一五年七月十日，電話訪談。

④瓊安・雷，二〇一七年三月三十一日，洛杉磯訪談。

⑤蘿拉・鄧恩，本章對話皆根據二〇一五年八月四日的電話訪談。

⑥丹尼斯・霍柏，一九八五年十月，北卡羅萊納州威明頓《藍絲絨》片廠訪談。

⑦杜威尼・鄧漢，二〇一五年七月三十日，加州聖莫尼卡訪談。

⑧安傑洛・貝德拉曼堤，二〇一六年五月二十五日，電話訪談。

⑨茱莉・克魯斯，二〇一五年六月二十八日，電話訪談。

⑩Pauline Kael, "Blue Velvet: Out There and In Here," *The New Yorker*, September 22, 1986.

包裹在塑膠袋裡

①馬克・佛洛斯特，二〇一六年七月十二日，電話訪談。

②詹姆斯・科爾科蘭，二〇一年六二月三日，洛杉磯訪談。

③蒙帝・蒙哥馬利，二〇一六年六月十六日、十八日、七月十六日，電話訪談。

④喬尼・史瓦森，二〇一六年十二月二日，洛杉磯訪談。

⑤哈利・狄恩・史坦頓，二〇一六年五月十一日，電話訪談。

⑥菲德列克・勾臣，二〇一六年七月十一日，電話訪談。

⑦可麗・格雷，二〇一七年三月八日，電話訪談。

⑧托尼・克蘭茨，二〇一六年八月二日，洛杉磯訪談。

⑨雷・懷斯，二〇一六年十月二十日，洛杉磯訪談。
⑩葛蕾斯・薩布麗斯基，二〇一八年一月四日，電話訪談。
⑪雪洛・李，二〇一六年八月二十五日，電話訪談。
⑫溫蒂・羅比，二〇一六年八月二十六日，電話訪談。
⑬麥德辰・亞米克，二〇一六年八月二十四日，洛杉磯訪談。
⑭魯斯・譚柏林，二〇一六年九月十四日，加州威尼斯訪談。
⑮理察・俾馬，二〇一六年九月二日、二十三日，電話訪談。
⑯麥可・安特金，二〇一六年十月二十六日，電子郵件訪談。
⑰金咪・羅伯森，二〇一六年九月二十三日，加州巴沙迪納訪談。
⑱德巴克・納婭爾，二〇一六年八月二十四日，電話訪談。
⑲布萊安・洛克斯，二〇一七年二月十七日，洛杉磯訪談。

在地獄尋找愛

①蘿拉・鄧恩，本章對話根據二〇一七年十一月三十日的電話訪談。
②威廉・達佛，二〇一六年五月十六日，紐約市訪談。
③克斯賓・葛洛佛，二〇一六年八月十一日，電子郵件訪談。
④貝瑞・吉佛，二〇一六年八月十八日，電話訪談。

人生有起必有落

①皮耶・埃德爾曼，二〇一六年十月十七日，電話訪談。
②瑪莉・史溫尼，二〇一六年九月二十四日，洛杉磯訪談。
③阿爾弗雷多・彭斯，二〇一七年十一月十七日，洛杉磯訪談。
④莎賓娜・蘇瑟蘭，二〇一六年七月十三日，電話訪談。
⑤尼爾・埃德爾斯坦，二〇一六年十二月五日，電話訪談。

黑暗就在隔壁

①格里・達米科，二〇一六年七月十三日，電話訪談。

②比爾・普曼，二〇一七年三月十五日，電話訪談。

③巴達薩・蓋提，二〇一七年三月二日，電話訪談。

④傑若米・阿特，二〇一七年三月十五日，洛杉磯訪談。

⑤彼得・戴明，二〇一七年三月十日，電話訪談。

⑥David Foster Wallace, "David Lynch Keeps His Head," *Premiere*, September, 1996.

⑦克莉絲塔・貝爾，二〇一七年二月二十五日，洛杉磯訪談。

白色閃電和一個辣妹

①蘿拉・艾蓮娜・賀林，二〇一七年二月二十二日，比佛利山訪談。

②娜歐蜜・華茲，二〇一七年五月九日，電話訪談。

③賈斯汀・瑟魯斯，二〇一七年十二月三十一日，電話訪談。

④馬瑞克・日多維奇，二〇一七年五月十五日，電子郵件訪談。

⑤馬瑞・薩伯斯基，二〇一七年五月二十九日，洛杉磯訪談。

⑥傑伊・阿森，二〇一七年三月二日，洛杉磯訪談。

事物的切片

①Richard Farnsworth, from the production notes for *The Straight Story*, 1999.

最幸福快樂的結局

①艾瑞克・克雷里，二〇一七年三月十五日，電話訪談。

②埃米莉・斯托弗・林區，二〇一七年五月十七日、二十七日，洛杉磯訪談。

③蘿拉・鄧恩，本章引述對話根據二〇一七年十一月三十日的電話訪談。

④迪恩・賀利，二〇一七年四月二十一日，電話訪談。

⑤安娜・斯卡貝克，二〇一七年四月九日，電話訪談。

⑥鮑勃・羅斯，二〇一七年四月十九日，電話訪談。

⑦宮川紀子，二〇一七年四月二十八日，洛杉磯訪談。

工作室風雲

①帕特西・佛洛斯特，二〇一七年四月三十日，洛杉磯訪談。
②麥可・巴利爾，二〇一七年五月二十四日，洛杉磯訪談。
③明蒂・拉梅克，二〇一七年四月二十一日，洛杉磯訪談。
④侯塞・達席爾瓦，二〇一七年五月十六日，電話訪談。

我的木頭變成了黃金

①大衛・內文斯，二〇一七年九月十九日，電話訪談。
②莎賓娜・蘇瑟蘭，二〇一七年九月四日，洛杉磯訪談。
③達納・阿許布魯克，二〇一七年九月十三日，電話訪談。
④凱爾・麥克拉蘭，本章引述根據二〇一七年九月二十日的電話訪談。
⑤麥可・霍斯，二〇一七年九月十一日，電話訪談。
⑥詹姆斯・馬歇爾，二〇一七年九月十六日，電話訪談。
⑦艾爾・史綽博，二〇一七年九月五日，電話訪談。
⑧卡雷爾・史崔肯，二〇一七年九月十二日，洛杉磯訪談。
⑨佩姬・利普頓，二〇一七年九月十四日，電話訪談。
⑩艾佛瑞特・麥克吉爾，二〇一七年九月八日，電話訪談。
⑪詹姆斯・馬歇爾，二〇一七年九月六日，電話訪談。
⑫傑克・沃德，二〇一七年九月十一日，電話訪談。
⑬唐・莫瑞，二〇一七年九月十五日，洛杉磯訪談。
⑭艾瑞克・艾德斯坦，二〇一七年九月二十八日，電話訪談。
⑮喬治・格里菲斯，二〇一七年九月二十八日，電話訪談。
⑯麥可・塞拉，二〇一七年九月十二日，電話訪談。
⑰馬修・利拉德，二〇一七年九月六日，電話訪談。
⑱勞勃・福斯特，二〇一七年九月十一日，洛杉磯訪談。

135
SONY

照片解說及出處

書中收錄照片，除特別標示以外，全數出自大衛・林區個人收藏。

頁2—3 林區拍攝《橡皮擦頭》期間在洛杉磯市中心，一九七二年。攝影：凱薩琳・康森。

頁4—5 林區在皮耶・凱尼格（Pierre Koenig）位於好萊塢山的歷史建築「案例住宅22號」（Case Study House #22），為萊雅拍攝廣告，二〇〇四年。攝影：史考特，雷斯勒。

頁8 林區與派翠西亞・艾奎特，一九九五年，在林區好萊塢的自宅拍攝《驚狂》期間。m2k公司提供。攝影：蘇珊・田娜。

頁13 林區與他二年級的老師克拉特利小姐，北卡羅萊納州，杜倫市，一九五四年。「唯一一次拿到全A。」攝影：桑妮・林區。

頁14—15 林區和他的弟弟，約翰・林區，在華盛頓州的斯波坎市，一九五三年。「我們開這輛車橫越美國，舉家搬往杜倫市。旅途中，我父親的手臂裹著石膏，因為他為我妹妹修理一臺生鏽的馬車，割傷了手上的肌腱。」攝影：唐納・林區。

頁16 艾文娜與唐納・林區。大約一九四四年，「我父親曾經是太平洋一艘驅逐艦上的引擎長。他和一群人奉命製造煙幕，而我父親則混合了某種混合劑，他們說，手放下來，他會做最好的菸。」攝影：亞瑟・桑霍姆。

頁27 約翰和大衛・林區。在愛達荷州沙點市。大約一九四八年。攝影：桑妮・林區。

頁28—29 由左至右：大衛、約翰，和瑪莎・林區，在華盛頓斯波坎市住家的階梯上。大約一九五五年。攝影：桑妮・林區。

頁30 林區與朋友們在愛達荷州的波伊西市街上吹小喇叭。「在我們房子的正前面，可能是一九五六年前後。我們有一天在演奏音樂。我不知道這些玩音樂的孩子是誰，不過吹小喇叭的是我。麥克・強森和雷利・卡得勒演奏長號。走在我們前面的是藍迪・史密斯。我們叫他『帶把的』(Pud)。」攝影：馬克・史密斯。

頁49 林區，一九六七年。「這張照片是在費城『父與子與聖靈屋』拍攝的。」攝影：C・K・威廉。

頁50 林區和他的畫作，在維吉尼亞州亞歷山卓市，在他父母家中。一九六三年。「我用帆布油畫繪製的碼頭一景，這幅畫我送給了茱蒂．威斯曼。現在應該是她的女兒持有這幅畫。」攝影：唐納．林區。

頁63 一幅未命名的油畫（大約一九六四年），林區在波士頓搏物館學院時期的創作。攝影：大衛．林區。

頁64—65 林區在亞歷山卓市的臥室天花板畫的壁畫，一九六三年。攝影：桑妮．林區。

頁66 林區學生時期在波士頓的公寓客廳，一九六四年。攝影：大衛．林區。

頁81 林區在費城自宅搭景，拍攝短片《我種出我外婆》，一九六八年。攝影：佩姬．蕾薇。

頁82 佩姬．蕾薇和大衛．林區在蕾薇父母於費城的家外面。大約一九六八年。年攝影：伯納．V．藍茲（Bernard V. Lentz）。

頁96—97 蕾薇和林區在費城的賓州美術學院隔壁的咖啡廳，一九六七年。

頁98 林區和他的伴郎，傑克．菲斯科，在林區與蕾薇一九六八年婚禮後的派對上；聚會在蕾薇的父母家裡舉行。攝影：佩姬．蕾薇。

頁115 林區與攝影師佛雷．艾爾姆斯，在洛杉磯美國電影學會《橡皮擦頭》的拍片現場，大約一九七三年。攝影：凱薩琳．康森。

頁116 上圖：林區與音效設計艾倫．斯普雷在洛杉磯《橡皮擦頭》臨時片場的膳食室即興演奏，一九七二年；下圖：林區、蕾薇，以及珍妮佛．林區，在凱薩琳．康森與傑克．南斯位於洛杉磯比奇伍德谷區的住家外面，耶誕節。一九七二年。攝影：凱薩琳．康森。

頁142—143 林區在《橡皮擦頭》拍片現場，亨利．史班賽公寓大廳。大約一九七二年。攝影：凱薩琳．康森。

頁144—145 夏綠蒂．史都華和林區，在《橡皮擦頭》拍片現場，X家的前廊，一九七二年。攝影：凱薩琳．康森。

頁146 瑪麗．菲斯科在洛杉磯玫瑰木街，與林區共住的家裡，一九七七年。攝影：大衛．林區。

頁167 安東尼．霍普金斯和林區在倫敦拍攝《象人》期間，一九七九年。布魯克電影（Brooksfilms）提供。攝影：法蘭克．康納（Frank Connor）。

頁168 林區在倫敦拍攝《象人》的現場，一九七九年。布魯克電影提供。攝影：法蘭克．康納。

頁189 瑪麗．菲斯科在巴黎，羅浮宮，一九七九年。攝影：大衛．林區。

頁190—191 一九七九年在倫敦李氏國際片廠製作《象人》。後排從左到右：史都華．克雷格、泰瑞．克雷格、鮑伯．卡萊、艾利．柏根，和強納森．山傑。前排從左到右：林區、梅爾．布魯克，和克里斯．狄佛。布魯克電影提供。攝影：法蘭克．康納。

頁192 瑪麗．菲斯科和閃閃在倫敦，一九七九年。「獸醫說閃閃是一隻複雜的狗，她有可能是雌雄同體。」攝影：大衛．林區。

頁205 奧斯汀和大衛・林區於《沙丘魔堡》拍攝期間，在楚魯巴斯科片廠，一九八三年。攝影：瑪麗・菲斯科。

頁206 攝影師佛雷迪・法蘭西斯與林區，在《沙丘魔堡》拍攝期間，一九八三年。環球電影公司提供。攝影：喬治・惠提爾（George Whitear）。

頁223 林區與女演員艾莉西雅・薇特在《沙丘魔堡》拍片現場，一九八三年。環球電影公司提供。攝影：喬治・惠提爾。

頁224—225 凱爾・麥克拉蘭，拉斐拉・狄・羅倫提斯，和林區，在楚魯巴斯科片廠。一九八三年。攝影：瑪麗・菲斯科。

頁226 林區一九九三年在《沙丘魔堡》拍片現場。「我們被困在埃爾帕索（El Paso），每天早晨，我們開車越過邊界，穿過沉睡的小鎮華瑞茲（Juárez），進入沙丘。我們在那裡度過了很長時間。當時的華雷斯是一個安詳的小鎮。」環球電影公司提供。攝影：喬治・惠提爾。

頁239 伊莎貝拉・羅塞里尼在北卡羅萊納州威明頓市拍攝《藍絲絨》期間，一九八五年。攝影：大衛・林區。

頁240 林區和丹尼斯・霍柏在《藍絲絨》拍攝期間中。一九八五年。米高梅（ＭＧＭ）提供。攝影：瑪麗莎・摩斯利（Melissa Moseley）。

頁265 狄恩・史達威爾在《藍絲絨》拍片現場。一九八五年。攝影：大衛・林區。

頁266—267 林區與演員佛烈德・畢可（Fred Pickler）在《藍絲絨》拍片現場。一九八五年。米高梅提供。攝影：瑪麗莎・摩斯利。

頁268 凱爾・麥克拉蘭與林區在《藍絲絨》拍攝期間。一九八五年。米高梅提供。攝影：瑪麗莎・摩斯利。

頁283 林區、海瑟・葛拉罕，和凱爾・麥克拉蘭在洛杉磯拍片現場，拍攝《雙峰》第二季最後一集。一九九〇年。攝影：理察・俾馬。

頁284 林區與布景道具人員邁克・馬龍（Mike Malone），在拍攝《與火同行》期間。一九九一年。ｍｋ２公司與雙峰製作公司（Twin Peaks Productions, Inc.）提供。攝影：羅瑞・賽巴斯欽（Lorey Sebastian）。

頁310—311 由左至右：麥可・J・安德森、凱薩琳・康森、哈利・高茲、凱爾・麥克拉蘭，和琵琶・羅莉，在《雙峰》片場。一九八九年。攝影：理察・俾馬。

頁312 林區與跟班在《雙峰》拍攝期間，大約一九八九年。「這是我們為《雙峰》捏造出來的東西，『提姆與湯姆的標本計程車』，是一家計程車公司，也是標本。我們在我洛杉磯屋子的外面拍這場戲，坐在前座的就是我。我不確定最後有沒有剪進劇裡。」哥倫比亞廣播公司與雙峰製作公司提供。攝影：金柏莉・萊特（Kimberly Wright）。

頁330—331 布景道具人員丹尼爾・庫特納（Daniel Kuttner）在德州實地拍攝《我心狂野》。一九八九年。米高梅提供。攝影：金柏莉・萊特。

頁332 林區與雪琳・芬在加州蘭開斯特市實地拍攝《我心狂野》期間，一九八九年。米高梅提供。攝影：金柏莉・萊特。

頁344—345 林區、佛雷・艾爾姆斯、尼可拉斯・凱吉、瑪莉・史溫尼，和蘿拉・鄧恩在洛杉磯市中心實地拍攝《我心狂野》的殺青戲，一九八九年，米高梅提供。攝影：金柏莉・萊特。

頁346 葛蕾斯・薩布麗斯基和林區，在紐奧良實地拍攝《我心狂野》期間，一九八九年，米高梅提供。攝影：金柏莉・萊特。

頁355 林區與雪洛・李，正在拍攝《雙峰：與火同行》中的火車戲，一九九一年。ｍｋ２公司與雙峰製作公司提供。攝影：羅瑞・賽巴斯欽。

頁356 基佛・蘇德蘭和克里斯・伊薩克於拍攝《與火同行》期間，在華盛頓的一個機場，一九九一年。ｍｋ２公司與雙峰製作公司提供。攝影：羅瑞・賽巴斯欽。

頁371 雪洛・李、葛蕾斯・薩布麗斯基和林區在《與火同行》拍片現場，一九九一年。「這就是座落在華盛頓州，埃弗里特市的帕瑪家。」ｍｋ２公司與雙峰製作公司提供。攝影：羅瑞・賽巴斯欽。

頁372—373 雪洛・李與林區在「紅房間」，於《與火同行》拍攝期間，一九九一年。ｍｋ２公司與雙峰製作公司提供。攝影：羅瑞・賽巴斯欽。

頁374 雪洛・李、林區，和莫拉・凱莉（Moira Kelly）在華盛頓實地拍攝《與火同行》，一九九一年。ｍｋ２公司與雙峰製作公司提供。攝影：羅瑞・賽巴斯欽。

頁387 派翠西亞・艾奎特、林區，與比爾・普曼於《驚狂》拍攝期間，在洛杉磯麥迪遜住宅，一九九六年。ｍｋ２公司提供。攝影：蘇珊・田娜。

頁388 比爾・普曼與大衛在《驚狂》拍片現場，一九九五年。ｍｋ２公司提供。攝影：蘇珊・田娜。

頁403 林區與傑克・南斯於《驚狂》拍攝期間在洛杉磯拉布雷亞大道外景現場，一九九五年。ｍｋ２公司提供。攝影：蘇珊・田娜。

頁404—405 派翠西亞・艾奎特、巴達薩・蓋提和林區，於《驚狂》拍攝期間，一九九五。ｍｋ２公司提供。攝影：蘇珊・田娜。

頁406 李察・普瑞爾和林區在《驚狂》拍攝地點，大約一九九五年。ｍｋ２公司提供。攝影：蘇珊・田娜。

頁421　傑諾・希瓦（Geno Silva），林區與利百加・戴爾・里奧於《穆荷蘭大道》拍攝期間，在沉默俱樂部的舞臺上，大約一九九九年。攝影：史考特・雷斯勒（Scott Ressler）。

頁422　蘿拉・艾蓮娜・賀林與娜歐蜜・華茲在《穆荷蘭大道》拍片現場，一九九九年。攝影：史考特・雷斯勒。

頁442—443　娜歐蜜・華茲、林區，和蘿拉・艾蓮娜・賀林在《穆荷蘭大道》拍片現場，一九九九年。攝影：史考特・雷斯勒。

頁444　林區和賈斯汀・瑟魯斯在《穆荷蘭大道》拍片現場，一九九九年。攝影：史考特・雷斯勒。

頁456—457　傑克・菲斯科，林區和劇組人員在愛達荷州《史崔特先生的故事》拍攝期間，一九九八年。攝影：史考特・雷斯勒。

頁458　傑克・菲斯科、林區、西恩・埃弗雷特（Sean E. Markland）、不知名人士，以及約翰・丘吉爾，在《史崔特先生的故事》拍片期間，大約一九九八年。攝影：史考特・雷斯勒。

頁464—465　林區與《史崔特先生的故事》演員（由左至右：約瑟・A・卡本特（Joseph A. Carpenter）、傑克・沃爾許（Jack Walsh）、艾德・格雷南（Ed Grennan），和唐納・魏格特（Donald Wiegert），一九九八年。攝影：史考特・雷斯勒。

頁466　李察・法恩沃斯和林區在勞倫斯市《史崔特先生的故事》拍片現場，大約一九九八年。攝影：史考特・雷斯勒。

頁475　林區與埃米莉・斯托弗在巴黎。攝影：珍妮佛・「格林尼」・格林（Jennifer “Greenie” Green）。

頁476　林區與他的兒子雷利，在《雙峰：回歸》拍片現場，二〇一五年，蘭丘羅莎合作公司提供。攝影：蘇珊・田娜。

頁497　林區與蘿拉・鄧恩於《內陸帝國》拍攝期間，在聖費南多谷拍片，大約二〇〇四年。雅布澤達音樂公司與頻道製片公司提供。攝影：德佛瑞爾・維奇斯（Deverill Weekes）。

頁498—499　林區和乳牛於二〇〇六年十一月在好萊塢大道，宣傳蘿拉・鄧恩在《內陸帝國》的演出。攝影：傑若米・阿特。

頁500　林區與哈利・狄恩・史坦頓於《內陸帝國》拍攝期間在派拉蒙片場，大約二〇〇四年。雅布澤達音樂公司與StudioCanal提供。攝影：麥可・羅拔（Michael Roberts）。

頁512—513　林區與女兒露拉，在巴黎雙叟咖啡館畫畫，二〇一六年。攝影：埃米莉・林區。

頁514　露拉與大衛・林區，二〇一六年。攝影：埃米莉・林區。

頁532—533　林區製作音樂錄影帶〈瘋狂小丑時光〉期間，在格里・達米科位於加州拉度納峽谷家中的院子，二〇一一年。攝影：迪恩・賀利。

頁534　林區、露拉、埃米莉、珍妮佛、奧斯汀，以及雷利・林區，在林區位於好萊塢的家中，二〇一三年。「這張相片中，我喜愛露拉拿著小洋娃。好像一個小娃娃，順時鐘方向變成了大娃娃。」攝影：艾林・斯卡布佐（Erin Scabuzzo）。

頁548—549 林區與哈利・狄恩・史坦頓在《雙峰：回歸》拍片現場，二〇一五年。蘭丘羅莎合作公司提供。攝影：蘇珊・田娜。

頁550 林區於《雙峰：回歸》製作期間，在加州凡奈斯的一家醫院外面，二〇一六年。攝影：麥可・巴利爾。

頁573 凱爾・麥克拉蘭與林區在洛杉磯，《雙峰：回歸》的「紅房間」拍片現場，二〇一五年。蘭丘羅莎合作公司提供。攝影：蘇珊・田娜。

頁574—575 安東尼・馬拉奇（Anthony Maracci）與林區在南加州，《雙峰：回歸》拍片現場，二〇一六年。「這是我們拍的最後一個東西。」攝影：麥可・巴利爾。

頁576 林區在錄音室，大約二〇一五年。攝影：迪恩・賀利。

頁585 大衛與珍妮佛・林區，在洛杉磯大胃王餐廳，一九七三年。攝影：凱薩琳・康森。

頁586—587 林區在洛杉磯，為科幻頻道拍廣告，一九七七年。攝影：史考特・雷斯勒。

頁588 林區和他的祖父奧斯汀・林區，在愛達荷州沙點市。攝影：桑妮・林區。

頁614 林區與可麗・格雷於《穆荷蘭大道》拍攝期間，在沉默俱樂部，一九九九年。攝影：史考特，雷斯勒。

頁622—623 林區與蘿拉・鄧恩於《內陸帝國》拍片期間，在聖費南多谷拍片現場，大約二〇〇四年。攝影：史考特，雷斯勒。

頁624 《彼得叔父釋放他的小孩子》（*Uncle Pete Releasing His Children*），一九八六年。攝影：大衛・林區。

頁631 林區給父母的一張紙條，一九七七年。「親愛的媽媽……和爸爸，請不要來看《橡皮擦頭》，也不要跟任何人說是我拍的。」攝影：大衛・林區。

頁632 上圖：林區穿著祖父的夾克，這是他申請賓州美術學院使用的相片，一九六五年。下圖：克莉絲汀娜・麥坎娜，二〇一二年。攝影：安・蘇馬（Ann Summa）。

Dear Mom..... and Dad

please don't see the film

Eraserhead...... and <u>Don't</u>

tell anyone I did.

大衛・林區
David Lynch

一九七七年憑藉驚人原創性的處女作《橡皮擦頭》躋身世界影壇前茅，此後，大衛林區分別以《象人》、《藍絲絨》和《穆荷蘭大道》，三度入圍美國影藝學院奧斯卡最佳導演獎，並以《我心狂野》獲頒坎城影展金棕櫚獎。一九九〇年《雙峰》於美國廣播公司開播後，這部家喻戶曉的電視影集，掀起全國性的「雙峰熱」，也成功樹立個人多才多藝且睿智的藝術家形象。他曾出版一本著作，《大衛・林區談創意》，談論超覺靜坐，評價不俗。二〇〇六年他獲頒威尼斯影展終身成就金獅獎，二〇一六年《穆荷蘭大道》英國ＢＢＣ評選為「廿一世紀百大傑出電影」的第一名，二〇二〇年獲頒奧斯卡終身成就獎。

克莉絲汀娜・麥坎娜
Kristine McKenna

美國評論家和記者。在一九七七年至一九九八年期間，為《洛杉磯時報》自由撰稿；自一九七九年起，一直是大衛・林區的密友和訪問者。她的評論文章散見於《紐約時報》、《藝術論壇》（*Artforum*）、《藝術新聞》（*ARTnews*）、《浮華世界》、《華盛頓郵報》和《滾石雜誌》。麥坎娜也是前衛藝術雜誌《*WET*》及知名音樂雜誌《NME雜誌》西海岸區的編輯。著有兩部訪談集，以及《費魯斯畫廊：起點》（*The Ferus Gallery : A Place to Begin*）。

重量級名人齊聲推崇

牛俊強（視覺藝術家）
王君琦（國家電影中心執行長）
王派彰（紀錄片製片，策展人）
王俊傑（國立臺北藝術大學新媒體藝術系教授兼主任）
李　安（導演）
李達義（影評人）
沈可尚（紀錄片導演）
阮慶岳（建築師，小說家）
吳珮慈（臺灣藝術大學電影系專任教授）
易智言（導演）
周東彥（劇場、紀錄片導演）
徐漢強（導演）
張艾嘉（導演）

張全琛（東昊影業負責人）
陳曉珮（金馬影展影展部總監）
焦雄屏（電影學者）
黃建業（電影學者）
詹偉雄（文化評論人）
聞天祥（影評人，金馬影展執委會執行長）
塗翔文（影評人，策展人）
鄭秉泓（影評人，策展人）
廖偉棠（詩人，評論人）
蔡明亮（導演）
鍾孟宏（導演）
鴻　鴻（詩人，劇場導演）
藍祖蔚（影評人）
簡莉穎（劇作家）
潘扶擇（社團法人瑪赫西維德教育學會理事長）

（依姓氏筆劃排序）

國內好評

「看過大衛·林區的《藍絲絨》，於是找來他的攝影師佛雷·艾爾姆斯拍自己的《冰風暴》，沾染到那一點晦暗的光芒也好。大衛·林區的電影鮮，人鮮，寫起自傳方式也很鮮。值得一讀。」——李安

「我從來沒有看懂他的作品，但是我卻一遍又一遍地重看，沒完沒了無法自拔地重看。」——鍾孟宏

「每次看林區的電影，都像是在看深邃迷宮裡的鏡子，讓人恐懼，無法呼吸，但又令人著迷不已。總是能比任何人都更準確地用影像捕捉那些無法言喻的夢境本質。」——徐漢強

「從電影、電視、當代藝術到音樂作曲，大衛·林區時而疏離，時而晦暗的精彩創作與人生，令人歎為觀止！」——王俊傑

「大衛·林區的才華，讓綠野仙蹤也能變成暗黑迷宮。」——聞天祥

「百葉簾切割著月影，螞蟻爬過了日常，大衛·林區的詩意，在詭異中發生。」——黃建業

「大衛．林區總能看穿我們看不見的真實。」——藍祖蔚

「我就是去看大衛．林區的電影才遇到小康。」——蔡明亮

「美國電影用一百年建立的偉大敘事傳統，被大衛．林區一隻手就翻轉了過來。」——鴻鴻

「他的作品，是關於清醒前，最清楚也最想忘記的那個夢。」——牛俊強

「夢裡遞給你一把刀，當你剖開自己胸膛時，在你耳畔唱著情歌。」——阮慶岳

「大衛．林區總是能一再挑戰電影的另一種可能。」——塗翔文

「短片是大衛．林區腳下的根莖泥土，是《雙峰》和《穆荷蘭大道》之所以迷離美麗的創作原點。這本書是通往那些關鍵的一把鑰匙。」——鄭秉泓

「『做自己』從內在改變開始，活出圓滿自在，無悔人生。名導演大衛．林區的覺醒武器是什麼？本書中可以找到。」——潘扶擇，社團法人瑪赫西維德教育學會理事長

大師名作坊 171

在夢中

作　者—大衛・林區、克莉絲汀娜・麥坎娜
譯　者—但唐謨
協力編輯—張瑋庭
企劃經理—何靜婷
美術設計—徐睿紳
內頁排版—極翔企業有限公司
封面照片—Sunny Lynch
封底照片—Jérôme Bonnet / modds – CPi Syndication

副總編輯—嘉世強
董事長—趙政岷
出版者—時報文化出版企業股份有限公司
10803臺北市和平西路三段二四〇號三樓
發行專線—（〇二）二三〇六—六八四二
讀者服務專線—〇八〇〇—二三一—七〇五
（〇二）二三〇四—七一〇三
讀者服務傳真—（〇二）二三〇四—六八五八
郵撥—一九三四四七二四時報文化出版公司
信箱—10899臺北華江橋郵局第99信箱
時報悅讀網—http://www.readingtimes.com.tw
電子郵件信箱—liter@readingtimes.com.tw
法律顧問—理律法律事務所　陳長文律師、李念祖律師
印刷—勁達印刷有限公司
初版一刷—二〇二〇年一月十七日
初版二刷—二〇二〇年二月二十一日
定價—新臺幣八〇〇元
（缺頁或破損的書，請寄回更換）

時報文化出版公司成立於一九七五年，
並於一九九九年股票上櫃公開發行，於二〇〇八年脫離中時集團非屬旺中，
以「尊重智慧與創意的文化事業」為信念。

在夢中 / 大衛・林區（David Lynch），克莉絲汀娜・麥坎娜（Kristine McKenna）合著；但唐謨譯. -- 初版. -- 臺北市：時報文化, 2020.01
面；　公分. --（大師名作坊；171）
譯自：Room to Dream
ISBN 978-957-13-8071-1（精裝）

1.林區（Lynch, David, 1946-）2.導演 3.傳記

987.09952　　108023262

ISBN 978-957-13-8071-1
Printed in Taiwan